버핏클럽

버핏클럽 *issue* 5

Editor in Chief

백우진 Baek Woo-Jin

Editor

양은희 Yang Eun-Hi

Rights

문성조 Moon Joe

Designers

서채홍 Seo Chae-Hong

박강희 Park Gang-Hee

Contributors

강영연, 김규식, 김형균, 박성진, 심혜섭, 이건, 이영빈, 이은원,
이창환, 장항진, 정승혜, 정채진, 조원경, 최준철, 홍선표, 홍진채

발행인	김기호
발행일	초판 1쇄 2022년 8월 15일
발행처	버핏클럽
신고	2022년 1월 17일 제2022-000007호
주소	서울시 용산구 한강대로 295, 503호
전화	02-322-9792
팩스	0303-3445-3030
이메일	buffett_club@naver.com
홈페이지	www.buffettclub.co.kr
ISBN	979-11-88754-66-3

www.buffettclub.co.kr

〈버핏클럽〉 독자를 위한 커뮤니티 '버핏클럽'에서
독자 인증을 하시면 알찬 정보와 혜택을 드립니다.

The Mook for Intelligent Investors

버핏클럽

가치투자의 원론과 각론

"그 책을 읽지 않았다면 나는 헤드 앤 숄더 패턴, 200일 이동평균, 단주 공매도 비율 등을 보면서 얼마나 허송세월했을지 모릅니다. 나는 이런 분석을 정말 좋아했지만, 번지수가 틀렸음을 깨달았습니다."

이는 2022년 버크셔 해서웨이 주주총회에서 워런 버핏이 내놓은 답변 중 일부다. '그 책'이 무엇일까? 물론 〈버핏클럽〉 독자 중에는 정답을 아는 분이 적지 않으리라고 짐작한다.

그 책은 가치투자의 창시자 벤저민 그레이엄이 쓴 《현명한 투자자》였다. 버핏은 이 책의 한 문단을 읽고 "전구에 불이 들어오는 깨달음의 순간을 맞이했고, 이후 내 인생이 바뀌었다"고 들려줬다(이 책 413쪽).

버핏에게 깨달음을 안긴 그 문단은 무엇이었을까? 그보다는 버핏이 이 얘기를 꺼낸 맥락이 더 중요하다고 본다. 버핏은 찰리 멍거와 함께 "계속 학습하라"고 반복해 강조하면서 이 경험을 들려줬다. 그는 11세에 주식을 사기 시작한 이래, 도서관에 소장된 주식 관련 책을 모두 읽었다. 그러나 그 결과는 기술적 분석, 주식 차트 등 '온갖 이상한 방식'이었다. 버핏은 그레이엄을 접하기 전까지는 '오답의 바다'에서 표류하고 있었다.

가치투자자에게 《현명한 투자자》 등 '원론'은 이미 제시되어 있다. 그러나 각 투자자가 처한 각론에 대한 답은 스스로 찾아야 한다. 해답을 찾기까지 "오랜 기간"에 걸쳐 "계속" 학습하는 태도를 버핏은 강조한 것이다.

그레이엄은 내재되어 있으나 가격에 반영되지 않는 가치를 끌어내는 행동주의 투자로도 성가를 높였다. 행동주의 투자는 가치투자의 한 가지에 해당한다고 풀이할 수 있는 대목이다.

불과 몇 년 전만 해도 시기상조로 여겨졌던 행동주의 투자가 이제 한국에서도 성과를 내고 있다. 이 추세를 반영해 〈버핏클럽〉 5호는 '거버넌스' 특집을 마련했다. 지배구조 등으로 인해 '밸류 트랩'에 갇혀 있던 국내 주식시장의 변화를 다각도로 전한다. 이 특집의 필진에 에스엠엔터테인먼트 주주제안 감사 선임 캠페인을 성공적으로 이끈 이창환 얼라인파트너스 CEO와, 2020년 이후 국내에서 행동주의 투자 6건을 진행해 모두 성공시킨 김형균 차파트너스자산운용 본부장, 한국기업거버넌스포럼의 회장으로 활동하는 김규식 싱가포르 터너리 펀드 매니지먼트 포트폴리오 매니저가 참여했다.

버핏이 돌아왔다(Warren Buffett Redux)! 첫째, 시장에 돌아왔다. 주주서한에서 과도하다고 자평한 현금과 현금성 자산 1,440억 달러의 일부를 회사와 지분 매입에 투입했다. 둘째, 오마하의 주총장에 다시 등장했다. 멍거와 함께 약 4만 명 주주와의 대면 주총을 진행했다.

"당신은 매매 시점 선택(마켓 타이밍)이 탁월했습니다." 이번 주총에서 나온 질문 중 한 문장이다. 버핏의 투자 행보에 대해 같은 부분을 궁금해한 투자자가 많았다. 버핏은 그러나 "예측해본 적이 전혀 없습니다"라는 기존 답변을 반복했다. 이에 대해 홍진채 라쿤자산운용 대표가 '버핏톨로지'에 기고해 설명한다. 한편 홍 대표는 "성지순례를 하는 구도자의 마음으로" 참석해서 보고 듣고 경험한 버크셔 해서웨이 주주총회 이야기도 기고했다.

버핏은 올해 주총 답변에서 "대개 마음 편하게 투자하는 사람들의 실적이, 끊임없이 바뀌는 뉴스, 소문, 전망을 좇는 사람들의 실적보다 좋다"고 말했다. 버핏은 끊임없이 바뀌는 정보에 자신을 노출시키는 대신 '유통기한'이 긴 책을 읽는다. 버핏처럼 투자서를 읽기로 했을 때 통과해야 할 질문이 있다. 어떤 투자서를 선택하느냐는 질문이다. 이에 대해 지난해 우량 투자서 35선을 엄선·발표한 〈버핏클럽〉이 추가로 12종을 제시한다.

〈버핏클럽〉 5호에는 이 레터에서 소개하지 못한 알찬 내용이 더 많다. 버핏을 깨달음으로 이끈 것과 같은 역할을 할 내용을 이번 호에서 찾으시기를 기원한다.

백우진 편집장

Contents

Contents

Cover Story

2022년 버크셔 해서웨이 주주총회

투자 외에 인생도 배우는 '학습 축제'

"실패해도 포기하지 마십시오."(버핏) "그리고 계속 학습하십시오. 학습이 성공 비결입니다."(멍거) "계속 학습하십시오."(버핏) "계속 학습하세요."(멍거) "계속 학습하세요."(버핏) 이는 올해 버크셔 해서웨이 주주총회 중 참석자들에게 강렬한 인상을 준 대목 중 하나다. 두 거장은 이토록 학습을 역설했다. 또 좋아하는 일을 직업으로 택하라고 조언했다. 투자철학과 지혜는 버크셔 주총의 기본 선물이다. 인생을 사는 데 도움이 될 금언은 더 값진 덤이다.

'자본주의의 우드스톡'이 3년 만에 다시 열렸다. 약 4만 명이 미국 네 브래스카주 오마하에 운집했다. 버크셔 해서웨이의 주주총회에 참석하기 위해서였다. 이들은 지난 4월 30일 토요일에 열린 주총에서 '오마하의 현인' 워런 버핏과 그의 투자 동반자 찰리 멍거의 투자와 인생에 대한 지혜에 귀 기울였다.

2021년 버크셔 해서웨이의 실적과 투자에는 논의할 점이 많지 않았다. 버크셔의 주가는 지난해 약 30% 상승하면서 S&P500 지수를 0.9% 포인트 앞섰다. 투자 포트폴리오에는 별 변화가 없었다. 버핏도 지난 2월 26일 공개된 주주서한에서 "시장에 흥미로운 기회가 거의 보이지 않는다"고 설명했다.

몇 주 지나지 않아 버핏과 버크셔가 태세를 전환했다. 버크셔는 3월 21일 보험사 앨러게이니Alleghany를 116억 달러에 인수한다고 발표했다. 2월 말에서 3월 중순까지 옥시덴탈 페트롤리엄 지분 14%를 73억 여 달러 들여 인수했다.

당연히 두 투자 건에 대한 질문이 나왔다. 두 답변의 핵심은 간단했다. '연차보고서로 판단했다'는 것이다. 버핏의 투자 의사결정은 방대한 독서에서 나오고, 그 대상 중 많은 부분이 연차보고서라는 사실을 확인해주는 답변이었다.

버핏과 앨러게이니 CEO 조셉 브랜던의 인연과 앨러게이니 인수 계기는 흥미로웠다. 버핏은 전에 버크셔에서 일한 적 있는 브랜던이 이 보험사의 CEO가 됐다며 처음 작성한 연차보고서를 자신에게 보내줬다고 말했다. 브랜던은 2001년부터 2008년까지 버크셔의 보험 계열사인 제너럴 리를 경영했다. 버핏은 앨러게이니를 인수할 요량으로 브랜던에게

만나자는 답장을 보냈다. 그는 "앨러게이니에 대해 잘 알고 있었다"면서 "60년 동안 유심히 지켜보면서 연차보고서를 읽었다"고 말했다. 그리고 "투자은행에 전화해서 인수에 관한 검토 보고서를 요청하지도 않았고 조언을 구하지도 않았다"고 덧붙였다.

옥시덴탈 페트롤리움 투자에 대해서는 "연차보고서를 읽어봤는데 CEO 비키 홀럽의 말이 타당했다"고 말했다. "비키가 설명한 옥시덴탈의 과거, 현재, 미래는 명확해서 모호한 점이 없었다." 버핏이 본 옥시덴탈의 미래는 연차보고서에 다 쓰여 있다는 말이다.

그레그 에이블 비보험 부문 총괄 부회장(사진 위)과 아지트 자인 보험 부문 부회장.

　　외국 기업을 인수할 가능성에 대해 버핏은 "내일 독일, 프랑스, 영국, 일본 등 어느 나라에서든 전화가 와서 100~200억 달러짜리 기업을 매각하겠다고 하면, 우리는 인수할 것"이라고 말했다. 버핏은 그러나 그런 규모의 기업을 외국에서는 찾기가 쉽지 않고 의사결정 과정도 번거로운 경우가 많다는 등의 제약도 설명했다.

　　이날 주총에서는 많은 투자자가 궁금해하는 버핏의 탁월한 매매 시점 선택(마켓 타이밍)에 대한 질문도 나왔다. "어떤 방법으로 매매 시점

을 선택하나?"라는 질문의 답은 그러나 심심했다. 버핏은 "찰리나 나나 함께 일해온 기간 내내 시장 예측을 근거로 매매를 하자고 말해본 적도 없고 생각해본 적도 없다"고 답했다.

주총 문답은 예년처럼 장장 일곱 시간 동안 진행됐다. 1930년생인 버핏과 1924년생인 멍거는 정정했다. 특히 놀라운 기억력을 가동하면서 과거의 의사결정들에 대해 시점과 수치를 들어 들려줬다.

다른 질문 주제는 인플레이션 시기의 주식 투자, 경영진 교체 이후 버크셔 운영 방식의 변화, 중국 투자, 암호화폐 등이었다.

버핏은 "천직을 찾는 사람에게 어떤 조언을 해주겠나?"라는 질문에 "자신이 좋아하는 일을 찾으라"고 답했다. "그 일을 하면서 인생의 대부분을 보내게 되는데, 왜 좋아하지도 않는 일을 평생 하려고 하나?"라고 반문했다. 그는 "나는 원하는 일을 발견했다는 점에서 매우 운 좋은 사람"이라고 말했다.

두 사람은 입을 모아 "실패해도 포기하지 말고 계속 학습하라"고 조언했다. 버핏은 계속 학습하다 보면 '깨달음의 순간'이 온다고 들려줬다. 주식에 관한 거의 모든 책을 읽었으나 헤드 앤 숄더 패턴, 200일 이동평균, 단주 공매도 비율 등 착시에서 벗어나지 못했다고 털어놓았다. 그러다 《현명한 투자자》 8장의 한 단락을 읽고 그런 분석이 번지수가 틀렸음을 깨달았다고 말했다.

이날 주총에는 버크셔 해서웨이가 대주주로 있는 애플의 팀 쿡 CEO도 참석했다. 또 제이미 다이먼 JP모간체이스 CEO와 빌 애크먼 퍼싱스퀘어 캐피털 회장 등도 왔다.

올해 행사에서는 주총 전날 쇼핑 데이와 주총 당일 바비큐 행사, 다음 날 단축 마라톤 대회도 치러졌다. 코로나19로 인해 2년간 온라인으로 진행되면서 중단됐던 행사들이다.

2022년 버크셔 해서웨이 주주총회 참관기

한 '주식 구도자'의 오마하 성지순례

홍진채

버크셔 해서웨이 주주총회의 하이라이트는 주주들과의 문답이다. 장장 일곱 시간에 걸친 행사였지만, 워런 버핏과 찰리 멍거는 시간이 갈수록 에너지가 솟아나는 것 같았다. 마켓 타이밍에 대해 버핏은 "나는 그런 걸 한 적이 없다"면서 "할 줄도 모른다"고 말했다. 그는 가격과 가치와의 관계를 볼 뿐이며, 마음에 드는 투자 건이 많아졌을 때 우연히 시장이 바닥인 경우가 많지 않았을까? 문답에서는 인플레이션과 암호화폐 등에 대한 두 사람의 통찰도 들을 수 있었다. 다채로운 부대 행사는 푸짐한 보너스였다.

2년간의 온라인 미팅을 마치고 버크셔 해서웨이 주주총회가 다시 오프라인으로 열렸다. 모든 내용이 생중계되기 때문에 한국에서 오히려 편안하게 양질의 콘텐츠를 감상할 수 있긴 하다. 그러나 성지순례를 하는 구도자의 마음으로 먼 발치에서나마 버핏을 직접 보기 위해 오마하로 건너갔다.

기립박수

주주총회는 'CHI 헬스센터'라는 곳에서 열린다. 오마하에서 수만 명의 군중을 수용할 수 있는 곳은 얼마 없으리라. 공연장(투자자들에게 버크셔 주주총회는 콘서트이므로 '행사장' 같은 건조한 용어보다는 가급적 '공연장'이라는 용어를 쓰겠다)의 열기는 압도적이었다. 3년 만에 워런 버핏을 실제로볼 수 있다는 기대에 다들 들뜬 상태였다. 늘 그렇듯 30분가량의 '영화'가 지나가고, 버핏이 등장했다.

수만 명이 일제히 기립해 박수를 쳤다. 장관이었다. 유년기와 청년기반평생 외로움과 싸워왔던 버핏은 이제 전 세계 수억 명의 투자자에게사랑을 받으며 인생의 후반부를 보내고 있다. 행복한 삶의 모습은 다양

이런 장관은 현장에서만 볼 수 있다.

하겠지만, 스스로 '행복하다'고 말할 수 있는 사람의 명단에서 그가 빠질 일은 없으리라.

주주총회

여러모로 흥미로운 주제들이 오갔다. 장장 일곱 시간에 걸친 행사였지만, 버핏과 그의 동반자 찰리 멍거는 시간이 갈수록 에너지가 솟아나는 것 같았다. "오전 세션에서 질문을 일곱 개밖에 소화하지 못했습니다. 사상 최저네요. 누가 이렇게 말을 많이 해서 진행을 늦추고 있습니까?"* 오후 세션을 시작하는 버핏의 멘트였다. 전 세계 모든 버핏의 팬들이 그의 건강을 우려하겠지만, 오후가 될수록 더욱 여유로워지고 농담도 많아졌다.

주주와의 문답 영상은 다음 두 링크에서 볼 수 있다.

 오전 세션
https://cnb.cx/3PNSkih

 오후 세션
https://cnb.cx/3RSgSbf

위 사이트는 질문마다 챕터를 할당해서, 본문에 언급한 질문의 주석에 챕터 번호를 표시했다.

버핏이 등장하자 주주들이 일제히 일어나 박수를 보냈다.

---

* "And we only got seven questions, which is a new low, in the first half. So, we'll try and move a little faster. I can't imagine why it went that slowly. I mean, who's — who's doing all that talking?"

마켓 타이밍

가장 먼저 나온 질문은 최근의 주식 매수였다. 질문 이전에 버핏이 직접 프레젠테이션을 하는 시간을 가졌는데, 여기서 제시한 자료에 따르면 버크셔는 1분기에 103억 달러어치를 매도하고 519억 달러어치를 매수했다. 무려 416억 달러어치를 순매수한 것이다. 이미 보험사 앨러게이니, 전자회사 HP, 석유회사 옥시덴탈 등을 매수한 점은 언론에 많이 보도되었다. 흥미로운 사실은 그 이전에 공개된 주주서한에서는 '시장에 별로 흥미를 끄는 일이 없다'*고 했는데, 그런 직후에 대량으로 주식을 사들이기 시작한 것이다.

버핏은 늘 그렇듯 시황에 대한 대답을 하지 않았다. 그저 좋은 회사를 마음에 드는 가격에 살 수 있는 기회를 발견했기 때문에 샀을 뿐이라고 말했다. 대체로 우연한 사건의 연속이었고, 그는 오히려 옥시덴탈 같은

Berkshire Hathaway Inc.

Activity in Equities – 1st Quarter
(in millions)

Dates	Purchases	Sales
January 1 to February 18	$ 2,280	$ 1,742
February 21 to March 15 *	41,025	3,875
March 16 to March 31	8,551	4,691
Total	$51,856	$ 10,308

* Peak Day – March 4th – $4.6 billion of purchases

---

* "We find little that excites us."

그는 오로지 가격과 가치의 관계를 볼 뿐이며,
마음에 드는 투자 건이 많아졌을 때
우연히 시장이 바닥인 경우가 있었을 뿐이다.

―

거대한 회사의 지분 14%를 단지 2주 만에 확보할 수 있었던 것은 시장이 도박을 즐기는 사람으로 가득 차 있었기 때문이라고 꼬집었다.

마켓 타이밍에 대한 질문은 이후에도 또 나왔다.** 버핏은 시장을 예측할 수 없다고 늘 말하지만 정작 1969년, 1970년, 1972년, 1974년, 1987년, 1999년, 2000년에 모두 정확하게 시장을 맞혔다. 이렇게 큰 흐름을 잘 맞히는 방법은 무엇인가? 역시나 버핏의 대답은 "나는 그런 걸 한 적이 없다. 할 줄도 모른다"였다. 가끔씩 시장을 맞히는 것처럼 보일 때가 있지만 그렇지 않다며 2008년을 예로 들었다. 당시 자신이 너무 빨리 낙관적이었다고 돌아봤다. 마켓 타이밍을 맞힐 수 있었다면 6개월을 더 기다려야 했다며, 10월의 〈뉴욕타임스〉 기고문을 언급했다. 그리고 2020년 3월도 놓쳤다고 했다.

그러나 질문자가 말했다시피 그는 1969년에 시장을 떠났고, 1974년 〈포브스〉 기고문에서 주식을 살 때가 되었다고 강력하게 주장했다. 1999년에는 무려 네 번에 걸쳐서 시장이 고평가되었다고 외쳤고, '버핏은 한물갔다'고 조롱당했지만, 결국 그가 옳았다. 2008년에도 '미국을 사라'고 외쳤고, 그가 옳았다. 6개월의 시차가 있었다고 해서 마켓

** 　네 번째 질문, 오전 세션 챕터 17

타이밍 능력이 없다는 건 그의 과한 겸손이지 않을까.

그러나 이런 사례를 통해 그가 마켓 타이밍 역량이 있다고 간주하는 것은 오히려 위험하다. 그는 오로지 가격과 가치의 관계를 볼 뿐이며, 마음에 드는 투자 건이 많아졌을 때 우연히 시장이 바닥인 경우가 있었을 뿐이다. 다시 말해, 시장을 맞힐 수 있느냐 없느냐는 그의 관심사가 아니라는 것이다.

인플레이션

마켓 타이밍과 유사하게, 현 시기 초유의 관심사는 인플레이션일 것이다. 한 학생은 인플레이션 시기에 선택할 만한 종목 하나를 추천해달라고 했고,[*] 또 다른 질문자는 인플레이션으로 인해 주식의 수익률이 저조해지지 않느냐고 물었다.[**]

버핏은 우선 자기가 잘하는 일에 집중하는 게 중요하다고 답했다. 동네에서 가장 유능한 의사, 변호사 등이 될 수 있다면 사람들은 자신이 생산한 무언가를 당신과 기꺼이 교환하려고 할 것이다. 약간 풀어서 이야기했지만 '구매력'에 관한 이야기다. 우리는 돈을 기준으로 세상을 볼 때 구매력이라는 관점을 종종 잊어버린다.

우리 대부분은 가치 있는 무언가를 생산해낼 수 있으며, 그 가치를 타인이 만들어낸 가치와 교환한다. 그 가치 교환의 대가를 지금 소비하지 않고 나중에 다른 가치와 교환하기 위해 보존해두는 경우가 있는데, 이를 자산이라고 한다. 돈이란 가치 교환 시점, 즉 소비 혹은 자산 거래 시

---

[*]   6번째 질문, 오전 세션 챕터 22
[**]   11번째 질문, 오후 세션 챕터 5

중요한 것은 돈과 재화의 교환 비율이 아니라,
내가 생산한 가치와 남들이 생산한 가치의 교환 비율이며,
내가 잘하는 것에 집중하여 내 생산품의 가치를 증대시킨다면
인플레이션을 두려워할 필요가 없다.

잠깐 머무르는 매개체일 뿐이다.

인플레이션은 돈의 가치가 하락하고 기타 재화의 가치가 상승하는 현상이다. 그러나 우리의 삶이란 돈에서 시작해서 돈으로 끝나는 것이 아니라 생산에서 시작해서 소비로 끝난다. 현재 소비하느냐 나중에 소비하느냐의 차이가 있을 뿐이다. 그러므로 중요한 것은 돈과 재화의 교환 비율이 아니라 내가 생산한 가치와 남들이 생산한 가치의 교환 비율이며, 내가 잘하는 것에 집중하여 내 생산품의 가치를 증대시킨다면 인플레이션을 두려워할 필요가 없다.

이는 92세 노인이 20대 대학생에게 해주는 인생 조언인 듯하지만, 한 꺼풀 벗겨보면 어떤 기업을 살 것인가에 대한 이야기다. 투자자가 주식에 투자하여 돈을 벌 수 있는 이유는 기업이 자본비용 이상의 초과수익을 내기 때문이다. 기업이 초과수익을 낼 수 있는 이유는 기업이 남보다 낮은 비용으로 남보다 뛰어난 제품과 서비스를 고객에게 제공하기 때문이다.

주식은 인플레이션을 방어하는 용도의 자산이 아니다. 기업은 초과수익을 내는 임무를 가진 개체이고, 그 임무를 달성했을 때 투자자는 돈

**인플레이션 시기에는 모두가 원가 상승을 겪고,
기업이 초과수익을 내는 능력이 심판대에 오른다.
다시 말해, 기업의 진짜 역량을 검증할 수 있는 시기이고,
본질적인 가치에 집중했을 때
좋은 기업을 싸게 살 수 있는 기회가 되기도 한다.**

을 번다. 인플레이션 시기에는 모두가 원가 상승을 겪고, 기업이 초과수익을 내는 능력이 심판대에 오른다. 다시 말해 기업의 진짜 역량을 검증할 수 있는 시기이고, 본질적인 가치에 집중했을 때 좋은 기업을 싸게 살 수 있는 기회가 되기도 한다. "썰물이 빠지면 누가 발가벗고 있었는지 드러납니다."

돈이란 무엇인가

버핏은 사전 프레젠테이션에서 20달러짜리 지폐의 도안을 보여주었다. "여기에 뭐라고 적혀 있나요? '이 증서는 모든 공적, 사적 채무를 청산할 수 있는 법화다.' 이게 다입니다."* 돈이란 채무를 청산할 수 있는 수단이다. 채무를 청산할 수 있음을 정부가 보증한다. 앞서 구매력을 이야기하면서, 돈이란 가치 교환을 할 때 잠깐 머무르는 매개체라고 했다. 가치 교환 시 거래 양쪽 중 어느 한쪽만 가치를 제공하는 경우가 있다.

---

* "THIS NOTE IS LEGAL TENDER FOR ALL DEBTS, PUBLIC AND PRIVATE" 사전 PT, 오전 세션 챕터 8

이때 가치를 제공하지 않은 쪽은 나중에 가치를 제공할 의무, 즉 채무를 진다. 이 채무를 청산하는 장치가 바로 '돈'이다. 복잡하게 설명했는데, 우리가 돈을 내고 물건을 사는 과정이 바로 이것이다. 물물교환이 아닌, 돈을 통한 가치 교환은 채무의 지속적인 승계·이연 과정이다.

그러므로 돈이 돈이기 위해서는 정부가 채무 청산을 보증해야 한다. 채무 중 가장 강력한 채무는 납세 의무다. 국가가 인정하는 유일한 세금 지급 수단이 바로 돈이다.** 돈이 물리적으로 다른 모양새를 띨 수는 있지만(버핏도 두 가지 지폐 도안을 제시했다), 정부가 채무 청산을 보증하지 않고서는 돈이 성립할 수 없다. 화폐는 장기적으로 구매력을 상실하는 자산이지만 경제를 움직이는 동력이며, 한 국가의 화폐 전체의 가치는 정부가 채무를 부과할 수 있는 힘에 달려 있다.

한 질문자는 인플레이션이 미치는 부정적인 영향을 방어하기 위해 기업과 국민들이 할 수 있는 일이 무엇이냐고 물었다.*** 버핏은 긴 답변을 하면서, 위기에 처했을 때에는 정부가 돈을 발행해서 소비심리를 자극할 필요가 있지만 이는 결국 인플레이션을 유발한다고 했다. 인플레이션을 막기 위한 연준의 노력은 반드시 필요한 것이며, 현재까지 파월은 매우 잘하고 있다고 했다. "저의 세계관에서 제이 파월은 영웅입니다."****

암호화폐

이 논의는 자연스럽게 암호화폐 이야기로 이어진다. 버핏과 멍거는 꾸준히 암호화폐에 부정적인 관점을 피력했다. 특히 앞서 대학생의 질

**   "But money is the only thing that the IRS is going to take from you." IRS는 미국 국세청
***   17번째 질문, 오후 세션 챕터 13
****   "I mean, in my book, Jay Powell is a hero."

비트코인 전체를 준다고 하면,

그걸 가지고 무엇을 할 수 있나?

다시 다른 누군가에게 파는 것 외에?

그건 25달러의 가치도 없다.

문(인플레이션 종목 추천을 부탁하는)에 버핏이 답변하던 중에 멍거가 갑자기 끼어든 장면은 백미였다. "저도 한마디 거들겠습니다. 나중에 퇴직연금 계좌를 만들게 될 텐데, 연금 관리인이 친근하게 다가와서 비트코인에 몰빵하라고 하면 거절하세요."

이후에는 대놓고 비트코인을 어떻게 보느냐는 질문도 나왔다.* 버핏은 이렇게 비유했다. 미국 전체 농장의 1%, 혹은 미국 전체 아파트의 1%를 250억 달러에 사라고 하면 당장 사겠다. 반면에 비트코인 전체를 준다고 하면, 그걸 가지고 무엇을 할 수 있나? 다시 다른 누군가에게 파는 것 외에? 그건 25달러의 가치도 없다.

전체 25달러라는 상당히 가혹한 표현이 들어가긴 했지만, 이 말은 산출물이 있는 자산과 없는 자산의 차이를 말한 것이다. 2011년 주주서한에 투자와 자산에 대한 버핏의 생각이 잘 나와 있는데, 여기서 버핏은 자산을 '채권형 자산,** 산출물이 없는 자산, 산출물이 있는 자산'으로 구

---

*   20번째 질문, 오후 세션 챕터 18, 19

**   원문은 'denominated in a given currency'인데, 예금, MMF, 채권, 모기지 등 고정된 원금에 약간의 (그러나 반드시 미리 확정될 필요는 없는) 이자가 붙는 형태의 자산, 즉 'fixed income' 자산을 의미한다. 보통은 고정수익 자산으로 번역하지만 흔히 쓰이는 용어가 아니라 '채권형 자산'으로 번역했다.

분한다. 비트코인은 산출물이 없는 자산이면서 정부가 구매력, 즉 채무 청산을 보증하지 않는 자산이다. 물론 암호화폐 지지자들은 코인의 스테이킹 이자나 에어드랍을 언급할 수 있지만, 여기서 말하는 산출물은 정부에서 채무 청산을 보증하는 자산이다. 농장에서는 우유를 팔아서 돈을 만들고, 아파트에서는 임대료가 나온다.

암호화폐 논의에서 빠질 수 없는 멍거는 더 거칠게 첨언했다. "저는 평생 세 가지를 피해왔습니다. 멍청한 것, 악한 것, 남과 비교해서 못나 보이는 것. 비트코인은 이 세 가지 모두에 해당합니다. 아주 높은 확률로 0원이 될 것이기 때문에 멍청하고, 연준 시스템을 위협하기 때문에 악합니다. 중국은 일찌감치 비트코인을 금지했는데, 덕분에 우리는 선진 문명임에도 불구하고 중국 공산주의자들보다 더 멍청해졌습니다." 주주총회 직후 발생한 루나 사태에 멍거는 무슨 생각을 했을까.

지배구조

ESG는 약방의 감초처럼 이번 주주총회에서도 빠지지 않았다. 버크셔 해서웨이에서 이사회의 독립성을 원하는 요구는 누누이 있어왔고, 이번에도 부결되었다. 버크셔 해서웨이의 이사회는 버핏과 멍거를 비롯하여 그레그 에이블 등 경영에 실제로 참여하는 사람들과 하워드 버핏, 수전 버핏 등 버핏의 일가족, 그리고 기타 친한 지인들로 구성되어 있다. 이사회가 경영진과 독립적으로 구성되어 경영진을 감시해야 회사가 이해상충 없이 효과적으로 작동할 수 있다는 관점에서는 그다지 좋은 점수를 주기 어려운 구조다.

버핏은 이런 요구를 다음과 같은 말로 일축했다. "이런 비판은 마치

—

버핏은 이런 요구를 다음과 같은 말로 일축했다.
"이런 비판은 마치 오디세우스가 트로이 전쟁에서
이기고 돌아왔는데, 그가 전쟁에서 창을 잡은 자세가
마음에 안 든다고 비난하는 것과 같습니다."

—

오디세우스가 트로이 전쟁에서 이기고 돌아왔는데, 그가 전쟁에서 창을 잡은 자세가 마음에 안 든다고 비난하는 것과 같습니다."

일반적으로 이런 구조가 최적이라 한들, 결국 중요한 건 기업의 장기적인 가치 상승 아니겠는가. 버핏이 지금의 버크셔를 만들어왔고, 앞으로도 그가 정상적으로 활동하는 기간 동안은 누구도 그를 대체할 수 없다는 사실은 자명하다.

후계 준비

그러나 버핏이 언제까지고 그 자리에 있을 수 없음은 우리 모두, 그리고 버핏 스스로가 너무나 잘 안다. 버핏은 예전부터 "제가 오늘 트럭에 치이더라도"라는 화두로, 본인이 자리를 떠나도 버크셔는 문제없이 돌아갈 거라고 강조해왔다.

몇 번의 변동이 있었지만 현재는 보험업 운영은 아지트 자인이, 다른 사업의 운영은 그레그 에이블이, 투자업은 테드 웨슐러와 토드 콤즈가 하는 것으로 거의 확정되었다. 이번 주주총회의 전반부에는 그레그와 아지트가 함께 배석하여 질문에 답하기도 했다. 또한 그레그가 버핏만큼의 큰 권한을 가지게 되느냐는 질문*에, 그렇게까지 크지는 않을 거라고 했다.

그러나 과거 후계자로 꼽혔던 데이비드 소콜이 부당거래 혐의로 사임한 이력이 있다. 그레그 에이블도 버크셔 해서웨이 에너지와의 개인적인 지분 관계 때문에 이해상충에 대한 질문을 받기도 했다.** 어찌 되었건 버핏이 알아서 잘 대비했으리라 생각한다. 무엇보다 그저 그의 건강한 모습을 조금이라도 더 오래 보면 좋겠다.

다채로운 부대 행사

오마하에서는 주주총회를 전후로 다양한 행사가 열린다. 흥미롭게도 막상 오마하에서는 택시 기사가 "무슨 콘서트가 있나?"라고 물을 정도로, 도시 전체가 열기에 휩싸이는 그런 분위기는 아니었다. 덕후들만의 축제 같은 느낌이랄까.

쇼핑 데이

주주총회가 열리는 CHI 헬스센터에서는 주주총회 전날 쇼핑 행사를 연다. 주총 입장권을 받는 '윌콜Will Call'도 이곳에서 진행되고, 주총 다음 날 있는 마라톤 행사 등록도 이곳에서 한다.

쇼핑 행사장에서는 씨즈캔디, 보르샤임, 듀라셀 배터리, 루브리졸 윤활유, 네브래스카 퍼니처 마트의 가구, 마몬의 의류, 데어리 퀸의 아이

---

* 24번째이자 마지막 질문, 오후 세션 챕터 23
** 14번째 질문, 오후 세션 챕터 9

스크림 등 버크셔의 소매품들을 직접 구매할 수 있다. 넷젯의 비행기와 클레이턴 홈즈의 집도 전시해놓아서 직접 들어가 볼 수 있다. 물론 계약도 가능하다고 하는데 시도해보지는 않았다.

바비큐 파티

주주총회 당일 저녁에는 버크셔가 주최하는 바비큐 파티가 열린다. 버크셔의 자회사인 네브래스카 퍼니처 마트 매장 옆에서 열린다. 밴드의 공연도 있다. 무료인 줄 알았는데 유료라고 한다. 슬쩍 들어가서 아이스티 정도는 마실 수 있었다. 그리고 행사 전후로 다른 금융회사들이 주최하는 디너 미팅도 있다고 한다.

마라톤

주주총회 다음 날 아침에는 마라톤 행사가 열린다. 5km를 달린다. 짧은 거리지만 5월의 오마하는 꽤 춥다. 그리고 시작하자마자 오르막 구간이 있다. 미국인들은 달리기를 꽤 잘하는 것 같다. 나는 완주에 의의를 두었다. 이벤트로 전문 육상 선수가 바나나 옷을 입고 늦게 출발한다. 바나나맨이 추월하는 사람 수에 비례한 금액이 기부된다고 한다. 기부금 증액에 일조했다.

보르샤임

버핏이 결혼반지를 사고 빌 게이츠도 결혼반지를 샀다는 그 보르샤임이다. 보르샤임은 브랜드 이름이 아니라 여러 브랜드의 매장을 모아놓은 편집숍 같은 느낌이다. 각 브랜드를 할인해서 싸게 살 수 있다. 카

1 CHI 헬스센터의 쇼핑 행사장. 다음 날 여기에서 주주총회가 열렸다.
2 버크셔 해서웨이의 귀금속 소매업체 보르샤임.
3 카르티에는 버핏의 부탁으로 특별히 할인 행사에 참여했다.
4 주총 당일에는 유료 바비큐 파티가 열린다. 밴드가 공연도 한다.

주총 다음 날 진행된 5km 단축 마라톤 대회. 우리 일행은 모두 완주하고 메달을 받았다.

버핏이 좋아하는 스테이크하우스 고라츠. 이곳에서 우연히 '버핏'을 마주쳤다.

르티에도 있다. 원래 할인 행사를 하지 않는 카르티에인데, 버핏의 부탁으로 특별히 행사에 참여했다고 한다. 그리고 보르샤임은 원래 일요일에 문을 열지 않는데 이 또한 버핏이 부탁하니까 일요일에도 문을 열었다고 한다. (팁. 살 때는 인터넷 가격과 꼭 비교해보기 바란다.)

마치며

코로나 시국이 끝나지 않은 와중에, 여러 번의 코로나 테스트와 비싼 항공권 티켓 값과 호텔 숙박료를 감수하며 머나먼 오마하에 다녀왔다. 중부 지방은 인종차별이 심하다더니, 행사장을 벗어난 다른 지역에

안녕, 오마하.

블랙스톤 플라자 고층에 버크셔 해서웨이 본사가 자리 잡고 있다.

서는 흥미로운 일을 겪기도 했다. 그래도 오랜만의 출국이고, 다른 일도 아닌 워런 버핏을 '영접'한다는 느낌에 너무나 설렜다. 비록 멀리서였지만 그를 바라본 순간은 일생에 잊을 수 없는 기억이 되었다. 인생의 위시리스트 하나를 해소했다. 잊지 못할 추억을 함께한 효석, 동근, 지쏘, 정민, 단테에게 깊은 감사를 드린다. 돌아오니 시장은 우울한 분위기지만, 버핏의 기운을 받아 성공 투자하시길 기원한다.

버핏이 60여 년째 살고 있는 저택.

글 **홍진채** | 라쿤자산운용 대표. 서울대 학생 시절 투자연구회 SMIC 회장을 지냈다. 2016년까지 10년간 한국투자밸류자산운용에서 펀드매니저로 일하며 3,000억 원 이상 규모의 펀드를 책임 운용했다. 모닝스타 펀드대상(2014)과 다수의 연기금으로부터 최고의 S등급 평가를 받았다. 2018년부터 트레바리의 독서 모임을 이끄는 등 독서광이기도 하다. '삼프로TV', '김작가TV', '다독다독' 등의 미디어에 출연하여 투자자들로부터 호평을 받았다. 저서로 《주식하는 마음》이 있다.

2021년 버크셔 해서웨이 주주서한 분석

확신하면 신고가에도 '불타기' 매입, 옥시덴탈 지분 25% 확대로도 확인

이은원

'주가가 충분히 하락해서 시장의 관심에서 멀어져 있을 때 묵묵히 줍줍에 나선다.' 워런 버핏의 투자 행보를 이렇게 이해하는 사람이 많다. 그러나 버핏은 경제적 해자를 확신하는 기업에 대해서는 신고가를 경신하는 중에도 과감히 매입한다. 과거 애플 매수 때 그랬고, 최근 옥시덴탈 매수 때에도 그랬다. 애플의 경우 버핏이 매수한 뒤 주가가 조정받기도 했지만, 5년여간 4배가 넘게 올랐다. 옥시덴탈은 어떤 성과를 보여줄까?

2021년 한 해 동안 버크셔 해서웨이 주식의 주가는 29.6% 올라, 28.7% 상승한 S&P500 지수를 0.9%포인트 차이로 앞섰다. 버핏이 경영권을 확보한 1965년 이후 2021년까지 버크셔의 주가는 연평균 20.1% 상승했고, 동일 기간 배당을 포함한 S&P500 지수는 연평균 10.5% 상승했다. 누적하면 버크셔 해서웨이 주가는 3,641,613%, S&P500 지수는 30,209% 상승했다. 즉 1965년부터 버크셔 주식을 보유했다면 2021년 연말 기준으로 약 36,416배 상승했다.

버크셔는 다양한 유형의 기업들을 소유하고 있고, 핵심적인 미국의 상장기업들 지분 일부를 소유하고 있기도 하다. 또한 일부는 외국 기업들이며, 합작 투자와 공동 투자도 여러 건 있다.

어떤 형태로 소유하건 간에, 강력한 경쟁우위와 일류 경영자를 갖춘 기업을 소유하는 것이 버크셔의 목표라고 워런 버핏은 언급한다. 때문에 상장 주식들도 장기 사업 실적이 유망한 것들을 보유하고 있다고 강조한다. 버핏은 항상 '사업적' 관점에서 주식에 접근하라고 조언해왔다.

그는 또 주식시장에서 상장 주식을 매수하는 것의 이점을 언급한다. 보통 기업을 인수할 때에는 내재가치 대비 크게 할인된 가격에 인수하기가 쉽지 않은데, 주식시장은 때때로 이런 기회를 제공한다. 훌륭한 기업의 일부를 아주 매력적인 가격에 매수하는 거래가 가능하다는 말이다. 또한 투자에 실수가 있을 경우 시장에 바로 매각하면 되기 때문에, 상대적으로 그 기업에서 빠져나오기가 쉽다.

버핏은 기업 인수와 상장 주식 매수를 병행하는 전략의 이점을 언급해왔다. 버크셔의 뛰어난 성과는 지난 56년 동안 이러한 투 트랙 전략을 성공적으로 고수해온 결과라 할 수 있다.

서프라이즈, 서프라이즈

버크셔의 자산은 금융 분야에 집중되어 있다는 세간의 오해에 대해 해명한다. 2021년 말 기준 버크셔 전체 자산 9,580억 달러 중 1,580억 달러를 인프라 사업에 투자했고 인프라 자산을 계속 확대할 것이라고 밝힌다. 재무제표상 이 부분은 향후 사업이 성장하면서 더욱 커지겠지만, 특정 산업에 중점적으로 투자하지는 않는다는 의미로 풀이된다.

버크셔는 매년 연방정부에 막대한 세금을 납부하고 있다고 밝힌다. 2021년 법인세는 33억 달러였는데, 미국 재무부 1년 법인세 세수가 4,020억 달러였다. 게다가 주정부와 외국에도 거액의 세금을 납부하니 전체 세수에서 버크셔가 차지하는 비중이 작지 않다. 이런 결과는 놀라운 일이라고 버핏은 버크셔의 역사를 소개하며 설명한다.

1955년 두 방직기업 버크셔와 해서웨이는 더 효율적이고 강한 방직기업으로 태어나기 위해 합병을 단행했으나, 이후 9년간 순자본은 5,140만 달러에서 2,210만 달러로 오히려 감소했다. 9년간의 노력에도 불구하고 적자를 피하기가 어려웠는데 버크셔 해서웨이만의 문제가 아니었다. 뉴잉글랜드 지역 방직산업 자체가 쇠퇴하고 있었기 때문이다.

물론 이런 번영은 버크셔가 미국이라는 강력한 국가 기반에서
사업을 해왔기 때문이라며, 그 공로를 국가에 돌리고 있다.
미국이라는 번영의 기반하에 자본을 성공적으로 재배치한 덕에
주주들과 국가가 엄청난 성장의 과실을 함께 누리게 되었다는 말이다.

버핏은 1965년 초 버크셔에 새로운 경영진을 앉혔고, 자본을 다양한 좋은 사업들에 재배치했다. 이후 이익 재투자의 복리 효과로 주주들은 풍성한 과실을 얻었고, 재무부도 이런 결과를 함께 누렸다. 1955년 합병 후 9년간 버크셔가 납부한 세금 33만 7,359달러는 하루 100달러 수준이었는데, 지금은 하루 900만 달러에 이를 정도로 규모가 커졌다.

물론 이런 번영은 버크셔가 미국이라는 강력한 국가 기반에서 사업을 해왔기 때문이라며, 그 공로를 국가에 돌리고 있다. 미국이라는 번영의 기반하에 자본을 성공적으로 재배치한 덕에 주주들과 국가가 엄청난 성장의 과실을 함께 누리게 되었다는 말이다.

버크셔는 1967년 보험사 내셔널 인뎀너티를 860만 달러에 인수했다. 이후 지속적인 성장을 통해 버크셔는 '플로트' 기준으로 세계 최대 규모의 보험사가 되었는데, 이 또한 놀랄 만한 일로 소개하고 있다. 버크셔의 플로트는 내셔널 인뎀너티 인수 당시 1,900만 달러에서 2021년 말 기준 1,470억 달러로 증가했고, 버크셔의 장기 투자 재원으로 활용되고 있다.

버크셔의 플로트는 비용이 전혀 들지 않았다. 보수적인 보험 인수를 통해 받은 금액보다 돌려주는 금액이 항상 적었기 때문이다. 물론 향후

버크셔의 상장 주식 투자 이익만 놓고 보면
2000년대 중반 이후 줄곧 S&P500 지수보다 뒤처졌다.

보험영업손실이 크게 나는 해도 있겠지만, 버크셔는 이런 재해에 충분히 재무적으로 대비했다고 버핏은 주주들을 안심시킨다.

버크셔는 쇠퇴해가던 방직사업에서 다양한 사업으로 자본을 재배치한 결과, 지난 56년 동안 성장을 거듭해왔다. 그 과정에서 국가 재정에 크게 기여하고 주주들에게 훌륭한 성과를 돌려줄 수 있었던 것 자체가 놀라운 일이라고 회고한다.

버크셔를 구성하는 네 가지 축

버크셔는 다양한 기업들과 일부 지분들을 소유한 구조이지만, 크게 4개 부분으로 나눌 수 있다. 즉 버크셔의 내재가치를 이끄는 네 가지 축이다.

먼저 보험업이다. 보험업은 특히 100% 지분을 보유하고 있으며, 투자에 활용할 막대한 플로트를 창출해준다. 보험업의 상품은 진부해지지 않고, 경제 성장과 인플레이션에 발 맞추어 매출이 계속 증가할 것이다. 건전성과 자본이 중요함은 물론이다.

다음은 애플 지분이다. 1년 전 5.39%이던 지분율이 5.55%로 증가했는데, 애플의 자사주 매입 덕분이다. 버크셔는 애플이 지급한 배당금 7억 8,500만 달러만 회계상 이익으로 인식할 수 있지만, 버크셔가

———

그러나 2016년 시작한 애플 투자에 성공하면서
투자 이익뿐만 아니라 전체 이익 수준이 한 단계 올라섰고,
주가는 이를 반영하게 되었다.

———

보유한 지분율에 해당하는 이익 규모는 56억 달러에 이른다. 자사주 매입에 자본을 재배치하는 CEO 팀 쿡에 대한 칭찬도 덧붙인다.

셋째는 철도 자회사 BNSF이다. 버크셔뿐만 아니라 미국에 없어서는 안 될 자산으로 성장했다고 자평한다. BNSF가 담당하는 물동량을 트럭으로 대체한다면 미국의 탄소 배출량이 급증하게 된다고 지적함으로써, 기후변화 완화에 기여한 부분도 빼놓지 않는다. BNSF는 2021년에 60억 달러의 이익을 거두었는데, 월스트리트에서 유행하는 '수정이익'이 아니라 모든 비용을 차감한 후의 진짜 이익이다. 참고로 2021년 투자 관련 이익을 제외하고 버크셔 사업 부문이 벌어들인 전체 세전 이익은 320억 달러이고 BNSF는 78억 달러를 거두어서 24%를 차지했다. 작년 한 해 동안 1억 4,300만 마일을 운행하면서 화물 5억 3,500만 톤을 운송해서, 미국의 다른 어느 운송업자보다 큰 규모다. 미국 내륙 운송에서 없어서는 안 될 기업이라는 것을 강조하고 있다.

넷째는 전력회사 버크셔 해서웨이 에너지^{BHE}다. 2021년에 40억 달러를 벌어들여서, 버크셔가 인수한 2000년의 이익 1억 2,200만 달러보다 30배 이상 증가했다. 버크셔 사업 부문이 벌어들이는 전체 이익의 10% 수준을 차지한다. 2000년에는 BHE에 풍력과 태양광 발전 실적이

———

2021년 한 해 동안 버크셔 상장 주식 포트폴리오에는
주목할 만한 변화가 없었다.
가장 큰 변화라면 2020년 포트폴리오에 편입되었던
애브비와 머크 등 제약회사 주식들이 빠진 정도다.

———

전혀 없었지만 지금은 미국 내 풍력과 태양광 발전을 선도하고 송전 사업도 하고 있다.

작년에 이어 버크셔를 이끄는 네 가지 축에 애플 지분이 포함된 부분이 인상적이다. 사실 버크셔의 상장 주식 투자 이익만 놓고 보면 2000년대 중반 이후 줄곧 S&P500 지수보다 뒤처졌다. 때문에 버핏은 공개 석상에서 구글과 아마존에 투자할 기회를 놓친 것을 후회하기도 했다. 그러나 2016년 시작한 애플 투자에 성공하면서 투자 이익뿐만 아니라 전체 이익 수준이 한 단계 올라섰고, 주가는 이를 반영하게 되었다. 애플 보유 지분 가치는 2021년 말 기준 1,610억 달러로 버크셔 총자산 9,580억 달러의 16.8%, 보유 상장 주식 총액 3,500억 달러의 46%를 차지한다.

상장 주식 투자

2021년 한 해 동안 버크셔 상장 주식 포트폴리오에는 주목할 만한 변화가 없었다. 가장 큰 변화라면 2020년 포트폴리오에 편입되었던 애브비와 머크 등 제약회사 주식들이 빠진 정도다. 또한 미쓰이물산 등 일

2021년 말 현재 시장 평가액이 가장 큰 보통주 15종목

주식 수	회사명	지분율(%)	매입 원가 (100만 달러)*	시가 (100만 달러)
151,610,700	아메리칸 익스프레스	19.9	1,287	24,804
907,559,761	애플	5.6	31,089	161,155
1,032,852,006	뱅크 오브 아메리카	12.8	14,631	45,952
66,835,615	뱅크 오브 뉴욕 멜론	8.3	2,918	3,882
225,000,000	비야디**	7.7	232	7,693
3,828,941	차터 커뮤니케이션즈	2.2	643	2,496
38,245,036	셰브런	2.0	3,420	4,488
400,000,000	코카콜라	9.2	1,299	23,684
52,975,000	GM	3.6	1,616	3,106
89,241,000	이토추상사	5.6	2,099	2,728
81,714,800	미쓰비시상사	5.5	2,102	2,593
93,776,200	미쓰이 물산	5.7	1,621	2,219
24,669,778	무디스	13.3	248	9,636
143,456,778	US뱅코프	9.7	5,384	8,058
158,824,575	버라이즌	3.8	9,387	8,253
	기타***		26,629	39,972
보통주 시장 평가액 합계			104,605	350,719

* 실제 매입 가격이며 세무보고 기준임.

** BHE가 보유. 그러므로 버크셔 주주들의 실제 지분은 이 지분의 91.1%에 불과.

*** 우선주 및 (보통주 인수) 워런트로 구성된 옥시덴탈 페트롤리움 투자 100억 달러 포함. 현재 평가액은 107억 달러.

본 종합상사 기업의 주식이 추가로 올라왔다. 버크셔는 일본 종합상사 주식을 2020년 하반기에 매수한 것으로 알려졌다. 그 외 다른 종목들은 비중이 달라진 수준이다. 예를 들어 셰브런은 비중을 줄였고 버라이즌은 비중을 키웠다. 또한 100억 달러에 달하는 옥시덴탈 우선주와 워

버핏은 주주서한을 공개한 2월 이후 공격적인 투자들을 단행했다.
우선주와 워런트 가치까지 감안하면
버크셔의 옥시덴탈 지분율은 25%가 넘는다.
또한 마이크로소프트가 액티비전 블리자드 인수를 발표한 1월 이후
액티비전 블리자드 지분을 9.5% 매수해서
현재 시가총액 609억 달러 기준으로 약 58억 달러 규모다.

런트 투자는 기타에 포함되어 있다.

오히려 버핏은 주주서한을 공개한 2월 이후 공격적인 투자들을 단행했다. 3월에 보험사 앨러게이니를 116억 달러에 인수했고, 우선주와 워런트를 보유한 옥시덴탈의 상장 주식을 2월 말에서 3월 중순까지 약 70억 달러어치 매수했다. 이후 꾸준히 추가 매수해 6월 27일 기준으로 약 90억 달러에 달한다. 단일 주주로는 최대 주주이며, 우선주와 워런트 가치까지 감안하면 옥시덴탈 지분율은 25%가 넘는다. 또한 마이크로소프트가 액티비전 블리자드 인수를 발표한 1월 이후 액티비전 블리자드 지분을 9.5% 매수해서 현재 시가총액 609억 달러 기준으로 약 58억 달러 규모다.

특히 옥시덴탈 주식 매수가 인상적이다. 2021년 내내 주가가 20~30달러 박스권에서 움직일 때 매수하지 않고, 고유가와 함께 박스권을 뚫고 올라가는 와중에 공격적인 매수를 단행했다. 물론 기존에 보유한 우선주 전환 가격이 60달러이기 때문에, 공격적인 추격 매수를 단행한

이익 성장이 확실해지기 직전에 대거 매수에 나서는 모습은
버핏이 상장 주식을 매수하는 특징이다.
다만 공개적으로 언급하지 않았을 뿐이다.

40달러 중후반 가격도 버핏 입장에서는 충분히 저평가된 수준으로 판단할 수 있다.

버핏은 이후 주주총회에서 옥시덴탈 주식을 공격적으로 매수한 이유를 설명했다. 2월 말 열린 옥시덴탈의 IR 행사에서 CEO 비키 홀럽Vicki Hollub이 언급한 경영 성과를 듣고 모든 내용이 합리적이라고 판단했다. 경영 개선 현황과 부채 감축 계획, 배당 확대, 장기적인 현금흐름 창출 계획 등이 합리적이고 이해할 만한 수준이었다는 것이다. 이후 2월 말부터 버핏은 공격적으로 주가를 올려가며 매수하게 된다.

버핏의 이런 모습은 주가가 충분히 하락해서 시장의 관심에서 멀어져 있을 때 묵묵히 줍줍에 나설 것만 같은 세간의 이미지와 다르다고 여길 수 있다. 그러나 이익 성장이 확실해지기 직전에 대거 매수에 나서는 모습은 버핏이 상장 주식을 매수하는 특징이다. 다만 공개적으로 언급하지 않았을 뿐이다.

애플 매수가 대표적이다. 애플 주식을 처음 매수한 2016년의 상장 주식 포트폴리오는 70억 달러 수준이었다. 그러나 2017년 말에는 282억 달러로 4배가 되었다. 2017년은 애플 주가가 조정을 끝내고 사상 최고가를 경신하며 상승한 시기였다. 이런 시기에 기존의 3배가 넘는 규모

옥시덴탈 주가(2017/07~2022/06)

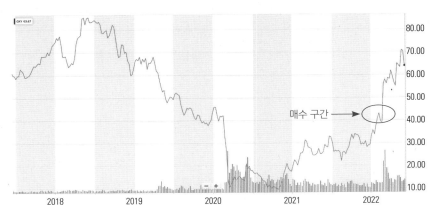

매수 구간 →

출처: 야후 파이낸스

애플 주가(2001/11~2022/06)

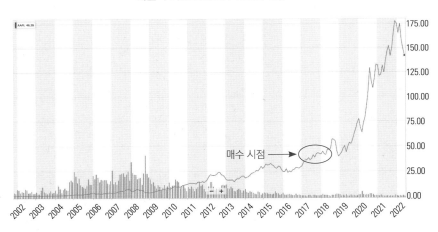

매수 시점 →

출처: 야후 파이낸스

다만 버핏은 주가 차트의 모양에 그리 연연하지 않는 것으로 보이며,
오랫동안 보아와서 잘 아는 기업에 대해서 강한 확신이 들면
신고가에도 불구하고 매수를 단행하는 것으로 판단된다.

로 비중을 확대한 것이다. 이후 주가는 2018년 중반까지 오르다가 조정을 거치고 다시 2019년 하반기부터 본격적으로 폭등한다. 버크셔는 비록 2017년에 신고가를 경신하고 오르는 상태에서 비중을 크게 늘렸지만, 주가는 그 시점을 기준으로 이후 5년간 4배 넘게 상승했다.

버핏의 상장 주식 매매 패턴을 추적하다 보면 이런 부분이 자주 발견된다. 물론 그렇다고 해서 주식을 매수할 때 무조건 '불타기'를 해야 한다는 것은 아니다. 다만 버핏은 주가 차트의 모양에 그리 연연하지 않는 것으로 보이며, 오랫동안 보아와서 잘 아는 기업에 대해서 강한 확신이 들면 신고가에도 불구하고 매수를 단행하는 것으로 판단된다. 기업 가치와 현재 주가의 차이에 대한 확신 없이는 오르는 주가에 올라타서 수익을 내기가 현실적으로 쉽지 않기 때문이다. 기업을 깊이 이해하지 못하면 이후 찾아오기 마련인 급격한 주가 조정 시기를 대부분 견디지 못한다.

물론 주가가 급락하거나 하락 후 오랜 기간 횡보하는 구간에서도 매수해서 버티기 위해서는 기업에 대한 이해가 깊어야 한다. 보통 주가 하락 구간에서는 시장에서 그 기업을 안 좋게 보는 이유가 분명하다. 이런 상황에서 매수를 단행한다는 것은 시장의 견해가 틀렸다고 보는 것이고, 주가가 향후 반등하려면 내 견해가 맞아야 한다. 어쨌거나 투자로

수익을 내기 위해서는 투자 대상에 대한 깊은 이해가 필연적이다.

미국 단기 국채

버크셔는 2021년 말 기준으로 현금 및 현금성 자산 1,440억 달러를 보유하고 있다. 이 중 1,200억 달러가 만기 1년 미만의 미국 단기 국채이며 유통 중인 미국 국채의 약 0.5%에 해당한다.

버크셔는 최소한 300억 달러의 현금을 보유하려고 한다. 재정적으로 튼튼해서 유사시 외부의 도움에 의존하지 않기 위한 최소한의 수준이다. 버크셔가 재보험사이기 때문에 항상 대형 재난 손실을 대비해야 한다. 과거에 버핏은 역사적으로 강력한 허리케인이 미국을 강타할 경우, 버크셔가 책임지게 될 손실의 최대 규모가 300억 달러에 이를 것이라고 추산한 바 있다. 때문에 최소한 그만큼의 현금성 자산을 보유해야 어떤 상황에서도 단잠을 잘 수 있다.

그런데 2021년 말 기준으로 1,440억 달러를 보유하고 있는 것이다. 버핏은 어려서부터 주식 비중을 80% 이상 유지할 정도로 순자산을 모두 주식으로 채우는 것을 선호해왔다고 언급한다. 그만큼 투자 대상을 발굴하고 싶어 하는데, 현재 현금 규모가 큰 것은 기준에 맞는 장기 투자 대상을 발굴하지 못했다는 의미다. 지금 상태가 즐겁지 않지만 결코 오래가지는 않을 것이라고 언급했고, 이후 전술한 바와 같이 여러 건의 공격적인 투자를 단행했다.

자사주 매입

버핏은 기업 가치를 높이는 방법으로 세 가지를 제시한다. 최우선으로 생각하는 방법은 사업 자체의 성장을 위해 투자하는 것이다. 전방 산업의 수요가 성장하면 기업들이 기회를 잡기 위해 투자에 나선다. 자체 사업에 대한 투자이건, 외부 기업 인수이건 이런 투자들은 장기 수익력을 높여준다.

두 번째 방법은 훌륭하거나 위대한 상장기업의 소수 지분을 매수하는 것인데, 주가가 대체로 높은 현재 상황에서는 매력적인 방법이 아니라고 언급한다. 낮은 장기 금리 때문에 주식, 아파트, 농장, 유정 등 모든 생산 자산의 가격이 상승했기 때문이다. 버핏은 자산 가격에 가장 큰 영향을 미치는 요소로 금리를 꼽았다.

세 번째로 제시하는 방법이 자사주 매입이다. 단순하지만 자사주 매입을 통해 개별 주주들의 몫이 증가한다. 가격만 적절하다면 자사주 매입이야말로 주주들의 재산을 늘리는, 가장 손쉬우면서도 확실한 방법이라고 소개한다. 버핏은 지난 2년 동안 2019년 말 기준 유통 주식의 9%에 해당하는 자사주를 517억 달러에 매입했다. 또한 지난 연말부터 2022년 2월 23일까지 12억 달러어치 추가 매입했다.

버크셔만의 특성이지만 자사주 매입을 통해 '주당 플로트'도 늘어나는 효과를 가져온다. 지난 2년 동안 버크셔 A주 기준 주당 플로트는 7만 9,387달러에서 9만 9,497달러로 25% 증가했다. 이렇게 늘어난 플로트가 향후 주당 순이익과 주당 순자산을 늘려주는 레버리지로 활용됨은 물론이다.

훌륭한 경영자와 훌륭한 기업

버크셔 자회사 TTI의 훌륭한 CEO 폴 앤드루스Paul Andrews가 작년에 세상을 떠났다. 지인의 사후에 회사가 망가지는 상황을 지켜본 앤드루스는 자신의 회사가 그런 상황에 빠지지 않도록 대안을 고심했다. 경쟁사에 기업을 넘겨주자니 함께한 직원들이 구조조정을 당할 것 같고, 사모펀드에 매각하자니 그들이 또 다른 엑시트를 위해 회사를 어떻게 끌고 갈지 알 수 없어서 고민에 빠졌다. 결국 버핏을 찾아와서, 남은 대안이 버크셔밖에 없었다며 회사를 매각했다. 그 후 직원은 2,387명에서 8,043명으로 늘었고 이익은 673% 증가했다.

버핏은 TTI와 연관된 에피소드를 하나 더 소개했다. 2009년 가을, 버크셔 이사들의 연례행사를 TTI가 있는 포트워스에서 열었다. 버핏도 방문했는데, 마침 포트워스에 본사가 있는 BNSF의 CEO 매트 로즈Matt Rose를 만나게 된다. 당시 BNSF는 버크셔가 보유한 상장 주식 중 세 번째로 큰 규모였는데, 금융위기의 영향이 최고조에 달해 이익이 급감한 상황이었고 월스트리트의 반응도 비우호적이었다. 이런 시기에 버핏은 BNSF에 인수를 제안했고 제안이 받아들여졌다. BNSF가 버크셔의 100% 자회사가 된 내막이다. TTI 폴 앤드루스와의 인연이 BNSF 인수까지 이어졌다는 이야기다.

버핏은 사업을 버크셔에 매각하는 경우의 이점을 꾸준히 강조해왔다. 한번 인수한 기업은 절대 되팔지 않을 것이고, 월스트리트의 눈치를 볼 필요 없이 경영에만 집중할 수 있다. 인위적인 구조조정도 이루어지지 않는다. 때문에 기업 자체에 대한 애정이 깊은 소유주들은 버크셔를 자신 이후 시대를 준비하는 방안으로 고려할 수 있다. 버크셔는 훌륭한 기업의 마지막 안식처라는 명성과 신뢰를 유지하기 위해 실제로도 인수 기업을 되팔지 않는다. 물론 상장 주식 투자는 그렇지 않다.

이후 버핏은 그동안 함께한 오랜 주주들에게 감사 인사를 전하고, 주주총회 안내로 주주서한을 끝맺는다.

결론

사실 이번 주주서한에서 특별히 주목할 만한 부분은 없었다. 버크셔의 역사와 버크셔를 구성하는 네 개의 사업 등은 웬만한 버핏 마니아라면 귀에 못이 박히도록 들어온 내용이다. 상장 주식 투자 내역과 현금성 자산 보유에 대한 부분도 투자자로서 실전 투자에 참고할 만한 내용은 찾아보기 어려웠다.

그러나 주주서한 발표 이후 버핏의 행보와 주주총회 내용은 실전적으로 의미가 있었다. 버핏의 매수는 '근거'가 명확해야 한다. 단순히 주가가 조정받았다는 이유로 물을 타지 않는다. 매수 이후 급락하더라도 향후 사업 전망이 변하면 과감히 손절하는 모습을 지난 2020년 3월 코로나 팬데믹 시절 항공주 매매에서 볼 수 있었다. 반면에 주가가 올라가고 있더라도 향후 경쟁우위가 두터운 사업이 더 좋아질 전망이라면, 신고가에도 과감히 대량으로 매수 주문을 낸다. 옥시덴탈과 애플 투자 사례를 통해 이런 부분을 확인할 수 있었다.

주주총회 중 인상적인 부분은 매크로 전망에 대한 버핏의 답변이 아닐까 싶다. 과거와 같이 인플레이션, 금리 등의 매크로 지표에 대해서는 멍거를 포함해 자신들은 알지 못하며 시장의 누구도 지속적으로 알 수 없다고 생각한다고 말했다.

그러나 일본 종합상사와 셰브런, 옥시덴탈 등에 대한 성공적인 투자를 보면, 굳이 매크로 지표를 '모른다'고 답변할 필요는 없어 보인다. 유가 상승을 정확히 전망했다고 강력하게 피력하더라도 이런 투자 성공 사례들 때문에 반박하기가 쉽지 않기 때문이다. 게다가 버핏은 전 세계가 인정하는 최고의 투자자다.

매크로에 대한 견해가 미미한 수준으로만 맞아도 여기저기 크게 떠벌리고 다니는 것이 투자 분야 전문가들의 현실이다. 물론 지속적으로 매크로 지표를 맞힌 사례는 버핏 말처럼 없다. 심지어 버핏은 옥시덴탈의 실적 발표에서 CEO도 향후 유가가 어떻게 될지 모른다고 말했다고 전했다. 그리고 자신은 그런 부분이 합리적이라고 생각했다고 언급했다.

투자를 지속하다 보니, 버핏의 이런 '극도의 솔직함'은 단순히 '겸손' 하기 때문은 아니라고 생각하게 되었다. 그보다 투자라는 분야가 솔직하지 않으면 꾸준히 좋은 성과를 내기 어렵기 때문이라는 생각이 든다. 심지어 자신에 대한 '솔직함'이 결여되면 투자자로서 생존이 위태로워질 수도 있다. 자신이 명확히 아는 부분과 모르는 부분을 알아야 리스크가 최소화된다. 내가 무엇을 모르는지 모르는 것이 투자에서 가장 큰 리스크인데, 버핏은 이런 리스크를 낮추는 데 탁월하다.

인플레이션과 금리가 지금 수준에 이를 것이라고 예상한 사람은 많지 않을 것이다. 또한 예상했다고 하더라도 향후 어떤 방향으로 나아갈지 지속적으로 맞힐 확률은 높지 않다. 버핏은 이렇게 확신하기 어려운 매크로보다 기업에 더욱 집중하려는 의지가 아닐까 싶다. 물론 경제 지표에 대해 눈과 귀를 닫아야 한다는 말은 아니다. 확신할 수 없는 부분에 근거해서 투자 의사결정을 한다면 리스크가 커질 수밖에 없다는 말이다. 물론 운이 좋으면 대단한 성과를 낼 수도 있지만, 그 성과를 지속하기는 어려울 것이다.

때문에 버핏은 합리적인 바탕에서 경영이 이뤄지는 좋은 기업을 지켜보다가 사업이 좋은 시기를 만날 무렵에 과감히 베팅에 나서는 것이 아닐까 싶다. 안전마진이 갖춰진 가격이어야 함은 물론이다. 지금까지 버크셔를 크게 도약시킨 소수의 투자 사례들은 대부분 이와 같았다.

글 **이은원** | 연세대학교 수학과를 졸업하고, 2006년 VIP투자자문(현 VIP자산운용)을 시작으로 유리자산운용 등에서 수년간 펀드매니저로 일했다. 버크셔 해서웨이 주주서한을 분석해 워런 버핏의 가치평가 방법론을 정리한 《워런 버핏처럼 적정주가 구하는 법》을 썼다. 현재 SK증권 서초PIB센터에서 개인 고객 위주의 국내 주식 랩(wrap) 상품을 운용하고 있다.

이건규 르네상스자산운용 대표

성장에 대한 가중치 더 높이고
시장에 유연하게 대처한다

홍선표

한국 2세대 가치투자의 대표 주자로 불리는 이건규 르네상스자산운용 대표. 이 대표
의 투자 전략은 전통적인 가치투자에 비해 탄력적이라고 평가된다. 우선 그는 성장
가능성에 더 큰 무게를 싣는다. 그래서 전통적인 가치투자에서 그리 선호되지 않는
정보기술(IT)·바이오 업종에도 적극적으로 투자한다. 또한 '가치투자는 장기 투자'라
는 일반적인 인식과는 달리 상대적으로 짧은 기간 안에 종목을 매매할 때도 적지 않
다. 그에게서 투자 전략과 함께 향후 시장의 흐름과 기회, 개인 투자자의 종목 선정과
자산 운용법, 펀드 선택 방법 등을 들어보았다.

인플레이션발 금리 인상에 대한 우려로 전 세계 주식시장이 몇 달째 큰 폭으로 하락하던 2022년 7월, 서울 여의도 사무실에서 이건규 르네상스자산운용 대표를 만났다. 한국 2세대 가치투자의 대표 주자로 불리는 그의 투자 전략은 전통적인 가치투자에 비해 탄력적이라고 평가된다. 그는 투자 종목을 고를 때 성장 가능성에 더 큰 무게를 싣기 때문에, 전통적인 가치투자자라면 그다지 선호하지 않는 정보기술(IT)·바이오 업종에도 적극적으로 투자하고 있다. 또한 '가치투자는 장기 투자'라는 일반적인 인식과는 달리 상대적으로 짧은 기간 안에 종목을 매매할 때도 적지 않다.

이 대표는 "2010년 이후 성장성 대비 저평가 기업이 재평가받는 시대가 되었다"며 "가치투자도 이제는 살아남기 위해 과거보다 이익 성장에 대한 가중치를 높일 수밖에 없는 상황이 됐다"고 설명했다. 그는 이어 "주식 투자의 장점에는 잘되고 있는 사업체의 동업자가 될 수 있다는 점도 있지만, 반대로 사업 전망이 어두워 보일 때 빠르게 주식을 현금화할 수 있다는 점도 포함돼 있다"며 "장기 투자를 지향하지만 장기 투자가 절대적인 가치투자의 원칙이 될 수는 없다"고 말했다.

2022년 하반기의 시장 흐름은 어떻게 예상하나요.

"글로벌 경제에 풀어야 할 문제가 산적한 것은 사실이지만, 부정적인 변수들이 희석되고 일부 변수들에 긍정적 변화가 나타나면서 시장이 점진적으로 안정을 찾아갈 것으로 기대합니다. 인플레이션과 금리 인상이 시장에 가장 큰 부담 요인이었는데 인플레이션은 올해 상반기를 기점으로 부담이 완화될 전망이며, 금리 인상은 시장에 충분히 노출된 악재여서 추가적인 악영

향을 미치기 어려울 것으로 봅니다.

구체적으로 확인되는 부분은 아직 없어도 하반기에 지정학적 리스크가 감소

"글로벌 경제에 풀어야 할 문제가
산적한 것은 사실이지만,
부정적인 변수들이 희석되고
일부 변수들에 긍정적 변화가 나타나면서
시장이 점진적으로 안정을 찾아갈 것으로 기대합니다."

성장에 대한 가중치 더 높이고 시장에 유연하게 대처한다하는 방향이 나타난다면 주식시장에 호재로 작용할 수 있습니다. 러시아와 우크라이나 모두 부정하는 상황이지만 하반기 휴전 가능성이 열려 있고 미국의 대 중국 관세 인하, 중동의 원유 증산, 베네수엘라와 이란 등의 원유 수출 재개 가능성 등, 현재 부정적으로 작용하는 변수들이 일부라도 긍정적인 방향으로 선회한다면 증시에 의외의 반등 흐름이 나타날 수 있습니다.”

물가 상승이 기업들의 실적에 악영향을 미칠 거라는 우려가 적지 않습니다.

“물류비와 원재료 가격 상승은 기업들의 실적을 짓누르는 가장 큰 변수였어요. 다만 해상 운임이 2021년 말에 하락 추세에 접어들면서 원가 부담이 줄어들고 있습니다. 철강을 비롯해 구리, 니켈, 알루미늄 등의 가격도 5월 이후 급격하게 조정 들어갔고요. 밀, 팜유, 대두, 옥수수 등 식자재 가격 역시 6월 이후 크게 하락하고 있지요.

원재료 가격 변동이 기업의 원가에 영향을 미치는 데에는 3~6개월이 소요되기 때문에 기업들의 원가 부담이 완화되는 모습은 4분기에 본격적으로 나타날 전망이지만, 기업 대부분이 상반기에 제품 가격을 인상했다는 점에서 원가 부담은 2분기를 정점으로 점진적으로 둔화될 것 같아요.

또한 우리나라 기업에는 수출 기업이 많다 보니 단기적으로는 환율 약세가 원가 부담을 줄여주는 역할을 하고 있어요. 아직 2분기 실적이 나오지 않았지만 원화 약세로 인해 국내 기업들의 실적이 우려했던 것보다 양호할 가능성이 높아 보입니다.

기업들의 원가 부담은 2분기를 정점으로 3분기, 4분기로 갈수록 낮아질

"기업들의 원가 부담은 2분기를 정점으로
3분기, 4분기로 갈수록 낮아질 가능성이 높다는 점에서,
계단식 실적 개선이 이루어진다면
주식시장을 바라보는 시각이
충분히 긍정적으로 바뀔 것으로 기대합니다."

가능성이 높다는 점에서, 계단식 실적 개선이 이루어진다면 주식시장을 바라보는 시각이 충분히 긍정적으로 바뀔 것으로 기대합니다."

몇 달간 주가가 많이 빠졌는데 개인 투자자는 어떻게 대응하는 것이 좋을까요.
"현재는 시장을 떠나야 하는 시기가 아니라 불안한 마음을 추스르고 인내해야 하는 시기로 판단합니다. 주식을 팔아야 하는 것은 향후 업황을 긍정적으로 볼 기업이 없거나, 주가가 지나치게 고평가됐다고 판단되는 시기죠. 하지만 지금은 불확실성이 선반영되면서 충분히 매력적인 가격의 기업이 많은 시기로 보입니다.

바닥에서 주식을 주워 담을 수 있는 사람은 없어요. 무릎은 지났다고 판단할 때 주식 비중을 늘려야 하죠. 시장에 불확실성이 많아 보일 때에는 심리적으로 위축될 수밖에 없지만 그런 심리적인 장벽을 넘어서야 주식으로 돈을 벌 수 있다고 생각합니다. 주식으로 돈을 벌 수 있는 시기는 모든 게 안정된 상황이 아니라 많은 불확실성으로 인해 모두가 혼란스러워하는 때니까요."

"중국 코로나 봉쇄 조치, 러시아 전쟁 등으로
수출에 문제가 발생했던 기업들에도
관심을 가지고 있어요.
주식은 안 좋았던 것이 좋아지는 국면에서
긍정적으로 반응하는 경우가 많다는 점을
기억할 필요가 있습니다."

요즘과 같은 상황에서 특히 긍정적으로 보는 업종이 있나요?

"시장의 불안감이 컸던 만큼 낙폭이 컸던 주식들에 대한 관심이 필요합니다. 현재 코스피시장의 PBR은 0.9배 정도여서 경기 침체기의 저점 수준으로 주가가 하락한 상황입니다. 금융위기가 찾아오지만 않는다면 경기 침체 우려는 현재 주가에 어느 정도 선반영되었다고 생각합니다. 반도체, 2차전지 소재, 금융, 화학 업종은 양호한 실적에 비해 낙폭이 컸던 만큼, 시장이 안정화 추세에 들어설 경우 반등 여력이 충분할 듯합니다.

중국 코로나 봉쇄 조치, 러시아 전쟁 등으로 수출에 문제가 발생했던 기업들에도 관심을 가지고 있어요. 주식은 안 좋았던 것이 좋아지는 국면에서 긍정적으로 반응하는 경우가 많다는 점을 기억할 필요가 있습니다. 최근 일부 기업들에서 매출이 둔화되었던 중국 또는 러시아향 수출 물량이 급격하게 회복되는 모습이며 특히 음식료, 임플란트, 의류 등의 업종에서 목격됩니다.

마지막으로 에너지 지형의 변화에 따른 수혜가 가능한 원전, 플랜트, 선박 투자 관련 주식들에 관심 있습니다. 원전은 유럽, 미국, 한국 등이 투자를 재개하면서 수혜가 예상되어 원유, 가스전 투자와 함께 플랜트 투자가 활성화될 전망이고, 러시아 수출 제한으로 LNG 선박 투자가 활발하게 이루어질 것으로 보여요. 이러한 투자 확대는 글로벌 경제와 무관하게 지속될 수 있다는 점에서 장기 보유가 가능하다고 봅니다."

그는 2003년 한국 가치투자의 산실로 불리는 VIP자산운용(구 VIP투자자문)의 창립 멤버로 합류했다. 여기에서 16년간 일하며 가치투자에 대한 자신만의 원칙과 관점을 만들어나갔다. 2010년부터 2018년까지는 최고투자책임자(CIO)로서 회사의 투자 성과를 책임졌다. 2003년부터 그가 창업을 위해 회사를 떠난 2018년까지, VIP자산운용의 운용자산은 100억 원에서 2조 원으로 200배가량 늘어났다. 빠르게 성장하는 회사의 특성을 체험한 시기였다.

르네상스자산운용은 그가 2019년 2월에 신영증권 리서치센터 팀장 출신인 정규봉 대표와 함께 설립한 자산운용사다. 80억 원으로 시작한 운용자산은 3년 만에 3,400억 원을 넘어섰다. 2019년 10월 설정 이후 2022년 4월까지 82% 수익률을 거둔 대표 펀드 '다빈치 1호'를 비롯해 회사의 여러 펀드가 좋은 성과를 기록한 덕분이다. 2020~2021년에는 HMM(옛 현대상선)과 DB하이텍 등의 경기 민감주에 한발 앞서 투자해 2배 이상의 수익을 거두기도 했다.

스 자산운용
asset management

이건규 대표 약력	연세대학교 환경공학과 졸업
	서울대학교 경영대학원 졸업(경영학 석사)
	2003~2018년 VIP자산운용
	2010~2018년 VIP자산운용 CIO
	2019년~ 르네상스자산운용 CEO

본격적으로 가치투자 전략을 이야기해보겠습니다. 대표님은 전통적인 가치투자 스타일의 범주에서 조금은 벗어난다는 평가를 받는데, 가치투자가 무엇이라고 생각하나요.

"먼저 용어를 정의할 필요가 있겠습니다. 가치투자와 가치주에 대해 제가 생각하는 정의부터 말씀드릴게요. 가치투자를 너무 협소하게 생각하는 사람이 많은 것 같아서요.

워런 버핏이 한 말을 인용해볼게요. 버핏이야말로 가치투자를 상징하는 인물이고, 이 인터뷰가 나가는 이 책의 이름도 '버핏클럽'이니까요. 버핏은 1992년 버크셔 해서웨이 연차보고서에서 "주가수익배수(PER) 6배짜리 주식이 12배가 되는 것도 가치투자이고, PER 12배짜리가 18배, 24배가 되는 것도 가치투자입니다"라고 말했어요. 버핏의 동업자인 찰리 멍거도 "지능적인 투자는 모두 가치투자입니다"라고 이야기했죠.

과거에는 기업의 펀더멘털을 보지 않고 차트만 보고 투자하던 시기도 있었습니다. 이때는 가치투자라는 용어가 특별한 의미가 있었습니다. 그런데 요즘에는 투자자 대부분이 기업 가치를 보고 투자하고, 너무 고평가되어서 주가 상승 여력이 전혀 없어 보이는 곳에 투자하는 바보는 없습니다. 단지 투자자들 사이에 어떤 기업의 적정 PER이 12배냐 24배냐 하는 의견의 차이만 있을 뿐이죠."

그렇다면 가치투자와 대비되는 투자 전략은 무엇인가요? 성장주 투자라고 하지는 않을 거 같은데요.

"가치투자와 대비되는 개념이 성장주 투자라고 생각하는 사람도 많은데, 저는 가치투자와 대비되는 개념은 모멘텀 투자라고 생각해요. '주가가 상

"가치투자와 대비되는 개념이 성장주 투자라고
생각하는 사람도 많은데, 저는 가치투자와 대비되는
개념은 모멘텀 투자라고 생각해요.
기관투자가가 이런 모멘텀 투자를 하는 경우는 매우
드물기 때문에 '기관투자가 대부분은 가치투자를 한다'고
생각해도 됩니다."

승 추세에 있으니까', '차트를 보니 매집 세력이 있는 거 같으니까', '어떤 후
보가 당선되면 이 기업 주가가 크게 오를 거라고 하니까' 이런 이유들로 주
식을 사는 경우를 모멘텀 투자라고 할 수 있죠.
이런 투자들에는 모두 펀더멘털이 빠져 있어요. 기관투자가가 이런 모멘텀
투자를 하는 경우는 매우 드물기 때문에 '기관투자가 대부분은 가치투자를
한다'고 생각해도 됩니다."

**기업 펀더멘털 분석을 기초로 이루어지는 모든 투자가 가치투자라
면, 가치주와 성장주를 구분하는 건 큰 의미가 없다고 생각하나요.**
"다시 버핏이 했던 말을 들려드릴게요. 가치주가 어떤 주식이냐는 질문에
버핏은 "가치주와 성장주의 차이는 뚜렷하지 않습니다. 관건은 그 기업에
서 나오는 가치를 얼마로 판단하느냐입니다"라고 대답했습니다. 이어서
"성장은 방정식의 일부일 뿐이며 '성장주에 투자해야 해' 또는 '가치주에
투자해야 해'라고 이야기하는 사람은 투자를 제대로 이해하지 못하는 겁니
다"라고 말했고요. 저도 같은 의견이에요.

"업황에 변화가 생기거나 주가가 급격하게 변할 때에는
분명히 매도해야만 하는 상황도 있습니다.
이런 상황에서도 장기 투자를 해야 한다는 생각 때문에
주식을 계속 보유하는 건 현명한 판단이 아니지요.
저도 장기 투자를 지향하지만 장기 투자가 결코
가치투자의 원칙이나 전제 조건이라고는
생각하지 않아요."

Interview
이건규 르네상스자산운용 대표

사실 주식 투자에 가장 중요한 것은 투자로 돈을 버는 것이지, 가치주와 성장주를 구분하는 건 별로 의미가 없다고 생각해요. 한 주식을 둘 중 하나로 분류하기가 어렵기도 하거니와 크게 의미 있는 일도 아니에요. 예를 들어 삼성전자를 어떤 사람은 성장주로 분류할 수 있고 다른 사람은 가치주로 분류할 수 있어요."

그럼에도 불구하고 가치주와 성장주의 분류가 적용되는 종목들도 여전히 있지 않나요.

"물론 누가 봐도 명백하게 성장주로 보이는 주식들도 있습니다. 네이버, 카카오 같은 주식이 그렇죠. 성장 잠재력이 높은 대신 밸류에이션도 합당하게 높은 수준입니다. 또 명백하게 가치주로 보이는 주식들도 있어요. 신도리코, 현대홈쇼핑 같은 주식들이 그래요. 보유 현금 대비 시가총액이 낮은 주식도 있고, 수익 가치 대비 주가가 매우 낮은 주식도 있죠. 이런 주식들은 분명히 가치주로 분류될 수 있고요. 그런데 이런 몇몇 주식을 제외한 나머지 주식들은 대부분 성장주로도 가치주로도 분류가 가능합니다."

개인 투자자 중에는 가치투자를 한번 선택한 종목을 오랫동안 보유하는 거라고 이해하는 사람도 적지 않은데, 이에 대해서는 어떻게 생각하나요.

"개인 투자자 대부분이 가치투자를 장기 투자와 같은 뜻으로 잘못 이해하고 있다고 생각해요. 많은 사람이 장기 투자가 가치투자의 전제 조건이라고 잘못 이해하고 있고요.

주가가 매년 10~15%씩 오르고 기대했던 수준의 업황이 유지된다면 한 주식을 계속해서 보유하는 게 가능하죠. 그런데 업황에 변화가 생기거나 주가가 급격하게 변할 때에는 분명히 매도해야만 하는 상황도 있습니다. 이런 상황에서도 장기 투자를 해야 한다는 생각 때문에 주식을 계속 보유하는 건 현명한 판단이 아니에요. 주식 투자의 장점에는 주식 매수를 통해 잘되고 있는 사업의 동업자가 될 수 있다는 점이 있지만, 사업 전망이 어두워 보일 때 손쉽게 보유 주식을 현금화할 수 있다는 점도 있으니까요. 저도 장기 투자를 지향하지만 장기 투자가 결코 가치투자의 원칙이나 전제 조건이라고는 생각하지 않아요.

좀 더 말씀드리면 과거에는 자기자본이익률(ROE)이 낮은 주식도 업황이 개선되면 주가가 반등하는 모습을 보였지만, 2010년 이후 '딥 밸류(deep value, 초저평가 영역의 주식에 투자)'를 추구하는 운용사와 개인 투자자가 급격하게 줄면서 이런 주식들에 대한 시장의 재평가를 기대하기 어려워진 게 사실이에요. ROE가 낮은 기업은 시간이 지날수록 ROE가 더 낮아질 수 있어서 시간이 내 편이 아니게 됩니다. 시장이 더 이상 장부가치에 큰 평가를 주지 않는 만큼, 수익 가치에 중점을 두고 평가해야 한다고 생각합니다. 다만 예외가 있는데요, 자산주이지만 신규 사업을 통해 ROE를 높일 수 있는 회사가 있다면 좋은 투자 기회라고 생각해요."

전통적인 가치투자 방법론과는 조금 다른 듯한데 이런 관점을 갖게 된 특별한 경험이 있나요?

"2008년 글로벌 금융위기 이후 '차화정 장세'라고 자동차, 화학, 정유 업종 주식들이 확 오른 때가 있었는데 그 시기를 거치면서 투자관이 좀 바뀌었습니다. 이때 개인적으로 반성도 많이 했고요.

그 전까지만 해도 시장에서 좋아하거나 인기 있는 주식들을 본능적으로 피한 부분이 좀 있었어요. 당시 가치투자자 상당수는 차화정 주식을 테마주로 치부하기도 했고요.

그런데 그때는 중국의 해외 수출이 본격적으로 증가하면서 중간재이던 한국산 정유, 화학 제품의 중국 수출이 크게 늘어난 시기거든요. 국내 정유, 화학 기업들의 수출 실적이 구조적으로 개선되는 시기였어요. 또 중국의 소득 수준이 높아지면서 한국 자동차가 중국에서 굉장히 많이 팔려서 한국 자동차 메이커들의 수출 실적도 드라마틱하게 개선됐고요. 주가는 테마주 같은 상승세를 보였지만 이익이 가파르게 증가해서, 주가가 올라도 밸류에이션은 여전히 낮은 수준이었죠. 주가가 올라도 여전히 쌌어요.

처음엔 '인기주니까 사지 말자, 저건 버블이야'라고 생각했지만 나중에 가니까 '내가 잘못 봤구나' 하는 생각이 들더라고요. 어닝이 제가 생각했던 것보다 더 강했죠. '내가 잘못 판단했던 거지, 시장이 잘못 본 게 아니었구나' 하는 반성이 많이 들었어요.

인기 있는 주식이라고 해서 그냥 '이건 테마야. 너무 올랐어'라고 생각하는 게 아니라, 그 기업이 내가 생각했던 것보다 펀더멘털이 더 좋다면 나도 같이 사는 게 맞다는 것을 배웠어요. 반성을 많이 하게 된 계기죠. 시장에서 인기가 있다고 해서 투자 대상에서 배제할 필요는 없는데 말이에요."

2020, 2021년에 투자해서 좋은 성과를 거둔 HMM 주식이 방금 언급한 경험에서 배운 교훈이 잘 적용된 사례 같은데, 어떤 과정을 거쳐서 이 종목에 투자하기로 결정했나요.

"HMM 투자는 회사뿐만 아니라 저 개인에게도 좋은 경험이었어요. 코로

"기본적으로 가치투자자는 가격이 크게 오른 주식에
투자하는 것을 본능적으로 꺼리는 경향이 강한데,
실적의 가시성이 아직 뚜렷하지 않은 상황에서 주가가
두 배나 올라버렸으니 투자를 망설일 수밖에 없었어요.
그렇지만 내부 애널리스트가 강한 확신을 보였기에
투자를 결정했죠."

나 발생 이후 운임지수가 급등하면서 실적 개선 기대감으로 주가가 솟구치기 시작했지만, 수년 동안의 적자와 구조조정으로 이 기업을 커버하는 애널리스트가 없었고, 처음 겪는 업황에 업계도 어리둥절해하는 상황이었습니다. 아무것도 보이지 않는 상황이었지만 일단 기대감만으로 주가가 급등하고 있었죠.

HMM 내부에서도 이익이 얼마나 나올지 가늠하기 어려워했는데, 저희 회사 애널리스트가 대만 선사들의 실적과 비교하면서 영업이익 1조 원도 달성 가능할 것 같다고 분석한 자료를 가져오더라고요. 당시 시장에서는 3,000억~5,000억 원 수준도 꿈같은 숫자라고 생각했어요

기본적으로 가치투자자는 가격이 크게 오른 주식에 투자하는 것을 본능적으로 꺼리는 경향이 강한데, 실적의 가시성이 아직 뚜렷하지 않은 상황에서 주가가 두 배나 올라버렸으니 투자를 망설일 수밖에 없었어요. 그렇지만 내부 애널리스트가 강한 확신을 보였기에 투자를 결정했죠. 그리고 시간이 지날수록 애널리스트가 예측한 숫자가 귀신같이 맞아떨어졌어요. 주가는 이를 반영해서 추가로 급등했고 긍정적인 전망도 쏟아져 나오기 시작했죠."

보유하던 HMM 주식을 매도하기로 결정한 순간은요.

"'더 이상 갖고 있으면 위험하겠다'라는 생각이 든 순간은 주식 투자를 안 하던 지인들이 대박 주식이라며 HMM을 샀다는 소식을 들었을 때입니다. 당장 업황이 좋은 것은 사실이지만 하반기에 둔화될 가능성, 소외주에서 인기주로 바뀌는 모습을 보고 욕심을 더 내면 안 되겠다고 판단해서 매도했죠. 주가는 그 이후 약세로 전환했고요."

이 투자를 통해서 어떤 점을 배웠나요.

"주가가 올랐다고 하더라도 분석에 확신이 있고 저평가됐다고 판단된다면, 주가가 올랐다는 이유만으로 매수를 유보해서는 안 된다는 점입니다. 철저한 분석을 통해 실적을 실제 이익과 가깝게 추정할수록 투자 성공 확률을 높일 수 있다는 점도 깊게 배웠고요. 남들이 환호할 때 한발 앞서서 나올 수 있어야 한다는 점도요. 운 좋게 이 3박자가 고루 들어맞은 투자였다고 생각해요."

그가 주식 투자를 본격적으로 공부하기 시작한 것은 군 복무 때였다. 외환위기가 몰아닥친 1997년, 연세대 환경공학과 3학년에 다니다가 군에 입대했다. 용돈벌이 삼아 굴리던 주식들은 미리 깨끗하게 팔아치웠다. 하루가 다르게 주가가 폭락하니 들고 있어봤자 휴지 조각이 될 것이 뻔해 보였기 때문이다. 입대하고 반년 후쯤 내무반 TV에서 코스피지수가 280선(1998년 6월 16일)까지 떨어졌다는 뉴스를 접한 그는 더 큰 돈을 잃기 전에 미련 없이 주식을 정리한 자신이 조금은 대견했다.

그런데 언젠가부터 코스피가 이상한 모습을 보였다. 조금씩 꿈틀대더니 어느 순간 하늘 높게 솟구쳐 오르며 누구도 예상하지 못했던 극적인 V 자 회복을 선보였다. 반등이 시작된 지 1년 만에 코스피지수가 900선을 넘어섰다.

"그때 지수가 정말 완벽하게 V 자 반등을 했죠. 1년 만에 주가가 3배 넘게 올랐으니까요. 그 모습을 보면서 '주식 투자라는 게 항상 할 필요는 없지만 이런 때 안 하면 바보가 될 수 있겠구나' 하는 생각이 들더라고요. 그때부터 닥치는 대로 주식 책을 읽었어요."

그가 '기업의 주가는 결국 기업의 실적이 결정한다'라는 가치투자의 '제1원칙'을 어렴풋하게나마 깨달은 순간이었다. 투자 대가들의 명저들을 옆에 쌓아두고 읽으며 말년 병장 시기를 보낸 그는 복학 후 본격적인 투자 공부를 시작했다. 기업을 알아야만 투자에 성공할 수 있다는 생각에 경영학과 수업을 연달아 청강했다. 특히 투자론 수업은 20여 년이 지난 지금도 "너무 재미있었다"라는 말이 바로 튀어나올 정도로 흥미진진했다. 기초 실력을 다진 뒤에는 여러 투자대회에 나가 이론을 바탕으로 경험을 벌어들였다. 학교에서 진행된 모의 투자대회에서 1위를 했고, 증권사가 주최한 대학생 실전 투자대회에서도 본선에 진출해 상위권 성적을 거뒀다. 이런 식으로 투자업계에서 일하겠다는 목표를 향해 꾸준히 나아갔다. 졸업 이후 투자자문사에 입사했다.

이건규 대표는 기관투자가 대상 르네상스자산운용의 펀드에 '마젤란'이라는 이름을 붙였다. '월가의 영웅' 피터 린치가 운용한 펀드의 명칭과 같다. 역사상 가장 뛰어난 펀드매니저인 린치는 1977년 33세의 나이에 피델리티매니지먼트의 주식형 펀드인 '마젤란펀드'를 책임진 이후 1990년까지 13년간 운용하면서 누적 수익률 2,700%, 연평균 수익률 29%라는 기록을 세웠다. 같은 기간 미국 대표 주가지수 S&P500이 기록한 수익률의 두 배가 넘었다. 운용 첫해 2,000만 달러였던 펀드 규모는 13년 뒤 140억 달러로 660배가량 늘어났다.

이 같은 성과 덕분에 린치는 전 세계 모든 펀드매니저의 롤 모델로 꼽힌다. 그의 대표작 《전설로 떠나는 월가의 영웅》은 개인 투자자들에게 올바른 주식 투자 방법을 설명하는 내용으로 채워져 있다. 이 대표 역시 개인 투자자들에게 가치투자의 첫걸음을 쉽게 안내하기 위해 2018년 《투자의 가치》를 출간했다. 이 대표에게 개인 투자자를 위한 맞춤형 조언을 구했다.

좋은 주식에 투자하고 싶은 개인 투자자들을 위해 묻겠습니다. 피터 린치는 자신의 책 《월가의 영웅》에서 개인 투자자라면 자신이 일하는 업종에 속한 기업들에 투자하는 것이 유리하다고 조언했고, 대표님도 《투자의 가치》에서 같은 이야기를 했는데 이유가 무엇인가요.

"책에서도 말씀드렸듯이 개인 투자자라면 자신이 아는 업종에 투자하는 것이 가장 좋을 수 있다고 생각해요. 예를 들어서 내가 테크 업종에 있으면 테크 산업의 이해도가 높을 수밖에 없잖아요. 관련된 기술의 이해도가 높고, 업계 상황과 트렌드 변화를 남들보다 빨리 포착할 수 있고요. 잘 아는 분야이기 때문에, 투자에 대한 감각만 키운다면 좋은 성과를 거둘 확률이 높아요. 투자 전문가들보다도 한발 빠르게 변화의 조짐을 포착하고 먼저 움직일 수 있으니까요. 특히 IT, 2차전지, 화학 등 전문 분야에 지식이 있다면 전문 투자자들보다 한발 앞서서 투자하는 게 가능하다고 생각합니다.

이런 전문적인 분야가 아닌 다른 영역에서는 누가 더 귀를 활짝 열어놓았는지, 누가 더 발품을 많이 팔았는지가 성공 여부를 결정하는 것 같아요. 뻔뻔

스럽게 계속해서 질문을 던지는 자세도 중요하고요. 예를 들어 특정 브랜드의 옷이 잘 팔린다는 이야기를 들었다면, 매장에 수시로 찾아가서 다른 브랜드 매장과 손님 수를 비교해본다든지, 매장 직원에게 최근 매출이 늘고 있는지 등을 직접 물어볼 수 있겠죠. 더 나아간다면 면세점에 가서 중국인들의 수가 얼마나 되는지까지도 체크할 수 있을 거고요.

기관투자가는 회사 일에 얽매여 있어 발로 뛰는 데 한계가 있지만, 개인 투자자는 열정만 있다면 여러 사람을 만나면서 얼마든지 트렌드를 읽어나갈 수 있다고 생각합니다."

피터 린치는 전업 투자자가 아닌 개인 투자자에게 '어떤 경우라도 한 번에 5개 이상의 기업에 투자하지 말라'고 조언했습니다. 5개 이상이면 기업과 업종의 변화를 꾸준히 점검하면서 합리적으로 투자할 수 없다고요. 여기에 대해서 어떤 의견인가요.

"저는 투자 경험에 따라서 다르다고 생각해요. 투자자의 경험에 따라 전적으로 동의할 때도 있고 동의하지 않을 때도 있죠.

우선 투자 경험이 얼마 안 된다면 좀 더 많은 종목을 가져가는 게 맞다고 생각합니다. 투자에 익숙하지 않은 상황에서 소수 종목에만 집중 투자하면 수익률 측면에서든 경험 측면에서든 좋지 않은 것 같거든요. 오히려 조금 더 많은 종목에 투자하면서 분산 투자하는 것이 좋습니다. 수익을 내는 경험도 중요하지만 손실을 보는 경험도 장기적 성공을 위해서 꼭 필요하니까요. '내가 이걸 잘못 판단했구나', '내가 잘못 투자했구나' 이런 점을 깨달으면서 다양한 경험을 해보는 게 중요하죠. 그렇다고 해서 100개 종목 이렇게 투자하라는 건 아니고요, 20~30개 수준에서 다양한 투자를 해보는 게 좋

"제가 가장 좋아하는 투자 스타일은
데이비드 드레먼의 역발상 투자예요.
이 스타일의 목표는, 성장성은 높은데
밸류에이션은 여기에 미치지 못하는,
그러니까 성장성이 저평가된 종목을 찾는 것입니다."

아요. 이렇게 다양한 종목에 투자하면서 성공 경험도 실패 경험도 쌓다 보면 내 강점과 약점을 분명히 알 수 있게 되거든요.

어느 정도 숙련된 투자자라면 피터 린치의 말에 전적으로 동의합니다. 왜냐하면 투자를 전업으로 하지 않는 개인이 직접 사업 보고서를 찾아서 상황을 꾸준히 점검할 수 있는 종목은 5~6개가 최대거든요. 저희는 전문 투자자이고 24시간 투자에만 신경 쓰지만 저희도 정말 깊게 볼 수 있는 기업은 한 명당 10곳이 안 됩니다. 물론 한다고 하면 20~30개 기업도 커버할 수는 있지만, 10개 내외 종목을 분석할 때의 깊이만큼 하는 것은 물리적으로 불가능해요. 그렇기 때문에 어느 정도 경험 있는 개인 투자자에 한해서라면 피터 린치의 말에 전적으로 동의합니다."

투자 대가들 중에서 가장 좋아하고 가장 닮고 싶은 투자자는 누구이고 스타일은 무엇인가요.

"제가 가장 좋아하는 투자 스타일은 데이비드 드레먼의 역발상 투자예요. 이 스타일의 목표는, 성장성은 높은데 밸류에이션은 여기에 미치지 못하는, 그러니까 성장성이 저평가된 종목을 찾는 것입니다. 성장 가능성은 높지만 밸류에이션은 아직 낮은 주식을 찾는 것, 이것이야말로 주식 투자의 핵심이라고 생각해요. 제가 지금까지 말한 내용도 대부분 역발상 투자에 따른 생각으로 보아도 되고요.

주가는 결국 기업의 이익과 밸류에이션의 조합으로 이루어지니, 이익이 성장하는 데 비해 밸류에이션이 낮다면 밸류에이션 재평가를 통해 주가가 오를 수밖에 없습니다. 이익과 밸류에이션, 두 가지가 다 좋아지는 선순환 구조로요.

버핏의 투자철학은 '성장하는 기업을 합리적인 가격에 매수'하는 것입니다. 구체적인 가치투자 전략 중에서는 GARP(Growth At Reasonable Price)에 가장 가깝고요. 좋은 기업을 적당한 가격에 산다는 거죠. 이에 비해 데이비드 드레먼은 저평가된 성장 기업을 찾는 데 더 집중합니다. 어떤 느낌인지만 간단하게 설명하면, 이익 성장이 15%인데 PER은 15배라면 GARP 주식으로 여기고, 이익 성장은 15%인데 PER은 8배라면 비인기 성장주라고 여깁니다.

저는 이런 비인기 성장주가 가장 좋은 주식이라고 생각합니다. 이런 주식을 찾는 것이 가장 큰 임무고요. 당연히 시장에 그렇게 많지 않아요. 찾기도 정말 어렵죠. 그래서 이런 주식들을 찾으려고 저와 직원들 모두 정말 많이 노력하고 있어요."

이건규 대표는 《투자의 가치》에서 개인 투자자들이 개별 종목 투자 여부를 결정할 때 활용할 수 있는 3단계 방법론을 안내한다. 먼저 업종별 체크포인트를 바탕으로 해당 기업이 속한 산업의 전체적인 업황을 분석한 뒤, 개별 기업으로 넘어가 비즈니스 모델, 경제적 해자, 성장동력을 파악한다. 이 과

> "업종을 봐야만 그 기업의 시장점유율이
> 늘어나는지 줄어드는지 알고,
> 또 기업이 속한 산업이 성장하는지 정체되는지를
> 정확히 파악할 수 있습니다.
> 특히 산업에 대한 판단은 항상 투자보다 먼저
> 이루어져야 해요."

정을 마친 뒤에는 기업의 재무제표를 살펴서 펀더멘털과 밸류에이션을 스스로 판단하는 마지막 단계를 밟아야 한다. 이처럼 '업종 → 비즈니스 모델 → 재무제표'순으로 기업을 검증하는 과정을 거쳐야만 후회하지 않을 결정을 내릴 수 있다고 강조한다.

개인 투자자는 투자하려는 기업이 속한 업종 분석 없이 바로 개별 기업에 투자하는 사례가 적지 않은 듯합니다. 투자를 결정하기 전에, 그리고 주식을 들고 있는 기간에도 투자 기업이 속한 업종과 산업을 꾸준히 분석해야 하는 이유는 무엇인가요.

"투자를 결정하기 전에 그 기업이 속한 업종을 분석하는 것은 너무나 당연한 일입니다. 그래야만 그 기업이 시장에서 차지하는 위치를 객관적으로 볼 수 있으니까요. 기업들은 다 자사가 최고라고 이야기하니 그 말만 믿을 수는 없죠.

업종을 봐야만 그 기업의 시장점유율이 늘어나는지 줄어드는지 알고, 또 기업이 속한 산업이 성장하는지 정체되는지를 정확히 파악할 수 있습니다. 특히 산업에 대한 판단은 항상 투자보다 먼저 이루어져야 해요. 기업의 역량이 매우 뛰어나더라도 산업이 가라앉고 있으면 결국 이 역량이 빛을 발하지 못하고 산업과 함께 가라앉는 경우가 정말 많거든요.

산업과 기업은 반드시 같이 봐야 합니다. 무조건 같이 봐야 해요. 산업이 기울고 있으면 아무리 기업 역량이 뛰어나다고 해도 성장의 한계치가 존재하니까요. 산업을 봐야 전체적인 그림을 보고 기업을 객관적으로 볼 수 있죠. 특정 기업이 새로운 제품이나 비즈니스 모델을 내놓으면 먼저 전체 산업의 관점에서 비교해야 합니다. 그래야 경쟁사라든지 그런 변수들도 한눈에 파악할 수 있어요. 한 기업의 상황만이 아니라 경쟁사의 상황까지 같이 살펴야 크로스 체크가 가능한 부분들이 분명 있거든요."

코로나19 사태를 거치면서 주식 투자 분야에서 나타난 가장 큰 변화가 해외 주식에 투자하는 개인 투자자가 엄청나게 늘어난 것인데요. 대표님과 르네상스자산운용은 전문 투자자, 투자 기관이면서도 해외 주식에 투자하지 않는 이유가 있나요?

"저희 회사도 지금 당장은 해외 주식에 투자하지 않지만 앞으로 투자 영역을 확장하기 위해 테스트하고 있습니다. 저는 기본적으로 한국 사람이라면 한국 주식에 많은 비중을 두고 투자하는 게 좋다고 생각해요. 예를 들어 하버드대학에서 최첨단 금융 기법을 배우고 정말 투자자로서 배울 수 있는 모든 이론적 지식을 갖춘 미국인이 있다고 해봅시다. 이 사람이 한국에 와서 한국 주식에 투자해요. 그럼 과연 한국 투자자보다 투자를 잘할까요? 저는 이 점에 의문을 갖고 있어요.

이 미국 투자자가 한국 문화와 사회를 한국 사람보다 잘 이해할 수 있을까요? 트렌드라든지 이런 것들을 과연 한국 사람보다 더 빨리 캐치할 수 있

"예를 들어 하버드대학에서 최첨단 금융 기법을 배우고
정말 투자자로서 배울 수 있는 모든 이론적
지식을 갖춘 미국인이 있다고 해봅시다.
이 사람이 한국에 와서 한국 주식에 투자해요.
그럼 과연 한국 투자자보다 투자를 잘할까요?
저는 이 점에 의문을 갖고 있어요."

을까요? 한국 사람보다 더 깊이 있게 기업을 분석하거나 이해할 수 있을까요? 이런 점들에 대해 저는 무조건 아니라고 생각해요. 미국 시장이 매력적인 것은 분명한 사실이지만 한국 사람이 미국 주식에 투자하는 것은 한국에 온 미국 사람과 똑같은 상황이 된다고 생각합니다.

한국 주식시장이 좀 터프한 면이 있고 등락이 있는 것도 사실이지만, 저는 주식 투자를 할 때에는 기업을 깊이 있게 분석해야 한다고 생각하고, 한국 사람이 가장 잘 알고 투자할 수 있는 기업은 한국 기업이라고 생각해요."

한국 주식은 지배구조, 주주환원 정책 등에서 해외 주식에 비해 경쟁력이 떨어진다는 평가가 적지 않습니다. 코스피지수도 코로나19 사태 이전에는 10년 가까이 박스권에 묶여 있었고요.

"분명 그런 면이 존재하죠. 그런데 한국 시장은 지수만 보면 갇혀 있었다고 할 수도 있지만 특정 시기에 개별 업종이나 개별 기업을 좀 더 마이크로하게 보면 항상 기회가 있었어요. 그래서 저는 시장의 문제라기보다는 '내가 좋은 주식을 찾지 못했을 수도 있다'라는 관점에서 바라봐야 한다고 생각해요.

한국 시장이 터프한 건 사실이지만 결국에는 내가 어떤 종목에 투자했느냐에 따라서 지난 10년간의 수익률이 크게 달라졌을 거라는 말이죠. 그러니까 지수만 보고, 그리고 특정 몇몇 회사의 문제만 보고 한국 시장의 매력을 낮춰 보는 건 좋지 않다고 생각해요.

'한국 시장에도 분명히 기회가 있었고 어떤 구간에서도 기회는 항상 존재해왔다. 단지 내가 찾지 못했을 뿐'이라고 생각하기 때문에 저에게 한국 시장은 여전히 매력적이에요. 앞에서 설명한 이유처럼 한국 사람이라면 주식 투자액의 80~90%는 한국 시장에 배분하는 것이 좋다고 봐요. 다만 분산 투자를 통한 리스크 헤지 차원이라든지 장기 투자를 원한다면 10~20% 정도는 해외 시장에 투자해도 좋고요."

한국뿐 아니라 미국에서도 주가가 크게 떨어져서 고민인 투자자가 많은데 이런 이들에게 조언한다면.

"저희 회사가 올해 초에 투자일임업 라이선스를 받아서 개인 투자자들도 자주 만납니다. 그런데 이들이 공통적으로 '코로나 이후에 투자해서 한창 재미를 봤는데 작년 하반기부터 시장 상황이 많이 어려워졌고 더 이상 수익을 내기 힘들다'고 하거든요. 시간은 시간대로 들어가고 스트레스는 스트레스대로 받고 그런데 수익률은 마이너스이고, 이런 상황이 1년 동안 지속되다 보니 다들 마음고생이 심한 편이에요.

개인 투자자에게 하고 싶은 조언이 하나 있어요. 투자를 오래 해온 이에게는 해당되지 않고, 코로나 전후로 시장에 처음 들어와서 주식 투자를 한 지 2년 정도 지난 이에게 하는 말씀입니다. 이제 냉정하게 자신의 투자 실력을 평가해야 할 때가 된 것 같습니다. 고점에 사서 저점에 파는 행동을 반복하고 있는지, 주식 투자를 정말 잘할 수 있는지 복기하면서 자신을 냉정하게 평가해보십시오. 그래서 '주식 투자에 소질이 적은 것 같다'라고 판단했다면 직접 투자 대신 펀드 같은 간접 투자도 진지하게 고민할 시기가 되었다고 생각해요.

개인 투자자가 겪는 가장 큰 어려움은 주가가 올랐을 때 사고 떨어질 때 판다는 것입니다. 이런 문제를 극복하려면 심리적인 장벽, 공포감을 넘어서야 하는데 그게 쉽지 않거든요."

가치투자 철학과 전략을 따르는 펀드에 가입하는 것도 가치투자라고 할 수 있을 것 같은데요. 좋은 펀드를 고르는 기준은 무엇이라고 생각하나요.

"펀드도 종목을 사듯이 투자해야만 한다고 생각해요. 종목에 투자할 때 그 종목을 스터디해야만 하듯이, 펀드에 투자할 때에도 펀드에 들어 있는 종목을 스터디해야 합니다. 예를 들어 그냥 유명한 펀드를 고르는 것이 아니라 그 펀드가 왜 유명한지, 어떤 종목이 들어 있는지를 자세히 살펴봐야죠. 그게 진정으로 펀드에 가입하는 거예요.

그냥 누가, 어디 지점에서 추천해서 투자한다든지, 아니면 수익률이 좋다는 소문만 듣고 투자한다면 개별 주식을 소문만 듣고 투자하는 거나 마찬가지라고 생각하거든요.

그래서 가입하기 전에 명세서를 살펴보면서 펀드에 담겨 있는 종목들이 과

"펀드 운용 보고서를 볼 때, 예를 들어 삼성전자,
SK하이닉스, 삼성바이오로직스, 현대차 이런 식으로
시가총액 상위 종목들로만 채웠다면 피해야 합니다."

Interview
이건규 르네상스자산운용 대표

연 합리적인 목적과 전략에 따라 선정되었는지 생각하고 고민해봐야만 좋은 펀드를 고를 수 있습니다.

그리고 펀드 운용 보고서를 볼 때, 예를 들어 삼성전자, SK하이닉스, 삼성바이오로직스, 현대차 이런 식으로 시가총액 상위 종목들로만 채웠다면 피해야 합니다."

왜 피해야 하나요?

"인덱스펀드와 똑같으니까요. 인덱스펀드에 가입하면 수수료가 훨씬 싸니, 굳이 비싼 보수를 지불하면서까지 이런 펀드에 들 필요가 없죠. 지금은 좀 나아졌지만 과거에는 이런 펀드가 생각보다 꽤 많았어요. 이렇게 시가총액 상위 종목들로 쭉 채운 펀드는 펀드로서의 의미가 없다고 보면 됩니다.

그런 펀드가 아니라면 이제 상위권에 편입된 종목들의 색깔을 봐야 해요. 어떤 업종이 많고 밸류에이션이 어느 수준인 종목들이 상위권에 들어가 있는지를 보면 그 펀드의 성격을 한눈에 확인할 수 있거든요. 성장주를 좋아하는 펀드인지, 가치주를 좋아하는 펀드인지, 어떤 쪽에 좀 더 초점을 두었는지 판단이 가능하고, 이런 판단을 내린 상태에서만 펀드에 가입해야 합니다."

맞는 말씀이지만 개인 투자자는 아무래도 수익률이 펀드를 고르는 가장 중요한 기준일 수밖에 없는데요.

"당연히 수익률도 매우 중요하죠. 수익률도 방금 언급한 부분과 함께 보아야 하는데요. 수익률이 좋았다면 왜 좋았는지도 포트폴리오를 보면서 확인할 수 있어요. 펀드에 높은 수익률을 가져다준 보유 비중 상위 종목들을 보면서 이 종목들이 앞으로는 어떻게 될까를 생각해봐야 해요. 이 종목들이 앞으로는 수익률을 장담할 수 없을 것 같다는 생각이 들면 다른 펀드를 알아봐야 하고, 나도 사고 싶었고 앞으로도 잘될 것 같다는 생각이 들면 가입하는 게 좋겠죠.

펀드가 어떤 종목을 담고 있는지 확인하지 않고 가입하는 건 안에 무엇이 들어 있는지 모르는 러키 박스를 사는 것과 같아요. 펀드 투자를 통해서 가치투자를 하고 싶다면 안에 무엇이 들어 있는지 반드시 확인하고 가입하세요.

마지막으로 말씀드리고 싶은 것은 펀드 사이즈, 그러니까 펀드의 운용자산 규모를 체크할 필요도 있다는 거예요. 아무래도 펀드 규모가 계속 커지는 구간이 펀드매니저가 수익을 내기가 상대적으로 수월하거든요. 사이즈가 비대해지면서 운용자산 성장이 둔화된 펀드들은 시장 대비 초과수익을 내기가 점차 어려워지면서 수익률이 낮아진 사례가 많고요.

한때 잘나가던 자산운용사들이 갑자기 어려움을 겪는 것은 대부분 수익률이 좋다는 소문이 쫙 퍼지면서 자금이 급격하게 쏠린 이후입니다. 그 이후로는 운용자산이 전만큼 늘어나기가 쉽지 않으니까요. 자산운용사와 펀드매니저의 진짜 실력은 펀드 자금 유입이 정체되는 시기부터 나타나죠."

주식 투자에 성공하고 싶어 하는 개인 투자자를 위한 조언을 부탁드립니다.

"투자에 앞서 다양한 종류의 책을 읽어보라고 권해드려요. 기본 이론이라고 할 수 있는 재무회계와 밸류에이션 관련된 책은 특히 꼭 읽으면 좋겠고, 대가들의 투자철학이 담긴 책들도 읽는 것이 좋습니다.

그런 다음 적은 금액으로 직접 투자하는 것을 권합니다. 그다음부터는 자신이 궁금해서라도 이것저것 찾으러 다닐 테니까요. 스스로 찾으러 다닐 마음이 안 생긴다면 직접 투자와 맞지 않을 확률이 높아요.

그리고 초기에는 돈을 좀 잃는 것이 오히려 좋다고 봐요. 길게 보면 처음에 돈을 버는 것보다는 잃는 것에서 배우는 부분이 더 많다고 생각하거든요. '초심자의 행운'을 얻어서, 초반에 운이 좋아서 돈을 벌게 된다면 자신감이 지나치게 앞서서 나중에 큰 손실을 볼 확률이 높으니까요. 또 다양한 투자자들을 만나서 다양한 생각과 투자 스타일을 경험해보라는 말씀도 드리고 싶습니다."

르네상스자산운용은 설립된 지 4년째로 접어든다. 현재 운용자산이 3,400억 원을 넘어섰고 올해 초 시작한 투자일임업은 2주 만에 40억 원이 모였다. 이 대표는 이에 대해 "투자일임업을 성공적으로 론칭했다고 생각한다"고 말했다. 이어 "마침 시장이 조정을 보여 적절한 시기에 시작했다고 본다"고 말했다.

그는 "목표는 르네상스를 오랫동안 신뢰받는 기관으로 만드는 것"이라고 밝혔다. "우리나라에는 롱런하는 매니저가 드문데, 우리는 오랫동안 현명한 투자자로 남고 싶습니다. 아직 진출하지 못한 분야가 많으니 계속 경쟁력 있는 상품, 새로운 기회를 찾아 투자 영역을 넓혀나가겠습니다."

글 **홍선표**	경제·금융 분야 콘텐츠 컨설팅회사 레드브릭을 창업해 운영하고 있다. 네이버 파이낸셜을 비롯한 여러 금융회사와 스타트업에 컨설팅 서비스와 콘텐츠를 제공한다. 창업 전 약 9년간 한국경제신문에서 기자로 일했으며《최고의 리더는 글을 쓴다》,《홍선표 기자의 써먹는 경제상식》등 책 4권을 집필했다.
사진 **오환**	

윤제성 뉴욕생명 최고투자책임자(CIO) 겸 아시아 회장

"기술주 싸졌다지만
아직 끝나지 않았다"

강영연

윤제성 뉴욕생명 최고투자책임자(CIO) 겸 아시아 회장은 월가에서 한국인 중 최고 위직에 오른 인물로 꼽힌다. 800조 원이 넘는 자산을 운용하는 윤 CIO는 어떤 원칙에 따라 어떻게 투자할까? 그는 점진적으로 투자한다면서 "홈런을 위해 헛스윙을 하는 것을 줄이고 안정적으로 안타를 치는 데 집중한다"고 말한다. 또 "기업이 아니라 부문이나 산업을 본다"고 들려준다. 그는 현재 시장 상황이 2년 전과 달라졌다면서 개인 투자자는 인플레이션에 대비하면서 "밸류에이션을 봐야 한다"고 조언했다.

전 세계 금융의 중심지 월스트리트. 모든 금융인이 선망하는 곳인 만큼 문이 좁다. 게다가 유리천장이 두껍고 인종의 벽도 높다. 주류 중의 주류 자리는 백인 남성이 장악하는 배타적인 길로 알려져 있다.

여기에서 한국인으로 가장 높은 자리에 올랐다는 평가를 받는 사람이 있다. 윤제성 뉴욕생명 최고투자책임자(CIO) 겸 아시아 회장이 그 주인공이다. 뉴욕생명은 1845년에 설립된 미국 1위의 생명보험사다. 운용하는 자산만 6,500억 달러(830조 원)에 달한다.

월스트리트에서의 영향력을 고려할 때 한국인 중 가장 성공했다고 하는 것은 그의 성취를 평가 절하하는 일일지도 모르겠다. 세계적 자산운용사들도 만나기 쉽지 않다는 그를 5월 14일 뉴욕 맨해튼 허드슨 야드에서 만났다.

월스트리트에서 30년째 일하고 있습니다.

"정말 우연이었습니다. 아버지를 따라 유럽과 미국에서 어린 시절을 보냈습니다. 아버지는 옛날 분이었죠. 저에게 무조건 공대에 가서 엔지니어가 되어야 한다고 했습니다. 그래서 코넬대학에 들어가서 전자공학을 전공했죠. 하지만 제가 졸업했을 때 갑자기 냉전이 끝나면서 불경기가 시작됐고 회복될 기미가 없었습니다. 테크(기술) 관련 기업에서의 기회는 완전히 사라져버렸죠. 기업에 취직해야 시민권을 받을 수 있는데 난감한 상황이었습니다. 한국어를 못하니 한국에 갈 수도 없었고요.

이때 월스트리트에 관심을 갖게 되었습니다. 하지만 금융회사들은 학부 졸업생에게 비자를 주지 않았고, 저는 대학원에 진학해 통계를 전공했습니다. 대학원을 졸업하니 두 가지 선택지가 주어졌습니다. 샌프란시스코에 있는 오라클에 들어가서 프로그래머가 될지, 메릴린치나 리먼 브러더스에 들어

가서 월스트리트에서 일할지가 그것이었죠. 오라클은 당시 6개월에 두 배로 매출이 늘어나는 실리콘밸리에서 가장 빠르게 성장하는 회사였습니다. 하지만 어린 제 눈에는 미국 증권거래위원회(SEC) 벌금을 받는 오라클에 믿음이 가지 않았습니다. 그보다는 월스트리트가 좋아 보였습니다. 메릴린 치가 코넬대학에 와서 한국식으로 말하면 취업 설명회를 할 때 갔는데 여기다 싶었습니다. 그간의 경력과 앞으로의 계획 등을 구체적으로 제시하며 포기하지 않고 담당자를 설득했습니다. 시민권 없이는 불가능한 자리였지만 한국인 특유의 오기와 깡이 도움이 된 것 같습니다. 결국 성공했죠."

공대 출신으로 월스트리트에서 어떤 일을 했나요?

"처음에는 채권 트레이딩 프로그래밍을 했습니다. 금융에 대해서는 잘 몰랐죠. 2년 정도 일했는데 많이 힘들었습니다. 순간순간 돈을 버는 것에만 집중하고 매우 공격적인 트레이딩 부문의 분위기에 적응하기 힘들었습니다. 당시의 저는 꿈이 교수일 정도로 고지식하고 공부하는 것밖에 모르는 사람이었거든요. 결국 자산 관리 분야로 옮겼습니다. 그곳에 가서 리서치 중심으로 장기 투자하는 것을 배웠습니다."

위기 관리의 전문가로 알려진 계기는 무엇인가요?

"메릴린치에서 일하던 1994년, 모기지 마켓이 위기에 처했습니다. 급격한 금리 인상이 원인이었죠. 저는 당시 퀀트 중심으로 리서치하고 상품 하나하나의 위험도를 따져보는 일을 담당했습니다. 그러던 1997년, JP모간에서 제안이 왔습니다. 일본에 가서 리스크 관리를 담당하는 자리였습니다. 새로운 일을 하고 싶어 가기로 했는데 일본에 도착한 지 2달 만에 아시아 외환 위기가 시작됐습니다. 원달러 환율이 2달 만에 800원에서 1,900원 가까이 올랐던 것으로 기억합니다. 이때의 경험이 저를 위기 관리 전문가로 키웠습니다."

전례 없던 시기라 위기 관리가 어려웠을 것 같은데요.

"혼란한 시기라서 좋았던 면도 있습니다. 회사 내 정치에 관심을 갖지 않아도 됐기 때문입니다. 답이 없는 문제를 해결하기 위해서는 실용적인 선택을 해나가야 했고, 이런 과정은 보람이 있었습니다. 3년간 일하면서 회사의 돈을 여러 차례 지켜주었습니다. 예를 들어 회사에서 채권 선물을 매수하려할 때, 담당자는 지난 20년 동안 부도가 난 적이 없다고 했지만 저는 리스크가 있어 보인다고 막았습니다. 결론적으로 제가 맞았죠."

굉장한 성과를 내신 건데요.
"이후 빠르게 자리를 잡았습니다. 28세가 되던 해 JP모간의 리스크 관련 아시아 책임자가 됐습니다. 이후 메릴린치에 다시 스카우트되면서 유럽·아시아 책임자로 일했습니다."

아쉬운 점은 없나요.
"사실 메릴린치의 스카우트를 받았을 때, JP모간에서 새로운 사업 분야를 맡아보지 않겠느냐고 했습니다. 제가 떠난다고 하니 좋은 제안을 했던 건데 그때는 그걸 몰랐습니다. 그때는 야망은 있었지만 미래를 보는 눈이 없었습니다. 멘토가 있었다면 그런 결정을 하지 않았을 것이라는 후회가 남습니다."

자타공인 월가에서 가장 성공한 한국인으로 꼽히지만 그는 아쉬움이 남는다고 했다. "기회가 왔을 때 조언을 해주는 멘토가 있었다면 더 통찰력 있는 결정을 내릴 수 있었을 것"이라며 "금융 산업 내에서 더 집중해야 할 방향과 영역에 대해 전략적인 판단을 할 수 있었을 것"이라고 설명했다.
그런 점에서 그는 월가에서 일하는 한국인들에게 멘토가 되려고 노력하고 있다. "스스로 한국인이라는 점을 잊은 적이 없다"며 "한국인들을 돕고, 더 나아가 한국 금융 산업의 변혁적인 촉매제로 할 수 있는 일을 찾고 싶다"고 말했다.

윤제성 CIO 약력

코넬대 전자공학 학사
코넬대 오퍼레이션 리서치 석사
1991~1997년 메릴린치 채권 트레이딩 및 리스크 관리
1997~2000년 JP모간 리스크 관리(도쿄)
2000~2002년 메릴린치 자산 관리(도쿄)
2002~2005년 웨스턴에셋 퀀트 리서치 및 리스크 관리(런던)
2005년 뉴욕생명
2010년 뉴욕생명자산운용 자산배분 CIO
2015년~ 뉴욕생명 CIO
2021년~ 뉴욕생명 아시아 지역 회장

한국인 중에서 월스트리트에서 가장 성공한 사람으로 꼽힙니다.

"자산 관리 분야에 한정한다면 그렇게 볼 수 있겠네요. 성공을 어떻게 보느냐에 따라 다르겠지만, 시장에서의 영향력과 관리하는 돈의 규모를 보면 가장 성공했다고 할 수도 있겠습니다. 개인적인 보상보다는 금융 사회에 더 영향을 미칠 수 있는 대기업에 머물기로 결정한 데 따른 것이라고 생각합니다."

월스트리트에서 살아남을 수 있었던 경쟁력은 무엇인가요.

"저는 금융 관련 학위가 없는 상황으로 밑바닥에서 시작해 노력으로 올라갔습니다. 능력으로만 보면 아주 뛰어난 사람은 아니었습니다. 제 생각에 중상위 정도였던 것 같아요. 퀀트 프로그래밍 실력으로 보면 중간, 투자로 보면 중간 위 정도요. 대신 사람을 보는 눈이 있고, 네트워크가 좋고 영업력이 있었던 것이 도움이 됐던 것 같습니다. 일하는 동안 인수·합병(M&A)을 경험하면서 적정 실사(due diligence)를 많이 했습니다. 20년 넘게 5,000명 이상 본 것 같습니다. 사람의 장단점뿐 아니라 우리 회사와 잘 맞을지까지 비교적 정확하게 파악하는 능력을 갖췄다고 봅니다."

그럼 부족한 점은 무엇이었다고 생각하나요.

"저는 결정력이 있습니다. 선택을 잘하면 큰 보상을 가져오지만 결정이 잘못되면 큰 대가를 치르게 되는 상황에서 올바른 결정을 했죠. 하지만 이것은 양날의 검입니다. 제 의견에 강한 확신을 가져도 그것을 부드러운 방식으로 해결하는 능력이 부족했습니다. 예를 들어 일본에서 일할 때 제가 리스크가 있다고 판단하면 트레이더 등의 의견은 듣지 않고 강압적으로 문제

> "최근 저는 가치주 안에서도
> 고품질의 방어주를 좋아합니다.
> 일반적으로 경기 사이클이 후반기로 향하면
> 성장률이 떨어지면서, 투자자들이 성장주를 좇다가
> 방어주에 관심을 갖는 경향이 있습니다."

를 해결했습니다. 그런 식의 결정이 결국 조직에서의 입지를 약화시킨다는 것을 그때는 몰랐습니다."

보험사에서 자산을 관리하다 보니 보수적으로 운용할 것 같은데요.
"회사 문화는 보수적이지만 그것이 투자 전략을 의미하는 것은 아닙니다. 보수적인 것이 목표인 회사는 없습니다. 현금만 가지고 있거나 안전한 주식만 사는 방식으로는 안 된다고 생각합니다. 가치 전략은 싼 가격에 사는 것이고, 모멘텀은 시장 분위기에 맞춰 사는 거죠. 양적 완화 시기에는 성장 전략도 통했고요. 저는 이 중에서 가치 전략을 주로 활용합니다. 물론 성장 전략도 사용하지만 가치 전략 비중이 훨씬 높죠."

가치투자는 어떤 투자인가요.
"일반적인 정의는 수익과 장기 성장 잠재력에 비해 상대적으로 저렴하게 거래되는 회사에 투자하는 거죠. 전통적으로 산업, 금융, 헬스케어, 유틸리티, 에너지 부문을 꼽습니다. 언제나 이 분류를 따르는 것은 아닙니다. 예를 들어 2000년 에너지주가 급성장하던 때에는 러셀성장지수에 에너지 기업

"암호화폐에 제 돈을 넣고 투자하다가
2021년 여름에 모두 팔았는데요.
화려한 성과는 내지 못했지만 거품이 있는 자산에
투자해 관리했다는 데 의미를 둡니다."

들이 들어가기도 했죠.

최근 저는 가치주 안에서도 고품질의 방어주를 좋아합니다. 일반적으로 경기 사이클이 후반기로 향하면 성장률이 떨어지면서, 투자자들이 성장주를 좇다가 방어주에 관심을 갖는 경향이 있습니다. 이번 사이클에서는 성장주가 과도하게 평가받아서 한 단계를 건너뛰었습니다. 성장주에 관심을 갖지 않고 바로 방어적인 방향으로 간 겁니다. 앞으로 미국 중앙은행의 행동에 따라 방어주도 어떻게 될지 모릅니다. 올 들어서 많이 올랐고 덜 매력적으로 느껴지기 시작했기 때문입니다."

한국에서는 최근 가치투자 성과가 좋지 않습니다.

"미국에서도 비슷합니다. 양적 완화가 진행되는 동안, 특히 지난 2년간 미국 중앙은행의 지원하에 리스크를 감수하는 성장주 투자가 좋은 성과를 냈죠. 이 시기 가치투자는 상대적으로 덜 성공적이었습니다. 장기적으로 볼 때 모든 투자 방식은 역사적으로 통하는 시기가 있습니다. 동시에 성과를 내지 못하는 시기도 있죠. 이를 이해하는 것이 중요합니다. 그리고 쉽진 않겠지만 트렌드를 보고, 부정적인 영향을 최소화하기 위한 전환도 필요합니다."

전환이라는 건 어떤 의미인가요.

"암호화폐를 가지고 설명해보겠습니다. 가치투자 관점에서 적절하지 않은 선택으로 보일 수 있죠. 회사 차원에서도 고객 포트폴리오에 넣을 수 없는 자산입니다. 그런 경우 저는 그 자산을 무시하기보다는 개인 계좌로 투자해서 공부해봅니다. 제 돈을 넣는 것만큼 그 자산을 빠르게 배울 수 있는 방법은 없으니까요. 암호화폐에 제 돈을 넣고 투자하다가 2021년 여름에 모두 팔았는데요. 이후 상승세를 생각하면 아쉬운 투자이긴 합니다만 저는 결과에 만족합니다. 화려한 성과는 내지 못했지만 거품이 있는 자산에 투자해 관리했다는 데 의미를 둡니다."

이런 투자에서 배운 점이 있나요.

"비합리적인 배수로 거래되는 기업들은 설사 위대한 기업이라고 해도 본질적인 가치 수준으로 빠르게 돌아갈 수 있다. 이것을 배웠습니다. 언제나 계속 주가가 오르는 게 아니라는 점 말입니다. 이런 것을 모르는 사람들은 올해 교훈을 얻게 될 겁니다. 누구나 실수는 할 수 있습니다. 하지만 중요한 것은 무언가를 배워야 한다는 점입니다. 그래야 더 이상 실수하지 않게 될 것입니다."

투자할 때 꼭 지키는 원칙이 있다면요.

"다른 사람과 협력하는 겁니다. 한 사람이 실수하면 다른 사람들이 그것을 보고 배울 수 있습니다. 공통의 목표와 철학을 가진 올바른 사람을 찾아 협력하는 것이 중요합니다. 다양한 방식으로 사고할 수 있고 공동의 행동을 실행할 수 있습니다."

"장기 투자자에게 중요한 것은
점진적인 투자를 하는 겁니다.
야구에 비유하면 홈런을 위해
헛스윙을 하는 것을 줄이고 안정적으로
안타, 2루타를 치는 데 집중해야 합니다."

투자 방식을 고수하는 것 역시 중요하다고 했다. 특히 지난 2년간 시장이 희열감(euphoria)에 가득 찼던 시기에 시장의 타이밍에 맞추는 대신 스타일을 유지한 것처럼 말이다. 하지만 동시에 세계의 변화에도 관심을 가져야 한다고 했다. 언제 새로운 아이디어와 자산을 추가해야 하는지 관심을 놓쳐서는 안 된다는 설명이다. 그가 비트코인에 개인 자산을 투자한 것도 이 때문이다. 그는 "보험사로서 이런 아이디어를 조금 늦게 받아들이는 경우도 있지만, 민첩함이 떨어지는 대신 대규모 투자를 할 수 있다는 장점이 있다"고 설명했다.

투자할 때 절대 하지 않는 건 무엇인가요.
"한 번에 큰 성과를 내겠다며 성급하게 베팅하지 않습니다. 장기 투자자에게 중요한 것은 점진적인 투자를 하는 겁니다. 야구에 비유하면 홈런을 위해 헛스윙을 하는 것을 줄이고 안정적으로 안타, 2루타를 치는 데 집중해야 합니다. 큰 조직에서 민첩함은 장점이 아니고, 빠른 수익을 위해 큰 베팅을 하는 것은 모두에게 손해를 가져올 수 있습니다."

"거시적인 투자자로서 저는
기업이 아니라 부문이나 산업을 봅니다.
부문이나 산업이 언제 싸고 비싼지를 확인하고
그 부분으로 돈을 보내는 거죠.
이때 중요한 지표는 밸류에이션(실적 대비 주가 수준),
거시경제, 그리고 산업 트렌드입니다."

가장 존경하는 투자자가 있다면요.

"워런 버핏 버크셔 해서웨이 회장을 가장 존경합니다. 어떻게 보면 부럽다고 할까요. 같은 투자자로서 버핏이 부럽습니다. 예를 들어 버핏은 한번 회사를 사면, 판단이 틀렸다는 생각이 들기 전까지는 영원히 가지고 있습니다. 부족한 점을 고쳐주기도 하면서 끝까지 팔지 않죠. 데이트하는 사이가 아니라 결혼하는 사이가 되는 겁니다.

여기서 중요한 것은 투자자들이 버핏의 판단을 존중하고 성과를 낼 때까지 기다려준다는 겁니다. 저는 그렇게 할 수가 없거든요. 장기적으로 생각할 때 지금 선택이 맞더라도 연말 성과가 나쁘다면 팔아야 합니다. 그런 점에서 모두에게 믿음을 줄 수 있는 투자자인 버핏이 부럽고 존경스럽습니다."

투자할 때 가장 중요하게 생각하는 지표는 무엇입니까.

"거시적인 투자자로서 저는 기업이 아니라 부문이나 산업을 봅니다. 부문이나 산업이 언제 싸고 비싼지를 확인하고 그 부분으로 돈을 보내는 거죠. 이때 중요한 지표는 밸류에이션(실적 대비 주가 수준), 거시경제, 그리고 산업 트렌드입니다.

물론 이런 경우 산업에 불리한 트렌드가 예상보다 오래 지속되거나, 누가 봐도 잘못된 가격이 몇 년간 이어질 수도 있습니다. 그래서 올해처럼 변동성이 큰 시장에서는 한 번에 투자하는 것이 아니라 점진적으로 베팅하고 전략적인 포지셔닝을 하는 것이 중요합니다. 또 하나 중요한 것은 장기적으로 유망한 테마에 투자하는 겁니다. 이때는 장기간 매매하지 않고 꾸준히 지켜보는 것도 중요합니다."

가치투자자들은 장기 투자를 강조합니다.

"투자할 때 장기 투자와 분산 투자는 필수입니다. 장기 투자에서 중요한 것은 투자를 유지하는 것인데, 이런 점에서 지수에 투자하는 패시브 방식을 좋아합니다. 하지만 여기서 주의할 점이 있습니다. 10년 정도를 주기로 미국의 시장지수조차 일부 섹터에 집중될 수 있고 분산 투자가 불가능할 수 있다는 겁니다. 예를 들어 2000년대 IT 버블 때를 생각해보죠. IT 분야에 대해 극단적인 낙관론이 흐르면서, 인덱스에 투자해도 기술주 비중이 너무 높았죠. 이런 경우라면 인덱스에 대한 투자를 피하고, 스스로 자산을 재분배하는 것이 필요합니다."

지금까지 한 투자 중 가장 잘했다고 생각하는 것은 무엇인가요?

"2020년 9월부터 저는 에너지에 관심을 가져야 한다고 말했습니다. 당시 에너지 분야는 저평가 상태였습니다. 2006년 6월 S&P500 지수에서 에너지가 차지하는 비중은 16%였는데, 2020년 11월 약 2%로 떨어졌기 때문입니다. 지금은 4~5% 정도 됩니다. 다만 저는 2021년까지 진입을 고민했습니다. 정확한 트렌드를 보고 투자하고 싶었기 때문입니다. 올 들어 에너지 부문이 많이 오르면서 상당한 수익을 낼 수 있었습니다."

반대로 가장 실패한 투자는요.

"기술주 버블과 비트코인 투자 기회를 놓친 것입니다. 지난 2년 동안 너무 빨리 팔았습니다. 특히 가치투자자로서 접근하다 보니, 모멘텀이 시작될 때 그것이 생각보다 오래갈 수 있다는 점을 간과했습니다. 가격이 정점에 오르기 전에 너무 일찍 매도한 것이 아쉽습니다. 물론 매도 시기를 정확하게 맞

> "한국 투자자들은 미국 시장에 투자함으로써
> 글로벌 시장에 투자하는 효과를 볼 수 있습니다.
> 특히 오늘날 기술 기업들을 본다면 미국 시장에 상장된
> 기업들은 비즈니스 환경과 시스템 등으로 더 빠르게
> 대기업으로 성장할 수 있는 조건을 갖추고 있습니다."

히긴 어렵죠. 하지만 시장의 모멘텀이 지속될 수 있다는 점을 존중했어야 합니다."

한국 투자자들이 미국 시장에 투자해야 하는 이유는 무엇인가요.
"미국 시장은 매우 넓고 다양화된 시장입니다. 세계에서 가장 글로벌한 기업들이 상장돼 있죠. 한국 투자자들은 미국 시장에 투자함으로써 글로벌 시장에 투자하는 효과를 볼 수 있습니다. 특히 오늘날 기술 기업들을 본다면 미국 시장에 상장된 기업들은 비즈니스 환경과 시스템 등으로 더 빠르게 대기업으로 성장할 수 있는 조건을 갖추고 있습니다. 그만큼 다른 나라의 기업들은 더 빠르게 사라지거나 위축될 수 있겠죠. 한국 시장은 기업들의 사업 분야가 다양하지 않고, 일부 대기업에 지배되고 있습니다. 물론 그들은 그동안 좋은 성과를 냈지만 새로운 기업이 성장하고 발전하지 않는다면 주식시장은 제자리걸음을 할 수밖에 없습니다."

미국의 경기 침체 우려가 커지고 있는데 이제 투자해도 괜찮을까요.
"그렇습니다. 여전히 미국은 가장 다양한 기업이 있고 효율적이며 역동적

인 시장입니다. 상대적으로 저평가된 다양한 기업이 존재합니다. 지수에 투자한다고 보면 기술 기업의 비중이 너무 높다는 단점은 있습니다. 하지만 이는 한국도 비슷하다고 생각합니다. 한국 시장 역시 기술 기업에 너무 치우쳐 있고 또 중국 의존도도 높기 때문입니다."

그는 올해 미국 시장이 과도기가 될 것으로 보았다. 변동성도 클 것으로 전망했다. 이에 대응하기 위해 그는 방어주 비중을 높이고 변동성이 큰 주식 비중은 낮췄다고 했다. "단기적으로 주식시장이 어떻게 갈지 예상하기는 정말 어렵습니다. 다만 인플레이션이 정점에 다다르고 연준이 적절한 조치를 취한다면 3분기 전에는 올해 시장의 방향이 보일 것으로 기대합니다."

투자자들은 어떻게 대응해야 할까요.
"변동성이 높은 경우, 같은 위험을 감수할 때 베팅 크기를 줄여야 합니다. 자산 배분에도 신경 써야 합니다. 다시 투자해도 되는 시점인지를 판단하기 위해서 스스로 질문을 던져야 합니다. 인플레이션이 정점에 도달했나? 채권시장은 금리 인상을 충분히 가격에 반영하고 있나? 주식시장은 충분한 재평가받았나? 2022년 경기 침체가 아니라 성장이 둔화될 것으로 보이나? 만약 여기에 모두 '예'라고 답할 수 있다면 다시 공격적으로 투자에 들어가야 할 것입니다. 하지만 아니라면 인내심이 필요한 시기입니다."

한국인들은 테슬라, 애플, 엔비디아 등을 가장 많이 보유하고 있습니다.
"개별 기업에 대한 전문가는 아니지만 일반적으로 생각할 때 이 기업들은

"시장 상황이 지난 2년과 달라졌다는 점을
정확하게 인식해야 합니다.
중앙은행의 유동성 공급은 더 이상 없습니다.
재정 부양책도 줄고 있습니다.
지난 2년간 잘된 기업들이 앞으로 2년 잘된다고
생각할 수 없습니다."

훌륭한 해자를 갖추고 있기 때문에 장기적인 투자가 될 수 있다고 봅니다. 다만 지금의 밸류에이션을 본다면 세 기업 모두 최고 수준에서 거래되고 있다고 생각합니다. 매수·매도 타이밍을 잡아서 투자하는 것을 좋아하진 않지만 지금 상황이라면 그 기업들에 투자하지 않을 것 같습니다."

다만 그는 자신이 테슬라에 대해 700달러 때부터 예측이 틀려왔다는 점을 고백했다. 늘 비싸다고 생각했고 밸류에이션이 높다고 생각했지만 주가는 계속 상승했다는 것이다. "하지만 저는 다른 곳에서 기회를 찾고 있습니다. 다행스럽게도 미국 시장은 넓고, 저의 가치투자 스타일과 매크로 테마에 맞는 종목이 많습니다."

한국의 개인 투자자들에게 조언한다면.
"시장 상황이 지난 2년과 달라졌다는 점을 정확하게 인식해야 합니다. 중앙은행의 유동성 공급은 더 이상 없습니다. 재정 부양책도 줄고 있습니다. 지난 2년간 잘된 기업들이 앞으로 2년 잘된다고 생각할 수 없습니다. 지난

2년간 투자했던 사람들은 기업을 볼 때 밸류에이션을 보지 않는 경향이 있습니다. 밸류에이션과 상관없이 오르는 시장만 보고 투자를 배운 탓이죠. 하지만 앞으로는 밸류에이션을 봐야 합니다. 최근 조정으로 기술주가 싸졌다고 하지만 8년 전을 기억해야 합니다. 제가 볼 때는 아직 끝나지 않았습니다."

윤 CIO는 지금 위기를 제대로 겪은 사람이 시장에 없다는 점을 우려했다. 그가 생각하는 마지막 침체는 2008년이다. 코로나 위기로 시장이 급락했던 2020년 3월은 전염병으로 인한 것으로, 단기간에 급등해 침체로 보기 어렵다는 설명이다. 그의 분석에 따르면 제대로 된 침체를 이해하려면 2005년부터 월가에서 일했어야 한다.

인플레이션 전문가는 더욱 부족하다. 최소한 1970~1980년에 월스트리트에서 일한 경우에나 경험할 수 있었다. 이 때문에 그는 투자자 스스로 침체와 인플레이션을 연구해야 한다고 강조했다. 단순히 책을 사서 읽는 게 아니라 그때의 상황에 맞춰 시뮬레이션을 해보라고 조언했다. "1973년 인플레이션이 어땠고, 그해 9월 연준은 어떻게 대응했고, 결과는 어땠는지 구체적으로 역사를 공부해야 합니다. 지금의 시장은 2년 전과 비교할 상황이 아닙니다. 40년 전은 봐야 합니다. 시간 여행자가 됐다고 생각하고 경제가 어떻게 바뀌어왔는지 스스로 탐구해야 합니다."

추천할 만한 책이 있나요.

"첫째는 《리스크(Against the Gods)》입니다. 월스트리트에서 일한 지 얼마 되지 않았을 때 읽었는데요, 수학과 통계를 바탕으로 역사를 배운다는 점에서 도움을 많이 받았습니다. 역사를 통해 교훈을 얻을 수 있다는 점에서 추천합니다. 또 하나는 《승자의 본질(Heart, Smarts, Guts, and Luck)》입니다. 500대 기업과 신생 기업 창업자 등 수백 명을 인터뷰하고 분석해서 이들이 가진 공통점을 쓴 책인데요. 투자뿐 아니라 인생에서 성공하고 싶다면 읽을 만한 책이라고 생각합니다."

윤제성 CIO는 투자할 때 가장 중요한 일은 "자신의 한계를 아는 것"이라고 말했다. 그는 이와 관련해 "자신이 할 수 있는 투자 방법을 찾으세요"라고 조언했다. "저는 월스트리트에서 30년 넘게 일하고 트레이딩 부문에서도 일했지만 더는 데이 트레이딩(단타 매매)을 하지 않습니다. 몇 번 해봤는데 돈을 못 벌더라고요. 리서치 기반으로 분석하고 트렌드를 읽어도 데이 트레이딩은 쉽지 않습니다." 그는 "자신의 전략이 통할 때와 통하지 않을 때를 파악하고 인정해야 한다"면서 "아무리 가치투자자라도 자신의 투자 방법이 통하지 않는다면 비중을 줄일 필요가 있다"고 말했다.

글 **강영연**　　한국경제신문 기자. '변동성의 시대: 대가에게 길을 묻다'라는 시리즈를 연재하며 가치투자에 관심을 갖게 되었다. 저서로 《주식, 나는 대가처럼 투자한다》가 있다.

사진 **오환**

Buffettology

장세 예측의 '대가'
워런 버핏

홍진채

가치투자는 기본적으로 시장 전체의 흐름에 신경 쓰지 않는다고 알려져 있다. 워런 버핏은 마켓 타이밍이 불가능하다고 말해왔다. 그러나 그의 시장 상황 판단은 여러 차례 적중했다. 도대체 어떻게 된 일일까? 답은 주식의 가치와 가격의 괴리에서 찾을 수 있다. 버핏은 가치 창출력이 뛰어난 주식이 좋은 가격에 대거 진입하면 주식을 매수한다. 그 상황은 시장이 저점일 때가 많다. 반대 상황은 시장이 과열된 시기가 많다. 또한 버핏의 발언과 행보를 보면 거시 흐름을 주시하고 활용함을 알 수 있다.

"마켓 타이밍에 대한 질문을 드리고자 합니다. 당신은 시장의 타이밍을 재는 건 불가능하다고 늘 이야기했지요. 그러나 당신의 이력을 보면 시장의 핵심적인 국면을 엄청나게 잘 맞혔습니다. 1969년, 1970년에는 시장에서 빠져나왔고, 1972년과 1974년 시장이 매우 쌀 때 다시 진입했습니다. 1987년, 1999년, 2000년에도 마찬가지였습니다. 시장이 하락세인 현재는 엄청난 현금을 끌어안고 있고요. 시장의 큰 흐름을 어떻게 그렇게 잘 맞히나요?"

이번 버크셔 해서웨이 주주총회의 여러 질문 중 유독 눈길을 끄는 질문이었다. 나도 마침 여기에 대해서 글을 쓰려던 참이었는데, 누군가 내 생각과 거의 동일한 질문을 해주었다.

왜 자기들은 잘 맞히는 건데?

가치 기반의 투자자들은 거시경제 환경이나 시장 전체의 흐름에 그다지 신경 쓰지 않는다고 알려져 있다. 질문에서 언급했듯이 워런 버핏은 마켓 타이밍이 불가능하다고 늘 이야기한다. "장세 변화를 예측하고자 하는 사람들은 두 번 중 열 번 정도 틀린다"고 농담하기도 했다.* 피

> **❝**
>
> 2년 후인 1969년,
>
> 버핏은 더는 운용을 지속할 수 없다면서 은퇴를 선언했다.
>
> 1960년대는 성장주 광풍이 불던 시기였고,
>
> 그 여파로 1970년대의 투자자들은 악몽 같은 시기를 보내야 했다.
>
> **❞**

터 린치 또한 "경제를 분석하는 데 1년에 13분을 쓴다면 그중 10분은 버린 것"이라고 말했다.[**]

그러나 버핏의 행적을 보면 전체 시장의 큰 국면에 대해서 엄청난 통찰력을 보여준다. 버핏은 1956년부터 투자조합을 운영하면서 아주 훌륭한 성과를 거두었다. 1967년 주주서한에서 더 이상 과거와 같은 좋은 수익률을 올리기 어려워졌다면서 기대수익률을 낮추라고 요청했다 (막상 그래놓고 1968년에 58.8%라는 엄청난 수익률을 냈다).

2년 후인 1969년, 버핏은 더는 운용을 지속할 수 없다면서 은퇴를 선언했다. 1960년대는 성장주 광풍이 불던 시기였고, 그 여파로 1970년대의 투자자들은 악몽 같은 시기를 보내야 했다. S&P500 지수는 10년간 제자리걸음이었고, '멋쟁이 50nifty fifty' 종목은 '더러운 50filthy fifty' 종목으로 불렸다. '가치투자'를 지향하던 투자자라 해서 별반 다를 건 없었다. 찰리 멍거의 펀드는 수익률이 반토막 났고, 빌 루안의 세쿼이아 펀드

---

[*]   앨리스 슈뢰더, 《스노볼 2》, p. 403
[**]   PBS 인터뷰. https://www.pbs.org/wgbh/pages/frontline/shows/betting/pros/lynch.html

❝

그러던 버핏이 1974년 11월에 이례적으로 타이밍을 언급했다.

그는 〈포브스〉와의 인터뷰에서

"성욕이 가득한 남자가 하렘에 와 있는 기분"이라며

"지금이 바로 투자를 시작할 때"라고 선언했다.

❞

도 자산의 70% 이상이 날아갔다. 버크셔 해서웨이도 1973~74년에 걸쳐 주가가 반토막이 나는 시련을 겪었지만, 당시 버핏은 펀드매니저로서는 은퇴한 상황이었기 때문에 '고객'의 항의에 시달릴 일은 없었고, 버크셔의 잉여현금을 어떻게 활용할지를 고민하는 게 주안점이었다.

그러던 버핏이 1974년 11월에 이례적으로 타이밍을 언급했다. 그는 〈포브스〉와의 인터뷰에서 "성욕이 가득한 남자가 하렘에 와 있는 기분"이라며 "지금이 바로 투자를 시작할 때"라고 선언했다.

1999년은 (비록 1년을 더 기다려야 했지만) 버핏의 명성을 더욱 드높인 한 해였다. 1999년 하반기, 버핏은 무려 네 차례에 걸쳐 시장의 위험성을 경고했다. 7월의 '선 밸리' 연설은 이후 두고두고 회자되지만, 막상 당시의 반응은 시큰둥했다. 그 시기 버핏은 IT 버블에 따라붙지 않아 저조한 성과를 내면서 '한물간 투자자'로 조롱당하고 있었다. (익숙하지 아니한가?) 이듬해인 2000년 주주총회 참석자는 약 1만 명으로, 전년의 1만 5,000명에 비해 현저히 줄었다. 그리고 거품이 터졌다. '한물간 투자자'는 다시 '현인'의 자리를 공고히 했다. 주가가 고점을 찍고 한참 빠진 2001년 7월, 또 한 번의 연설에서 "2년 전보다 기대수익률이 약간 올라갔지만 아직은 매력적인 시기가 아니다"라고 했다. 주가지수는 2002년이 되어서야 바닥을 찍었다.

글로벌 금융위기 때는 어떠했나? 2008년 10월, 금융위기의 중심에서 버핏은 "미국을 사십시오, 저는 그러고 있습니다"라는 기고문으로 또 한 번 마켓 타이밍의 대가임을 보여주었다. 비록 자신은 "6개월이나 성급했다"고 자책했지만.

바텀업, 즉 개별 기업에 집중해 투자하는 투자자들이 마켓 타이밍에 예리한 통찰력을 보여준 사례는 이 외에도 다양하다. 버핏의 스승인 필립 피셔는 1929년 대공황 직전에 "지난 25년 사이에 본 적 없는 엄청난 하락이 6개월 이내에 시작될 것"이라는 보고서를 썼다.* 1987년 10월 블랙 먼데이 직전에는 〈포브스〉와의 인터뷰에서 "1920년대 후반과 같은 경고 신호를 느끼고 있다"고 말했다. 바텀업 투자의 대가 피터 린치는 1992년에 코카콜라 주식을 지목하며 "대기업 주식들은 휴식이 필요해 보인다"고 했다. 코카콜라 주가는 이후 1년 반 동안 횡보했다.**

존 템플턴은 '가치투자자'로 알려져 있지만, 그의 글로벌 투자 행적을 보면 최강의 탑다운 투자자라고 불러도 무방할 듯하다. 1939년 제2차 세계대전 때 회사로부터 대출을 받아서 '1달러 미만의 모든 주식'을 싸그리 매수한 사건은 유명하다. 1954년 출범한 템플턴 그로스 펀드는 일찌감치 해외 투자를 시작했는데, 아무도 일본을 쳐다보지 않던 1950~1960년대에 일본에 선제적으로 진입했고, 일본 주식 투자가 유

---

*   필립 피셔, 《보수적인 투자자는 마음이 편하다》, p. 102
**   스콧 채프먼, 《더 레슨》, 14장

행이던 1970년에 빠져나왔다. 아무도 주식을 사지 않던 1970년대(버핏이 '성욕이 가득한 남자'를 언급하던 그 시기)에는 미국을 비롯해 캐나다와 호주 주식을 샀고, 1980년대에는 미국 비중을 60%로 올렸다. 1998년에는 국제통화기금(IMF) 구제금융을 받은 한국에 선제적으로 투자했고, 2003년에는 중국에도 진입했다(버크셔도 이 시기에 페트로차이나를 매수했다).

템플턴은 다우지수가 812이던 1983년 12월 8일 TV에 출연해 '8년 후 3,000'을 예상했고, 8년 15일이 지난 1991년 12월 23일 다우지수는 3,000선을 찍었다.*** 버핏은 1999년 연설에서 '향후 17년간 연평균 수익률 6%'를 예상했고, 2016년까지 17년간 S&P500 토탈 리턴 지수의 연평균 수익률은 5.8%였다.

도대체 왜, 장세 예측은 불가능하다고 하면서도 본인들은 그렇게 잘하는 건가?

바텀업 투자자의 장세 판단

우선 우리가 알아야 할 사안은, '쳐다보지 않는 것'과 '보면서 무시하는 것'은 다르다는 점이다. 투자자들은 흔히 이렇게 생각한다. 거시경제 지표를 보고 → 투자하기에 유리한 시점인지를 파악하고 → 유리하다면 어떤 업종이 유망한지를 파악하고 → 유망 업종 내에서 가장 좋은 종목을 고르자.

*** 《더 레슨》, 6장

버핏은 주주총회 Q&A나 가벼운 인터뷰에서는
"마켓 타이밍은 불가능합니다"라고 이야기하지만,
그가 '각 잡고' 한 연설 전문을 읽어본다면 그가 매크로에
신경 쓰지 않는다는 말은 절대로 할 수 없을 것이다.

이런 식의 사고 체계를 탑다운 투자라 부른다. 가치 기반의 투자를 하는 사람들은 이런 사고를 거부하고, 기업이 가진 본연의 가치에 집중해 가격이 가치보다 쌀 때 매수하겠다고 한다. 이들은 거시경제에 신경 쓰는 행위가 '철학에 어긋난다'며 '불경스럽게' 생각하기도 한다.

버핏은 주주총회 Q&A나 가벼운 인터뷰에서는 "마켓 타이밍은 불가능합니다"라고 이야기하지만, 그가 '각 잡고' 한 연설 전문을 읽어본다면 그가 매크로에 신경 쓰지 않는다는 말은 절대로 할 수 없을 것이다. 당장 주주서한에서도 인플레이션과 금리 관련 발언이 빈번하게 등장한다. 글로벌 금융위기 때 버핏은 당시 재무장관 헨리 폴슨에게 전화를 걸어서, 은행 구제 프로그램을 마련 중이던 그에게 채권 매입보다는 자본 확충이 더 효과적일 것이라고 조언했다.* 거시경제를 신경 쓰지 않는 사람이 할 수 있는 발언인가?

대가들은 거시경제의 흐름을 지켜본다. 단지 대응하지 않을 뿐이다. 좋은 투자 의사결정은 어떤 경우에도 단지 한두 가지 지표에 따라 이루

---

*   https://youtu.be/QozGSS7QY_U?t=4560

어지지 않는다. 가치 기반 투자자들은 의사결정을 할 때 '기업이 주주에게 얼마만큼의 가치를 창출해주는가, 그에 비해서 가격이 정당한 수준인가'를 묻는다. 영업이익률이나 부채비율 같은 몇 가지 지표만으로 이 질문에 대답할 수 없다는 건 상식이다. 당연히 금리나 물가상승률 같은 단편적인 지표도 단독으로는 주식을 살지 말지 결정하는 요인이 되지 않는다. 거시경제 요인은 다른 대부분의 요인과 마찬가지로 기업이 가진 해자와 경쟁력, 경영진의 의지 등을 검증하는 요소가 된다. 성장이 가치의 한 요소인 것처럼 말이다.**

다시 말해 거시경제 지표는 그것만으로 투자 의사결정에 직접 연결되지 않는다. 그렇다 해서 전혀 쳐다보지 않고 무시해도 되는 요소는 아니다. '시장의 타이밍을 예측할 수 없다'와 '거시경제는 완전히 무시해도 된다'는 동일한 말이 아니다.

그렇다면 대가들은 거시경제에서 무엇을 보고 의사결정에 어떻게 활용하는가? 우리는 버핏과 여러 대가들의 발언에서 몇 가지 힌트를 발견할 수 있다.

사고 싶은 주식의 발견 빈도

버핏은 1967년 10월 버핏투자조합 주주서한에서 앞으로 수익을 내기 어려워질 것 같은 이유를 다음과 설명했다. 1) 양적 분석을 통해 확실히 돈을 벌 수 있는 기회가 줄어들었다. 2) 단기 수익률에 대한 관심이 막대해지면서 시장의 과잉 반응 패턴이 증가해 자신이 가진 분석

** 〈버핏클럽 issue 3〉 홍진채 기고문 참고

> **"**
>
> 가치 기반의 투자자들이 고민하는 지점은
> 언제나 '내가 살 주식이 있는가'이다.
> 그들에게는 절대적으로 '사고 싶은 주식'과
> '사지 않아야 할 주식'의 기준이 있다.
> 이 기준은 당연히 가격과 가치의 관계다.
>
> **"**

기법으로는 대응하기 어렵다. 3) 반면에 운용하는 자산 규모는 너무 커졌다.*

그는 시장의 타이밍을 맞히고자 한 것이 아니었다. 그냥 '내가 가진 원칙으로는 이제 더 이상 좋은 주식을 발견하기 어렵고, 여기에는 시장의 구조적인 요인이 기여하고 있으니 앞으로도 쉽게 바뀔 것 같지 않다'는 것이다.

피터 린치도 이와 유사한 발언을 했는데, 1992년 1월 배런스 테이블에서, 시장 참여자들은 최근의 급등으로 흥분한 상태이지만 자신은 "고평가된 시장에서는 살 만한 주식을 찾기가 어려웠다"고 했다.

가치 기반의 투자자들이 고민하는 지점은 언제나 '내가 살 주식이 있는가'이다. 그들에게는 절대적으로 '사고 싶은 주식'과 '사지 않아야 할 주식'의 기준이 있다. 이 기준은 당연히 가격과 가치의 관계다. 가치란 기업과 투자자의 관계에서 투자자가 기업으로부터 받을 수 있는 몫을

---

*   https://www.ivey.uwo.ca/media/2975913/buffett-partnership-letters.pdf

가격이 부담스러워서 사기 어렵던 주식들이
갑자기 무더기로 좋은 가격에 진입했다면
이는 시장의 열기가 빠졌다는 신호가 될 수 있다.
시장이 반등하고 나면
'시장 저점에서 용감하게 추가 매수를 한 사람'이 된다.

의미한다. 가격이란 그 몫을 받기 위해서 지불해야 할 돈이다.

가치는 기업이 생존 기간 동안 벌어들일 모든 돈을 적정 수치로 할인한 값이다. 기업이 '외부 변화를 극복할 수 있는 힘'을 얼마나 가졌는가가 '평생 벌어들일 돈'을 좌우하므로, 거시경제는 가치에 큰 영향을 미친다. 단지 물가, 금리, 국내총생산(GDP) 성장률 등의 단기적인 변화가 기업이 '평생 벌어들일 돈'에 직접 큰 영향을 미치지 않을 뿐이다.

한편 가격은 전반적인 시장 열기의 영향을 직접 받는다. 그렇다면?

'살 주식'이라는 절대적 기준을 가진 투자자의 입장에서 좋은 주식을 발견하기는 사실 쉽지 않다. 평소에 사고 싶어도 가격이 부담스러워서 사기 어렵던 주식들이 갑자기 무더기로 좋은 가격에 진입했다면 이는 시장의 열기가 빠졌다는 신호가 될 수 있다. 투자자는 그냥 마음에 드는 가격에 있는 주식을 발견해 샀을 뿐인데, 시장이 반등하고 나면 '시장 저점에서 용감하게 추가 매수를 한 사람'이 된다.

반대로 아무리 눈 씻고 찾아봐도 '살 주식'이 보이지 않는다면 둘 중 하나다. 내가 잘못된 원칙을 가지고 있거나, 세상이 잘못되었거나. 어느 경우든 주식을 사면 안 된다. 가격과 가치를 바라보는 기준에 따라서 '살 주식이 없어서' 주식을 안 샀을 뿐인데, 이후에 시장이 하락하고 나면 '시장 고점에서 현금을 확보해둔 사람'이 된다.

결국 타이밍을 맞혔냐 아니냐는 전혀 중요하지 않게 된다. 여기서 포인트는 '좋은 주식이 갑자기 많이 등장한 이유' 혹은 '좋은 주식이 씨가 마른 이유'를 어디에서 찾느냐. 시장 상황을 전혀 들여다보고 있지 않다면 이 질문에 좋은 대답을 하기가 어렵다. 1967년 주주서한에서 버핏은 '단기 성과 측정에 치중하는 시장의 행태'로 인해 자신이 활용하는 '양적 지표를 이용한 투자 기법'이 더 이상 작동하지 않을 것 같다고 했다. 만약 버핏이 이러한 시장의 행태를 관찰하고 있지 않았다면, 막연히 기존 방식만 고수하면서 만족스럽지 못한 수익을 내든가, 전혀 엉뚱한 곳에서 원인을 찾아내서 잘못된 대응을 했을 수 있다.

투자자의 전반적인 기대수익률 수준

버핏은 1999년 연설에서 "투자자들의 전형적인 특징은 과거의 경험을 통해 미래를 내다본다는 것"이라며 "그들이 투자에 뛰어드는 것은 금리에 반응해서가 아니라 주식을 사지 않는 게 실수처럼 느껴진다는 단순한 사실 때문"이라고 했다.* (이 또한 익숙하지 않은가.)

주식이 장기적으로 투자자에게 벌어다준 수익률은 연 7~10% 수준이다. 특별한 사유가 없다면 이 정도를 기준으로 놓고 생각해야 한다. 버핏이 연설하던 시기에 경험이 가장 적은 투자자들의 향후 10년 기대

---

* 캐럴 루미스, 《포춘으로 읽는 워런 버핏의 투자 철학》, p. 345

수익률은 22.6%였다고 한다. 경험이 적은 사람일수록 최근의 경험이 세상의 전부라고 느낀다.

전반적인 기대수익률 수준이 높아졌다 함은 여러 가지 의미를 지닌다. 1) 최근에 강세장이 지속되었다. 2) 강세장을 따라서 별생각 없이 들어온 투자자가 많아졌다. 3) 경험이 짧은 사람들은 단기 변동성을 감내할 여력이 부족하다. 4) 따라서 시장이 급락할 경우 우왕좌왕하며 함께 주식을 팔 확률이 높다.

즉, 단기 강세장으로 인해 전반적인 주가 수준이 높아져 있으며, 소신 있게 투자하는 사람보다는 부화뇌동하는 투자자가 많기 때문에, 하락이 하락을 부추기면서 고평가된 주가가 급락할 가능성이 높아진 상태라는 뜻이다.

최근에 우리는 비슷한 경험을 하고 있다. 한국에서 투자자들의 기대수익률 수준은 어떠했을까? 2021년 1월 토스증권의 조사 결과 연간 20% 이상이 31%, 10~19% 수준이 23%, 목표 수익률을 따로 두고 있지 않은 경우가 25%였다.** 이들의 기대수익률은 2022년 약세장을 맞이해서 어떻게 바뀌었을까?

금리와 기업 이익

기업의 가치는 기업이 생존 기간 동안 벌어들일 전체 이익을 현재가로 할인한 값이다. 할인율을 결정하는 요소는 다양하지만, 누구도 반론을 제기할 수 없는 강력한 요소는 무위험 이자율이다. 무위험 이자율은

**   https://blog.toss.im/article/millennials-stock-investment

장기 국채 금리를 사용한다. 따라서 장기 국채 금리가 상승하면 기업의 가치는 다 같이 하향 조정된다. "금리는 마치 중력이 사과를 끌어당기듯 자산들의 가격을 끌어당깁니다."[*]

우리는 현재 높은 인플레이션 수준과 금리 인상을 맞이하고 있다. 고물가는 기업의 비용 상승 요인이 되며, 고금리는 이자 상승으로 기업의 비용 부담을 가중시킨다. 고물가 고금리는 2021년부터 예견된 상황이었지만, 많은 사람이 이를 무시했다.

펀더멘털이 악화될 것이 뻔히 눈에 보이는데도 이를 거부하는 사람이 많다면 그게 바로 시장이 고평가되었다는 신호다. 사람은 믿고 싶은 것을 믿는다. 각 개인의 가치평가 능력이 얼마나 우수한지와 별개로, 기존 관점을 뒤엎는 현상이 관측됨에도 그 사실을 거부하려 한다면 나쁜 징조다.

특정 스타일이나 자산군에 대한 과도한 추종·불신

명백한 사실을 왜 거부하려 하는가? 사람은 그때그때의 감정에 따라 같은 상황을 전혀 다르게 받아들인다.

최근의 금리 인상이 2019년 금리 인하 이후 3년간 풀린 유동성을 되돌리는 상황이라고 이해하는 사람이 꽤 있는 듯하다. 틀렸다. 글로벌 금융위기 이후 풀린 유동성이 충분히 회수되지 않은 상황에서 우리는 팬데믹을 맞이했고, 유동성이 더 풀렸다. 3년간 풀린 유동성이 아니라

---

[*] https://buffett.cnbc.com/video/2013/05/04/morning-session---2013-berkshire-hathaway-annual-meeting.html 2013년 버크셔 해서웨이 주주총회, 오전 세션 챕터 20

13년간 풀린 유동성을 회수하는 중이다. 우리는 13년간 저금리 저물가 고유동성 상태를 겪었다. 13년은 한 인간이 스스로를 똑똑하다고 착각하기에 충분히 긴 시간이다.

2008년부터 2021년 사이에는 다양한 하락장이 있었다. 2010년대의 유럽 재정위기, 2016년 미국 대선, 2018년 유동성 축소, 2020년 팬데믹까지. 그 모든 장에서 승리자는 '하락에 용기 있게 베팅하고 버틴 사람들'이었다. 세상은 빠르게 변화하는 중이고 기술 혁신이 모든 걸 뛰어넘을 수 있다는 주장, 기업의 성장이 지속되는 한 주가의 한계는 없다는 주장이 강하게 지지받았다. 13년간 '검증'된 '성공 투자법'은 진리가 되었다.

물론 길게 보면 돈 잘 버는 기업의 주가가 오르는 건 사실이다. 여기서 주목해야 할 점은 '특정 스타일'이 '구조적으로 늘 이기는 스타일'이라는 믿음이 확산되었다는 사실이다. 잘못된 편견이 강화되면 이 편견이 뒤집힐 때 장세가 세게 바뀔 거라고 생각할 수 있다. 저 '성공 투자법'을 추종하는 사람들이 금리 인상을 맞이해서 무슨 주장을 펼쳤던가. 장기 금리 인상은 경기가 좋다는 뜻이다. 경기가 좋으면 가치평가 공식의 분자값(현금흐름)이 올라간다. 분자값 상승이 분모값(할인율) 상승을 상쇄한다. 그리고 금리가 인상되어 경쟁사가 힘들어지면 분자값은 더 상승할 수 있다. 그리고 만약 인플레이션이 완화되면 다시 금리 인하 국면이 되어 할인율이 줄어들 수 있다.

아주 틀린 논리는 아니다. 문제는 그 논리를 무비판적으로 받아들이는 사람이 많았다는 점이다. 그들이 원하는 건 세세한 논리가 아니었다. '주가가 다시 상승할 수 있다'고 누군가가 그럴싸한 이론을 바탕으로 이야기해주기를 바랐을 뿐이다.

1977년 미국에서는 '주식은 쓰레기'라며 채권과 원자재를 신성시하는 경향이 강했다. 그때 버핏은 주식을 사라고 외쳤고, 템플턴은 일본 주식을 팔고 미국 주식을 샀다. 최근 증시에서는 '현금은 쓰레기다'라는 말이 상식으로 꼽히지 않았던가? 반면에 인공지능과 메타버스는 어떠한가? 물론 훌륭한 기술들은 우리 삶을 바꾸는 데 크게 기여할 것이다. 그러나 "우리 삶을 바꿔놓은 화려한 비즈니스가 투자자들에게 보상을 제공하는 데 실패한 경우는 너무도 많다".*

구조적인 위험

위험은 구조에 내재되어 있다. 무엇이 트리거가 될지 예측하는 것보다는 구조를 이해하는 것이 훨씬 중요하다. 무언가가 균형에서 상당히 멀어져 있고, 어떤 분야의 변화가 다른 분야에 같은 방향으로의 변화를 촉발한다면, 즉 '양의 피드백positive feedback'으로 작용한다면 상당히 위험한 상황이다.

1900년대 초 유럽은 비스마르크 체제로 불리는 다자간 동맹 체제를 구축하고 있었다. 이 상황은 일견 균형으로 보였지만, 누군가 전쟁을 일으키면 연쇄적으로 다른 동맹국의 참전을 강제로 끌어내는 구조였다. 비스마르크가 재임하던 시기에는 아슬아슬한 균형이 유지되고 있었으나, 그가 물러난 이후 보스니아의 암살 사건이 세계대전으로 번졌다. 이러한 확산은 우연의 연속으로 간주될 수도 있지만, 실상은 독일의 부상

---

* 《포춘으로 읽는 워런 버핏의 투자 철학》, p. 355

이 영국을 자극하고 러시아의 부상이 독일을 자극하면서 각국 지도자들은 한 차례 대접전을 상정하고 있었다.**

2008년 금융위기는 2000년대 초반부터 진행된 부동산 가격의 점진적 상승과 컴퓨터의 보급에 따른 파생상품 활성화에서 원인을 찾을 수 있다. 수천 개의 부동산담보대출 기반 채권을 묶고 쪼개는 과정을 거쳐서 새로운 '고신용' 상품이 만들어졌고, 이 상품들이 잘 팔리자 은행은 더 많은 채권을 만들어내기 위해 저신용자들에게 대출을 내주면서 집을 떠안겼다. 전국 채무자들의 연체율이 독립적이라는 가정하에 이 상품들이 만들어졌지만, 모기지 손실로 은행의 자본 여력이 축소되고 대출을 줄이면서 연체율 상승이 확산되고, 두 개 은행이 파산하는 등 시스템 리스크로 전이될 우려가 불거지고 이러한 우려가 경기 침체를 낳는 등 서로가 서로를 강화한 사건이 글로벌 금융위기다.

구조에 기인한 리스크는 위에서 언급한 모든 리스크보다 더 위험하다. 위에 언급한 위험 요인들은 터졌을 때 주가 급락을 불러오지만 살아남은 기업을 더 강하게 만들어주는 효과도 있다. 기간도 오래가지 않는다. 그러나 구조적 위험이 폭발해 시스템 리스크로 전이되면 모든 게 끝난다. 화폐가 가치를 상실하고 거래의 청산을 담보할 수 없으니 상행위가 이루어지지 않는다.

시스템은 '음의 피드백negative feedback'이 잘 작동해야 안정적으로 유지된다. 시장은 마음대로 흘러가게 두면 '양의 피드백'이 작동할 소지

** 그레이엄 앨리슨, 《예정된 전쟁》, 4장. 세르비아는 오스트리아의 요구를 전면 수용하겠다고 회신했으나, 오스트리아는 그날 전쟁을 선포했다. 사전에 독일이 오스트리아를 전적으로 지원하겠다고 약속하면서 전쟁을 부추겼다.

가 있고, 이때 '음의 피드백'을 강제로 일으키기 위해 창설된 기관이 연준이다.

버핏이 2008년 이전부터 파생상품을 강력하게 경고한 것도 이 때문이다. 멍거가 암호화폐를 '악하다'라고 비난하는 것도 '연준 시스템을 망가뜨릴 수 있기 때문'이다. 연준은 만능이 아니다. 1929년에 제대로 작동하지 못했고 대공황을 방조했다. 1970년대에도 마찬가지였고 스태그플레이션을 낳았다. 그 위기가 다시 도래하는 것을 막기 위해서 2008년의 버핏은 헨리 폴슨에게 전화를 걸었다.

우리는 어떻게 활용할 것인가

버핏의 예측은 인플레이션, 실업률, 환율 방향 등 세부적으로 따져보면 많이 틀렸다. 이런 요소들은 서로 간에 피드백을 준다. 인플레이션에 정부가 반응하고, 정부의 정책에 기업이 반응해 실업률이 바뀌고, 이에

> **"**
>
> 버핏지수가 범위 상단이라고 해서
> 주가가 급락한다고 예측해서는 안 되고,
> 버크셔가 현금을 사용하기 시작했다고 해서
> '시장이 바닥인가 보다'라고 판단해서 주식을 따라 사서도 안 된다.
> 버핏은 그저 마음에 드는 회사를 마음에 드는 가격에
> 살 기회를 발견했을 뿐이다.
>
> **"**

따라 인플레이션이 바뀌는 식이다. 그러므로 이런 미래를 정교하게 예측하는 것은 본질적으로 불가능하다. 버핏도 인정하다시피 진짜로 타이밍 측정의 성과를 측정한다면 버핏의 점수도 그리 높지 않다.

혹자는 '버핏지수'를 가져와서 마켓 타이밍을 재려고 하기도 한다. 버핏지수란 버핏이 1999년 〈포천(Fortune)〉 인터뷰에서 언급한 지표로서, 시가총액을 국민총생산(GNP)으로 나눈 값이다(요즘은 GDP를 쓴다). 버핏은 이 지표가 "우리에게 필요한 정보를 모두 알려주지는 못하겠지만, 특정 시점에 기업들의 가치가 어느 정도 위치에 놓였는지 판단할 수 있는 최선의 단일 측정 자료"라고 했다.*

해당 지표의 장기 시계열 값은 다음과 같다.

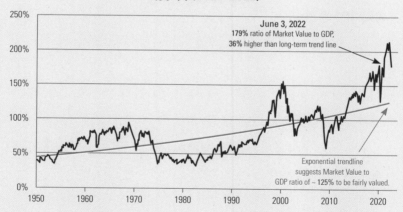

버핏지수(1950~2022)

출처: https://www.currentmarketvaluation.com/models/buffett-indicator.php

---

* 《포춘으로 읽는 워런 버핏의 투자철학》, p. 404

이 그림은 얼핏 시장의 등락을 예견하는 것 같아 보이지만 예측력은 높지 않다. 사이클의 진폭과 주기가 중구난방이다. 이 지표에 따르면 1990년대 중반에 이미 시장은 직전 고점 수준에 도달했고, 주가가 하락했어야 한다. 버핏은 1996년 주주서한에서 "사실상 모든 주식이 과대평가되어 있다"고 한 바 있다.* 이후에 주가는 오히려 더 많이 상승했다. 그렇다고 버핏이 틀렸다고 할 것인가? 버크셔 해서웨이의 주식은 1997, 1998년 두 해에 걸쳐 약 25%포인트 초과수익을 냈다.

버핏지수가 범위 상단이라고 해서 주가가 급락한다고 예측해서는 안 되고, 버크셔가 현금을 사용하기 시작했다고 해서 '시장이 바닥인가 보다'라고 판단해서 주식을 따라 사서도 안 된다. 버핏은 그저 마음에 드는 회사를 마음에 드는 가격에 살 기회를 발견했을 뿐이다.

가치 기준 정립

버핏은 주식을 사기 시작한 이후에 오히려 주가가 더 하락하기를 원한다고 했다. 추가 수량을 더 싸게 살 수 있으니까. 그리고 충분한 수량을 확보해서 더 살 의사가 없는 상태에서 주가가 더 떨어져도 상관없다고 했다. 이후에는 기업이 자사주를 매입할 테니까.**

이 말을 깊게 음미해볼 필요가 있다. 가치란 도대체 무엇인가? 기업이 투자자에게 돌려주는 몫이다. 기업이 투자자에게 더 많은 몫을 돌려

---

* https://www.berkshirehathaway.com/1996ar/1996.html "The overpayment risk surfaces periodically and, in our opinion, may now be quite high for the purchasers of virtually all stocks, The Inevitables included."
** https://buffett.cnbc.com/video/2022/05/02/afternoon-session---2022-meeting.html 2022년 버크셔 해서웨이 주주총회, 오후 세션 챕터 17

주기 위해 노력한다는 믿음이 있어야만 투자자는 돈을 맡길 수 있다. 그 믿음이 없는 경우 기업의 가치는 0에 수렴한다. 당장 버는 돈이 아무리 많더라도.

물론 이는 버핏의 기준이다. 버핏의 기준을 통과한 기업은 주가가 더 하락해도 상관없기 때문에 버핏은 주가 하락에 초연할 수 있다. 시장이 고평가되었든 아니든, 투자자에게 중요한 것은 투자자와 기업의 관계다. 가치가 무엇이고 가격이 무엇인지 이해하고, 가치를 어떻게 산정해 가격과 비교할 것인지 각자의 대답을 가지고 있어야만 '살 만한 주식', '편안한 가격'이라는 이야기를 할 수 있다.

버핏을 '추종'한답시고 대충 몇 가지 가치평가 공식을 긁어다가 기업의 '내재가치', '저평가' 운운하면서 '싸게' 주식을 사봤자, 하락에 초연해지기는 어렵다. '바닥인 줄 알았는데 지하실이 있네요' 따위의 말을 하는 사람들은 가치가 무엇인지부터 다시 고민해보아야 한다. 가치는 기업이 주주에게 돌려주는 몫이다. 가격과는 상관이 없다.

버핏 스타일의 장세 판단을 하기 위해서는 가치가 무엇인지, 기업이 주주에게 돌려주는 몫이 무엇이며 이 값을 추정하기 위해서는 어떤 근거가 필요한지 심사숙고해야 한다. "무엇보다 중요한 것은 기업의 경쟁우위를 간파하고 그 장점이 얼마나 오래 지속될 것인가를 예측하는 일입니다." 1999년 연설에서 버핏이 한 말이다.

타이밍이 아니라 장기 기대수익률

장세를 판단할 때 버핏의 주안점은 주가의 단기 경로가 아니라 해당 시점의 장기 기대수익률이다. 투자 의사결정은 결국 장기적인 기대수익률 간의 상대 비교다. 전반적인 주가 수준이 높으면 높은 대로, 낮으면 낮은 대로 장기적인 기대수익률이 바뀔 뿐이다. 기대수익률은 '가치 대비 몇 % 할인'하는 식의 일차원 값이 아니다. 이 기업을 이 가격에 매수해서 '장기간' 보유했을 때 나에게 '연평균' 몇 퍼센트를 돌려줄 수 있는가가 기대수익률이다.

'적정 가격이 만 원인데 현재 가격이 오천 원이니 기대수익률은 100%다'라는 표현은 중요한 무언가를 빠트리고 있다. 가치는 미래 현금흐름의 현재가 할인이다. 그러므로 어느 시점까지의 현금흐름을 추정했는지, 할인율을 얼마를 적용했는지에 대한 정보가 들어가야 한다. '향후 5년간 ROE 20%를 기대할 수 있고, 할인율 10%를 적용했을 때 적정 가격은 만 원이다'라는 형태로 표현해야 한다. 그렇다면 만 원에 살 경우 장기 기대수익률은 10%가 되고 만 원보다 좀 더 싼 가격, 이를테면 오천 원에 살 경우 장기 수익률은 10%보다 조금 더 높을 것이다. 만 원보다 좀 더 비싸게 사더라도 손해가 아니라 장기 수익률이 10%보다 조금 낮아질 뿐이다.

만 원짜리를 만 원보다 싸게 사야 돈을 벌지 않느냐고? 만 원짜리를 만천 원에 사면 손해 아니냐고? 맞다, 손해다. 정확히 어떤 손해냐가 중요하다. 할인율 대비 손실, 즉 기회비용 대비 손실이다. 이게 굉장히 중요하다.

공식으로 풀어보면 이렇다. 할인율 r(투자자의 기회비용, 혹은 주식 투자를 통해서 장기간 기대하는 수익률), 기업의 ROE(r보다 높아야 한다), 높은 ROE가 지속되는 기간을 N이라고 했을 때 적정 PBR은 다음과 같이 계산한다.*

$$PBR = \left(\frac{1+ROE}{1+r}\right)^N$$

위에서 가정한 '향후 5년간 ROE 20%를 기대하고 할인율 10% 적용'을 대입하면 적정 PBR은 1.545배다.** 정확히 이 가격에 주식을 사서 장기간 보유한다면 (기업의 초과수익 가정이 정확히 들어맞았을 때) 투자자의 수익률은 10%다. 버는 돈이 없는 게 아니라 기대수익률만큼 번다는 뜻이다. 그럼 여기서 조금 더 싸게, 이를테면 PBR 1.4배에 산다면 장기 수익률은 얼마일까? 공식은 다음과 같다.

$$r = \frac{1+ROE}{PBR^{\frac{1}{N}}} - 1$$

장기 기대수익률은 12.19%다.*** 일반적으로는 어떻게 계산하는가? 적정 가격은 1.545배이고 나의 매수 가격은 1.4배니까 기대수익률은 10.38%로 표현하지 않는가? 이렇게 표현하면 안 된다. 왜냐고?

조금 비싸게 사면 어떤 일이 일어나는지 보자. 매수 시점의 PBR이 1.6배였다면 어떻게 될까? 장기 기대수익률은 9.23%다.**** 마이너스가 아니다! 일반적인 기대수익률 계산 방식으로는 어떤가? 1.545/1.6 = 0.966, 즉 사는 순간 -3.4%로 손실이 발생한다. 이 -3.4%는 실제로 손해 본다는 뜻이 아니라, 지금 가격에 매수할 경우 나의 할인율, 즉 주식

*   DB금융투자(당시 동부증권)에서 2016년 4월 18일 발표한 강현기 보고서 참조.
** $= (1.2/1.1)^5$
*** $= 1.2/(1.4^{1/5}) - 1$
**** $= 1.2/(1.6^{1/5}) - 1$

투자를 통해 장기간 기대하는 수익률보다 3.4% 낮은 수익률을 얻는다는 뜻이다.

이 점은 매우매우 중요하지만 가치평가를 깊게 다루는 교과서가 아니고서는 알려주지 않는다. 가치는 일차원 값이 아니라 장기간에 대한 기대수익률이다.

자, 버핏의 이야기로 돌아가자. 버핏지수든 뭐든 활용해서 '주가 수준이 전반적으로 높다'라고 버핏이 이야기한다면 이는 '이제 고점이다, 하락이 다가왔다'라는 뜻이 아니라 '주식 자산의 전반적인 장기 기대수익률이 낮다'라는 이야기다. '장기간 보유할 때 10% 정도의 수익률을 기대할 수 있지만, 현재 가격에서 장기간 보유한다면 7% 정도밖에 기대할 수 없다'와 같은 뜻이다. 반대로 '주식의 가격이 아주 매력적이다'라고 표현한다면 이는 '바닥을 확인했다, 이제 곧 상승한다'라는 뜻이 아니라 '현재 가격에서 매수할 경우 장기 기대수익률이 이례적으로 높다'라는 뜻이다.

주가 수준 판단과 향후 주가 변동 예측은 전혀 다른 이야기다. 전자는 가능하고 중요한 반면, 후자는 불가능하고 안 중요하다. 버핏의 멘트를 잘 살펴보면 "주식 투자자들이 전반적으로 장기적인 미래에 어떤 실적을 거두게 될지 예상", "최근의 주가가 채권에 비해 훨씬 높은 장기적 수익을 창출할 수 있는 수준으로 형성되어 있기 때문" 등 '기대수익률'에 초점이 맞추어져 있음을 알 수 있다. 1979년의 기고문에서도 "최근의 주가가 채권에 비해 훨씬 높은 장기적 수익을 창출할 수 있는 수준으로 형성되어 있다"고 표현했다.*

---

* 《포춘으로 읽는 워런 버핏의 투자 철학》, p. 397

퀄리티 측정

아무리 바텀업 투자자이며 기업의 퀄리티에 집중하겠다 한들, 매크로 현황을 모르고서는 유효한 퀄리티 측정이 어렵다. 투자자에게 기업의 가치란 결국 '기업이 얼마나 좋은 역량을 가지고 있고', '그 역량을 나를 위해서 사용할 의사가 있느냐'이다. 기업의 역량이란 곧 기업이 낸 성과인데, 외부 환경을 보지 않고서는 기업의 성과를 제대로 평가할 수 없다.

어떤 기업의 실적이 잘 나왔을 때에는 단순히 업황의 흐름을 타고 좋은 성과를 냈을 수도 있고, 좋은 상황을 남들보다 더 잘 활용해서 타사 대비 비약적인 성과를 냈을 수도 있다. 실적이 부진하게 나왔을 때에는 정말로 뭔가를 잘못해서 나쁘게 나왔을 수도 있고, 안 좋은 상황에서 그나마 선방한 실적일 수도 있다.

매크로 요인이 투자 의사결정에 직결되지는 않는다. 경기가 좋을 것 같다고 주식을 사고 경기가 나쁠 것 같다고 주식을 파는 식의 행위는 필패다. 그러나 간접적으로 '경기가 좋을 때 기회를 잘 활용하는 모습을

> 66
>
> 매크로 환경에 따라 집중하는 업종이 달라질 수도 있다.
> 매크로 지표와 투자 의사결정이 일대일로 매치되지는 않겠지만,
> 특정 매크로 환경을 높은 확률로 예측할 수 있을 때
> 그 환경을 적극적으로 잘 활용할 기업을 좋은 가격에 산다면,
> 원칙에 배치되지 않으면서도 꽤 기민한 투자가 될 수 있다.
>
> 99

보여줌 → 신뢰 상승 → 가치를 높게 평가 → 비중 확대', '경기가 좋을 때 묻어가서 잘 나온 실적으로 헛된 곳에 돈을 씀 → 신뢰 하락 → 가치를 낮게 평가 → 비중 축소' 이런 식의 의사결정은 가능하며, 상당히 중요하다. 기업은 외부 환경에 대응함으로써 퀄리티를 입증하고, 그 퀄리티가 투자자가 투자 의사결정을 하는 핵심 근거가 된다.

탑다운과 바텀업의 혼용

매크로 환경에 따라 집중하는 업종이 달라질 수도 있다. 매크로 지표와 투자 의사결정이 일대일로 매치되지는 않겠지만, 특정 매크로 환경을 높은 확률로 예측할 수 있을 때 그 환경을 적극적으로 잘 활용할 기업을 좋은 가격에 산다면, 원칙에 배치되지 않으면서도 꽤 기민한 투자가 될 수 있다.

버크셔는 조립식 주택 건설회사인 클레이턴 홈즈를 2003년 인수했다. 2003년은 주택시장이 활황을 띠기 시작하던 때였고, 버핏이 파생상품의 위험을 경고하던 때였다. 파생상품은 확장 일로였고, 파생상품 확장은 주택 사업을 부추겼다. 2003년 버핏은 달러 약세를 전망하는 기고문을 냈고, 같은 시기에 버크셔는 페트로차이나 주식을 샀다.

버크셔는 2020년 일본 상사 주식에 대규모 베팅을 했고 2022년에는 석유회사 옥시덴탈의 주식을 샀다. 코로나로 인해 공급망 부진이 상당 기간 지속되고 있다. 높은 인플레이션을 전망하고 그에 따른 수혜를 볼 수 있는 기업에 투자했다고 판단한다.

원래 미국은 2010년대 중반 이후 셰일오일 덕분에 석유 순수출국이 되었다. 이 시기의 인플레이션에 대한 기초 상식 중 하나는 유가가 상승하면 오일 리그(석유 채굴지)가 빠르게 늘어나서 석유 공급량이 증가한 다는 것이었다. 그런데 최근에는 유가가 올라도 오일 리그가 빠르게 늘어나지 않고 있다. 셰일 업체들은 대체로 부채를 끌어와서 사업을 진행하는데, 금리 인상으로 인해 자금력이 과거보다 현저히 줄어들었을 가능성이 높다. 또한 환경 보호 운동이 거세지면서 오일 리그 투자를 부도덕하게 보는 시각이 많아졌다. 버핏은 코로나 이후 유동성 확대 국면이었던 2020년에 이 모든 상황을 '예측'해 투자했을까? 대답은 각자 생각해보자.

PS. 이 질문을 한 사람은 버핏에게 잡 오퍼를 받았다.

글 홍진채 │ 라쿤자산운용 대표. 서울대 학생 시절 투자연구회 SMIC 회장을 지냈다. 2016년까지 10년간 한국투자밸류자산운용에서 펀드매니저로 일하며 3,000억 원 이상 규모의 펀드를 책임 운용했다. 모닝스타 펀드대상(2014)과 다수의 연기금으로부터 최고의 S등급 평가를 받았다. 2018년부터 트레바리의 독서 모임을 이끄는 등 독서광이기도 하다. '삼프로TV', '김작가TV', '다독다독' 등의 미디어에 출연하여 투자자들로부터 호평을 받았다. 저서로 《주식하는 마음》이 있다.

한국엔 '비정상 가격'이 너무 많지만, 가격을 '가치'로 올리는 촉매도 있다

심혜섭

지배주주의 인색한 주주환원 정책, 성장주 우대와 자산주 홀대, 의무공개매수제도 부재…. 한국 주식시장에 널리 만연한 디스카운트 요인 몇몇이다. 그러나 제도와 상황, 행동이 점차 바뀌고 있고, 저평가 주식이 제 가치를 찾게 해주는 '촉매'가 증가하고 있다. 행동주의 투자자의 움직임이 그런 촉매 중 하나다.

남양유업의 비극

트로이 목마

2022년 6월 7일 오후, 서울중앙지방법원 457호. 남양유업 홍원식 회장에게서 주식을 매수한 한앤컴퍼니가 약속대로 주식을 인도해달라고 제기한 사건이었다. 증인석에 한 노신사가 섰다. 홍 회장에게 주식 매각 자문을 제공한 회사의 함춘승 대표였다. 변호사는 홍 회장이 함 대표에게 보낸 문자를 화면에 띄웠다. '트로이 목마'. 변호사는 "트로이 목마가 무슨 뜻인지 압니까?"라고 물었다.

도산공원 사거리는 대한민국의 고급스러운 거리 중 최상급으로 꼽힌다. 도산대로와 언주로에는 국산 차보다 수입차가 많다. 명품을 파는 가게와 고급스러운 음식점도 즐비하다. 오가는 사람들의 꾸밈새도 다르다.

이 사거리의 북서면에는 벤츠 전시장이 있다. 북동면에는 BMW 전시장이 있다. 남동면에는 현대모터스튜디오 서울이 있다. 이전에는 예쁘기로 소문났던 인피니티 전시장이 있던 곳이다.

마지막 남은 남서면 모퉁이에 남양유업 본사인 1964빌딩이 있다. 토

남양유업 본사 전경　　　　　　　　　　　출처: 자림이앤씨건축사무소 홈페이지

지의 면적은 1,390m²(421평)이다. 이 토지와 바로 연이어 뒷골목으로 이어지는 토지, 즉 백미당빌딩이 있는 토지 340m²(103평)까지 더하면 모두 1,730m²나 된다. 모두 남양유업의 100% 자회사인 금양흥업이 소유하고 있다.

　남양유업의 가치를 단순히 도산공원 사거리 본사의 부동산만 보고 판단해서는 곤란하다. 업력이 오래된 기업은 장부가치 이상으로 우량한 자산이 많다. 남양유업은 세종, 천안, 경주, 나주 등에 공장을 두었는데, 이 중에선 오래되어 인근이 개발된 곳도 많다. 세종 공장만 하더라도 세종시에 인접해 있다. 그러나 남양유업의 주가는 작년 4월 불가리스 사태가 있기 전까지 하락하기만 했다. 보통주와 우선주를 더한 시가총액이 약 2,000억 원에 불과한 기간도 꽤 오래 지속되었다.

2021년 5월 27일 남양유업은 홍원식 회장과 특수관계인의 주식 37만 8,938주(52.6%)를 3,100억여 원에 한앤컴퍼니에 매각한다는 공시를 냈다. 매각 당시 남양유업 주가는 불가리스 사태 이후 다소 오른 상태였지만, 이 가격과 비교하더라도 거의 '100%'에 달하는 경영권 프리미엄이 붙은 가격이었다. 앞서 설명한 사건의 증인 함춘승 대표는 남양유업 홍원식 회장이 계약 체결을 앞두고 매우 기뻐했고, 한앤컴퍼니가 도망가지 못하게 확실히 계약서를 작성하라고 했다고 증언했다. 매각 공시가 나온 직후 언론의 분위기도 비슷했다.

사람들이 '본사와 백미당빌딩의 부동산 가치만 해도 2천억~3천억 원은 족히 되지 않나?' 하는 의문을 품기 시작한 것은 공시 이후 어느 정도 지난 뒤의 일이다. 홍 회장이 함 대표에게 바로 그 '트로이 목마'라는 문자를 보낸 것은 며칠 뒤였다. 거래 상대방이 보낸 간첩이라는 의미일 것이다.

가격과 가치

우리나라 상장기업의 지배주주들은 주가가 낮아지는 것을 좋아한다. 주가가 낮아야 3세, 4세 승계 과정에서 증여세와 상속세를 줄일 수 있다. 홍 회장 역시 그랬을 것이다. 그랬기에 배당금도 안 주느니만 못하게 매년 1,000원씩만 주었고, 주가가 100만 원을 넘을 때도 액면분할을 하지 않았으며, 주주 가치 제고 정책은 고사하고 평범한 투자설명회IR조차 하지 않았을 것이다. 물론 구체적인 승계를 염두에 두어서가 아니라 그저 인색했기 때문일 수도 있다.

> **"**
> 가격이 가치를 밑도는 상황을 만들어 오랫동안 유지하다 보면,
> 지배주주조차 자신이 경영하는 기업의 가치를 헷갈릴 수 있다.
> 홍원식 회장 역시 스스로 만든 극단적인 저평가 상황에 속아
> 가치 판단을 그르쳤을 가능성이 있다.
> **"**

카산드라는 트로이 목마를 경고했으나 시민들은 무시했다. 남양유업 사건에서 트로이 목마는 제3자가 아니라, 스스로 제 가치를 평가하기 어렵게 장부를 작성하고 극단적으로 낮은 주가를 만든 홍 회장 자신일 수 있다.

남양유업 저평가를 구성하는 요소에는 도산공원 사거리의 부동산 가치도 있다. 남양유업 본사와 백미당빌딩의 토지는 모두 남양유업 자회사인 금양흥업이 소유하고 있다. 금양흥업의 감사보고서에 의하면 금양흥업의 자본총계는 약 562억 원이고 이 중 토지 가치는 약 43억 원에 불과하다. 토지 가치를 시가의 수십 분의 1에 불과하게 계상해온 것이다.

가격이 가치를 밑도는 상황을 만들어 오랫동안 유지하다 보면, 지배주주조차 자신이 경영하는 기업의 가치를 헷갈릴 수 있다. 홍원식 회장 역시 스스로 만든 극단적인 저평가 상황에 속아 가치 판단을 그르쳤을 가능성이 있다. 이런 자승자박적 현상을 대한민국 자본시장 고유의 '남양유업의 비극'이라 명명한다. 극단적인 저평가는 비지배주주만이 아니라 지배주주에게도 치명상을 안길 수 있다.

LG의 법칙

시멘트회사와 놀이공원을 거느린 지주회사

'가격'만을 보고 '가치'를 외면하는 현상의 대표 격은 지주회사에 대한 평가다. 코로나19의 위기에서 풀려난 지금, 놀이공원은 그야말로 인산인해다. 서울랜드라는 놀이공원을 자회사로 거느린 기업이 있다. 한일홀딩스라는 지주회사다. 한일홀딩스는 상장사인 한일시멘트도 지배하고 있다. 한일시멘트는 또 다른 상장사인 한일현대시멘트를 지배하고 있다. 과점적인 시멘트시장에서 두 기업의 합산 점유율은 1위다.

한일홀딩스의 2022년 6월 초 기준 시가총액은 4천억 원을 밑돈다. 회사가 보유한 한일시멘트 가치 약 8천억 원(시가총액 1.3조 원의 지분

서울랜드   출처: 서울랜드 공식 인스타그램 @today_seoulland

> **"**
> LG의 시가총액은 2022년 6월 초 현재
> 보통주와 우선주를 더해 12.8조 원 정도다.
> 그런데 LG의 LG화학 지분(30.06%) 가치만 해도
> 약 12.4조 원에 달한다.
> **"**

60.9%)의 절반에 불과하다. 한일홀딩스에는 한일시멘트 외에도 다른 비상장 자회사의 지분과 막대한 현금, 장단기 금융자산이 있다. 그런데도 시가총액이 4천억 원이 안 된다.

할인의 할인의 할인의 할인

상장 지주회사의 시가총액이 상장 자회사의 시가총액에 미치지 못하는 현상은 만연해 있다. 다른 예로 LG를 들어보자. LG의 시가총액은 2022년 6월 초 현재 보통주와 우선주를 더해 12.8조 원 정도다. 그런데 LG가 거느린 상장 자회사 중 LG화학 보통주의 시가총액이 약 41.3조 원이니 LG의 LG화학 지분(30.06%) 가치만 해도 약 12.4조 원에 달한다. LG전자, LG생활건강, LG유플러스 등 다른 상장 자회사, LG CNS 등 비상장 자회사, LG의 현금과 부동산을 다 제외하고, LG화학 지분 가치와 LG의 시가총액이 비슷한 것이다.

손자회사까지 내려가면 더욱 심각하다. LG화학은 LG에너지솔루션 지분 81.8%를 보유하고 있고, LG에너지솔루션의 시가총액은 2022년 6월 초 현재 약 102조 원에 달한다. 그러나 LG화학 보통주의 시가총액

은 앞서 말했듯 약 41.3조 원이고, 우선주를 더해도 약 43.5조 원에 불과하다. LG화학의 시가총액이 LG에너지솔루션 지분 가치의 절반에도 못 미친다. 여기에 더해 국내 최고 수준의 화학 사업 가치, 첨단소재 사업과 생명과학 사업 가치는 도대체 어디에서 찾을 수 있을까?

나는 지주회사의 가치가 자회사 가치에 미치지 못하고 자회사 가치가 손자회사 가치에 미치지 못하는 현상을 우스개 삼아 'LG의 법칙'이라고 부른다. 논리적으로 말이 안 되는 법칙이지만 우리 자본시장에서 LG의 법칙은 사라지지 않고 있다. 아니, 수년 사이 정도를 더해가고 있다. 비단 LG만의 문제가 아니다. 삼성물산, SK, 한화 등 거의 모든 지주회사에서 비슷한 현상이 관찰된다. 이는 지주회사의 '가격'에 맞추어 '가치'를 정당화하려는 각종 논리가 등장하는 배경이다.

지주회사 가치 정당화의 논리

이 중에서 더블 카운팅double counting은 지주회사와 자회사가 모두 상장되어 있으면 시가총액이 2번 계산되니 지주회사의 시가총액이 줄어야 마땅하다는 논리다. 어감이 좋아서인지 널리 유행하지만 잘못된 논리다. 이 논리대로라면 비상장 자회사가 상장하는 순간 지주회사의 가치가 감소한다. 상장 전이나 후나 같은 사업을 하면서 같은 매출과 같은 이익률을 올리는데 굳이 가치가 감소할 이유가 없다. 상장하면서 자금도 유입되었을 것이니 더욱 그렇다. 게다가 더블 카운팅은 자회사가 아니라 지주회사만 할인되는 이유를 설명하지 못한다. 자회사의 가치가 줄 수도 있는 것 아닌가?

상장 자회사의 이사회는 모기업이 아니라 모든 주주의 이익을 위해 작동해야 하고, 그래서 모기업의 통제권이 쉽게 미치지 못하기에 할인해야 한다는 논리도 있다. 그러나 이는 '당위'이지, 현실이 아니다. 모기업은 사실상 마음대로 자본을 배치하고, 사업 기회를 배분하며, 지주회사에 유리한 합병도 할 수 있다. 하림지주가 엔에스홈쇼핑을 합병한 사례나, 동원엔터프라이즈가 동원산업을 합병하려는 시도를 보면 쉽게 알 수 있다.

현금흐름으로 할인의 이유를 설명하기도 한다. 자회사가 100을 벌어 50을 유보하고 50을 배당하고, 지주회사 역시 자회사에서 벌어들이는 수입 50 중 25를 유보하고 25를 배당한다고 가정할 경우, 자회사의 주주는 100 중 50만큼 현금을 얻지만 지주회사의 주주는 25만큼만 얻으며, 여기에 세금 효과까지 더하면 현금흐름의 강도가 더욱 약해진다는 것이다. 물론 당장 주머니에 들어오는 돈이 더 가치 있게 보일 수는 있다. 그러나 자회사와 지주회사에 유보되는 돈도 결국 주주의 몫이다. 경우에 따라서는 유보된 돈이 재투자되어 더 유용하게 쓰일 수도 있다. 심지어 유보된 돈이 낭비된다고 하더라도 전부 사라질 수는 없다. 전부 사라진다고 해도 최고 70%에 달하는 극심한 지주회사 디스카운트를 도저히 설명하지 못한다.

자회사를 처분하면 법인세를 내야 하니 지주회사가 할인되어야 한다는 논리도 있다. 그러나 현실은 다르다. 한일홀딩스는 2022년 2월 24일, 주력 자회사도 아닌 한일네크웍스의 주식 598만 9,532주(50.1%)를 1,030억 원에 처분한다고 공시했다. 1주당 약 17,197원으로 2월 23일 종가 7,300원의 2.35배에 달한다. 즉, 개인 대주주가 자신의 지분을 처분하든, 지주회사가 자회사의 지분을 처분하든 간에 해당 지분은 경영

> ❝
> 어떠한 논리로도 설명이 안 되지만,
> 아직도 많은 투자자가 지주회사가 가진
> 자회사의 가치를 할인하기 위해 노력 중이다.
> ❞

권 지분이며, 법인세를 고려하더라도 경영권 프리미엄이 훨씬 크다.

경영권 프리미엄이 이토록 큰 것은 우리나라가 미국을 제외한 선진국 중 거의 유일하게 의무공개매수제도가 없기 때문이다. 미국도 이해관계 충돌 등의 문제로 사실상 100% 주식을 매수하는 것을 고려하면, 우리나라는 이 제도가 없는 거의 유일한 선진국이다. 의무공개매수제도 도입은 대한민국 자본시장이 추구해야 할 방향이다. 윤석열 정부의 공약에도 비슷한 내용이 들어 있다.

여하튼 경영권 지분과 시장에서 사고파는 주식의 가치는 40% 이상 차이가 난다.* 즉, 엄연히 이중 가격이 존재한다. LG의 LG화학 지분 가치는 시장가에 지분율을 곱해 단순 계산한 약 12.4조 원보다 훨씬 클 것이다. LG화학의 LG에너지솔루션 지분 가치 역시 마찬가지일 가능성이 크다. 심지어 상속세 및 증여세법도 엄연히 경영권 프리미엄이 존재한다는 사실을 고려해서 경영권 지분이 상속, 증여될 때 20%의 세금을 더 걷는다.

---

* 한국의 경영권 프리미엄은 평균 40%(정준혁), 48~68%(이창민, 최한수), 48~56%(임자영), 39~74%(김석봉) 수준으로 조사된다.

> **“**
>
> 굳이 할인해야 한다면 대상은 지주회사의 가치 중
> 시장에서 거래되는 비지배주주의 지분 가치다.
> '지주회사의 실제 가치는 예컨대 100만큼 큰데,
> 시장에서 거래되는 비지배주주의 지분 가치는
> 10이나 20만을 반영하고 있다'로 설명해야 한다.
>
> **”**

이처럼 어떠한 논리로도 설명이 안 되지만, 아직도 많은 투자자가 지주회사가 가진 자회사의 가치를 할인하기 위해 노력 중이다. 별다른 설명 없이 상장 자회사의 지분 가치를 40%, 50% 할인해 지주회사의 목표가나 적정가를 정하는 증권사 보고서도 흔하다.

엄청난 이중 가격이 존재하는 모순 마주하기

본질을 보면 할인해야 할 것은 상장 자회사의 지분 가치가 아니다. 지주회사의 가치는 더욱 아니다. 실제 LG의 가치는 약 12.8조 원이 아니라 훨씬 크다. 그렇게 생각하는 것이 대한민국 4대 재벌이며 명목 자산 총액이 167조 원에 이르는 기업 집단을 거느린 지주회사의 위상에 맞는다.

굳이 할인해야 한다면 대상은 지주회사의 가치 중 시장에서 거래되는 비지배주주의 지분 가치다. '지주회사의 실제 가치는 예컨대 100만큼 큰데, 시장에서 거래되는 비지배주주의 지분 가치는 10이나 20만을 반영하고 있다'로 설명해야 한다. 또는 '이중 가격이 존재하는데 그 격차가 어마어마하다'고 이야기해야 한다. 너무나도 엄청난 괴리와 모순을 애써 외면하려 하니 본질을 외면한 수많은 논리가 나오는 것뿐이다.

강남제비스코성

피뢰침 차트

'가격'에 '가치'를 끼워 맞추려는 논리는 부동산 자산주에서도 흔히 등장한다. 2021년 12월 28일, 강남제비스코는 보유 중인 군포 토지를 2천억 원에 매각한다고 공시했다. 강남제비스코는 공장을 평택으로 이전했고 군포 토지 인근은 개발이 많이 진행된 상태였다. 언젠가는 군포 토지가 매각될 것으로 기대하고 끈질기게 투자한 사람도 많았다. 공시 시점을 기준으로 강남제비스코는 자본총계가 6,973억 원에 달하지만 부채는 2,294억 원에 불과하고 이 중 차입금은 548억 원이었다. 그런데도 28일 당일 기준 시가총액은 토지 매각 가격보다도 훨씬 낮은 1,573억 원이었으므로 군포 토지 매각과 상관없이 크게 저평가된 상태라고 볼 수 있었다. 이 상황에서 토지까지 매각되니 기업의 가치가 얼마나 더 부각되었겠는가.

그러나 강남제비스코의 주가는 공시 다음 날인 29일 아침 잠시 상한가를 기록하더니 결국 4.8%라는 비교적 크지 않은 상승으로 장을 마감했다. 심지어 이 글을 쓰는 2022년 6월 초 현재의 시가총액은 1,589억 원이어서 토지 매각 공시 전의 시점으로 거의 돌아오고야 말았다. 부동산을 매각해서 처분이익이 많이 발생하더라도 주주에게 환원되지 않으리라는 점을 깨닫는 데 채 하루가 걸리지 않은 셈이다.

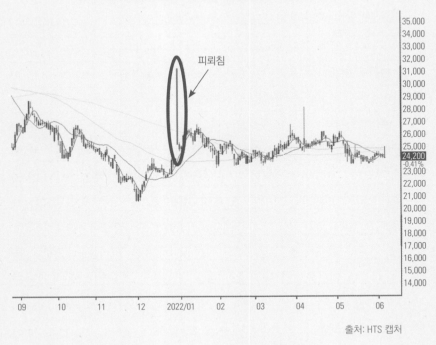

강남제비스코 주가 차트(2021/09~2022/06)

피뢰침

출처: HTS 캡처

　나는 기업이 시가총액과 비교해 상당한 수준, 혹은 시가총액 이상의 부동산을 처분하더라도 금방 주가가 원상회복하는 현상, 주가 차트에서 '피뢰침'을 그리는 현상을 우리 자본시장에 존재하는 '강남제비스코 성(性)'으로 부르기로 했다.

책 한 권을 써도 모자란 부동산 자산주

　우리 자본시장에서 강남제비스코성은 수시로 나타난다. 경방은 2019년 12월 16일 용인 토지를 1,500억 원에 매각한다는 공시를 냈고 다음 날 잠시 상한가를 기록했지만 종가는 3.2%라는 평범한 상승에 그치고 말았다. 일신방직도 2020년 7월 23일 광주 토지를 3,190억 원에 매각한다는 공시를 냈고 24일 상한가를 기록했지만 종가는 2.3% 상승에 그쳤다. 같은 날 일신방직과 맞닿은 광주 토지를 약 3,660억 원에 매각한다고 공시한 전방은 24일 상한가를 기록한 후 같은 날 무려 11.0% '하락'으로 마감하기까지 했다. 물론 전방은 알 수 없는 이유로 2~3일 전부터 미리 주가가 오른 탓도 있을 수 있다. 한일화학 또한 2021년 1월 15일 시흥의 토지를 670억 원에 매각한다는 공시를 냈는데, 18일 상한가를 기록하더니 연이어 주가가 하락해 한 달도 안 되어 원래 주가로 돌아가고야 말았다.

강남제비스코성은 극단적인 예일 뿐이다. 부동산을 가진 기업이 그 부동산을 매각한다고 해서 굳이 주가가 올라야 한다는 논리도 허술하다. 기업은 매각 전에는 부동산으로, 매각 후에는 현금으로 같은 가치의 자산을 지닌다. 그러니 매각 전에도 부동산의 가치를 정당하게 더해 가치평가를 하는 것이 합리적이다. 이런 논리로 시장을 분석하면 현재 부동산 자산주가 매우 많이 확인된다.

대표적인 예로 BYC는 확인된 것으로만 전국에 빌딩 40여 채를 보유하고, 개발 가치가 높은 본사 부지도 약 2만 3,000m²(7,000평) 보유하고 있다. 롯데칠성의 서초동 부지는 면적이 4만 2,312m²에 달한다. 태광산업은 장충동의 옛 동북고등학교 부지와 부산 구서동의 옛 공장 부지 4만 8,914m² 등을 보유하고 있고, 계열사 대한화섬은 부산 반여동의 토지 약 20만 m²(6만 평)로 유명하다. HDC는 명목 PBR이 0.1배지만 강남구 삼성동과 대치동에 직접 또는 계열사를 통해 보유한 부동산만 해

양재동 파이시티 부지   출처: 하림지주 홈페이지

도 시가총액을 훌쩍 넘긴다. 일신방직은 앞서 언급한 광주 토지 외에도 여의도, 한남동, 청담동 등에 많은 부동산을 보유하고 있다. 신도리코는 성수동 토지만도 약 1만 8,000m²에 달하고, 세이브존I&C의 토지 가치도 1조 원이 넘는다. 사조산업은 캐슬렉스 골프장을 보유 중이고, 사조그룹 계열사들도 많은 부동산을 보유하고 있다. 크라운해태홀딩스는 본사 부지 외에 양주에 아트밸리 330만 m²(100만 평)를 보유 중이며, 베뉴지도 골프장, 백화점, 호텔, 용인의 물류센터부지 등을 보유 중이다. 신세계가 가진 강남고속버스터미널과 명동 본사의 토지 가치는 얼마일까? 하림지주의 양재동 부지도 마찬가지다. 골프장의 가치가 치솟고 있는데 KMH와 골프장뉴딘홀딩스처럼 골프장을 여럿 가진 기업들은 어

찌 평가하는 게 옳을까?

이렇게 일일이 소개하다가는 책을 한 권 채워도 모자란다. 보유 부동산의 가치가 시가총액의 수 배에 달하는 자산주가 널려 있고 잘 알려진 종목도 많다. 검색창에 '부동산, 자산주, 토지, 저PBR' 등을 키워드로 조금만 검색해도 많은 부동산 자산주를 찾아낼 수 있다. 또한 자산주로 불리는 기업의 부동산 가치가 너무나 크기에 '에이, 많지도 않네'라는 평가를 받는, 보유 부동산의 가치가 시가총액보다 다소 높거나 2~3배 정도인 기업은 흔한 편이다.

흙수저 전문직과 건물주

보유 부동산 가치가 인정받지 못하는 현상, 보유 부동산을 매각해 큰 이익이 생기더라도 가격이 가치를 반영하지 못하는 강남제비스코성이 계속되니, 역시 이에 관한 논리도 등장한다. 자산주엔 '성장'이 없어서 낮게 평가되어야 한다는 것이다.

그러나 성장은 과정이고 수단일 뿐이다. 자산은 성장의 결과물이다. 성장은 돈을 모으기 위해 하는 것이기 때문이다. 성장을 통해 돈을 모으는 데 오랜 기간이 걸리기에 불확실성이 존재하지만, 자산은 이미 존재하는 것이어서 불확실성이 없다. 사람으로 비유하면 성장주는 흙수저 출신 전문직 종사자이고, 자산주는 건물주다. 현실 세계에서는 많은 이가 돈을 벌어서 건물주가 되기를 목표로 한다. 건물주는 코리안 드림의 상징이며 부러움의 대상이다.

상황 논리 외에 욕심도 작용한다. 빨리 돈을 벌고 싶은 욕심에 성장주가 헤쳐나가야 할 난관을 간과한다. 성장주가 성장을 이어가 현재의 자산주와 같은 자산을 가지기 위해서는 많은 가정이 필요하다는 사실을 외면한다. 이른바 성장 스토리가 들어맞아야 하고 스토리의 단계마다 성공해야만 하는데도 온갖 노력을 기울여 확신하기 위해 노력한다. 도리어 비판하는 사람에게 더 공부할 것을 주문하는 우스꽝스러운 일도 벌어진다. 욕심이 IQ를 크게 낮추어, 현실 세계에서는 멀쩡한 사람도 투자할 때에는 바보가 된다.

거버넌스 문제 외면하기

모든 스토리가 이루어져 돈을 모아 훌륭한 자산을 가지게 되었다고 가정하자. 그러나 그 자산이 주주에게 환원될지는 또 다른 차원의 문제다. 현재의 성장주도 미래에는 상속과 증여를 고민해야 한다. 또 지배주주와 비지배주주의 이해관계가 일치하지 않아 생기는 대리인 문제, 소수주주를 보호하지 않는 법과 제도, 지배주주 가족 집단을 유지하기 위해 비지배주주의 것을 빼앗아야만 하는 세금 문제는 성장주라고 하여 비껴가지 않는다.

엄밀히 말해 성장주 투자는 주주환원이 제대로 되지 않는 대한민국 자본시장의 거버넌스 문제를 나중의 일로 미루고 애써 외면하고 있을 뿐이다. 강남제비스코성은 돈을 벌어도 주주환원으로 이어지지 않는 문제를 하루 혹은 한 달 내의 단기간에 압축적으로 보여주는 것이고, 성장주 투자는 강남제비스코성에서 일어나는 상승 국면이 수년간, 진실을 마주하기 전까지 천천히 계속되는 것이다.

부동산 자산주를 이야기하면서 현금 자산주를 빠뜨렸는데, 현금이 시총보다 많은 현금 자산주도 마찬가지다. 어떤 기업이 부동산과 현금을 보유하고 있다면 그 부동산의 가치와 현금의 가치만큼 현실을 반영해 정확히 가치평가를 해주어야 한다. 기업이 부동산과 현금을 보유하고 있다고 해서 그 부동산과 현금이 가치가 없다고 외면해서는 안 된다.

뜻밖의 안티프래질

유머 게시판을 찾아보면 세상에 수많은 '뜻밖의 시리즈'가 있다. 뜻밖의 간식, 뜻밖의 우동, 뜻밖의 퇴근 등 세상의 일은 쉽게 예상대로 돌아가지 않는다는 깨달음을 주는 사례라 하겠다. 한편 나심 탈렙Nassim Nicholas Taleb은 저서 《안티프래질(Antifragile)》에서, 위기 상황에서 도리어 더 강해지는 성질을 가진 안티프래질을 설명했다.

생각해보자. 지주회사가 극단적으로 저평가를 받고 주가가 보유 현금과 부동산 가치의 근처에도 못 가는 근본적인 이유는 대한민국 자본시장에 심각한 거버넌스 문제가 자리 잡고 있기 때문이다.

그러나 나는 여러 가지 흐름에 비추어 거버넌스 문제가 앞으로 조금씩 해결될 것으로 확신한다. 현재 거버넌스 상황은 1년 전, 2년 전과 비교해서는 별로 달라 보이지 않을지 모르겠지만, 5년 전 혹은 10년 전과 비교하면 개선된 부분이 많다. 무엇보다 점점 더 많은 사람이 주식에 투자하고 있고, 대한민국은 대학 졸업률이 세계에서 1등일 정도로 지적인 역량을 갖춘 나라다. 주주의 비례적 이익 보호 같은 문제는 과거에는 극소수 투자자만 언급했다. 지금은 불공정 합병, 의무공개매수제도 부재, 과다한 상속·증여세 같은 다양한 이슈에 관해서도 관심과 이해도가 높아 나도 깜짝 놀랄 때가 많다.

어쨌든 후진적인 거버넌스가 낳은 뜻밖의 결과로 우리나라의 많은 가치주는 안티프래질한 성질을 갖추게 되었다. 앞으로 닥칠 고금리와 고인플레이션 시대에 의외의 피난처가 되어줄지도 모른다.

예를 들어 대원산업, 신도리코, 삼정펄프, KISCO홀딩스 등과 같이 현금이 시가총액보다 훨씬 많은 기업을 생각해보자. 기업이 현금을 문자 그대로 현금으로 보유하는 사례는 드물다. 적어도 정기예금을 돌리는 정도의 노력은 한다. 명목 금리가 0%에 수렴하던 시기에는 아무리 정기예금을 해도 의미 있는 수준의 금융수익이 발생하기 어려웠다. 그러나 금리가 상승하면 상승할수록 이들 기업은 별다른 노력 없이도 금융수익이 증가할 가능성이 크며, 결국 명목 당기순이익 증가가 발생할 수도 있다.

부동산을 많이 보유한 기업 역시 마찬가지다. 자산 재평가를 하거나 매각하지 않는 이상, 이들 기업의 가치는 잘 드러나지 않는다. 그러나 보유 부동산 가치 상승은 명목상의 이익으로 장부에 반영되지 않았을 뿐, 실제로 현존하는 이익이다. 특히 인플레이션이 가속화되면 보유 부동산의 가치는 더욱 크게 상승할 수 있다.

광양제철소 전경

　나아가 우리나라의 장치 산업에 속한 기업은 보유 기계 장치의 감가상각을 되도록 크게 하곤 한다. 실제와 비교해 이익의 규모를 축소하고, 주주환원의 요구도 피할 수 있으며, 상속·증여세뿐 아니라 각종 세금을 절감할 수 있기 때문이다.

　요즘 같은 인플레이션 국면에서는 기계 장치의 대체원가 또한 증가한다. 이익이 증가하더라도 경쟁자가 쉽게 나타나지 못하는 상황이 오랜 기간 이어지는 것이다. 예를 들어 POSCO홀딩스의 시가총액은 2022년 6월 초 현재 기준 25조 원에도 미치지 못한다. 그러나 현재와 같은 인플레이션 상황에서는 그 배의 자금을 들여도 비슷한 기업을 만

들기 쉽지 않을 것이다.

이런 상황에서 보유 현금과 유휴자산을 활용해 적절히 투자하고 효율성 높은 인수·합병을 하는 현명한 경영자가 있다면, 기업의 안티프래질한 특성은 극대화될 것이다.

어쩌면 10년 뒤의 가치투자자들은 현재를 회상하면서 "그때는 PER 5만 넘어도 고평가였어", "부동산이나 자산의 진정한 가치를 고려한 실질 PBR이 0.1인 기업은 정말 흔했어. 명목 PBR이 0.1, 0.2인 기업도 여럿 있었지", "주주환원율이 10~20%에 불과해도 주가가 너무 내려가다 보니 웬만한 가치주의 배당수익률이 정기예금 이자보다 높았거든"이라고 말할지도 모른다.

바닥의 증거

2022년 5월 27일 LG는 중장기 주주 가치 제고 방안을 공시했다. 2024년까지 5천억 원 규모의 자사주를 취득하고, 기존 공시한 배당정책에서 '배당금 수익을 한도로'라는 문구를 삭제해 "별도재무제표 기준

66

2022년 5월 27일 LG는 중장기 주주 가치 제고 방안을 공시했다.
별다른 내용이 아니라는 견해도 많았다.
그러나 LG의 주가는 다음 거래일인 30일에 9.6% 상승했다.
약간의 희망만 주어도 솟아오를 준비가 되어 있었던 셈이다.

99

당기순이익(일회성 비경상 이익 제외)의 50% 이상을 주주에게 환원"하겠다는 내용이었다. 자사주 소각이 빠진 매입이었고, LG의 시가총액에 비해 자사주 취득의 규모가 크지 않은 데다가 취득하겠다는 기간도 길며, 비경상 이익을 제외하는 이상 실질적으로 증가하는 배당금 규모도 크지 않을 것이기에 별다른 내용이 아니라는 견해도 많았다. 그러나 LG의 주가는 다음 거래일인 30일에 9.6% 상승했다. 약간의 희망만 주어도 솟아오를 준비가 되어 있었던 셈이다.

2022년 5월 22일 HDC의 정몽규 회장은 HDC 지분 0.2%를 추가 취득했다고 공시했다. 올해 들어서만 11번째 지분 취득 공시다. HDC의 주가는 1월 광주 화정동 아파트 붕괴 사고 이후 크게 하락했지만, 정작 하락한 이후로는 별다른 변화가 없다. 주가지수는 같은 기간 동안 꾸준히 하락하는 추세였다. 현재의 가격은 지배주주도 도저히 사지 않고는 못 배길 가격임을 의미한다.

나스닥과 가상화폐, 수도권 외곽과 일부 지방 아파트의 가격이 하락한 것에도 불구하고, 올해 우리나라 주가지수는 하락이 그리 크지 않았다. 특히 가치투자자 중에는 보유한 주식이 거의 하락하지 않았거나 오히려 상승했다고 말하는 사람이 많다.

우리나라의 주주환원율은 28%라고 하지만 여기에는 자사주 취득이 포함된 것이다. 웬만해서는 자사주를 소각하지 않는 점을 고려하면 실제 주주환원율은 20% 정도로 추측된다. 그런데 이런 낮은 수준의 주주환원율에도 불구하고 시장에서는 정기예금 금리보다 높은 3% 또는 2% 후반의 배당수익률을 보이는 종목을 흔히 찾을 수 있다.

예를 들어 이들 중 일부는 경기 순환주이기에 앞으로도 배당이 유지

> ❝
> 기업들의 주주환원이 부족하다는 공감대가 강화되고 있다.
> SK와 메리츠 같은 일부 그룹은 지배주주가 적극적으로
> 주주 가치 제고를 위해 노력하는 모습을 보인다.
> ❞

될지 의문이지만 효성티앤씨, 동아타이어, 동부건설, 금호석유, LX인터 내셔널, 세아특수강, KT&G, KT 등의 배당수익률은 2022년 6월 초 현재 5%가 넘는다. HD현대, 세아베스틸지주, 효성, POSCO홀딩스 등의 지주회사도 그렇다. 금융사, 금융지주회사 중에도 5% 이상의 배당금을 지급하는 예가 드물지 않다.

앞서 예로 든 기업 중 신도리코는 부동산 부자와 현금 부자에 모두 속한다. 그런데 배당수익률조차 4%대 중반이다. 광주신세계는 2021년 적어도 당기순이익의 20% 이상인 배당을 점진적으로 확대한다고 공시했음에도 배당수익률이 4% 후반이다. GS, 롯데지주, 한국앤컴퍼니와 같은 재벌 지주회사를 주주 친화적이라 생각하는 사람은 드물 것이다. 그런데 이런 기업의 배당수익률도 4%가 넘어간다.

이런 와중에 기업들의 주주환원이 부족하다는 공감대가 강화되고 있다. SK와 메리츠 같은 일부 그룹은 지배주주가 적극적으로 주주 가치 제고를 위해 노력하는 모습을 보인다. 이런 모습은 다른 기업에도 영향을 준다.

자금 추적 기법이 발달하고 국가 간의 정보 교류, 회계 투명성도 강화되고 있다. 지배주주 집단의 숫자도 승계가 반복되면서 증가한다. 기업

은 과거처럼 성장하지 못하기에 모든 사람이 사익을 편취할 수 있는 지위를 나누어 갖는 것은 불가능하고 일부 구성원은 배당금에 의지하게 된다. 결국 이런 모든 요인 덕분에 주주환원의 크기가 점차 증가한다.

2021년 걷힌 상속세와 증여세는 합쳐서 15조 원 정도다. 2020년엔 약 10조 원이었으므로 증가세가 크다. 2021년 걷힌 국세는 약 334조 원이고 이 중에서 상속·증여세의 비중은 4.5%다. 지방세까지 포함한 전체 세수 중 상속·증여세의 비중은 3% 초반 정도로 예상된다. 참고로 OECD 국가는 평균적으로 전체 세수 중 0.4%를 상속·증여세로 걷고 있다고 한다. 현재와 같이 지속 불가능하게 높은 수준의 상속·증여세는 자본시장 왜곡과 거버넌스 문제의 주범이다. 그러나 한편으로는 많이 걷힌 상속·증여세 자체로 우리 사회의 투명성이 그만큼 높아졌음을 실감하게 된다.

나아가 아무리 대한민국 자본시장의 거버넌스가 후진적이라고 하더라도 자본주의 자체를 부정하는 수준은 아니다. 상법과 자본시장법도 어느 정도 구색을 갖추고 있고, 법원과 검찰의 통제와 감독기관의 행정력이 미치는 수준도 낮다고 보기는 어렵다.

내가 《주식시장을 더 이기는 마법의 멀티플》을 비롯해 몇몇 책을 번역, 해설하게 된 것은 회계장부열람등사소송에서 연달아 좌절한 뒤 마음 둘 곳이 필요했기 때문이다. 최근 하급심 판례의 경향성은 비지배주주의 회계장부열람등사청구권을 쉽게 인정하지 않는 분위기였다. 그러나 대법원은 지난 5월 한 비상장기업에 관한 회계장부열람등사소송에서 "(회계장부열람등사청구권을 행사하는 주주는) 그 이유가 사실일지도 모른다는 합리적 의심이 생기게 할 정도로 기재하거나 이유를 뒷받침하는 자료를 첨부할 필요는 없다"라고 판결했다.

동원산업과 동원엔터프라이즈 합병에서는 합병 비율이 수정되었다. 비록 동원산업 주주들이 만족할 만한 수준이 아닐지는 모르지만, 부정적인 여론 때문에 지배주주가 스스로 합병 비율을 수정한 사례는 흔치 않다. 삼광글라스는 감독기관의 적극적인 권한 행사로 합병 비율이 수정되기도 했다. 이런 사례를 본 다른 지배주주도 긴장할 수밖에 없다.

과거에 분리형 신주인수권부사채^{BW}를 발행해 지배주주의 지분을 강화하려는 노력이 있었지만 좌절된 바 있다. 이후 시장은 전환사채^{CB}를 발행하고 이 중 일부(예컨대 50% 정도)는 발행기업이 콜옵션을 행사할 사람을 지정할 수 있게 하는 경우가 많았다. 당연히 발행기업은 지배주주나 특수관계인을 콜옵션 행사권자로 지정해 별다른 노력 없이 지분율을 늘릴 수 있었다. 그러나 정부는 지배주주가 행사할 수 있는 콜옵션의 한도를 지분율까지로 제한하는 규제를 마련했다. 전환가액 조정은 하향만 있었는데 상향도 하도록 강제했다. 발행기업이 콜옵션 행사권자를 지정할 권리가 있을 때, 그 권리를 공정하게 평가해 장부에 반영하게 하는 규제도 두었다. 무상으로 콜옵션 행사권을 지배주주에게 양도했다가는 배임의 문제가 발생할 수도 있다.

나는 《주식시장을 더 이기는 마법의 멀티플》 해설에서 우리나라의 자본시장법이 경영참여형사모펀드^{PEF}와 전문투자형사모펀드로 나누어, 한쪽은 10% 이상의 지분을 취득하도록 강제하고, 다른 한쪽은 10% 이상의 지분을 취득하더라도 의결권을 행사할 수 없도록 한 규제를 비판했다.

이 규제는 2021년 사라졌다. 덕분에 앞으로는 사모펀드가 경영권 지분도 취득할 수 있다. 이미 자본시장에는 삼양옵틱스, 쌍용C&E, 한온

경영참여형사모펀드(PEF)의 대표적인 사례로 KCGI의 한진칼 투자를 들 수 있다. 사진은 대한항공 자회사인 한진인터내셔널 소유 LA윌셔그랜드호텔이 보는 LA 전경.

출처: 대한항공 공식 트위터 @KoreanAir

시스템, 케이카, 한샘 등 경영참여형사모펀드가 경영권을 행사하는 기업이 늘어나고 있고, 이들 기업의 주주환원은 승계의 굴레에서 벗어나지 못하는 다른 상장사에 비해 양호한 편이다. 거버넌스 개선의 모범을 보여준다고 평가할 수도 있다. 또 일부 사모펀드가 10% 이상의 지분을 취득한 사례가 발생했다. 비슷한 사례는 점점 늘어날 것이다.

주주행동주의 캠페인의 성공 사례도 늘어가고 있다. 비지배주주가 감사 또는 감사위원이 되는 사외이사 선임에 성공한 기업이 여럿이다. 의결권 경쟁까지 가지 않고 기업의 변화를 끌어낸 사례는 더욱 많다. 돈은 복사할 수 없지만, 아이디어는 복사할 수 있다. 성공 사례는 또 다른 성공 사례를 자극한다.

무엇보다 앞서도 말했듯 주식 투자를 하는 개인이 많이 늘어난 것, 그리고 우리나라 투자자의 지적 수준이 높으므로 문제점을 인식하는 비중이 늘어나는 것, 이런 인식의 변화가 정치인의 공약이나 여러 입법안으로 구체화되고 있는 것이야말로 중요한 변화다.

자본시장과 주위 환경은 지배주주가 주주 가치를 쉽게 훼손하지 못하도록 바뀌고 있다. 가격이 좀 더 기업의 본질가치에 수렴할 수 있는 방향으로 변화하는 것이다. 이런 상황에서 기업의 본질가치 역시 경제가 성장하는 한 계속 성장한다. 주주환원이 부족한 탓에 우리나라의 경기 순환주는 경기 사이클이 한 번 돌 때마다 기업 본질가치가 증가하는 현상을 보이곤 한다. 각종 암묵지가 축적되는 것은 물론이다. 그런데도 오랜 기간 주가가 오르지 않거나 더 하락했다면, 시장은 바닥에 더욱 가까워진 것이다. 가치와 가격의 괴리가 무한정 커질 수는 없기 때문이다.

특수상황 투자

집중과 분산

나는 《주식시장을 더 이기는 마법의 멀티플》에서, 우리 시장에 저평가된 종목이 많고 이러한 상황을 적극적인 분산의 기회로 역이용하라고 조언한 바 있다. 다만 적극적인 분산을 하면서도 기다리다 보면 진정으로 집중 투자를 할 기회가 보일 것이며, 그때 집중 투자를 하면 된다고 설명했다. 그런데 독자들은 기회가 보일 때 집중 투자를 하라는 조언보다 적극적으로 분산하라는 조언에 더 강한 인상을 받은 것 같다.

버핏은 1950~1960년대에 헤지펀드를 운영하면서 단순 투자, 워크아웃, 경영 참여의 3가지 전략을 제시한 바 있다. 넓은 분산은 위 전략 중 단순 투자에 걸맞은 전략이다. 저평가된 기업이 많은 우리나라 시장에서 단순 투자의 대상이 될 만한 종목은 크게 노력을 들이지 않고도 찾을 수 있다. 어림잡아 400~500개는 되리라 생각한다. 특히 한 기업을 분석하면 보통주와 우선주, 지주회사와 사업회사에 동시에 투자할 기회가 쉽게 발견되니 찾기가 더욱 쉽다. 더욱이 투자금이 크지 않은 개인 투자자는 시가총액이 1천억 원이 안 되는 소형주에도 쉽게 투자할 수 있다는 장점이 있다.

하지만 넓은 분산 투자에는 단점이 있다. 일단 정상적인 직장을 가진 일반인이 족히 400~500개는 될 법한 종목에 다 투자할 수는 없는 노릇이다. 저평가가 더욱 크다고 해서 반드시 더 좋은 투자 대상이 되는 것도 아니다. 가치와 가격이 극단적으로 벌어진 기업과 어중간하게 벌어진 기업 모두 저마다의 이유가 있다. 또한 저평가 종목에 넓게 분산하면 그만큼 HTS를 보는 빈도가 늘어나고 거래도 잦아진다. 앞서 강남제비스코성을 설명한 바 있지만, 우리나라의 가치주는 꼭 보유 부동산 매각이라는 이벤트가 아니더라도 어떤 이벤트가 있을 때 단기간 내에 원상회복하려는 성질이 강하다. 분산 투자는 원래 투기적인 가격 변동이 있을 때 이익을 얻으려는 전략이기도 하다. 그렇다면 더욱 HTS를 자주 봐야 한다.

무엇보다 주식 투자를 하는 것은 돈을 벌기 위함도 있지만, 주식을 통해 세상을 더욱 깊이 공부하기 위함도 무시할 수 없다. 버핏은 현재도 학습 기계다. 버핏만큼은 아니더라도 주식 투자를 통해 학습하는 희열은 또 다른 즐거움이다. 남들이 보지 못한 것을 보고, 나름의 통찰을 위해 노력하며, 어떤 투자 아이디어가 맞아떨어져 이익을 얻을 때 누리는 기쁨은 진정한 가치투자자만이 누릴 수 있는 행복이다.

어림짐작으로 400~500개의 단순 투자 대상 종목을 찾을 수 있다면, 이 중에는 거의 확실하게 이익을 얻을 수 있는 특수상황이 있거나, 거버넌스가 그다지 나쁘지 않음에도 도매금으로 평가받는 기업이 있거나, 구조적인 성장이 예상됨에도 싼 가격마저 갖춘 보물들이 일부나마 존재하리라 보는 게 합리적이다.

당장은 쉽게 보이지 않더라도 이런 기업을 찾기 위해 끊임없이 노력해야 한다. 그리고 만약 이런 기업을 찾는다면, 평범하게 분산 투자를 할 것이 아니라 오히려 상당한 비중을 실어 집중 투자를 하는 것이 옳다. 이것이 진정한 가치투자자의 길이다.

내가《주식시장을 더 이기는 마법의 멀티플》을 번역·해설한 이후 곧이어《특수상황투자》를 번역한 이유도 여기에 있다. 특수상황 투자는 버핏이 말한 3가지 전략 중 워크아웃에 해당하는 투자다. 버핏은 실제 기업 가치의 훼손이 없으면서 가격이 크게 하락했지만 구조적인 성장이 예상되는 아메리칸 익스프레스에 집중 투자했다.

"

일반 투자자도 행동주의 투자가 벌어지고 성공할 것 같은
기업의 주식을 사는 식으로 편승해 이익을 노려볼 수 있다.
어떤 기업에 벌어지는지는 공시나 기사를 통해 쉽게 찾을 수 있다.
우리나라에서도 행동주의 투자가 증가하는 추세다.

"

우리 시장의 특수상황 개관

우리 시장에서도 노력을 기울이면 특수상황을 찾을 수 있다. 특수상황 투자는 기업 분할, 합병, 공개 매수, 우선주, 청산, 구조적 성장, 왕성한 기업 인수 활동, 승계, 행동주의 투자와 같이 일상적이지 않은 기업 활동에서 기회를 찾는 투자이기에 정보가 공개되어 있다. 단지 어렵게 생각되어서 또는 재미가 없어서 관심을 두지 않고 지나칠 뿐이다.

사람은 원래 미래를 예상하기를 좋아하기에 기업의 성장 스토리에 몰입한다. 거시적인 시장 변동도 많은 이가 흥미를 느끼는 주제다. 환율과 금리의 변동, 인플레이션이나 정치권력 교체에 따른 시장의 변화 등에 필요 이상으로 흥미를 둔다. 시장의 오르내림을 맞히려는 노력도 기울인다. 시장이 빠질 때 미리 팔고 시장이 오르기 전에 미리 사서 남들보다 더 빨리 돈을 벌고자 하는 욕심에서 비롯된 것이다. 단기간의 가격 변동은 우연의 요소가 많이 기여하기에 도박성을 띤다. 하루하루의 시황이 재미있는 이유다.

그러나 진정으로 중요한 정보는 미시적이고 남들이 어려워하거나 흥미를 느끼지 않는 곳에 있다. 개별 종목의 보고서에 흘리듯 나오는 몇

마디 단어, 지나치기 쉬운 구석진 기사에 있다. 모든 것을 설명하기는 어렵지만 몇 가지 예를 들어보겠다.

행동주의 투자가《특수상황투자》에서 다루어지지 않아 안타깝다. 미국에서도 적대적 인수·합병이 활발했던 1980년대를 거쳐 1990년대에 이르러서야 꽃피기 시작했기 때문에 책이 쓰인 때와 시대가 다르다. 행동주의 투자는 대표적인 특수상황 투자 기회다. 성공하면 배당 지급, 자사주 매입 같은 일이 일어나 자본이 좀 더 효율적으로 배치될 수 있다. 그러므로 일반 투자자도 행동주의 투자가 벌어지고 성공할 것 같은 기업의 주식을 사는 식으로 편승해 이익을 노려볼 수 있다. 어떤 기업에 벌어지는지는 공시나 기사를 통해 쉽게 찾을 수 있다. 우리나라에서도 행동주의 투자가 증가하는 추세다.

기업의 합병에서도 투자 기회를 얻을 수 있다. 공시된 합병 비율과 주가가 어느 정도 괴리를 보이는 경우는 흔한 일이다. 개인 투자자로는 공매도가 필요한 차익거래는 어렵겠지만, 기왕 저평가되어 있고 시너지가 예상되는 경우라면 이론적인 가격보다 더 낮은 가격으로 거래되는 종목을 매입해 좀 더 큰 차익을 노려볼 수 있다.

시장이 한화와 합병할 것이라
예상하는 한화에너지의
오베론 1A 태양광 발전소 전경

출처: 한화에너지 홈페이지

삼촌과 조카 사이의 분쟁이 발생한 금호석유화학의 여수고무제2공장 야경

또한 우리나라에서는 비지배주주의 가치가 침해되는 불공정한 합병이 많으므로, 합병이 무산되거나 불공정한 합병 비율이 수정되는 것을 예상하고 투자할 수도 있다. 동원산업과 삼광글라스의 예에서 나타나듯이 합병 비율이 수정될 수도 있다. 우리나라는 승계 과정에서 합병이 이루어질 것을 예상하고 주가가 극심하게 할인된 경우가 종종 있다. 만약 앞으로 불공정한 합병이 쉽게 이루어지기 어려워질 것으로 가정하면, 그런 기업에 투자할 수도 있다.

우리나라에서 적대적 인수·합병 특수상황은 찾기 어렵지만, 지배주주 내부에서 가족, 친인척 또는 동업자 간에 분쟁이 있거나 분쟁이 예상되는 기업을 찾는 것은 어렵지 않다.

> 행동주의 투자나 적대적 인수·합병까지는 아니더라도
> 위협적인 2대 주주가 존재하는 기업은 어떨까?
> 지배주주를 감시하는 2대 주주가 있다면 사익 편취의 난도가
> 올라갈 수밖에 없고, 주주환원의 압력 역시 높아질 수 있다.

지배주주가 교체되어 거버넌스 개선이 예상되는 경우도 생각해볼 수 있다. 개인, 가족이나 친인척이 지배주주로 있는 기업은 늘 승계 때문에 저평가 유혹에 시달린다. 그러나 경영참여형사모펀드와 같이 승계 이슈가 없는 주체가 기업을 인수하거나, S-oil과 한국쉘석유처럼 주주환원에 적극적인 외국계 기업이 지배주주가 될 수도 있다.

지배주주의 전면 교체는 아니더라도 승계가 완료된 기업이라면 주주가치 훼손의 가능성이 낮아질 수도 있다. 다만 승계 후 얼마 지나지 않아 곧바로 다음 세대 승계 작업이 시작될 수 있다는 점을 유의하면 좋다.

우리나라에서 기업 분할은 승계를 위해 지주회사와 사업회사로 분할하고 자사주 마법을 사용하고 지배주주의 사업회사 지분을 지주회사가 공개 매수하는 방식으로 이루어지곤 한다. 그러나 모든 기업 분할이 승계 목적으로 이루어지는 것은 아니다. 사업의 성질이나 합리적인 필요에 따라 분할되는 경우도 충분히 있다. 기업이 분할되면 기계적인 매도가 일어나는 경우가 많다. 지수에서 차지하는 비중이 달라져 패시브 자금이 빠지기도 하고, 주된 사업을 목적으로 투자한 주체가 부수적인 사

업 부분을 가지고 분할된 기업의 주식을 팔기도 한다.

행동주의 투자나 적대적 인수·합병까지는 아니더라도 위협적인 2대 주주가 존재하는 기업은 어떨까? 지배주주를 감시하는 2대 주주가 있다면 사익 편취의 난도가 올라갈 수밖에 없고, 주주환원의 압력 역시 높아질 수 있다. 코리아 디스카운트의 주된 요인인 거버넌스 문제가 다소 완화될 수 있는 것이다.

지배주주가 반드시 자신의 경제적 이익을 극대화하기 위해 노력하는 것은 아니다. 대를 이어 경영해야 하고 대한민국 사회에 살아가야 하는 이상 평판에 신경 쓸 수밖에 없다. 어떤 사회적인 이슈가 제기되어 지배주주도 평판 리스크에 신경 써야 하는 상황이라면 어떨까? 지배주주가 기소되거나 감옥에 다녀온 경우, 지배주주 개인의 성향이 평판이나 사회적인 기여에 더 높은 가치를 두는 경우도 찾아볼 수 있다.

결론

빼앗긴 들에도 봄은 오고, 전쟁의 폐허 속에서도 꽃이 필 수 있다. 코리아 디스카운트만 되뇌어서는 투자에 아무런 도움이 되지 않는다. 코리아 디스카운트 속에서도 기업의 본질적 가치를 탐구해야 한다. '가격'에 홀려 가치마저 정당화하려는 논리에 맞서 스스로 생각하고 맞서야 한다. 엄연한 주주 가치가 잘 보호되지 않는 상황이라는 현실을 인지하고, 안전마진을 찾으려고 노력하는 동시에, 앞으로 코리아 디스카운트가 개선되리라는 희망을 잃지 말아야 한다.

또한 코리아 디스카운트로 말미암아 가치투자에 적합한 종목을 쉽게 고를 수 있는 환경을 이용해야 한다. 폭넓은 분산의 기회로 활용하는 것이 그 예다. 기본적으로는 기업을 믿지 말고 분산을 통해 자신을 보호해야 한다. 그러나 그 과정에서도 최고의 투자 기회를 찾기 위해 끊임없이 노력하고, 만약 기회를 찾는다면 집중 투자하는 것이 진정한 가치투자의 길이다. 이때 버핏이 워크아웃이라 칭한 특수상황 투자가 최고의 투자 기회를 찾는 하나의 수단이 되길 바란다.

글 심혜섭 | 서울대학교 법과대학을 졸업했고 같은 대학원에 재학 중이다. 사법연수원 37기를 수료했고 법무법인 세종 등에서 근무했다. 현재는 개업변호사로 일한다. 투자서 중 공저로 《버핏클럽 1》, 《버핏클럽 3》이 있고, 《주식시장을 더 이기는 마법의 멀티플》을 공동 번역, 해설했으며, 《특수상황투자》를 번역했다. '버핏클럽' 카페에서 '저평가주 케이스 스터디' 강의를 한 달 간격으로 진행하고 있으며 수강생들에게 좋은 평가를 받고 있다.

안정적 포트폴리오 구성에 우량등급 채권 편입이 필수

장항진

저금리 상황에서는 개인이 신용위험이 없는 안정적인 채권에 투자하기에 수익률이 지나치게 낮았다. 그러나 2021년 하반기 이후 시장금리가 상승하면서 개인도 국고채와 공사채 같은 안정적인 채권에 투자할 만한 상황이 되고 있다. 예를 들어 한전채는 위험 대비 수익률 관점에서 국채 투자보다 나은 기회를 제공할 수 있다. 채권 투자는 생소하게 여겨지지만 어렵지 않다. 금액도 10만 원 소액부터 투자할 수 있다.

가치투자의 대가 벤저민 그레이엄은 《현명한 투자자》에서 방어적 투자자의 포트폴리오 전략을 설명하면서, 우량등급 채권과 우량주로 포트폴리오를 구성하고 주기적으로 비중을 조절해야 한다고 조언한 바 있다.

우리나라의 채권시장 규모는 2022년 5월 말 기준 약 2,500조 원(발행잔액) 이상으로 주식시장의 시가총액 약 2,000조 원보다 더 크지만, 개인 투자자들에게 채권은 아직까지는 익숙하지 않은 투자 상품이다. 소액으로도 간편하게 매매가 가능한 주식에 비해 채권은 거래 단위가 크고 기관투자가나 돈 많은 자산가들이 투자하는 대상으로 인식되었기 때문이다. 하지만 이제 개인도 안정적인 투자 포트폴리오를 위해서 채권에 투자할 필요성이 대두되고 있다.

일반적으로 금리 상승기는 채권시장에 그리 좋지 않은 환경이다. 금리가 상승하면 채권 할인율이 높아지면서 가치가 하락하기 때문이다. 그러나 표면금리가 높아져서 이자수익이 더 커지는 장점도 있다. 따라서 금리 상승은 채권 투자자에게 기회가 된다.

최근 수년간 시장금리가 하락하면서 저금리 상황이 지속되어왔다. 이러한 저금리 상황에서는 절대금리 수준이 너무 낮아 개인들이 신용 위험이 없는 안정적인 채권에 투자하기에는 수익률이 지나치게 낮았다. 그러나 2021년 하반기 이후 시장금리가 상승하면서 그동안 기관투자가의 전유물이었던 국고채나 공사채와 같은 안정적인 채권에도 개인 투자자들이 직접 투자할 기회가 생기고 있다. 이러한 금리 상승기에 개인 투자자에게 어떤 채권 투자 전략이 좋을지, 그리고 채권 투자 시 어떤 점을 고려해야 할지 함께 살펴보고자 한다.

채권의 종류

채권은 주로 누가 채권을 발행하느냐, 즉 발행 주체에 따라 구분되며 크게 국채와 지방채, 특수채, 회사채로 나뉜다.

표 1. 국내 채권의 종류와 발행 잔액(2022년 5월 말 기준)

발행 주체	종류	종목 수	발행 잔액(십억)	비중(%)
국채	국고채권	75	925,719	35.7
	국민주택1종채권	63	83,080	3.2
	국민주택2종채권	12	–	–
지방채	도시철도채권	200	6,349	0.2
	지역개발채권	1,034	13,048	0.5
	공모지방채/기타지방채	127	8,989	0.3
특수채	통화안정증권	32	131,920	5.1
	금융특수채	99	14,530	0.6
	비금융특수채(공사채)	4,220	391,225	14.5
회사채	일반사채	15,421	432,585	16.7
	금융채	7,805	576,902	22.2
	주식관련사채	1,679	26,128	1.0
합계		30,668	2,595,945	100.0

출처: 코스콤 CHECK

특수채는 정부의 직간접적인 지원이 있으므로

신용 사건이 발생할 가능성이 거의 없다고 봐도 무방하다.

특히 통화안정증권은 국채보다도 안전한 채권이라고 할 수 있다.

비금융특수채도 정부가 보증을 제공할 수 있는 법적 근거가

해당 특별법에 명시되어 있기 때문에 안전성이 매우 높다.

국채란 국가가 발행하는 채권이다. 정부가 발행하기 때문에 신용도가 가장 높고 가장 안전한 채권이라 할 수 있다. 국고채권, 국민주택1종채권, 국민주택2종채권이 있다.

지방채는 지방자치단체가 자금을 조달하기 위해서 발행하는 채권이다. 재정수입의 부족을 보충하거나 지하철 건설사업 등 특수한 목적을 달성하기 위해 발행하며 도시철도채권, 지역개발채권, 공모지방채, 기타지방채 등이 있다.

특수채는 법률에 의해 설립된 법인이 발행하는 채권을 말한다. 예를 들면 한국은행이 통화량을 조절하기 위해 발행하는 통화안정증권, 특별법에 의해서 설립된 은행이 발행하는 금융특수채(산업금융채, 수출입은행채, 기업은행채, 농업금융채, 수산금융채), 그리고 특수은행을 제외하고 특별법에 의해 설립된 기관이 발행한 비금융특수채(한전채, 토지주택채, 도로공사채, 자산관리공사채, 예금보험공사채 등)로 나뉜다.

특수채는 정부의 직간접적인 지원이 있으므로 신용 사건이 발생할 가능성이 거의 없다고 봐도 무방하다. 특히 통화안정증권은 국채보다

도 안전한 채권이라고 할 수 있다. 비금융특수채도 정부가 보증을 제공할 수 있는 법적 근거가 해당 특별법에 명시되어 있기 때문에 안전성이 매우 높다. 비금융특수채는 시장에서 공사채 또는 공단채라고 불린다.

회사채는 상법상의 주식회사가 거액의 자금을 일시에 조달하기 위해 채무증서 형식으로 발행하는 증권이다. 회사채는 일반사채, 금융회사채, 주식관련사채로 구분된다. 일반사채는 회사가 발행하는데 발행 회사의 상환 능력을 기초로 하므로 신용도나 신용등급에 따라 금리 등 발행 조건이 다르다.

회사채 중에서도 일반은행, 카드 리스 할부 금융회사 등의 금융기관이 발행한 채권은 금융채로 별도 구분하고, 이를 다시 발행 주체의 업무 특성에 따라 은행채, 카드채, 리스채, 종합금융채, 할부금융채, 증권금융채, 기타금융채로 나눈다.

일반 기업이 발행하는 채권 중 전환사채(CB), 신주인수권부사채(BW), 교환사채(EB)와 같이 주식으로 전환하거나 신주 발행을 청구할 수 있는 권리가 붙어 있는 채권은 주식관련사채로 별도 구분한다.

회사채는 발행사별로 신용위험이 크게 다르다. 신용위험에 등급을 매긴 것이 신용평가등급이며 AAA, AA, A, BBB, BB, B, CCC, CC, C, D 등으로 표기한다. AAA부터 BBB- 등급까지는 투자등급이고 BB+ 이하는 투기등급으로 분류한다.

채권 금리와 가격

모든 채권의 금리는 정책금리와 스프레드spread로 이루어진다. 정책금리는 한국은행에서 결정하는 기준금리다. 스프레드는 기간스프레드 term spread와 신용스프레드credit spread로 구성되는데, 기간스프레드는 국채기간물 금리와 국채1일물 금리, 즉 정책금리의 차이이고, 신용스프레드는 동일 만기의 신용위험이 있는 채권 금리와 국채 금리의 차이다.

채권 금리 = 정책금리 + 기간스프레드 + 신용스프레드
    국채 금리

예를 들어 정책금리가 1.75%이고 국고채 3년물 금리가 3.0%이면 국고채 3년물과 정책금리의 기간스프레드는 1.25%(= 3.0% - 1.75%)다. 다시 말해서 '정책금리 + 기간스프레드 = 국채 금리'다.

회사채와 같은 신용채권의 신용스프레드는 해당 채권 금리에서 같은 잔존만기의 국채 금리를 차감해서 구한다. 예를 들어 잔존만기 3년의 LG전자 회사채 AA등급의 금리가 4.0%이고 잔존만기 3년물 국고채 금리가 3.0%이면 LG전자의 신용스프레드는 1.0%다.

LG전자 채권 금리 = 1.75% + 1.25% + 1.0%
    국채 금리

신용스프레드는 신용위험과 유동성위험의 영향을 받는다.

신용스프레드 = 신용위험 + 유동성위험

채권의 가치는 해당 채권에서 발생하는 이자와 같은 미래 현금흐름을 할인해 계산하면 쉽게 구한다. 채권에서 나오는 현금흐름은 확정된 것과 마찬가지이니 할인율만 있으면 가격 계산이 가능하다.

채권 가격 = 현금흐름 ÷ 할인율
할인율 = 정책금리 + 기간스프레드 + 신용스프레드

예를 들어 1년마다 이자로 4%를 지급하는 3년 만기 액면 100억 원의 채권이 있다고 가정하면 이 채권에서 나오는 현금흐름은 다음과 같다.

4억 원(1년 차 이자) + 4억 원(2년 차 이자) + 4억 원(3년 차 이자) + 100억 원(원금) = 112억 원

시장금리가 내려가서 할인율이 연 3%라고 가정하면 채권 가치는 다음과 같이 평가된다.

4억 원$/(1+3\%)$ + 4억 원$/(1+3\%)^2$ + 4억 원$/(1+3\%)^3$ + 100억 원$/(1+3\%)^3$ = 102.83억 원

할인율은 정책금리, 기간스프레드, 신용스프레드로 구성되니 정책금리에 영향을 주는 요인들을 잘 살펴보고 기간스프레드와 신용스프레드의 적정성 여부를 분석하는 것이 채권의 가치평가에 중요하다.

개인이 국고채권과 공사채에 투자하기

2001년 이후 한국은행의 기준금리 변동과 국고채권의 금리 추이, 기간스프레드 분석을 통해 현재 상황에서 투자 매력이 있는지 살펴보자.

이 기간 동안 국고채 장단기물 금리는 장기적으로 하락하는 추세를 이어오다가 2021년에 초저금리 시대를 마감하고 상승하는 모습을 보이고 있다(그림 1).

그림 1. 2001년 이후 기준금리와 국고채 장단기물 금리 추이(2001~2022/06)

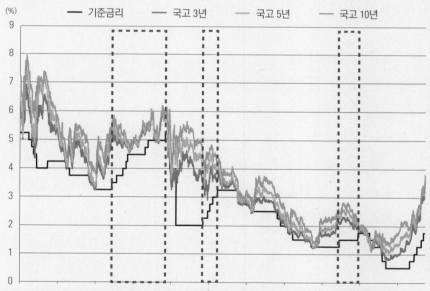

출처: 코스콤 CHECK

미국 연준의 자이언트 스텝 금리 인상 전망과
5%대에 달하는 높은 물가상승률에 따른 물가 안정을 위해
한국은행은 향후에도 기준금리를 몇 차례 인상할 가능성이 크다.

2001~2020년 기간에 한국은행이 기준금리를 인상한 것이 세 번이다. 첫 번째는 2005년 10월~2008년 8월 기간으로 3.25%에서 5.25%까지 인상했고, 두 번째는 2010년 7월~2011년 6월 기간으로 2.00%에서 3.25%까지 올렸으며, 세 번째는 2017년 11월~2018년 11월에 1.25%에서 1.75%까지 인상했다. 2005년과 2010년에 시작된 금리 인상 시기에는 상대적으로 경기 호조와 내수 회복이 견조했던 반면, 2017년 시작된 인상은 경기 호조보다는 저금리 장기화에 따른 부작용 완화와 금융 안정을 위한 성격이 강했다.

한국은행은 2021년 8월과 11월, 2022년 1월과 4월, 5월에 0.25%포인트씩 기준금리를 인상해 2022년 6월 현재 1.75%까지 올렸다(그림 2). 이번 금리 인상은 과거 인상기를 합쳐놓은 모습이다. 견조한 수출로 경기 회복이 이어지지만 코로나19 상황에 따라 소비 등 내수의 회복 속도가 계속 변해서 불확실성이 높다. 또한 물가상승률은 공급측 요인에 따른 물가 상승 압박과 수요측 압력까지 더해져 갈수록 높아지고 있다.

미국 연준의 자이언트 스텝 금리 인상 전망과 5%대에 달하는 높은 물가상승률에 따른 물가 안정을 위해 한국은행은 향후에도 기준금리를 몇 차례 인상할 가능성이 크다.

국고채 10년물 기간스프레드 추이를 보면 기준금리가 0.5%에 머무르던 2020년 하반기부터 급격히 오르고 있다(그림 2). 최근 10년간의 추이를 분석하면 최근 5년 평균 0.93%, 최근 10년 평균 0.77%인 데 비해 2022년 6월 15일 현재 기간스프레드는 2.0%로 과거 대비 2배 이상 높다(표 1).

한국은행이 향후 기준금리를 몇 차례 더 올리더라도 기간스프레드가 과거 평균 수준 정도로 회귀한다면 현재의 국고채 금리는 크게 오르지

그림 2. 국고채 10년물 기간스프레드 추이(2012/06~2022/06)

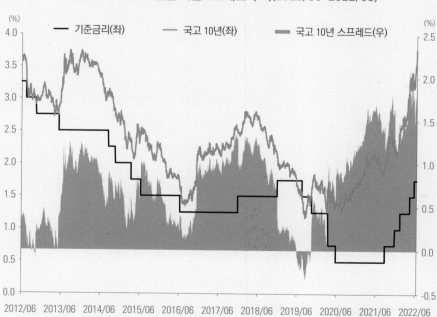

출처: 코스콤 CHECK

표 2. 국고채 10년물 기간스프레드 통계(2022/06/15 기준)

구분	평균	표준편차
최근 1개월	1.73%	0.14%
최근 5년	0.93%	0.52%
최근 10년	0.77%	0.47%

않거나 오히려 내려갈 가능성도 있다. 예를 들어 한국은행이 기준금리를 현재보다 1.00% 더 올리더라도 기간스프레드가 평균으로 회귀한다고 가정하면 국고채 10년물 금리는 3.50%(정책금리 2.75% + 평균 기간스프레드 0.75%) 수준이 예상된다.

국고채 10년물 투자 예시

국고채 10년물을 매매 금리 3.5% 수준에서 매입해 1년 보유 후 매도한다고 가정할 때, 금리 변동에 따른 국고채 투자 수익률을 예상해보자. 참고로 국고채의 종목 명칭은 '국고표면금리-만기년월'로 표기된다. 오른쪽에 있는 '국고01375-3006'은 표면금리 1.375%이고 만기가

66

한국은행이 향후 기준금리를 몇 차례 더 올리더라도
기간스프레드가 과거 평균 수준 정도로 회귀한다면
현재의 국고채 금리는 크게 오르지 않거나
오히려 내려갈 가능성도 있다.

99

2030년 6월인 국고채를 의미한다.

채권의 투자 수익은 이자수익과 자본손익으로 구분해 추정한다. 이자수익은 매입 금리를 그대로 사용하고, 자본손익은 듀레이션(Duration)을 활용해 추정한다.

채권 투자 수익 = 이자수익 + 자본손익

	이자수익	자본손익
금리 상승 시	변동 없음	자본 손실(가격 하락)
금리 하락 시		자본 이익(가격 상승)

국고01375-3006(20-4) 채권의 매입 시점 듀레이션은 아래와 같이 계산했을 때 7.43이 나온다.

표 3. 매입 시점 듀레이션 계산

잔존일수	일자	이자	원금	CF	PV	t	PV×t
183	2022/12/10	68.75		68.75	67.57	1	67.57
1	2023/06/10	68.75		68.75	66.41	2	132.81
2	2023/12/10	68.75		68.75	65.26	3	195.79
3	2024/06/10	68.75		68.75	64.14	4	256.56
4	2024/12/10	68.75		68.75	63.04	5	315.19
5	2025/06/10	68.75		68.75	61.95	6	371.72
6	2025/12/10	68.75		68.75	60.89	7	426.22
7	2026/06/10	68.75		68.75	59.84	8	478.73
8	2026/12/10	68.75		68.75	58.81	9	529.30
9	2027/06/10	68.75		68.75	57.80	10	578.00
10	2027/12/10	68.75		68.75	56.81	11	624.87
11	2028/06/10	68.75		68.75	55.83	12	669.95
12	2028/12/10	68.75		68.75	54.87	13	713.29
13	2029/06/10	68.75		68.75	53.93	14	754.95
14	2029/12/10	68.75		68.75	53.00	15	794.96
15	2030/06/10	68.75	10,000	10068.75	7628.25	16	122051.99
				①	8528.38	②	128961.90

Macaulay D	7.56	= ①÷②÷2
Modified D	7.43	= Macaulay Duration÷(1+y)

* CF는 원리금, PV는 각 원리금에 매매 금리를 할인율로 해서 구한 채권 가격(①), t는 이자 지급 주기인 6개월로 환산한 기간이다.

* 맥컬리 듀레이션(Macaulay Duration)은 각 기간의 채권 가격에 잔존기간(time)을 곱해서 더한 채권 가격 총액(②)으로 채권 가격(①)을 나누어서 구하는데 이를 채권의 시간가중평균이라고 한다. ·이 계산식에서 끝에 2로 나눈 것은 6개월 이표채를 연율화하기 위해서다.

* 수정 듀레이션(Modified Duration)은 맥컬리 듀레이션을 '1+y(매매 금리/2)'로 나눈 값이다.

이 채권을 매입해서 1년이 지난 후 매도할 때의 듀레이션을 계산하면 6.55가 나온다.

표 4. 매도 시점 듀레이션 계산

잔존일수	일자	이자	원금	CF	PV	t	PV×t
183	2023/12/10	68.75		68.75	67.57	1	67.57
1	2024/06/10	68.75		68.75	66.41	2	132.81
2	2024/12/10	68.75		68.75	65.26	3	195.79
3	2025/06/10	68.75		68.75	64.14	4	256.56
4	2025/12/10	68.75		68.75	63.04	5	315.19
5	2026/06/10	68.75		68.75	61.95	6	371.72
6	2026/12/10	68.75		68.75	60.89	7	426.22
7	2027/06/10	68.75		68.75	59.84	8	478.73
8	2027/12/10	68.75		68.75	58.81	9	529.30
9	2028/06/10	68.75		68.75	57.80	10	578.00
10	2028/12/10	68.75		68.75	56.81	11	624.87
11	2029/06/10	68.75		68.75	55.83	12	669.95
12	2029/12/10	68.75		68.75	54.87	13	713.29
13	2030/06/10	68.75	10000	10068.75	7897.57	14	110566.04
					① 8690.79		② 115926.03

Macaulay D	6.67	= ①÷②÷2
Modified D	6.55	= Macaulay Duration÷(1+y)

이렇게 계산한 듀레이션을 가지고 금리민감도 분석 표를 작성하면 투자 종료 시점의 금리 상황별 투자 수익률을 파악할 수 있다(표 5).

표 5. 금리 가정에 따른 금리민감도 분석

금리 가정	매도 금리	①이자수익	②자본손익	투자 수익(①+②)
1.00% 상승	4.50%	3.50%	−6.55%	−3.05%
0.75% 상승	4.25%	3.50%	−4.92%	−1.42%
0.50% 상승	4.00%	3.50%	−3.28%	0.22%
0.25% 상승	3.75%	3.50%	−1.64%	1.86%
변화 없음	3.50%	3.50%	0.00%	3.50%
0.25% 하락	3.25%	3.50%	1.64%	5.14%
0.50% 하락	3.00%	3.50%	3.28%	6.78%
0.75% 하락	2.75%	3.50%	4.92%	8.42%
1.00% 하락	2.50%	3.50%	6.55%	10.05%

* 이자수익 = 매입 금리
* 자본손익 = (−1) × 매도 시점의 듀레이션 × (매도 금리 − 매입 금리)
* 투자 수익 = 이자수익 + 자본손익

위의 금리민감도 분석은 잔존만기 8년인 국고채 10년물을 매입 금리 3.5%에 투자해 1년 동안 보유한 후 매도하는 경우 1년간 투자 수익률을 나타낸다.

만약 1년 후 채권 금리가 현재의 3.5%를 유지한다면 연 3.5%의 투자 수익률이 발생하고, 채권 금리가 1% 하락하면 투자 수익률은 연 10% 수준으로 올라가며, 채권 금리가 1% 상승하면 투자 수익률은 연 −3.0% 수준으로 내려간다.

물가연동국고채 투자

물가연동국고채란 채권의 원금과 이자가 소비자물가지수(CPI), 즉 인플레이션에 따라 조정되는 채권이다. 발행 시 이표금리가 고정되는 일반채권과 다르게 조정된 원금이 반영된 이표금리로 계산되므로, 수취하는 이자 금액도 물가 수준에 따라 달라진다. 물가가 하락하는 경우에는 물가연동국고채의 조정된 원금도 하락하기 때문에 이자 금액이 전기에 비해 감소할 수 있다. 그러나 만기 시점에 조정된 원금이 물가연동국고채 발행 당시의 액면가보다 낮아지면 발행 당시의 액면가를 지급받으므로 원금은 보장된다.

액면 금액이 100억 원이고, 표면금리가 1.2%, 발행일 CPI가 100인 물가연동국고채 10년물에 투자한다고 가정하고 원리금을 계산한 것을 표 6에 나타냈다. 이때 CPI는 연 2포인트 상승한다고 설정했다.

표 6. 물가연동국고채 원리금 계산 예시

매수 후 기간	CPI	조정된 원금	이자 계산식	이자 금액
0	100	100억 원		
0.5년	101	101억 원	100억 원×(101÷100)×1.2%÷2	0.606억 원
1.0년	102	102억 원	100억 원×(102÷100)×1.2%÷2	0.612억 원
1.5년	103	103억 원	100억 원×(103÷100)×1.2%÷2	0.636억 원
⋮	⋮	⋮	⋮	⋮
9.5년	119	119억 원	100억 원×(119÷100)×1.2%÷2	0.714억 원
10.0년	120	120억 원	100억 원×(120÷100)×1.2%÷2	0.720억 원

* 이자 금액 = 액면 금액×(지급일 CPI÷발행일 CPI)×표면금리÷2
　　　　　　　　　　　　조정된 원금

물가연동국고채의 가치를 평가할 때에는 BEI(Break Even Inflation) 지표를 사용한다. BEI는 시장에서 예상하는 CPI 상승률로서, 국고채 10년물 금리(명목금리)에서 물가연동국고채 10년물 금리를 뺀 스프레드다. 즉, 물가연동국고채에 반영된 채권 잔존기간 동안의 평균 기대 물가상승률을 의미한다.

표 7에서 동일 만기 국고채와 물가연동국고채 금리를 비교해보면 물

표 7. 동일 만기의 국고채와 물가연동국고채 금리 비교 예시

구분	국고01375-3006(20-4)	물가01125-3006(20-5)
발행일	2020/06/10	2020/06/10
만기일	2030/06/10	2030/06/10
표면금리	1.375%	1.125%
매매 금리	3.50%	1.50%

가연동국고채에 반영된 BEI는 2.0%(= 3.5% - 1.5%) 수준이다.

지난 4월과 5월의 물가상승률은 각각 4.8%, 5.4%였다. 향후 물가상승률이 BEI보다 높을 경우, 물가연동국고채의 수익률이 동일 만기 국고채 수익률보다 더 좋을 수 있다.

공사채 투자

최근 기준금리가 상승하면서 신용스프레드가 코로나19 공포가 심했던 2020년 수준에 근접하고 있다(그림 3).

그림 3. 회사채(AA-) 신용스프레드 추이(2012/01~2022/06)

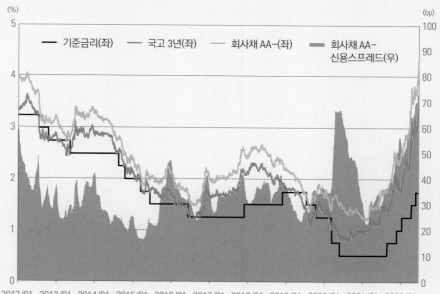

출처: 코스콤 CHECK

섹터별로 보면 공사채와 은행채가 당시 수준을 초과했고 회사채도 당시 수준에 근접하고 있다(그림 4). 공사채 신용스프레드는 2021년 6월 17bp(1bp는 0.01%포인트)에서 2022년 6월 36bp로 2배 이상 확대되었다. 보통 은행채보다 낮았는데 2021년 하반기 이후 격차를 줄여오다 지금은 은행채를 넘어선 상황이다.

한국전력은 대한민국 정부와 산업은행이 각각 18.2%와 32.9% 지분을 보유한 공기업이다. 정부의 직간접적인 지원이 가능하므로 신용위험이 발생할 가능성은 거의 없다고 봐도 무방한 채권이다. 이러한 한전채의 만기 3년 민평금리가 2021년 5월 1.3% 수준에서 2022년 6월 현재 4%대로 상승했다(그림 5). 민평금리란 채권 평가사들의 평균 금

그림 4. 공사채, 은행채, 회사채 3년물의 신용스프레드 추이(2016/01~2022/06)

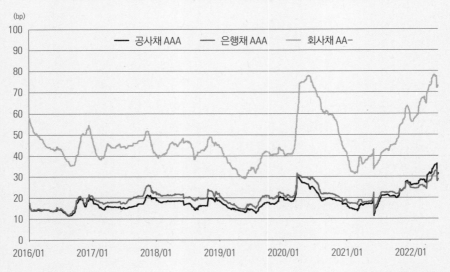

출처: 코스콤 CHECK

한전채의 만기 3년 민평금리가 2021년 5월 1.3% 수준에서
2022년 6월 현재 4%대로 상승했다.
국가적으로 중요한 전력 공기업이라는 점과,
이에 기반한 신용도가 AAA등급이라는 점을 고려하면
투자 측면에서 관심을 가질 만한 금리 수준이다.

리를 가리킨다.

특히 한전채의 금리가 동일 등급 공사채보다 27bp 정도 높아서 쿠폰

그림 5. 한전채, 공사채(AAA), 국고채 3년물의 금리 추이(2017/06~2022/06)

출처: 코스콤 CHECK

금리가 상대적으로 더 매력적으로 부각되고 있다. 국가적으로 중요한 전력 공기업이라는 점과, 이에 기반한 신용도가 AAA등급이라는 점을 고려하면 투자 측면에서 관심을 가질 만한 금리 수준이다.

한전채의 발행량 급증은 최근의 실적 악화 때문이다. 상승한 연료비를 전기요금에 전가하지 못함에 따라 적자 및 마이너스(-) 현금흐름을 지속하고 있다. 이에 따라 2021년 상반기 1조 원 초반이었던 한전채 발행량은 하반기 9조 원을 넘어섰고, 2022년 들어서는 6월까지 벌써

표 8. 한전채 발행 현황(2022/06/24 기준)

종목명	발행일	만기일	표면금리(%)	민평금리(%)	매컬리 듀레이션	수정 듀레이션
한국전력1211	2022/06/02	2027/06/02	3.896	4.356	4.53	4.43
한국전력1210	2022/06/02	2025/06/02	3.750	4.231	2.80	2.75
한국전력1209	2022/06/02	2024/06/02	3.400	4.032	1.89	1.85
한국전력1214	2022/06/07	2027/06/07	4.030	4.356	4.53	4.43
한국전력1213	2022/06/07	2025/06/07	3.870	4.234	2.81	2.76
한국전력1212	2022/06/07	2024/06/07	3.550	4.065	1.90	1.86
한국전력1217	2022/06/17	2027/06/17	4.430	4.356	4.52	4.43
한국전력1216	2022/06/17	2025/06/17	4.350	4.239	2.83	2.77
한국전력1215	2022/06/17	2024/06/17	4.080	4.058	1.92	1.88
한국전력1221	2022/06/22	2029/06/22	4.425	4.432	6.09	5.96
한국전력1220	2022/06/22	2027/06/22	4.480	4.491	4.53	4.43
한국전력1219	2022/06/22	2025/06/22	4.300	4.331	2.84	2.78
한국전력1218	2022/06/22	2024/06/22	4.100	4.139	1.94	1.90

출처: 코스콤 CHECK

“

일반적으로 발행시장은 기관투자가 위주지만
개인 투자자도 발행시장을 통해서 국고채에 투자하는 방법이 있다.
바로 비경쟁입찰 방식을 활용하는 것이다.
총 경쟁입찰 발행예정금액의 20% 내에서 개인에게 우선 배정되므로
신청한 물량은 모두 배정받을 수 있다고 보면 된다.

”

14조 원을 넘어섰다. 한전채는 실적이 좋을 때에는 순상환을, 실적이 부진할 때에는 순발행을 하는 역의 상관관계를 보인다. 영업 실적 악화로 한전채 발행이 계속되고 있지만 위험 대비 수익률 관점에서 국채 투자보다 나을 수 있고, 신용위험이 거의 없으니 만기 3년 정도 쿠폰이자 수취를 목적으로 투자하는 것도 고려할 만하다.

발행시장을 통한 직접 투자

일반적으로 발행시장은 기관투자가 위주지만 개인 투자자도 발행시장을 통해서 국고채에 투자하는 방법이 있다. 바로 비경쟁입찰 방식을 활용하는 것이다.

비경쟁입찰로 국고채 발행시장에 참여하는 방법은 1) 국고채 전문딜러(PD: Primary Dealer) 증권사에 계좌를 개설하고, 2) 입찰일 하루 전까지 매입할 금액을 입금하고, 3) 비경쟁입찰 참여 신청을 하면 된다. 비경쟁입찰의 장점은 소액으로도 신청 가능하다는 것이다(10만 원에서 10억 원까지 가능).

비경쟁입찰에서는 경쟁입찰과 달리 호가(금리)를 제시하지 않고 매입할 금액만 제시한다. 매입 금리는 경쟁입찰 당시의 최고 낙찰금리가 되고 총 경쟁입찰 발행예정금액의 20% 내에서 개인에게 우선 배정되므로 신청한 물량은 모두 배정받을 수 있다고 보면 된다. 특히 비경쟁입찰 방식으로 참여하면 매수수익률, 수수료 면에서 가장 유리하다. 현재 개인에게 비경쟁입찰 서비스를 제공하는 국고채 PD 증권사는 교보증권, 대신증권, DB금융투자, 메리츠증권, 미래에셋증권, 삼성증권, 신한금융투자, 한국투자증권, KB증권, NH투자증권, 키움증권의 11개사다.

표 9. 2022년 7월 국고채권 발행 일정

구분		입찰공고일	입찰일	대금납입일	발행일	통합발행기간*	발행예정액(억 원)
2년물	국고02875-2406	6.30.(목)	7.5.(화)	7.7.(목)	'22.06.10.	발행일부터 3개월	10,000
3년물	국고03125-2506	6.29.(수)	7.4.(월)	7.5.(화)	'22.06.10.	발행일부터 6개월	20,000
5년물	국고02375-2703	7.13.(수)	7.18.(월)	7.19.(화)	'22.03.10.	발행일부터 6개월	12,000
	(선)국고00000-2709	7.13.(수)	7.18.(월)	7.19.(화)	'22.09.10.	발행일부터 6개월	8,000
10년물	국고03375-3206	7.6.(수)	7.11.(월)	7.12.(화)	'22.06.10.	발행일부터 6개월	22,000
20년물	국고01875-4109	7.14.(목)	7.19.(화)	7.20.(수)	'21.09.10.	발행일부터 1년	7,000
30년물	국고02500-5203	6.23.(목)	6.27.(월)	6.28.(화)	'22.03.10.	발행일부터 1년	37,000
50년물	국고01625-7009	7.5.(화)	7.8.(금)	7.11.(월)	'20.09.10.	발행일부터 2년	4,000
교환	물가채	6.28.(화)	7.1.(금)	7.5.(화)	'22.06.10.	발행일부터 2년	1,000
	명목채	7.7.(목)	7.12.(화)	7.14.(목)	'22.03.10.	발행일부터 1년	2,000

* 통합발행 제도: 표면금리·만기 등이 같아 동일 종목으로 취급되는 국고채권을 일정 기간(2년물-3개월, 3년·5년·10년물-6개월, 20년·30년물-1년, 물가채·50년물-2년) 동안 통합하여 발행하는 제도

출처: 기획재정부 국채시장 홈페이지

개인이 채권 거래하는 방법

개인 투자자는 주식에 비해 채권에 투자하는 것을 다소 어렵게 여긴다. 하지만 채권도 주식과 비슷한 방법으로 쉽게 매매할 수 있다. 증권회사에 위탁계좌가 있으면 기존 주식 거래 가능 계좌를 이용해 매매할수 있고, 없으면 신규로 위탁계좌를 개설하면 된다. 주식 거래와 다른점은 장내채권과 장외채권 거래로 나뉘어 있다는 것이다.

장내채권이란 한국거래소에 상장되어 거래소가 개설한 시장에서 거래되는 채권을 의미하고, 장외채권은 반대로 상장되지 않아서 시장 외에서 거래되는 채권을 의미한다.

표 10. 장내채권 vs 장외채권

구분	장내채권	장외채권
거래 시간	09:00~15:30	증권사 영업 시간
거래 대상	상장 채권	증권사 보유 채권
거래 장소와 수단	한국거래소, 증권사 HTS	증권사 영업점, 유선전화

장내채권

우리나라에서 발행된 채권은 대부분 한국거래소에 상장되어 있다. 그러나 거래가 많이 이루어지지는 않는다. 비교적 거래가 많은 채권은 BBB등급의 회사채인데, 기관투자가가 아니라 주로 개인 투자자가 투자하기 때문으로 추정된다. 특히 전환사채와 분리형 신주인수권부사채가 장내에서 거래가 활발하다.

채권의 장내거래 방법은 주식 장내거래와 동일하다. 개인 투자자가 증권사 HTS(Home Trading System)를 통해 채권을 주문하면, 증권회사는 매매 체결을 위해 이를 거래소 시장에 전달하는 역할을 한다. 호가수량은 1,000원 단위로 가능하다. 장내에서 채권을 매매하면 당일 결제로 채권과 현금이 교환된다. 채권 장내거래 수수료는 증권사마다 다르지만 보통 거래 대금의 0.1~0.3% 수준이다.

한국거래소의 채권시장은 일반채권시장과 소액채권시장으로 구분된다. 일반채권시장에서는 국채, 지방채, 특수채, 일반사채뿐만 아니라 전환사채, 신주인수권부사채, 교환사채 등도 거래된다. 소액채권시장에서는 국민주택채권, 도시철도채권, 지역개발채권 등이 거래되며, 거래 가능 시간과 거래 단위는 일반채권시장과 동일하다. 소액채권시장이라고 불리는 것은 국채 전문 매매시장의 기본 거래 단위가 10억 원인데 비해 소액으로 거래할 수 있기 때문이다.

장외채권

장외채권이란 장내에서 시장을 통해서 거래되지 않고 거래 상대방과 직접 거래하거나 증권사와 개인이 직접 매매하는 채권을 의미한다. 따라서 증권사별로 보유하고 있는 채권이 다르고 가격도 다를 수 있다. 요즘 많은 증권사가 개인 고객을 위해 다양한 국고채나 한전채 등을 판매하는데 매수 가능한 채권의 종류, 매매 금리와 최소 투자 금액 등은 증권사마다 다르다.

장외채권을 거래하려면 증권사에 전화하거나 영업점을 방문해야 한다. 매수는 증권사에 따라 HTS나 온라인으로 할 수도 있지만, 매도는

온라인으로 안 되고 증권사 영업점을 직접 방문해야 한다. 장외채권은
증권사와 직접 매매하는 방식이다 보니 거래 가능 시간이 장내채권과
다르게 증권사 영업 시간으로 제한된다.

맺음말

　지금까지 채권의 종류, 금리, 가치를 평가하는 방법, 시장 상황에 따
른 투자 전략과 방법을 간략히 살펴보았다.

　채권 투자는 '만기 보유'와 '만기 전 매도'의 두 가지 방법 모두 유효
하다. '만기 보유'는 채권을 만기까지 계속 보유하면서 이자를 받고 만
기에 원금을 돌려받는 방식이며 원금 손실 가능성이 거의 없다. '만기
전 매도' 방식은 만기 전에 채권을 팔아 매매 차익을 누리려는 것이다.
금리가 높을 때 매입해서 금리가 낮을 때(채권 가격 상승) 팔면 이자수익
은 물론 자본이익까지 얻을 수 있다. 최근에 금리가 오르면서 만기 보유
와 만기 전 매도 모두 가능해졌다.

　가치투자의 대가 워런 버핏이 얘기한 '스노볼 효과(snowball effect)'란
눈사람을 만들 때처럼 주먹만 한 눈덩이를 계속해서 굴리고 뭉치다 보
면 어느새 산더미처럼 커진다는 것이다. 원금 손실 가능성을 최대한 줄

채권 시가평가 수익률

민간 채권 평가회사는 당일 채권 매매가 종료된 후 거래 내역을 취합해 개별 종목의 채권 가격(채권 수익률)을 결정하고 잔존만기별, 신용등급별 기준 수익률(금리 매트릭스)을 작성, 제공한다. 채권 시가평가 수익률표는 금융투자협회 채권정보센터(kofia BIS, bond information service) 홈페이지(www.kofiabond.or.kr)에서 무료로 조회할 수 있다.

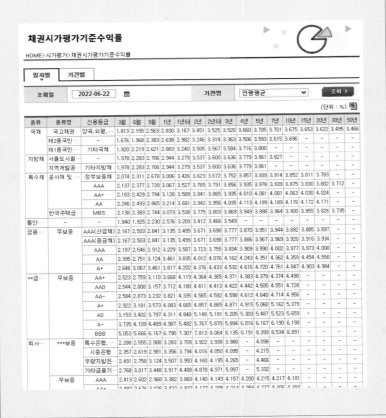

이면서 안정적인 이자수익을 통해 복리 효과를 누릴 수 있는 상품으로 채권만 한 것이 없다.

아직도 채권 투자는 기관이나 큰손들의 전유물이고 소액 투자자에 게는 오르지 못할 나무라고 생각하는 사람이 많다. 하지만 채권 투자도 공부한 만큼, 아는 만큼, 찾는 만큼 벌 수 있는 기회가 많은 투자 상품이 다. 지금 당장 채권에 직접 투자를 시작해보자.

글 **장항진** ｜ CFA(공인재무분석사). 한국채권투자운용 전무이며 CFA한국협회 부회장으로 활동하고 있다. 21년 이상 금융업권에서 다양한 경력을 쌓고 있다. 씨티은행에서 자산관리(WM) 고객을 위한 스트럭처드 프로덕트 업무를 수행했고 현대인베스트먼트자산운용, 유리자산운용에서 상품 개발, 해외 펀드 운용 등을 담당했다. 2008년 현대글로벌인플레이션연계채권펀드, 2014년 유리트리플알파펀드라는 신상품을 개발해, 금융산업 발전에 기여한 공으로 금융감독원장 최우수상을 2회 수상했고, CFA 인스티튜트의 《상장회사의 기업 거버넌스 투자자 매뉴얼》을 번역했다.

밸류 트랩 탈출, 거대한 변화의 첫발

이창환

정통 가치투자는 한국 주식시장에서 잘 통하지 않았다. 최대 주주와 일반 주주의 이해 충돌이 발생하는 경우가 많은데, 기업을 경영하는 이사들은 사실상 최대 주주에 의해 선임돼 최대 주주의 이익에 충실한 의사결정을 하기 때문이었다. 그러나 여러 변화가 어우러지면서 상황이 바뀌고 있다. '공정경제 3법'이 작동하고 '스튜어드십 코드'가 실행되고 있다. 그 결과 일반 주주들이 감사 선임에 성공하는 등의 사례가 나오고 있다. 한국 주식시장이 현재 PBR 1배인 '밸류 트랩'에서 탈출하는 거대한 변화가 시작됐다.

"한국 주식 절대 투자하지 마세요." '신사임당'이라는 유명 유튜브 채널에서 내 인터뷰 영상에 달아준 제목이다. 유튜브식 어그로가 조금 있기는 하지만 내 진심이 담겨 있다. 조금 더 부연하면 정통 가치투자, 즉 철저한 펀더멘털 분석에 기반해 안전마진이 확보된 가격에 장기 투자하면 언젠가는 주가가 본질 가치에 수렴해 수익을 창출할 수 있다는 접근은 한국 주식시장에서는 최소한 지금까지는 잘 통하기 어려웠다는 것이 내 생각이다. 수십 년 동안 가치주 상태로 머물러 있는 수많은 국내 상장기업을 굳이 열거하지 않더라도 실증적으로 내 생각에 동의하는 투자자가 많으리라고 본다.

투자업계, 학계, 법조계 등에서 많은 오피니언 리더가 공통되게 지적

—

'코리아 디스카운트'라고 불리는
이러한 현상의 근본적 원인은 우리나라의 상법상
이사를 선임할 권한이 없는 일반 주주들의 재산권이
사실상 전혀 보호되지 않는 데 있다.

—

하듯이, 소위 '코리아 디스카운트'라고 불리는 이러한 현상의 근본적 원인은 우리나라의 상법상 주식회사에서 발행하는 주식에 부여된 법적 권리가 전 세계 대부분의 주식시장, 특히 미국 시장과 크게 달라서, 이사를 선임할 권한이 없는 일반 주주들의 재산권이 사실상 전혀 보호되지 않는 데 있다.

현대적 주식회사의 기본적인 개념은 회사를 주식 비율만큼 나누어서 소유한다는 것이다. 따라서 회사의 주주들은 회사의 모든 잔여 이익과 위험을 주식 보유 비율만큼 비례적으로 나누어 부담한다. 그러므로 주주 A가 보유한 1주의 권리와 가치는 주주 B가 보유한 1주의 권리와 가치와 동일한 것이 원칙이다(주주 평등 원칙). 다만 현실적으로 수많은 주주가 직접 경영에 참여할 수 없으므로, 주주들은 1주당 1표씩 부여된 의결권을 기반으로 자신을 대신해 회사를 경영할 이사를 임명하며, 이사들은 자신을 임명해준 주주들을 위해 최선을 다해 회사를 경영한다.

문제는 우리나라에서는 위 문단의 마지막 문장이 제대로 작동하지 않는다는 것이다. 이론적으로 이사는 모든 주주를 위해 일할 대리인이지만 실무적으로 주주총회에서 참석 주주 과반의 찬성으로 임명된다.

보유 지분을 후대에 상속하고자 하는 대주주들은
오히려 자기 회사의 주가가 낮아지기를 바라고,
회사에 현금이 쌓여도 배당하지 않기를 원한다.
따라서 주가가 올라가기를 바라고 사업을 지속 가능한 수준에서
남은 이익금을 최대한 배당받기를 원하는 일반 주주들과
대주주 간에 심각한 이해관계 충돌이 발생하게 된다.

그런데 최대 주주를 제외하고는 주식 소유가 수많은 일반 주주에게 분산되어 있고, 일반 주주의 주주총회 참석률이 높지 않은 데다가 이사를 추천하지도 않으므로, 실질적으로 상장기업 대부분은 이사 전원을 작게는 15~20% 지분만 보유한 최대 주주가 임명하게 된다.

우리나라 상법 제382조의 3(이사의 충실의무)은 "이사는 법령과 정관의 규정에 따라 회사를 위해 그 직무를 충실하게 수행해야 한다"라고 규정하고 있다. 그런데 여기서 말하는 '회사'에 주주가 포함되지 않는다는 대법원 판례가 있어, 이사들은 회사 법인 차원에 직접적인 손해를 끼치지 않는다면 대주주에게만 이익이 되고 일반 주주들에게는 손해가 되는 의사결정을 해도 법적 책임을 전혀 지지 않는다. 즉, 이사들이 일반 주주의 이익을 침해하는 의사결정을 해도 회사 자체에 금전적 손실이 없다면, 일반 주주들은 법적 책임을 묻기 위해 소송을 할 수 없다. 예를 들어 회사의 주식 가치를 공정 가치보다 낮게 평가해서 대주주가 높은 지분율을 가진 다른 회사와 불리한 합병 비율에 합병한다든지, 인적 분할을

할 수 있는데도 지배권 유지 목적만으로 물적 분할을 해서 상장한다든 지 하는 의사결정이 대표적이다. 회사 입장에서는 금전적 손실이 발생 하지 않지만, 일반 주주의 주식 가치는 크게 훼손되는 경우들이다.

그렇다 하더라도 실질적으로 회사를 경영하는 대표인 이사를 선임 할 권리를 가진 최대 주주의 이해관계와 일반 주주들의 이해관계가 일 치한다면 별다른 문제가 없을지도 모른다. 그런데 우리나라에서는 시 가를 기준으로 책정되는 상장주식 상속세가 최고 60%에 달하고, 배당 에 대한 금융소득종합과세도 주민세 포함 최고 50%에 달하기 때문에, 보유 지분을 후대에 상속하고자 하는 대주주들은 오히려 자기 회사의 주가가 낮아지기를 바라고, 회사에 현금이 쌓여도 배당하지 않기를 원 한다. 따라서 주가가 올라가기를 바라고 사업을 지속 가능한 수준에서 남은 이익금을 최대한 배당받기를 원하는 일반 주주들과 대주주 간에 심각한 이해관계 충돌이 발생하게 된다. 이러한 상황에서 우리나라 상 장기업의 이사들은 자신을 임명한 대주주만을 위한 의사결정을 해왔 고, 또 그렇게 해도 아무런 리스크가 없었다.

기업이 빠르게 성장하고 있을 때에는 이러한 대주주-일반 주주 간 이해 충돌이 상대적으로 문제가 덜 된다. 우리나라 기업들도 경제의 고 속 성장 시기에는 버는 돈을 모두 높은 수익이 기대되는 사업 기회에 재투자했고 이것이 모든 주주를 위해 이익이었기 때문에 주주 간 이해 충돌 문제가 상대적으로 덜 부각되었다. 그렇지만 IMF 구제금융을 초 래한 외환위기가 발생하고 2000년대로 들어오면서 한국 경제의 고속 성장기는 사실상 막을 내렸다. 많은 기업이 저성장 성숙기에 이르러 시 간이 갈수록 회사가 창출한 수익을 어떻게 활용하고 주주 간에 분배할지가 한국 상장주식의 가치를 좌우하는 중요한 요소가 되었다.

요컨대 현재의 상법, 세법 구조에서는 한국 상장기업 대부분이 특별히 재투자할 곳이 없더라도 가급적 이익을 유보하고 주가 상승을 위한 노력을 적극적으로 기울이지 않게 된다. 이는 필요 이상으로 과도한 자본 보유로 이어져, 전 세계에서 가장 낮은 수준의 주가순자산배수(PBR)와 자기자본이익률(ROE)이라는 결과를 낳게 된다(그림 1). 이런 상황에서는 아무리 내재가치 대비 저평가된 기업을 사도 주가는 내재가치에 영원히 수렴하지 않는다. 대주주의 지분율이 일정 수준, 예컨대 30% 이상으로 높은 상장기업들에서 일반 주주들의 영향력이 제로에 가깝기 때문에, 한국 상장주식에 투자하면 돈을 내고 주식이라는 자산을 샀음에도 그 운명을 오로지 대주주의 자비와 선의에 기댈 수밖에 없는 상황에 놓이게 된다.

그림 1. 전 세계 주요 지수의 평균 PBR과 ROE 비교

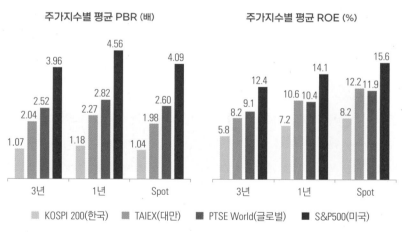

주가지수별 평균 PBR (배)

주가지수별 평균 ROE (%)

■ KOSPI 200(한국)　■ TAIEX(대만)　■ PTSE World(글로벌)　■ S&P500(미국)

* 2022년 6월 7일 시장 데이터 기준.

출처: Capital IQ

많은 외국인 기관투자자는 이러한
한국 주식시장의 상황을 밸류 트랩으로 표현한다.
한국 주식시장이 베트남 주식시장보다
후진적이라는 말이 나오는 배경이다.

내가 이야기한 많은 외국인 기관투자자는 이러한 한국 주식시장의 상황을 밸류 트랩(value trap)으로 표현한다. 그들이 투자하는 해외 주식시장에 비해 한국 주식시장 기업의 퀄리티 대비 주가가 너무 싸서 투자했지만, 주가가 싼 상태가 시간이 갈수록 더 심해지는 경험을 반복하고 나서는 한국 시장에 대한 가치투자를 사실상 포기했다고 한다. 한국 주식시장이 베트남 주식시장보다 후진적이라는 말이 나오는 배경이다.

밸류 트랩 탈출의 시작: 주식시장 환경 변화와 주주행동주의

이러한 구조적 문제를 경험으로 깨달은 일부 국내 가치투자자는 자산가치 대비 크게 저평가된 소위 딥 밸류 주식을 찾는 대신 성장가치주, 즉 상대적으로 저평가되어 있고 보유 자산이 많지 않지만 산업이 성장하고 재투자 기회가 충분히 존재하는 회사에 투자하는 것으로 스타일을 바꾸어 살아남았다. 위에서 설명했듯이 이러한 회사에서는 재투자하는 것이 모든 주주에게 나쁘지 않기 때문에 주주 간 이해 관계 충돌이 상대적으로 덜 문제가 된다. 또는 상속하지 않고 매각할 것으로 예상되는 기업이나, 이미 상속을 완료했고 상속인의 나이가 적은 경우 등 대

장기적 관점에서는 한국 주식시장의
저평가를 일으키는 여러 구조적 문제를 해소하기 위한
큰 변화의 조짐들이 조금씩 보인다고 생각한다.
일반 주주의 권리를 보호하는 방향으로
제도를 개선하려는 제반 환경이 조금씩 갖추어지고 있다.

주주와 일반 주주 간 이해관계 충돌이 구조적으로 존재하지 않는 기업에 투자하는 방법으로 대응하기도 한다.

그렇지만 위와 같은 경우에 해당하는 기업이 많지 않고, 주식이 크게 저평가되는 경우도 흔치 않으며, 이러한 기회를 찾는 투자자 간 경쟁도 치열해, 이러한 방식으로 고수익을 내며 한국 주식시장에서 운용할 수 있는 자금의 규모는 크지 않다. 또한 이러한 경우에 해당되는 종목을 발굴하고 투자하는 것은 고도의 리서치와 분석, 판단 능력을 필요로 한다. 따라서 시중의 서적 등을 통해 독학하는 정도로는 쉽지 않다고 보기 때문에, 나는 평소에 주변 개인들에게는 차라리 한국 주식에 투자하지 말라고 말한다.

다만 장기적 관점에서는 한국 주식시장의 저평가를 일으키는 여러 구조적 문제를 해소하기 위한 큰 변화의 조짐들이 조금씩 보인다고 생각한다. 일반 주주의 권리를 보호하는 방향으로 제도를 개선하려는 제반 환경이 조금씩 갖추어지고 있다.

먼저 한국예탁결제원에 따르면 우리나라 주식시장에 투자하는 국

그림 2. 개인 투자자 수 통계와 삼프로TV 대선 후보 인터뷰 섬네일

급격히 증가하고 있는 주식 보유 유권자 수

- 🔘 대선 유권자 수 대비 비율(%)
- ■ 개인 투자자 수(백만)
- ━●━ 총인구 내 비중(%)

	2017	2018	2019	2020	2021
대선 유권자 수 대비 비율(%)	11.9%				31.3%
총인구 내 비중(%)	9.7%	10.7%	11.8%	17.6%	26.6%
개인 투자자 수(백만)	5.0	5.6	6.1	9.1	13.8

뉴미디어에 등장한 대선 후보들

출처: 한국예탁결제원 「2021년 12월 결산 상장법인 주식 소유자 현황」, 통계청 인구 현황, 삼프로TV 채널
주: 2017년과 2022년 대선 유권자 수는 각각 언론 보도에 기재된
4,247만 9,710명과 4,419만 7,692명으로 계산함.

민이 2019년 말 610만 명에서 2021년 말 1,380만 명, 가장 최근인 2022년 3월에는 1,410만 명까지 크게 증가했는데, 이는 우리나라 총 유권자 숫자의 30%를 넘긴 수치다. 과거에는 주식에 투자하는 사람이 많지 않았기 때문에 이들의 사회적 영향력이 별로 없었다면, 지금은 이들의 표심이 선거 결과를 좌우할 수도 있을 정도로 영향력이 커졌다. 거기에 유튜브를 중심으로 한 뉴미디어 혁명으로 인해 대중의 주식 투자 소양이 크게 향상되었다. 이 두 가지 변화가 복합 작용해, 이번 대통령 선거에서는 주요 대선 후보들이 모두 유튜브 채널 삼프로TV에 출연해서 자본시장, 부동산, 경제 정책에 대한 심도 깊은 인터뷰를 하기까지 했다(그림 2).

과거에는 이익집단 활동과 기업 광고비에 의존도가 높은 신문, 방송 등 레거시 미디어가 여론에 효과적으로 영향을 미쳤으나, 뉴미디어 시대에는 이러한 활동의 효과가 크게 감소한다. 거기다 우리나라 국민의 해외 주식 투자가 최근 수년간 크게 활성화되면서 이사의 주주에 대한 충실의무와 의무공개매수제도 등 주식시장 제도의 글로벌 스탠더드에 대한 대중의 이해도가 크게 상승했다.

이러한 환경 변화에 따라 실제로 제도 개선도 조금씩 이루어지고 있다. 2020년 12월 통과된 '공정경제 3법'이 사례 중 하나다. 이 법을 통해 주주제안을 위한 주식 보유 요건이 명확해졌고, 감사위원이 될 이사의 분리 선임 제도가 도입되는 등 일반 주주의 권리를 보호하기 위한 제도 개선이 일부 이루어졌다(표 1). 또한 이번 대선 과정에서 상법상 이사의 주주에 대한 충실의무, 인수·합병 시 의무공개매수제도 등에 대해서도 사회적 논의가 이루어졌다(표 2). 국회에서 여러 가지 논의가 지

표 1. 공정경제 3법 중 주식 투자에 관련한 주요 내용 요약

개정 법	항목	내용
상법	감사위원 분리선임 및 대주주 의결권 3% 제한 강화	감사위원 중 1인 이상을 선출 단계부터 분리 선출. 대주주 의결권 3%로 제한해 일반 주주 권리 강화
	다중대표소송제 도입	일반규정에 따르면 총발행주식의 1%, 상장회사 특례에 따르면 총발행주식의 0.5%를 6개월 보유한 모회사 주주에게 소송권 부여를 통한 주주 권리 강화
	소수주주권 행사 요건 재정비	6개월 의무보유요건으로 인해 주주 권리 행사에 제약이 있었던 주주들에게 권리 행사 기회 부여
	전자투표제 실시를 통해 감사 및 감사위원 선임 시, 주주총회 결의요건 규제 완화	발행주식 수 기준 4분의 1 이상을 요구하던 기존 요건을 완화, 소수주주의 의결권 행사 기회 증대
공정거래법	사익 편취 규제 대상 확대	사익 편취 규제 대상 범위를 기존 지분율 30%에서 20%로 확대해 내부거래 규제 강화
	공익법인 및 금융·보험사 의결권 제한	상호출자제한기업집단 소속 공익법인이 보유한 계열사 주식에 대해서 의결권 행사 금지
	사인의 금지청구제도 등 집행 체계 개편	가격담합, 공급제한 등에 대해 공정거래위원회 전속고발권 폐지 및 과징금 2배 인상

출처: 금융위원회 「공정경제 3법 주요내용 및 기대효과」

속되고 있어, 현재와 같은 환경이 유지된다면 앞으로도 주주의 비례적 이익이 보호되는 방향으로의 제도 개선이 점진적, 지속적으로 이루어 질 것으로 기대된다.

또 한 가지 큰 변화는 기관투자자의 '스튜어드십 코드' 도입 확산이다. 고객의 돈을 수탁받아 운용하는 기관투자자는 고객의 중장기적 이익을 최우선으로 도모할 책임(수탁자 책임)을 진다. 그렇지만 현실에서는 다양한 이해관계나 외부의 압력에 의해 기관투자자가 고객의 이익과 반대되는 주주권 행사를 한 경우가 꽤 많았다. 이러한 문제를 해결

표 2. 대선 과정에서 논의된 자본시장 관련 주요 사항

안건	윤석열 당선인	이재명 후보
자본시장 투명성 및 공정성 개선	• 회계와 공시의 투명성 제고 • 증권 범죄 수사의 전 과정 개편	• 특관인 및 내부자의 불공정행위 제재 강화 • 금감원 및 특별사법경찰제도 강화 • 증권집단소송제 및 부당이득 배분제 도입 • 불공정거래 행위에 대한 금전적 제재 강화
개인 투자자 (소액주주) 보호	• 내부자 장내 매도의 기한 및 한도 제한 • 지분 거래 통한 경영권 변동에 주식매수청구권 부여	• 자사주 관련 의결권, 신주 배정 규제 강화 • M&A 경영권 변동 시 소액주주 보호 강화 • 이사 충실의무 확대
공매도 제도 개선	• 개인 투자자의 높은 담보비율 조정 • 공매도 서킷브레이커 도입	• 불공정 공매도 거래 강력 규제 • 외국인 공매도 프로그램매매 감시 강화 • 증권사의 부당한 대차수수료 규제
개인 투자자 지원 세제	• 증권거래세 완전 폐지 • 장기보유주식의 양도소득세율 우대 적용	• 장기보유주식 우대세율 적용
물적분할 관련	• 물적분할 상장 시 모회사 주주에게 자회사 신주인수권 부여	• 물적분할 상장 시 모회사 주주에게 보유 주식수 비례해 자회사 주식 배정

출처: 언론 보도 종합

하기 위해 2016년 12월에 제정·공표된 한국 스튜어드십 코드(기관투자자의 수탁자 책임에 관한 원칙)는 이를 도입한 기관투자자가 고객의 중장기적 이익을 최우선으로 고려해 행동하는 원칙을 지키기로 공개적으로 약속하며, 주주의 비례적 이익과 소수주주권을 보호하는 방향으로 의결권을 행사하도록 하는 '의결권 행사 가이드라인'도 제정, 공개적으로 게시해 의결권 행사 시 지키게 한다(표 3). 스튜어드십 코드 공표

표 3. 한국 스튜어드십 코드 7대 원칙 요약

원칙	요약	내용
원칙 1	수탁자 책임 정책 제정·공개	기관투자자는 고객, 수익자 등 타인 자산을 관리·운영하는 수탁자로서 책임이행을 위한 정책을 마련해 공개해야 한다.
원칙 2	이해상충 방지 정책 제정·공개	기관투자자는 수탁자로서 책임을 이행하는 과정에서 마주할 이해상충 문제에 관해 정책을 마련하고 내용을 공개해야 한다.
원칙 3	투자대상회사 지속적인 점검·감시	기관투자자는 투자대상회사의 중장기적인 가치를 제고하여 투자자산의 가치를 높일 수 있도록 투자 대상 회사를 주기적으로 점검한다.
원칙 4	수탁자 책임 활동 수행에 관한 지침 마련	기관투자자는 투자대상회사와의 공감대 형성을 지향하되, 수탁자 책임 이행을 위한 활동 전개 내부지침을 마련해야 한다.
원칙 5	의결권 정책 제정·공개, 행사내역과 사유 공개	기관투자자는 충실한 의결권 행사 정책을 마련해 공개해야 하며, 적정성을 파악할 수 있도록 내용과 사유를 함께 공개해야 한다.
원칙 6	의결권 행사, 수탁자 책임 이행 활동 보고	기관투자자는 의결권 행사와 수탁자 책임 이행 활동에 관해 고객과 수익자에게 주기적으로 보고해야 한다.
원칙 7	수탁자 책임의 이행을 위한 역량·전문성 확보	기관투자자는 수탁자 책임의 적극적이고 효과적인 이행을 위해 필요한 역량과 전문성을 갖추어야 한다.

출처: 한국기업지배구조원

—

차파트너스자산운용은 주주제안을 통해
사조오양에서 감사위원이 되는 사외이사 선임에 성공했다.
SK케미칼은 안다자산운용을 비롯한 국내외 여러 투자자의 요구에
대응해 기존보다 크게 개선된 주주환원책을 내놓았다.

—

이후 수년에 걸쳐 연기금, 자산운용사, 보험사, 증권사 대부분이 도입했다.

이러한 모든 변화가 결합되어, 이번 2022년 정기 주주총회 시즌에 실제로 의미 있는 결과들을 만들어냈다. 차파트너스자산운용은 주주제안을 통해 사조오양에서 감사위원이 되는 사외이사 선임에 성공했다. SK케미칼은 안다자산운용을 비롯한 국내외 여러 투자자의 요구에 대응해 기존보다 크게 개선된 주주환원책을 내놓았다. 나도 운용 중인 펀드를 통해 투자하는 에스엠엔터테인먼트의 주주총회에서 주주제안 감사 선임에 성공했고, 경영진이 주총을 계기로 라이크기획으로 불리는 최대 주주와의 대규모 특수관계인 거래 문제를 적극 검토해보겠다고 약속하게 하는 성과를 거두기도 했다.

특히 이번 에스엠엔터테인먼트 주주총회 결과를 보면 스튜어드십 코드 도입의 효과를 알 수 있다. 감사 선임에는 일반 주주 보호 차원에서 어떤 주주든 의결권을 3%까지로 제한하는 '3% 룰'이 적용되는데, 이번 감사 선임 건은 3% 룰 적용을 배제하더라도 얼라인파트너스 측 32.0%, 대주주 측 22.8%(대주주 지분 19.4% 포함)로 주주제안 측이 큰 폭의 승리를 쟁취했다. 32.0% 중 외부에 공개된 자료 기준으로만 봐도 국민연금을 포함한 국내 기관이 16.2%, 외국계 기관 중 유일하게 의결권 행사 내역이 공개된 노르웨이투자청 3.5% 등이 9.7%를 차지했고, 외부에 공개되지 않은 곳을 포함하면 실제 주주제안에 찬성표를 던진 기관투자자 지분은 더 컸다(그림 3). 다양한 이해관계와 외부 압력 때문에 고민하던 과거와는 달리, 이제는 스튜어드십 코드 도입으로 인해 기관투자자 대부분이 합리적으로 주주 가치 증대에 도움이 된다고 기대되는

그림 3. 에스엠엔터테인먼트 주주총회 투표 결과 요약

얼라인파트너스 측 주주제안 총지지율

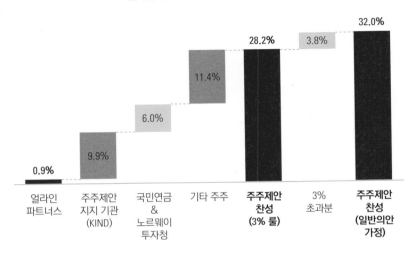

사측 의안 총지지율

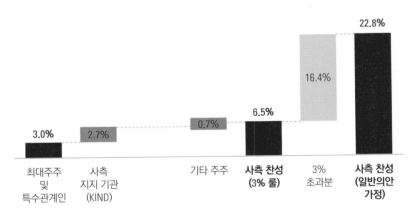

출처: 제27기 에스엠엔터테인먼트 정기주주총회; KIND; 국민연금; Norges Bank Investment Management.

주: 총지지율은 발행주식 총수에서 자사주, 계열사 보유 지분을 제외한 의결권 있는 주식 총수(2,316만 4,063주) 대비 3% 룰을 적용하지 않을 때의 각 의안 찬성 주식 수를 고려해 산출.

이러한 추세가 한국 상장기업의
거버넌스 이슈로 인한 저평가가 조금씩 해소되는
결과로 이어지기를 기대한다.

주주제안이라면 실제로 찬성표를 던지게 된 것이다.

기관의 의결권 행사가 실질적으로 바뀌게 된 또 다른 주요 요인은 대중 주식 투자 소양의 혁신적 향상이다. 기관의 의결권 행사 내역은 매년 4월 30일에 전자공시를 통해 공개된다. 과거에는 아무도 관심을 갖지 않았지만 뉴미디어 혁명과 동학·서학개미 현상이 결합하면서, 이제는 기관들이 다른 이해관계 때문에 주주 가치에 반해 의결권 행사를 한 것이 외부에 공개되면 발생할 수 있는 사업적 악영향을 의미 있게 고려하게 되었다고 생각한다. 이러한 추세는 앞으로 더욱 강화될 것이다.

스튜어드십 코드 도입 등에 따른 기관 의결권 행사의 실질적 변화가 이번 주총 시즌에서 확인된 만큼, 앞으로 주주 가치 관점에서 확실한 명분만 있다면 주주제안이 더 많이 나올 것으로 기대된다. 그리고 주주제안에 따른 표 대결까지 가지 않더라도 그 전에 비공개 주주서한, 경영진 미팅, 공개 주주서한 등의 형태로 다양한 요구가 있을 것이다. 대주주들도 물론 상황에 따라 다르겠지만 과거처럼 이러한 일반 주주의 요구를 완전히 무시할 수는 없는 상황이 전개될 것으로 예상한다. 이러한 추세가 한국 상장기업의 거버넌스 이슈로 인한 저평가가 조금씩 해소되는 결과로 이어지기를 기대한다.

―

《딥 밸류》에 따르면, 미국 시장에서는 PBR이 1보다 작은,
즉 계속영업가치가 청산가치에도 못 미치는 기업들은
공개 매수나 인수·합병을 통해서 제 가치를 찾아왔다.

―

주주행동주의의 한계와 근본적인 변화를 위해 필요한 것들

다만 이사의 주주에 대한 충실의무 법제화, 증거개시제도 도입, 상속세와 배당에 대한 금융소득종합과세 개편 등 주식시장 정상화를 위한 법 제도의 근본적 개선 없이 지금 정도의 시장 환경 개선과 주주행동주의 활동 확산만으로는 피부에 와닿는 수준의 변화가 일어나기가 여전히 힘들다고 본다. 누가 봐도 명확하고 심각한 거버넌스 문제가 있고, 지분 구조나 대주주가 처한 상황상 일반 주주의 눈치를 볼 수밖에 없는 경우가 아니라면, 대주주가 이해관계와 크게 다른 방향으로 의미 있게 양보하기를 기대하기는 어렵기 때문이다.

또한 현재의 우리나라 제도하에서는 행동주의에 나서는 주주들이 투입하는 에너지와 리스크 부담 대비해서 무언가를 얻어낼 확률과 실질적 기업 가치 개선 폭 등의 효용이 높은 경우가 그렇게 많지 않다. 사실 가치투자자라면 어떤 방식이든 행동주의를 생각할 수밖에 없는 것이 당연한데도, 거버넌스 이슈에 의한 저평가가 심각한 우리나라에서 주주들이 목소리를 내는 경우가 별로 없었던 것이 이러한 이유다.

그렇다면 법 제도 개선 외에 어떤 일이 일어나야 피부에 와닿는 정도로 한국 주식시장이 재평가받을 수 있을까? 토비아스 칼라일Tobias

우리나라에서도 공개 매수나 인수·합병 등을 통해
저평가를 해소하고자 하는 전략을 적극 활용하는 펀드가
많이 나타나서 성공 사례를 만든다면,
미국과 비슷한 과정을 거쳐 주식시장이 리레이팅되는
계기가 될 수 있다.

Carlisle의 저서 《딥 밸류》에 따르면, 미국 시장에서는 PBR이 1보다 작은, 즉 계속영업가치가 청산가치에도 못 미치는 기업들은 공개 매수나 인수·합병을 통해서 제 가치를 찾아왔다. 실제로 칼 아이칸Carl Icahn 같은 행동주의 투자자는 해당 전략을 적극적으로 활용해 높은 수익률을 달성해왔다. 이러한 과정을 지속적으로 거치다 보니 미국 주식시장은 시장가치가 청산가치에도 못 미치는 기업이 자연스럽게 사라지고 남은 기업들은 PBR 평균 4배에 거래되는, 자본 효율이 높고 자본 조달 비용이 저렴한 시장으로 발달했다. 그 과정에서 수많은 미국 국민을 위해 많은 국부가 창출되었을 것이다.

우리나라 주식시장은 어떤가. 그림 1에서 보다시피 현재 한국 시장의 평균 PBR은 딱 1배 수준이다. 상당히 많은 기업이 영업가치를 청산가치 이하 수준으로 평가받는 셈이다. 우리나라에서는 공개 매수, 인수·합병 등을 통해 극도로 저평가된 상장사가 제 가치를 인정받게 하고 그 과정에서 수익을 창출하는 사모펀드나 헤지펀드 등에 기업 사냥꾼이나 먹튀 등과 같이 표현해 부정적 이미지를 덧씌우고 있고 대중도 그렇게 인식하고 있다. 그러나 미국의 사례를 보면 이러한 투자자들의 적극적인 활동이 있기 때문에 주식시장의 저평가와 비효율이 해소된다고 볼 수 있다.

우리나라에서도 공개 매수나 인수·합병 등을 통해 저평가를 해소하고자 하는 전략을 적극 활용하는 펀드가 많이 나타나서 성공 사례를 만든다면, 미국과 비슷한 과정을 거쳐 주식시장이 리레이팅되는 계기가 될 수 있다. 대중의 인식이 개선되고 지금과 같은 시장 분위기 변화가 지속된다면, 우리나라에서도 이러한 적극적인 전략을 구사하는 펀드들도 머지않아 등장할 것으로 기대된다.

벤저민 그레이엄, 워런 버핏도 커리어 초반에는 행동주의 투자자였다. 그리고 미국 역시도 우리나라처럼 먼 과거에는 일반 주주의 권리가 잘 보호되지 않았고, 한국과는 양상이 좀 달랐을지 몰라도 다양한 거버넌스 이슈로 인해 많은 기업이 크게 저평가된 상태로 거래되던 시기도 있었다. 그러나 가치투자자들의 초기 행동주의 활동(우리나라의 현재 상황과 유사한), 일반 주주의 권리를 찾기 위한 적극적인 법정 다툼과 판례 축적, 미국 국민과 기관투자자, 퇴직연금의 주식 투자 지속 확대, 기업 사냥꾼이 정크본드를 활용한 적대적 인수·합병 시기, 이사회와 경영진의 대리인 문제 해결을 위한 현대적 행동주의 시기 등을 거치면서 지금의 효율적이고 신뢰도 높은 미국 시장이 된 것이다.

나는 우리나라가 현재 미국과 같이 정상적인 자본시장으로 발달하기 위한 큰 변화의 초기 단계에 있다고 본다. 미국의 사례를 살펴보면 주주의 권리는 결국 주주 자신이 지켜야 하고, 오랜 시간 동안 복잡한 이해관계를 합리적으로 조정하는 과정을 거쳐야만 일반 주주도 지분 비율에 맞게 대우받는, 정상적으로 동작하는 주식시장을 만들 수 있다. 우리나라의 가치투자자도 미국의 가치투자자처럼 스스로 존중받을 수 있도록 가능한 노력을 지속적으로 하고, 그 과정에서 의미 있는 수준의 수익도 창출하게 되기를 기대한다.

글 **이창환**　　얼라인파트너스의 창업자이며 2021년 2월부터 CEO로 근무하고 있다. 투자를 통해 에스엠엔터테인먼트 주주제안 감사 선임 캠페인을 성공적으로 이끌었고, 우리금융지주 1.0% 지분 투자와 JB금융지주 14.0% 지분 투자를 완료했다. 얼라인파트너스 설립 이전에는 글로벌 선도 사모펀드인 KKR의 한국 PE팀에 재직하며 오비맥주, KCFT, LS오토모티브 등 다양한 투자에 관여했다. KKR 입사 전에는 글로벌 투자은행인 골드만삭스의 투자은행 부서에서 근무하며 국내 기업에 대한 인수·합병을 자문했다. 2011년 2월 서울대학교 경영학과를 최우등(Summa Cum Laude)으로 졸업했다.

한국의 '칼 아이칸'들이 움직인다

김형균

필자는 행동주의 투자를 뉴욕 헤지펀드에서 시작했다. 한국 모 기업의 지분 4.9%를 블록딜로 사들인 후 가치 증대 플랜을 회사에 제시했다. 그러나 '한국 정서와 맞지 않는다'는 이유와 함께 거부됐다. 이제 상황이 크게 달라졌다. 2020년부터 한국에서 투자해온 필자는 이후 6건의 행동주의 투자를 진행해 모두 성공했다. 행동주의 투자자 칼 아이칸은 한국에는 비정한 기업 사냥꾼으로 알려졌지만 미국에서는 위대한 투자자로 존경받는다. 한국의 칼 아이칸들이 움직이고 있다.

아이칸이 경력 초기 맞은편 빌딩에서 투자 커리어를
시작했다는 사실은 행동주의 투자에 뜻을 품은 나에게
좋은 동기 부여가 되었다.

나는 운용업계 경력을 뉴욕 맨해튼 다운타운 파이낸셜 디스트릭트
의 32 브로드웨이 빌딩에 소재한 헤지펀드에서 시작했다. 이 빌딩은
월스트리트에서 두 블록 아래이고 앞에는 월가를 상징하는 황소상이
있어서 항상 관광객들로 북적인다. 매일 황소상을 보며 출퇴근하면서

월스트리트의 명물 황소상. 필자가 뉴욕에 근무할 때 퇴근길
에 촬영한 사진.

토종 한국인으로서 월가의 헤지펀드에서 애널리스트로 일한다는 자부
심을 가졌지만, 그보다 더 설렌 것은 내 사무실에서 대각선으로 맞은편
에 있는 빌딩(25 Broadway)이 전설적인 행동주의 투자자 칼 아이칸이
수십 년 전에 설립한 아이칸앤드컴퍼니Icahn & Company의 사무실이었
다는 사실이다. 한국에서는 비정한 기업 사냥꾼 이미지에 더 가깝지만
미국에서는 위대한 투자자로 존경받는 아이칸이 경력 초기 맞은편 빌
딩에서 투자 커리어를 시작했다는 사실은 행동주의 투자에 뜻을 품은
나에게 좋은 동기 부여가 되었다.

내가 시니어 애널리스트로 일하던 펀드는 극도로 저평가된 채권과 주식에 투자했다. 예를 들어 내재가치 1달러짜리 채권 또는 주식이 시장 참여자들의 잘못된 분석이나 오해 때문에 30센트처럼 극도로 싸게 거래되는 경우에 적극적으로 투자했다.

나는 가치투자의 산실인 뉴욕 컬럼비아 경영대학원*에서 경영학 석사MBA를 마치고 펀드에 취직했다. 경영대학원 재학 시절에 뉴욕 주류의 헤지펀드 창업자와 포트폴리오 매니저가 방문해 특강하는 일이 많았다. 바우포스트 그룹의 세스 클라만Seth Klarman, 오크트리 캐피털 매니지먼트의 하워드 막스Howard Marks, 퍼싱스퀘어 캐피털 매니지먼트의 빌 애크먼Bill Ackman 등 세계적인 투자자도 강의실을 찾았다.

당시 강의실을 찾았던 투자자 다수는 주가가 크게 싸지 않아 보이더라도 이익이 성장하고 지속적인 잉여현금흐름을 창출하며 투하자본이익률ROIC이 높은 소위 컴파운더compounder 주식에 투자했다. 뉴욕에서도 극도로 저평가되어 안전마진**이 큰 주식에 투자하는 딥 밸류 투자는 주류가 아니었다. 다만 내가 만나고 연구했던 수많은 세계 최고의 투자자 다수는 딥 밸류 투자에 뿌리를 두고 있거나 현재도 같은 방식으로 투자한다. 무엇보다 내 마음을 끌었던 것은 딥 밸류 투자를 하는 펀드들의 장기 수익률이 안정적이고 꾸준하다는 사실이었다. 업계에서 오래 살아남은 펀드 다수가 딥 밸류 투자철학에 기반을 두고 있었다.

---

*   워런 버핏이 가치투자의 창시자인 벤저민 그레이엄과 데이비드 도드로부터 투자 수업을 들었고 가치투자 과정의 전통이 현재까지 이어지는 뉴욕의 경영대학원이다.
**   기업의 주당 내재가치와 주가의 차이. 안전마진이 클수록 손실 위험이 작아진다.

매년 MBA 과정 학생 일부에게는 오마하에서
워런 버핏을 만나서 이야기하는 특권이 주어졌다.
나 역시 그러한 특권을 누리는 기회를 잡았다.
결론은 경제적 해자를 가진 싸고 좋은 주식을 사라는 것이었다.

매년 MBA 과정 학생 일부에게는 오마하*에서 워런 버핏을 만나서 이야기하는 특권이 주어졌다. 나 역시 그러한 특권을 누리는 기회를 잡았다. 버핏과 같은 테이블에 앉아서 함께 식사하며 한 시간 이상 이야기를 듣는 것은 수십억 원 가치의 기회였다. 오마하의 한 호텔에서 만난 버핏은 두 권의 책을 들고 나왔다. 한 권은 오래된 한국 상장기업 편람이었다. 버핏은 한국 주식을 접하고 너무 싸다고 판단해서 투자했던, 익히 알려진 일화를 이야기하면서 투자할 때 싸게 사는 것이 중요하다고 강조했다. 결국 결론은 경제적 해자**를 가진 싸고 좋은 주식을 사라는 것이었다. 흔히들 버핏이 이제는 싼 주식보다 좋은 주식을 찾는다고 알지만, 버핏은 여전히 싸게 사는 것의 중요성을 강조했다.

앞서 언급했듯이 내가 뉴욕에서 일한 펀드 역시 싸게 사는 것에 집중했다. 그러한 전략을 통해 설립 이후 현재까지 10여 년간 매년 10~20%의 안정적인 수익을 창출해 운용자산 규모를 10억 달러 이상

---

* 　미국 네브래스카주의 도시로서 버핏의 고향이자 현 거주지. 버핏이 경영하는 버크셔 해서웨이의 본사가 있다.
** 　경쟁사로부터 기업을 보호하는 높은 진입장벽과 확고한 구조적 경쟁우위를 의미한다.

필자(가장 왼쪽)가 워런 버핏(가장 오른쪽)의 이야기를 경청하고 있다.

내가 합류한 후 한국에 저평가 기업 행동주의 투자 기회가
많다고 판단해서 한국 기업에 투자하기도 했다.
극도로 저평가된 한국 기업 주식 2종목에 투자했다.
이 중 하나가 내 첫 번째 실전 행동주의 투자이자 결과적으로 내가
이행한 행동주의 투자 중에 아직까지 성공하지 못한 유일한 사례다.

으로 키웠다. 부실채권 투자와 주주행동주의 투자에 특화하면서 미국
은행*** 채권과 주식 투자에 전문성을 보유한 펀드였다.

　내가 합류한 후 한국에 저평가 기업 행동주의 투자 기회가 많다고
판단해서 한국 기업에 투자하기도 했다. 전 세계 주식을 대상으로 스

***　미국에는 수천 개에 달하는 은행이 있고 대부분은 소규모 지역은행(community banks)이다.

크리닝하면, 매년 순이익을 꾸준히 내는데도 시장에서 인식하는 영업가치*가 마이너스인 기업, ROE 등 수익성이 높은데도 유형 PBR**이 0.2~0.3배 미만인 기업, 자회사 가치 대비 극도로 저평가된 지주회사, 극도로 저평가된 보통주보다도 훨씬 더 싼 우선주 등이 걸러져 나오는데 대부분 한국 주식이다. 이들 중에서 특히 극도로 저평가된 한국 기업 주식 2종목에 투자했다. 이 중 하나가 내 첫 번째 실전 행동주의 투자이자 결과적으로 내가 이행한 행동주의 투자 중에 아직까지 성공하지 못한 유일한 사례.***

첫 번째 행동주의 투자 기업은 한국의 모 자산운용사로부터 지분 4.9%를 블록딜로 매수한 케이스였다. 블록딜로 매수할 때 판단해야 할 핵심 사항은 상대방이 파는 이유다. 주식시장에서 장내 매수를 통해 주식을 살 때에는 불특정 다수의 주주가 제각기 다양한 이유로 주식을 팔겠지만, 특정 기관투자가가 주식을 대량으로 매도할 때에는 이유를 파악하는 일이 중요하다. 나보다 주식을 더 잘 알 확률이 높은 기존 주주가 장래 전망을 좋지 않게 봐서 파는 경우라면 투자를 다시 고려해봐야 한다. 다만 기업의 펀더멘털과는 무관한 이유로 파는 것이라면 좋은 투

---

* 보통주 시가총액+우선주 가치(상장된 경우 시가총액)+이자발생부채(debt) 시장가치+비지배지분 자본(minority interest)-현금 등 비영업자산 가치. 쉬운 예로 순현금과 비영업자산 가치의 합계가 시가총액보다 크다면 시장에서 회사의 영업가치가 0보다 작다고 간주한다는 의미다. 매년 적자를 내는 기업이 아니라 수십 년간 흑자를 내고 있고 앞으로도 산업과 사업이 잘될 것으로 예상되는 기업이라면, 글로벌 투자자가 보기에는 불가사의한 현상이다. 답은 회사의 가치가 주주들에게 지분율대로 공정하게 배분되지 않을 것이라는 기대치가 반영된 현상, 즉 거버넌스 이슈에 있다.

** 자산의 회계상 장부가치가 아니라 시장가치를 이용해서 자기자본의 가치를 계산하는 것이 더 바람직하다.

*** 사업보고서상 해당 펀드가 매수한 주식을 여전히 전량 보유하고 있으므로 아직 실패라고 단정할 수 없기는 하다.

해당 주식을 매수한 후,

우리가 판단하기에 너무나 명확한 가치 증대 플랜을

수십 페이지 분량의 상세한 프레젠테이션으로 작성해

회사의 경영진에게 제시했다.

돌아온 반응은 너무도 예상 밖이었다.

합리적인 커뮤니케이션에 대한 기대가 무너지는 순간이었다.

자 기회가 될 수 있다. 예를 들어 만기가 있는 펀드의 경우 만기가 도래해서 어쩔 수 없이 팔거나, 환매가 들어와서 팔거나, 해당 주식을 좋게 봤던 기존 포트폴리오 매니저가 새로운 매니저로 교체되어서 종목을 교체하거나, 지수를 추종하는 패시브 펀드가 지수에서 편출된 주식을 어쩔 수 없이 팔거나 하는 경우라면 좋은 투자 기회가 될 수 있다.

이러한 판단을 하기 위해 다양한 리서치 방법을 동원했다. 예를 들어 금융투자협회 웹사이트 등에서 해당 펀드의 환매 추이와 운용자산 규모 증감 추이를 파악하고 매니저 교체 여부와 시기를 조사하는 것도 그 중 하나였다. 조사와 분석을 통해 우리는 기관의 매도 이유가 해당 기업의 펀더멘털과 무관하고, 펀더멘털은 여전히 우량하며, 혹여나 사업이 향후 몇 년간 좋지 않더라도 충분한 안전마진을 가지고 있다고 판단했고, 더구나 기업의 자본배분 방식을 개선하면 주주 가치가 크게 증대할 것이라고 보아 해당 주식을 매수했다.

해당 주식을 매수한 후, 우리가 판단하기에 너무나 명확한 가치 증대 플랜을 수십 페이지 분량의 상세한 프레젠테이션으로 작성해 회사의 경영진에게 제시했다. 돌아온 반응은 너무도 예상 밖이었다. 합리적인 커뮤니케이션에 대한 기대가 무너지는 순간이었다.

"이건 한국 정서와 맞지 않는 커뮤니케이션 방식입니다."

기업의 주식·IR 담당자에게서 돌아온 것은 우리의 제안 내용에 대한 답변이 아니라 제안 방식에 대한 감정의 표현이었다. 언제부터 주주였는지(즉, 장기 주주도 아니면서 왜 그런 제안을 하는지), 사전에 알고 지내지도 않았으면서 왜 이런 프레젠테이션을 보내는지 등의 항의가 내가 마주한 K-거버넌스의 첫인상이었다.

기업 주주의 자격에는 기간이 적용되지 않는다. 간혹 아무런 성찰 없이 무조건 장기 투자*를 해야 한다고, 이를테면 주식은 사는 것이지, 파는 것이 아니라고 설파하는 투자자가 있다. 장기 투자를 해야 하는 경우는 한 가지다. 기업의 사업이 진입장벽 또는 경제적 해자를 가지고 있어서 꾸준히 자본비용 대비 높은 수익을 창출하고, 이익이 지속적으로 성장하며, 경영진의 자본배분 능력과 주주 정책도 훌륭해서 기업의 가치가 주주 가치로 이어짐으로써 주주가 장기적인 부의 복리 효과를 누릴 수 있는 경우다. 이런 기업은 매우 드물다. 대주주와 경영진의 이해관계와 일반 주주의 이해관계가 일치하지 않는 경우가 많은 한국에서는 특히 더 드물다. 더구나 어떤 기업이 그런 기업인지 파악하는 것도 쉬운 일은 아니다. 이런 상황에서 무조건적으로 장기 투자를 설파하는 것은 지적인 게으름의 산물이거나 주주 부의 감소를 야기하는 사회적 해

---

* 장기 투자라는 용어가 어느 정도 긴 기간을 의미하는지 불분명하지만, 내가 비판하는 것은 매수 후 주식을 팔지 않고 수십 년 이상 계속 보유하는 것을 의미하는 장기 투자다.

악일 뿐이다. 물론 반대로 초단기 매매를 옹호하는 것도 아니다. 초단기 매매는 주식을 기업의 소유 관점(주식의 본질)이 아닌 트레이딩의 도구로 바라보는 관점의 산물이고, 초단기 매매로 큰돈을 지속적으로 벌고 유지한 사람이 극히 드물기 때문이다(물론 초단기 매매가 시장의 유동성과 효율성에 미치는 장점을 부정하는 것 또한 아니다).

기업의 주식을 소유한다는 것은 장기적으로 소유하는지 단기적으로 소유하는지 여부와 관계없이 기업의 주인이 되는 것이다. 장기적으로 주인이 되는지 단기적으로 주인이 되는지의 차이일 뿐이다. 기업의 주식을 사는 것은 발행시장에서 기업에 직접 자본을 투자한 주주의 소유권을 승계하는 것이다. 따라서 유통시장의 주식 투자자는 발행시장의 투자자와 다를 바가 없다.

아파트 구입을 예로 생각해보면, 아파트가 건설되고 처음으로 분양받은 사람만 집주인인 것이 아니다. 그 사람에게서 집을 산 사람은 집의 소유권을 넘겨받는다. 누구도 아파트 유통시장에서 집을 매수한 사람에게, 당신은 시행사나 시공사에 직접 자본을 납입하지 않았으니 소유권이 없다고 주장하지 않는다. 또한 집을 한 달 만에 판다고 해서 그 한 달 동안의 소유로 인한 제반 권리를 부인하지도 않는다.

그러나 주식시장에서는 유독 유통시장 투자자에 대한 오해와 편견이 있다. 주식회사 제도와 상장 제도는 기업에 영구 자본을 제공함으로써 안정적인 사업을 영위할 수 있게 하는 제도다. 즉, 주주 소유 자기자본의 소유권과 가치를 표상하는 주식을 상장함으로써, 투자자(주주)가 자본을 회수하고 싶을 때 회사로부터 직접 자본을 돌려받는 대신 주식시장(유통시장)을 통해 제3자로부터 회수할 수 있게 하는 제도다. 이러한

우리나라의 많은 법 제도는 상장기업의 경영진이 두 번째 임무를
이행하지 않도록 하는 인센티브 구조를 가지고 있다.
즉, 주식의 시장가치가 자기자본의 가치를 잘 반영하게 하기는커녕
반대로 그 괴리가 커지도록 행동하게 만든다.

제도적 바탕 위에서 기업은 주주환원을 하지 않는 한 자본을 회수당할
불확실성 없이 사업을 할 수 있다. 이러한 이점을 가진 상장기업의 경영
진은 주식의 가치가 자기자본의 가치를 정확히 반영하도록 노력할 의
무가 있다. 즉, 상장기업의 경영진은 사업을 잘해서 자기자본의 가치를
키우고, 주식의 시장가치가 자기자본의 가치를 잘 반영하도록 하는 두
가지 임무를 갖고 있다.

　그러나 우리나라의 많은 법 제도는 상장기업의 경영진이 두 번째 임
무를 이행하지 않도록 하는 인센티브 구조를 가지고 있다. 즉, 주식의
시장가치가 자기자본의 가치를 잘 반영하게 하기는커녕 반대로 그 괴
리가 커지도록 행동하게 만든다. 예를 들면 상속·증여세가 자기자본의
실제 가치가 아니라 주식의 시장가치와 연동되어 있어, 대주주와 경영
진은 주식의 시장가치를 낮추려는 인센티브를 갖게 된다. 상속·증여세
율이 과도하다는 주장이 많은데 사실 더 큰 문제는 세금 제도가 세율
이 아니라 주가와 연동되는 것이다. 예를 들어 세율이 65%이고 주식이
실제 자기자본 가치의 20%에 거래된다면 실질 세율은 65%가 아니라
13%가 된다. 이러한 구조에서는 상속, 증여하려는 대주주라면 누구라

미국과 달리 한국은 대주주 지분율이 높거나 실질적 지배력이 높아
대주주가 곧 경영진인 기업이 대다수이고,
이러한 구조에서는 경영진이 일반 주주의 이익을 희생함으로써
지배주주의 이익만을 위해 복무하는 경우가 많다.

도 주가를 낮추고 싶어 할 것이다. 상속·증여뿐만 아니라 합병 시에도 상장사는 기본적으로 시가를 기준으로 합병가액을 정하게 되어 있어 수많은 불공정 합병 사례가 발생하고 있다.

또한 한국의 상법과 법원은 이사의 신인의무를 앞서 언급한 경영진의 첫째 임무에 대해서만 적용하는 것처럼 보인다. 즉, 이사는 회사의 이익을 위해 사업만 잘하면 된다는 것이다. 그러나 이사는 첫 번째 임무와 동시에 두 번째 임무인 주주 가치 제고 임무 역시 가지고 있다. 거버넌스상으로도 주주총회를 통해 선임되는 이사는 주주의 대리인으로서 주주의 이익을 위해 일해야 한다. 그러나 한국의 법과 법원은 이러한 상식을 부정하는 것 같다. 특히 한국에는 경영진과 전체 주주의 이해관계 불일치라는 K-거버넌스 문제가 있다. 미국과 달리 한국은 대주주 지분율이 높거나 실질적 지배력이 높아 대주주가 곧 경영진인 기업이 대다수이고, 이러한 구조에서는 경영진이 일반 주주의 이익을 희생함으로써 지배주주의 이익만을 위해 복무하는 경우가 많다. 수많은 불공정 합병, 분할, 일감 몰아주기, 사업 기회 유용 등이 그 예다. 이러한 상황에서 우리 법은 일반 주주를 보호해주지 않는 것처럼 보인다.

2대 주주이던 국내 대형 운용사가 그 회사와의 관계가
더 중요하다는 이유로, 주주제안이 아니라
회사 측 안건에 표를 주는 광경도 목격했다.
그 운용사는 최근까지 매입 단가 대비 큰 손실을 보고
해당 기업의 주식 대부분을 매도했다.

다시 앞의 사례로 돌아가서 '한국적 정서'는 과연 무엇일까? 그 직원이 의미한 바는 아마 회사의 지분 4.9%를 보유한 3대 주주일지라도 주인의식을 갖지 않아야 하는 정서, 사전 교감과 친분을 쌓기 전에는 주주의 권리를 주장하지 말아야 하는 정서 등인 것 같다. 뉴욕-한국 간의 전화 통화 후 나는 한국으로 출장을 가서 해당 기업의 재무 담당 임원 및 IR 담당자와 미팅을 했다. 해당 미팅에서 나는 제안 사항에 대해 진지하게 논의하는 것이 아니라, 투자한 지 얼마 되지 않은 주주가 여러 가지 요구를 하는 것이 얼마나 당황스럽고 기분 나쁜 일인지에 대한 설교를 들으며 테이블 위에서 분노로 떨리는 재무 담당 임원의 주먹을 봐야만 했다.

회사의 반응이 당혹스러웠음에도 불구하고 그 회사의 주가가 극도로 저평가되어 있었기 때문에 우리는 투자자 자본의 수탁자로서 주주 가치 제고를 위해 해야 할 일을 이행했다. 주주제안을 했고 주주총회에서 표 대결까지 갔지만 결국 지고 말았다. 그 과정에서 2대 주주이던 국내 대형 운용사가 그 회사와의 관계가 더 중요하다는 이유로, 주주제안이 아니라 회사 측 안건에 표를 주는 광경도 목격했다. 그 운용사는 최근까지 매입 단가 대비 큰 손실을 보고 해당 기업의 주식 대부분을 매도한 것이 지분공시를 통해 확인되었다.

한국에서의 본격적인 행동주의 투자

나는 뉴욕 생활을 마치고 2020년부터 한국에서 투자하고 있다. 잠시 투자자문사에서 행동주의 투자를 담당했고, 현재는 차파트너스자산운용*에서 행동주의 투자를 포함해 주식 운용을 총괄하고 있다.

투자자문사 시절인 2020년에 2건, 현재 회사에서 2021년에 1건, 2022년에 3건의 행동주의 투자를 진행했으며, 가벼운 수준의 행동주의 투자까지 포함하면 3건을 더 이행했다. 나는 뉴욕에서 주주 권리에 대한 한국 기업의 인식 수준을 경험한 이후 한 단계 업그레이드된 행동주의 투자자가 될 수 있었다고 생각한다. 덕분에 현재까지 한국에서 진행한 행동주의 투자는 주주 가치와 주주 수익률 증대, 거버넌스와 기업 펀더멘털 개선의 관점에서 모두 성공을 거두었다.

2020년에 투자했던 K사는 내가 주주 활동을 하기 전에 5년 연속 적

―

과도한 경영진 보수 삭감 등 흑자 전환을 위한 여러 제안을 담은
주주 행동주의 활동 이후 현재까지 2년 이상 매 분기
흑자를 내는 기업으로 완벽히 턴어라운드했고
주가 역시 1년간 4배가량 상승했다.

―

---

* 거버넌스 개선 투자(헤지펀드)와 모빌리티 투자(경영참여형사모펀드)에 특화된 자산운용사다.

자를 냈다. 과도한 경영진 보수 삭감 등 흑자 전환을 위한 여러 제안을 담은 주주 행동주의 활동 이후 현재까지 2년 이상 매 분기 흑자를 내는 기업으로 완벽히 턴어라운드했고 주가 역시 1년간 4배가량 상승했다. 2020년에 이행한 두 번째 사례인 S사는 불공정 합병 비율이 이슈였는데 한국 자본시장 역사상 최초로 상장사가 시가가 아니라 순자산가치 기준으로 합병가액을 변경한 사례가 되었다. 주가 역시 증가한 합병가액만큼 40%가량 상승했다. 2021년에 비공개로 주주 가치 제고 활동을 진행했던 E사에서는 회사가 주주 가치 제고 제안을 받아들여 자사주를 대규모로 매입하고 높은 배당을 했고 주가 역시 짧은 기간에 60% 이상 상승했다. 2022년에는 T사와 S사, 또 다른 S사 등을 상대로 주주 가치 제고를 위한 주주제안을 했다. T사는 보유 자사주 소각, 향후 3년간 주주환원 정책 발표 등을 통해 화답했고, S사의 주주총회에서는 우리가 주주제안한 사외이사인 감사위원이 일반 주주들의 전폭적인 지지를 업고 선임되었다.

　뉴욕에서와는 달리 한국으로 돌아와 이행한 행동주의 투자가 성공한 것은 다음과 같은 이유라고 생각한다. 우선 여러 차례의 주주제안과 행동주의 캠페인 경험을 통해 회사법에 대한 이해와 전문성이 쌓였다. 나는 한국거래소에서 공시 관리, 감독과 상장폐지 심사 등을 하며 자본시장의 여러 법과 규정을 접하는 업무를 담당하면서 경력을 시작했기 때문에 투자자 중에서 법 규정에 친숙한 편인데, 실전 행동주의 투자 업무를 하면서 법 규정의 큰 그림과 디테일에 대한 이해가 더욱 깊어졌다고 생각한다.

　둘째, 창의적인 전략을 실행했다. 앞서 언급한 것과 같이 주주를 보호

다만 나와 내가 몸담은 회사가 추구하는
행동주의의 방식이 항상 공격적인 것은 아니다.
오히려 가장 선호하는 방식은 회사 경영진과의
비공개 대화를 통한 주주 가치 제고 방안 도출이다.

하지 않는 법 규정과 법원, 공고한 대주주 지분율 때문에 한국에서는 주주권 행사에 성공하기가 매우 어렵다. 그래서 창의적인 접근이 필요하다. 지금까지 내가 이행해 성공한 모든 행동주의 투자에는 창의적인 접근 포인트가 각각 몇 개씩 있었다. 자세한 내용을 전부 밝히진 않겠지만 한 가지 예만 들면, 불공정 합병 비율이 문제였던 S사에서는 회사의 경영진을 대상으로 하는 행동주의 캠페인 외에, 합병에 대한 평가 의견서를 작성한 회계법인을 대상으로 회계법인의 평판 위험을 야기할 수 있는 방식으로 문제를 제기했다. 결국 이것이 캠페인 성공의 핵심 요인이 되었다.

다만 나와 내가 몸담은 회사가 추구하는 행동주의의 방식이 항상 공격적인 것은 아니다. 오히려 가장 선호하는 방식은 회사 경영진과의 비공개 대화를 통한 주주 가치 제고 방안 도출이다. 공개적인 캠페인은 비공개 대화와 주주권 행사의 방식으로 논의가 진전되지 않을 경우 불가피하게 선택하는 옵션일 뿐이며, 주주권 행사의 목적이 운용사 또는 보유 종목 홍보가 아니라 주주 가치 제고에 있기 때문에 공개적인 방식을 선호할 이유가 전혀 없다. 다만 투자자 자본의 수탁자로서 자산운용사가 이행해야 하는 신인의무가 있기 때문에 주주 가치 제고를 위해 공개적인 방식도 마다하지 않을 뿐이다.

나와 회사가 생각하는 좋은 거버넌스란 일반 주주와 경영진 및 지배주주의 이해관계가 일치하는 상태다. 따라서 행동주의 투자의 핵심은 전체 주주와 경영진의 이해관계가 일치할 수 있는 구조를 만드는 것이다.

왜 행동주의 투자인가?

지금까지 이야기한 행동주의 투자 사례를 보면 과정이 결코 쉽지 않아 보일 것이다. 일반적인 매입 보유법(buy-and-hold) 투자와 달리 주주권을 행사하는 과정에서 법률 비용이 들고, 설득력 있는 자료를 통해 일반 주주들을 설득해야 하며, 주주총회 위임장 대결까지 간다면 의결권 위임장을 받기 위해 전국의 주주들을 일일이 찾아다녀야 하고, 회사의 경영진 및 대주주와 지난하고 환영받지 못하는 커뮤니케이션도 해야 하기 때문이다. 그 과정에서 업무적으로나 심리적으로 많은 스트레스가 발생할 수밖에 없다. 그럼에도 불구하고 나는 행동주의 투자가 가장 쉬운 투자라고 생각한다.

"싼 것에는 싼 이유가 있다."

불특정 다수가 각자 자본 손실의 위험을 감수하고 참여하는 주식시장은 어느 정도는 효율적이기 때문에, 싼 주식은 보통 싼 이유가 있게 마련이다. 현재 자기자본의 장부가치 대비, 이익 대비 싸 보이지만 미래의 성장성과 수익성이 감소할 가능성이 클 수 있고, 내재가치가 내가 생각하는 것보다 높지 않을 수도 있다. 주가가 실제로 가치보다 저평가되어 있으면 그 사실을 나만 알 확률은 높지 않으니 실제 가치에 빠르게

한국 주식시장에는 모두가 내재가치 대비 싼 것을 알지만
주가가 내재가치로 수렴하지 않는 기업들의 유형이 있다.
바로 거버넌스 이슈가 있는 기업들이다.
거버넌스 이슈를 해결할 수만 있다면 주식의 시장가치가 주식의
내재가치로 수렴할 것이기 때문에 이보다 쉬운 투자가 없다.

수렴하게 된다. 따라서 이유 없이 싼 주식이 오랫동안 싼 상태를 유지할
확률은 높지 않다.

하지만 한국 주식시장에는 모두가 내재가치 대비 싼 것을 알지만 주
가가 내재가치로 수렴하지 않는 기업들의 유형이 있다. 바로 거버넌스
이슈가 있는 기업들이다. 앞서 이야기한 것과 같이, 높은 직접 지분율
을 통해서든 간접 지배를 통해서든 한국 기업 대부분은 대주주 지배력
이 공고하며, 일반 주주가 주주총회를 통해서든 법원을 통해서든 지분
율에 따른 비례적 이익을 지킬 확률은 매우 낮다. 따라서 거버넌스 문제
로 인해 싼 주식은 소위 가망이 없는 주식이다. 거버넌스 문제가 해결
될 가능성이 없기 때문에 주가가 내재가치로 수렴하지 않는다. 매년 이
익을 내는데도 시가총액을 넘어서는 순현금을 보유한 기업이 존재하는
이유다. 이런 기업 중에는 업력이 오래되고 안정적인 이익을 창출하는
기업이 많다. 사업 구조도 매우 단순해서 주식 가치도 그리 어렵지 않
게 파악할 수 있다. 따라서 거버넌스 이슈를 해결할 수만 있다면 주식의
시장가치가 주식의 내재가치로 수렴할 것이기 때문에 이보다 쉬운 투

자가 없다. 회사의 10~20년 후 매출이나 이익을 잘 예측해야만 수익을 낼 수 있는 것이 아니다. 더구나 사업을 잘해서 돈을 잘 버는 회사라면 시간이 지날수록 주식의 내재가치가 더욱 증가하므로 안전마진과 주가 상승 여력이 더 커지고 이런 상황에서 투자자가 돈을 잃을 확률은 매우 낮다. 즉, 행동주의 투자는 거버넌스 문제를 개선할 수만 있다면, 과정은 힘들지만 성과 측면에서 가장 확실하고 안정적이며 쉽다.

더구나 행동주의 투자는 요즘과 같은 저성장 시대에 매우 적합한 전략이다. 주가는 이익 곱하기 배수(멀티플)로 결정된다. 멀티플은 이익이 성장하거나 자본의 수익성이 높을 때 상승하니, 이익이 성장하지 않는 저성장 시대에는 자본의 수익성 증가를 통해 상승한다. 자본의 수익성이 증가하려면 이익이 증가하거나 자본이 효율화(유휴자본 감소)되어야 한다. 기업의 거버넌스 이슈는 두 지점 모두에서 발생한다. 거버넌스가 좋지 않는 기업에서는 일감 몰아주기 등을 통해 이익이 감소하거나, 주주환원을 하지 않아 자본이 비효율적으로 비대화(현금 등 비영업자산 증가)되기 때문에 자본의 수익성이 감소해 멀티플이 낮아진다. 이러한 현상이 광범위하게 벌어진 결과가 코리아 디스카운트 현상이다. 따라서 주주행동주의를 통해 거버넌스 이슈를 해결해 자본의 수익성을 높이면 멀티플이 상승하고, 자본이 수익성이 높은 곳으로 흘러감으로써 사회 전체의 생산성이 증가한다. 이러한 멀티플 리레이팅을 통한 주가 상승이 바로 행동주의 투자가 추구하는 목표다.

한국의 행동주의 투자 전망과 바람
2022년 3월 정기 주주총회 시즌에는 여러모로 긍정적인 변화가 감지

일부 대주주 또는 경영참여형사모펀드(PEF)는 매수자에게
경영권 프리미엄을 받고 자신들의 지분만 비싸게 팔고 나가는 반면,
행동주의 투자는 자본시장 전체의 효익을 증가시킨다.

되었다. 우선 행동주의 투자를 표방하는 기관투자가가 대거 등장했다. 기존에는 소수 기관만 소극적인 행동주의를 하는 데 그쳤다면, 2022년에는 내가 다니는 차파트너스자산운용을 포함해서 많은 기관투자가가 주주제안을 하는 등 주주권을 적극적으로 행사했다.

이러한 변화는 사회와 언론의 분위기에서도 읽을 수 있다. 과거에는 주주행동주의를 기업에 대한 투기 자본의 공격으로 치부하는 경우가 많았다면, 이제는 정당한 주주권 행사로 바라보는 견해가 많아졌다. 이러한 변화의 배경에는 여러 이유가 있겠지만, 우선 주식 투자 인구가 늘어나며 유튜브 등 뉴미디어를 통한 투자자 교육이 활발해져 투자자들의 주주권 인식이 강해졌고, 해외 주식 투자 인구가 늘면서 외국 기업과 국내 기업의 주주 가치 제고 노력의 차이도 인식하게 되었다는 점을 들수 있겠다. 이에 따라 정치권도 투자자 권익 보호에 큰 관심을 갖기 시작한 점도 큰 변화다.

행동주의 투자는 기업에 대한 공격이 아니다. 행동주의 투자의 목적이 기업 가치와 주주 가치의 제고인데 어떻게 기업에 대한 공격이 될수 있겠는가. 앞서 설명했듯 상장사의 경영진이라면 응당 주주 가치 제고를 위해 일해야 한다. 다만 승계 시 절세 등의 목적이나 거버넌스상의

변화를 통한 지배주주 이익 추구를 위해 주주 가치 제고를 원하지 않는 대주주와 경영진이라면, 행동주의 투자자들의 주주 가치 제고 요구를 자신들에 대한 공격으로 받아들일 것이다. 그러나 이것은 기업에 대한 공격이 아니다. 주주 가치 제고를 위한 행동주의 투자가 성공하면 주가가 상승하고 이는 그 기업에 투자한 모든 주주의 부가 증가하는 혜택으로 돌아간다. 일부 대주주 또는 경영참여형사모펀드PEF는 매수자에게 경영권 프리미엄*을 받고 자신들의 지분만 비싸게 팔고 나가는 반면, 행동주의 투자는 자본시장 전체의 효익을 증가시킨다. 행동주의 투자로 인해 기업의 시가총액이 1조 원 증가했다면 해당 행동주의 투자자는 사회에 1조 원의 가치를 창출한 것이다.

대주주와 PEF의 부뿐만 아니라 주식시장 전체의 부를 증가시킬 수 있는 대표적인 방법이 이번 정부에서 공약으로 내세운 의무공개매수제도다. 이 제도가 도입되면 많은 기업의 주가 디스카운트가 해소될 것이다. 예를 들어 대주주와 소수주주의 지분율이 각각 50%인 회사에서 전체 기업 가치(주주 가치)가 100인데 주가가 50% 디스카운트되어 있다면, 소수주주 몫의 시장가치가 25이고 대주주의 몫은 75로 형성되어 있다는 의미다. 따라서 대주주 지분을 75에 매각할 경우 경영권 프리미엄은 25%가 된다. 그런데 만일 의무공개매수제도가 도입되어 매수자가 100% 지분을 전부 인수해야 한다면 소수지분의 시장가치가 50으로 정상화되어 시가총액은 두 배 증가할 것이고 경영권 프리미엄은 사라질 것이다. 이와 같이 의무공개매수제도의 도입은 코리아 디스카운트를 해소해 국가 경제의 생산성과 부를 증대할 수 있는 강력한 수단이

---

*　경영권 프리미엄은 달리 말하면 소수주주 디스카운트와 같다.

거버넌스 개선을 위해 당장 시행할 수 있는 방안 중 하나는
상장기업 전자투표제 의무화다.
정치인이 유권자들에게 투표를 독려하듯 기업 역시 주주에게
주주총회 의결권 행사를 독려해야 한다.

될 것이다.

의무공개매수제도의 도입뿐만 아니라 입법 또는 사법적 해석을 통해 기업의 이사에게 전체 주주에 대한 신인의무를 부과하는 것이 한국 자본시장의 거버넌스 개선과 코리아 디스카운트 해소를 위해 가장 중요한 일이지만, 거버넌스 개선을 위해 당장 시행할 수 있는 방안 중 하나는 상장기업 전자투표제 의무화다. 기업의 최고 의사결정 회의인 주주총회는 정치로 치면 선거와 같아서 매우 중요한데, 기업 대부분의 주주총회가 소수의 특정 일자에 집중되어 있고 선거와 달리 공휴일에 이루어지지도 않으며, 주주총회 장소도 주주의 거주지와 무관하게 전국에 분산되어 있어 주주들이 참여하기가 매우 어렵다. 정치인이 유권자들에게 투표를 독려하듯 기업 역시 주주에게 주주총회 의결권 행사를 독려해야 한다. 이를 가장 쉽게 할 수 있는 방법이 이미 기술적으로 완벽히 운영되고 있는 전자투표제를 채택하는 것이다. 현재는 기업이 선택적으로 전자투표제를 도입하게 되어 있지만, 이를 의무화하면 사회적 비용 대비 훨씬 큰 효익을 창출할 것이므로 의무화가 시급히 이루어져야 한다고 생각한다.

행동주의 투자와
ESG[*] 투자의 차이점

행동주의 투자와 ESG 투자는 거버넌스라는 요소를 공유하기 때문에 유사하다고 간주되거나 혼용되는 경우가 많지만, 사실은 정반대로 접근하는 경우가 많다. 행동주의 투자는 주로 좋지 않은 기업 거버넌스를 개선하는 방향으로 투자하고 ESG 투자는 ESG 팩터가 좋은 기업에 투자한다는 방식의 차이 외에도, 행동주의 투자는 일반적으로 헤지펀드처럼 깊은 기업 분석을 통해 개별 기업에 투자하는 액티브 투자자들에 의해 이루어지는 반면 ESG 투자는 대개 ESG 지수를 추종하는 패시브 투자자들에 의해 이루어진다.

이러한 차이점 때문에 나는 ESG 열풍으로 인해 오히려 가치와 가격의 괴리가 더 커지는 기업이 많이 생길 것이며, 이로 인해 부지런하고 영민한 투자자에게 더 많은 투자 기회가 생길 것으로 본다. 2008년 비우량 주택담보채권(서브프라임 모기지) 금융위기 당시 책임의 한 축을 담당한 이들이 바로 무디스^{Moody's}, 스탠다드앤드푸어스^{S&P}와 같은 신용 평가사들이었다. 이들은 실제로는 부실한 채권의 신용등급을 초우량등급으로 평가했고 이에 따라 버블을 키워온 책임을 받았다. 신용등급이든 ESG 등급이든 기업이나 투자 상품의 등급을 부여하는 기관이 모든 자산의 경제적 실질을 올바르게 평가하기란 불가능하다. 하지만 ESG 지수를 추종하는 수많은 패시브 자금과 펀드가 이러한 평가에 기초해 투자하기 때문에, ESG 열풍이 커질수록 다수의 투자 자산에서 가격과 가치의 괴리가 더욱 커질 것이며, 이러한 현상은 액티브 투자자에게 오히려 좋은 투자 기회를 제공할 것으로 보인다.

---

* ESG(Environmental, Social, and Governance) 투자는 기업이 친환경, 사회적 책임 경영, 지배구조 개선 등 투명 경영을 고려해야 지속 가능한 발전을 할 수 있다는 철학을 담은 투자 방식이다.

한국 주식시장도 세계에서 가장
역동적인 시장이 되지 못할 이유가 없다.
이를 위해 가장 중요한 것은
거버넌스 개선을 통한
코리아 디스카운트 해소다.

맺으며

미국 등 선진 증시의 투자자들은 행복한 투자자다. 투자자 본연의 임무인 기업 가치 판단에만 집중하면 된다. 하지만 한국의 투자자들은 기업 가치를 파악해야 하고 거버넌스 리스크도 고려해야 하며, 행동주의 투자자와 같이 조금 더 적극적인 투자자들은 주주권을 훼손하는 각종 법 제도와 싸우며 이를 개선하기 위한 노력도 해야 한다. 하지만 개선할 부분이 많다는 것은 수익 창출의 기회가 많다는 의미와도 같다.

미국에서도 수십 년 전에는 주주권이 제대로 보호되지 않아 벤저민 그레이엄, 워런 버핏과 같은 투자자도 주주 권익을 위해 싸워야만 했다. 그레이엄이 지금으로부터 약 100년 전인 1920년대에 노던 파이프라인Northern Pipeline의 주주총회에서 위임장 대결을 통해 이사회 의석을 확보하고 주주환원을 이끌어낸 것은 잘 알려진 사례다. 미국은 그 후 세대를 거치며 상속·증여세, 회사 매각 등으로 인해 지배주주의 지분율이 전반적으로 희석되어 기관투자가 중심의 시장이 되었고, 다른 나라 시장 대비 주주권이 잘 보호되고 압도적인 시가총액을 가진 세계 최고의 자본시장이 되었다. 수많은 주주의 목소리가 서로 경쟁해 최고의 자본 생산성과 효율성을 찾아나가는 행동주의 투자의 천국이 되었고, 세계를 제패하는 새로운 혁신 기업이 끊임없이 나타나는 역동적인 시장이 되었다.

10여 년 전에는 일본이 이사회 혁신을 통해 일본 경제의 '잃어버린 20년'을 회복하기 위한 거버넌스 개혁 드라이브를 걸었다. 그 결과 미국 다음으로 행동주의 투자가 활발한 나라가 되어 그 후 10여 년간 증시가 드라마틱하게 상승하고 있다.

한국 주식시장도 세계에서 가장 역동적인 시장이 되지 못할 이유가 없다. 이를 위해 가장 중요한 것은 거버넌스 개선을 통한 코리아 디스카운트 해소다. 이를 위해 사회의 각 영역에서 해야 할 일이 많지만, 이를 가능케 하는 시발점은 투자자들의 끊임없는 관심과 목소리다. 앞으로도 정당한 권리를 찾기 위한 투자자들의 적극적인 관심과 참여가 있다면 한국 증시는 세계에서 가장 발전하는 시장이 될 수 있을 것이라고 생각한다.

글 김형균 │ 차파트너스자산운용 스페셜시츄에이션(Special Situations) 본부 본부장. 뉴욕 소재 행동주의 헤지펀드 홀드코 에셋 매니지먼트(HoldCo Asset Management)의 시니어 애널리스트를 거쳐 한국 D&H투자자문에서 행동주의 투자를 담당했다. 한국거래소에서 경력을 시작했고, 뉴욕 컬럼비아 경영대학원 MBA 과정에서 가치투자를 공부한 후 행동주의 투자자가 되었다.

한국 지주회사 저평가 현실, 종속회사 비상장 전환 등이 탈출 방안

김규식

가치투자자들은 지주회사의 극심한 디스카운트 때문에 엄청난 고통을 받아왔다. 이를 극복하려면 먼저 원인을 정확하게 이해해야 한다. 원인 중 하나는 예측 가능성 훼손이다. 예컨대 종속회사·관계회사라고 공시해놓고 갑자기 시가평가하는 등의 행태가 시장의 예측 가능성을 훼손한다. 그로 인해 시장의 보수적인 가치평가가 초래된다. 필자는 지주회사는 최소한 공시한 회계정보와 자신이 제시하는 가치평가 모형, 배당정책을 일치시켜야 한다고 주장한다. 아울러 영미와 같이 상장 종속회사를 공개 매수해 비상장으로 만드는 등의 방법을 제시한다.

순수지주회사의 저평가는 코리아 디스카운트 중에서도 유독 심한 현상이다. 한국 주식시장에서 자회사와 동시 상장된 순수지주회사의 주식이 기업 가치 대비 매우 저평가되어 있다는 점은 여러 논문에서 밝혀진 바 있다.[*]

가치투자자들은 지주회사의 극심한 디스카운트 때문에 엄청난 고통을 받아왔다. 나도 예외가 아니다. 이를 극복하기 위해서는 우리 지주회사들이 극심한 디스카운트를 받는 이유를 정확하게 이해해야 한다. 그 이유 중 하나는 기업 거버넌스와 자본시장의 공정성에 심각한 문제를 야기하는 지주회사 관련 법 제도와 관행이다.

---

[*] 한국주식시장의 지주회사 디스카운트, 〈한국증권학회지〉 제48권 6호(2019) pp. 755~788 등

나는 변호사를 하다가 투자업으로 이직했다. 투자 관련 지식은 대부분 교과서를 통해서 배우다 보니, 교과서와 다르거나 법적 관점에서(변호사로서) 동의할 수 없는 관행, 특히 주주 권리를 침해하는 자본시장의 관행에 의문을 품었고, 이 의문이 풀릴 때까지 수용하지 못했다. 이하 내용은 그 과정에서 품었던 의문과, 이해하려고 노력하며 배운 것들을 정리한 것으로서 주로 선진국 입법례와 비교했다. 나는 아직도 의문 대부분을 해결하지 못했고 여전히 배우고 있다는 점을 널리 양해해주기 바란다.

들어가며

지주회사든 종속회사든 일반적으로 선진 자본시장에서는 공정가치라는 동일한 가치평가 방법을 적용한다. 국제회계기준IFRS을 쓰는 유럽이나, 일반회계원칙GAAP을 쓰는 미국이나 모두 가치평가의 모형은 공정가치다. 기업 가치는 수익가치와 자산가치로 분류되는데, 수익가치는 위험 수준에 맞는 할인율, 예측 가능한 성장률 등의 변수를 도출해 현금흐름 할인DCF하거나 기업가치/상각전영업이익EV/EBITDA, PER 등 적정 멀티플을 산출하는 방식을 쓰고, 자산가치는 장부가를 원칙으로 한다. 주주가치는 이렇게 구해진 기업 가치에 주주환원율을 곱한 값이다.

지주회사라고 특별한 평가 방법은 없다. 다만 자회사 투자 주식을 다시 공정가치로 평가해 모회사의 자산가치에 더하는 절차가 있을 뿐이며, 자회사 투자 주식 역시 공정가치로 평가하기 때문에 결국 다른 평가 방법은 없다. 글로벌 자본시장은 회계기준이 제공한 정보를 가지고 참

그런데 한국에서는 공정가치 평가법이 일관되지 않다.
지주회사 가치평가 역시 이 문제에서 자유롭지 못하다.
회사가 제공하는 회계 정보와 그 회사가 제시하는 가치평가 모형,
배당정책이 일치하지도 않는다. 예측 가능성이 현저히 훼손된다.
이렇게 되면 시장은 그중 가장 보수적인 평가법을 선택하게 된다.
이것이 지주회사 디스카운트 현상이다.

여자·투자자들이 적정한 공정가치·내재가치를 찾아가는 합의 과정으로 작동한다.

그런데 한국에서는 위와 같은 공정가치 평가법이 일관되지 않는다. 특히 (상장 계열사가 포함된) 계열사 간 합병 또는 주식 교환, 상장사에 대한 공개 매수, 경영권 지분 양도 등 자본 거래에서 수익가치와 자산가치를 다양한 방법으로 평가한다. 후술하겠지만 우리 회계기준에는 법적 구속력이 있고, 실제로 자본 거래에서 가치평가의 결정 기준으로 작동한다. 이런 규제 체계를 가진 나라는 전 세계에 한국뿐이다. 지주회사 가치평가 역시 이 문제에서 자유롭지 못하다. 같은 맥락에서 회사가 제공하는 회계 정보와 그 회사가 제시하는 가치평가 모형, 배당정책이 일치하지도 않는다. 예측 가능성이 현저히 훼손된다. 이렇게 되면 시장은 그중 가장 보수적인 평가법을 선택하게 된다. 이것이 지주회사 디스카운트 현상이다.

한국의 지배주주는 희한한 규제 체계를 이용해서 자신에게 유리하게

자본 거래를 왜곡하는데, 자본시장의 투자자들은 공정가치·내재가치 평가와 전혀 다른 규제 체계의 특수성을 알기 어렵고, 이런 규제 체계의 특수성을 잘 아는 법률 전문가들은 거꾸로 이런 규제 체계가 아니라면 어떤 식으로 공정가치·내재가치를 찾아갈 수 있는지 알기 어렵다. 자본시장의 원리와 규제 체계의 특수성을 모두 이해해야 지주회사의 디스카운트를 이해할 수 있다. 이것이 이 글을 쓰게 된 동기다. 이하에서 살펴본다.

지주회사에 관한 입법례 비교

한국의 지주회사와 지배력

한국의 지주회사는 주식의 소유를 통해 국내 회사의 사업내용을 지배하는 것을 주된 사업으로 하는 회사로서 자산총액이 5천억 원 이상이고 소유 자회사의 주식 가액의 합계액이 지주회사 자산총액의 100분의 50 이상인 회사이다(독점규제 및 공정거래에 관한 법률(이하 공정거래법) 제2조 7호). 이하 특별한 경우가 아니면 지주회사는 순수지주회사를 의미한다.

자회사를 '지배'한다는 개념은 공정거래법 시행령 제4조와 '주식회사 등의 외부감사에 관한 법률'(이하 외부감사법)에 정의되어 있다. 외부감사법은 연결재무제표를 '지배회사가 종속회사에 대해 작성하는 재무제표'라고 정의하고(제2조 3호), 그 시행령은 지배회사란 '경제 활동에서 효용과 이익을 얻기 위하여 종속회사의 재무정책과 영업정책을 결정할 수 있는 능력을 가지는 경우'라고 정의한다(제3조 제1항). 한국채택국제회계기준(K-IFRS)상으로 지배력이란 과반수 지분율을 갖거나 법령이나 계약 등에 의해 '이사회의 과반수를 선임할 수 있는 능력'을 가리킨다. 이에 따라 지배회사는 연결재무제표 작성을 위해 필요한 범위에서 종속회사의 회계에 관한 장부와 서류를 열람 또는 복사하거나 회계에 관한 자료의 제출을 요구할 수 있고, 종속회사의 업무와 재산상태를 조사할 수 있다(제7조).

그런데 이 외부감사법과 K-IFRS와 공정거래법 제4조의 지배력 기준이 다르다. 공정거래법 제4조는 지분율 30% 이상(특수관계인 포함)이고 최대주주이거나(1호) 지분율 관계없이 실질적으로 사업을 지배하는 경우(2호)까지 지배력이 있다고 보아서 K-IFRS보다 훨씬 완화되어 있다. 다만 2호의 경우 모회사가 지주회사로 전환되면 상장 종속회사의 지분율을 30% 이상 취득하여야 한다(공정거래법 제18조 제2항 2호).

정리하면 지주회사의 지배력은 자회사의 재무정책과 영업정책을 결정할 수 있는 능력인데, 외부감사법과 K-IFRS상으로는 지분율 50%를 넘는 등 '이사회 과반수를 선임하는 능력'을 의미하지만, 공정거래법은 그 외에 재무정책과 영업정책에 개입하고 '실질적으로 결정'하면 지배력을 인정한다. 다만 공정거래법은 지주회사로 전환되면 상장 종속회사 지분율을 30% 이상 취득하도록 요구한다. 즉, 회계기준과 지배력 기준이 다르다.

지주회사에 관한 입법례
주지하다시피 영국, 미국, 유럽에는 지주회사(혹은 모회사)의 종속회사 지분율 규제가 없고 자회사 이익·자산과 합산하는 IFRS(혹은 GAAP) 회계기준만 있으므로 한국의 외부감사법(K-IFRS)과 같은 태도다. 지배력

은 50% 이상의 지분율 등 '이사회 과반수 선임 능력'이고, 지주회사는
지배력을 가진다. 즉, 회계기준과 지배력 기준이 일치한다.

다만 연결 대상 종속회사에 대해서 대부분 80% 이상 지분율을 확보
한다(미국의 연결납세제도는 모회사가 자회사 지분을 80% 이상 확보한 경우에 적
용되고, 프랑스는 95%를 요구한다). 50%만 확보해도 되는데 80% 이상 확
보하는 목적은 종속회사의 자산과 이익을 합산해 연결재무제표를 작성
함과 동시에 모자회사의 세금에 연결납세제도를 적용하려는 것도 있지
만, 주로 모회사와 자회사 간의 이해 충돌로 인한 주주 소송을 차단하는
데 있다.

문제점

우선 외부감사법·K-IFRS 회계기준과 공정거래법상 지배력의 정의
가 다르고 예측 가능성이 낮다는 점이 문제다. 영미, 유럽은 회계기준과
지배력 기준이 일치한다는 점에서 예측 가능성이 높다. 우리와 가장 유

사한 입법례가 일본인데, 일본조차도 50%+1주를 확보해야 지주회사로 인정한다. 미국 뉴욕증권거래소 상장 규정 역시 지분율이 50% 이상인 경우 지배력을 인정하고 이사회 독립성의 예외를 인정하고 있다. 영미, 일본의 기준에서 볼 때 한국의 지주회사(특히 상장 종속회사의 지분율이 30% 남짓인 경우)는 지주회사가 아니고 익금불산입 혜택을 받는 투자회사에 불과하다.

실제로 LG는 주요 상장 자회사인 LG화학(33%), LG생활건강(34%), LG전자(33%), LG유플러스(37%)를 종속회사가 아니라 관계회사로 분류하고 있으며, 한화 역시 한화에어로스페이스(33%)를 관계회사로 분류한다.* 다만 SK는 SK이노베이션(33%), SK텔레콤(30%), SK스퀘어(30%), SK네트웍스(42%), SKC(40%) 등 대부분의 상장 자회사를 종속회사로 분류하고 있다.

종속회사 회계원칙에 관한 입법례와 문제점

기업 재무제표는 다양한 이해관계자에게 중대한 영향을 미치는 정보를 담기 때문에 객관적이고 명확하며 공정하게 작성하고 공시해야 한다.

입법례 비교
영미계의 회계기준은 민간 기구인 재무회계기준심의회FASB에서 제정하는 GAAP의 일부이고, 법 체계에 속하는 것은 아니다. 즉 영미, 유럽, 일본 등 선진국에서는 재무제표상의 정보와 데이터는 가치평가의

---

* 　한화솔루션(36%)은 종속회사다.

재료일 뿐이고, 그 자체가 가치평가를 의미하지 않으며, 사인 간의 거래를 구속하지도 않는다. 투자자들은 재무제표상의 정보와 데이터를 가지고 각자 내재가치·공정가치를 산출하고, 시장에서 가격을 통해 자유롭게 의사를 교환하고 합의한다.

그러나 한국의 기업 회계기준은 상법과 외부감사법에 근거를 둔 법체계의 일부로 법적 구속력을 가진다. 상법은 일반적으로 공정하고 타당한 회계관행에 따른다고 규정(제446조의2)하여 GAAP를 수용하고 개별재무제표를 원칙(제447조 제1항)으로 하고 연결재무제표를 예외(동조 제3항)로 하지만, 그 특별법인 외부감사법은 금융위원회가 결정하되 회계처리기준을 한국회계기준원에 위탁하고 있고(제5조 1항, 4항), 필요할 경우 한국회계기준원에 회계기준의 수정을 요구할 수 있게 규정한다(동조 제5항). 한국회계기준원은 K-IFRS를 규정하므로 결국 K-IFRS가 금융위원회 규정처럼 기업회계의 기준으로 법적 구속력·규범력을 갖는다. K-IFRS는 연결재무제표를 원칙으로 하므로, 특별한 사정이 없다면 회사는 연결재무제표를 주재무제표로 공시해야 한다.

특히 우리 자본시장법은 상장회사와 비상장회사의 합병 비율을 결정할 때 상장회사는 자산가치를 선택할 수 있도록 규정하는데,* 대법원은 공시된 재무제표의 자산가치를 기준으로 하고 당사자가 별도로 산출한 자산가치를 인정하지 않는다. 따라서 회사가 공시하는 재무제표상의 정보와 데이터가 사인 간의 합병 거래를 구속하는 법규로 기능하고, 결국 회사가 재무제표 공시로써 법 규정을 만드는 것과 같다.

---

* 실제 합병 비율은 금융감독원 시행세칙에 의해서 조정하지만 자본시장법은 자산가치라고 규정한다.

이는 세계적으로 유례를 찾기 어렵게 매우 특이한 입법 태도이며, 합병 비율을 당사자 간의 합의가 아니라 재무제표상의 숫자에 구속시키는 입법례는 한국이 유일하다.

이러한 입법 태도에서 기업 가치평가가 필요한 자본 거래에 K-IFRS가 어느 범위의 규범력·구속력을 갖느냐는 논쟁의 여지가 있으며, 재무제표를 단순한 정보 제공이 아니라 법 규정에 대한 사법 통제 관점에서 다루어야 한다고 생각한다.

K-IFRS의 종속회사 회계원칙

그런데 2011년에 K-IFRS가 도입되기 전, 즉 K-GAAP하에서는 회사가 자회사 주식 가치를 평가하는 방법을 임의적으로 선택할 수 있는 폭이 매우 좁았다. K-GAAP 기업 회계원칙으로는 개별재무제표(현행 별도재무제표)에서 자회사에 중대한 영향력을 행사하는 경우(종속회사, 관계회사)에는 지분법으로 주식 가치를 평가하고, 그 외의 주식은 공정가치를 평가할 수 있다면 공정가액법으로, 공정가치를 평가할 수 없다면 원가법으로 평가해야만 했다(연결재무제표에서 종속회사는 합산). 그러나 K-IFRS가 도입되면서 별도재무제표에서 보유한 종속회사나 관계회사 투자 증권의 가액을 원가법, 공정가액법, 지분법 중에서 '임의 선택'해 평가할 수 있다(연결재무제표에서 종속회사는 합산). 즉, 별도재무제표 작성 관련해 K-GAAP에서 원가법, 공정가액법, 지분법을 적용하는 유형이 정해져 있었다면, K-IFRS에서는 회사가 임의로 선택할 수 있다.

2011년 경제개혁연대의 질의에 대해 공정거래위원회는 지주회사의 요건을 판단하는 자산은 별도재무제표를 기준으로 한다고 답변했고,

별도재무제표에서 원가법, 공정가치법, 지분법을
임의로 선택한다면 결국 지배주주가 합병 거래에서 일방적으로
자신에게 유리하게 결정할 수 있다는 의미이며,
시장 참여자(주주, 채권자 등)의 예측 가능성이
현저히 훼손되기 때문이다.

실무에서 상법상 배당가능이익, 법인세법상 손금한도·수입금액 등은 별도재무제표를 기준으로 한다.

문제점

결국 공정거래위원회와 금융위원회는 K-IFRS를 통해서 회사가 지주회사 전환 여부를 임의로 선택하도록 허용하는 것과 같다(원가법을 사용하면 지주회사 편입 회피가 가능함). 예컨대 DB아이엔씨는 애초에 DB하이텍을 관계회사로 편입하고 원가법을 채택해 지주회사 전환을 회피할 수 있었다(현재는 종속회사, 관계회사가 아니라 단순 투자 증권, 즉 회계상 기타포괄손익-공정가치측정금융자산으로 인식해서 시가평가해야 되므로 DB아이엔씨는 지주회사로 강제 전환됨).

그뿐만 아니라 상장·비상장 계열사의 합병 비율을 산출할 때에도 대주주의 이익을 위해 연결재무제표와 별도재무제표를 선택할 수 있고, 별도재무제표에서도 종속회사·관계회사의 자산가치 평가를 위해 원가법, 공정가치법, 지분법을 임의로 선택할 수 있게 허용한다.

앞에서 말한 바와 같이 상법, 외부감사법, 자본시장법에 따라 상장회사의 합병 비율을 결정할 때 재무제표(자산가치)가 법규처럼 기능하고 투자자를 직접 구속하는데, 위와 같은 관행이 공정한지 의문이다. 별도 재무제표에서 원가법, 공정가치법, 지분법을 임의로 선택한다면 결국 지배주주가 합병 거래에서 일방적으로 자신에게 유리하게 결정할 수 있다는 의미이며, 시장 참여자(주주, 채권자 등)의 예측 가능성이 현저히 훼손되기 때문이다.

영미계와 유럽, 일본의 가치평가 기본은 전술한 바와 같이 공정가치법이다. 따라서 한국도 사인 간의 합병 비율을 구속하는 자본시장법 규정과 회계기준을 금융위원회가 관리·통제하는 규정을 폐기하고, 시장 거래는 당사자 간에 자유롭게 공정가치·내재가치에 따라 이루어지게 해야 한다. 원칙적으로 공정가치법에 의해 가치평가를 수행해야 하고, 그렇지 않은 경우(예컨대 별도재무제표상 원가법이나 지분법)에는 이를 원용하는 당사자가 특별한 사정을 입증해야 한다고 생각한다. 만일 그러한 선택이 일반 주주의 권리를 침해하고 대주주의 이익을 도모하는 목적이라면 결코 허용될 수 없다. 예컨대 동원엔터프라이즈와 동원산업의 합병 비율을 결정할 때 양사는 연결재무제표가 아니라 별도재무제표를 사용했고, 별도재무제표에서도 동원엔터프라이즈의 종속회사는 공정가치법, 동원산업의 종속회사(스타키스트)는 원가법으로 장부에 계상했는데, 이는 동원엔터프라이즈와 그 대주주에게 일방적으로 유리한 선택이다. 당연히 동원산업도 공정가치법을 채택해야 했다.[*]

---

[*] 차파트너스자산운용 김형균 상무가 삼광글라스 합병 사건에서 분투해 2021년 개정된 증권의 발행및공시등에관한규정 시행세칙에 의해 동원산업 합병 비율이 조정되었으나 여전히 공정가치와는 큰 괴리가 있다.

만일 현행법을 유지하면서 위와 같이 공정가치법을 일관되게 적용하지 못한다면, 최소한 회사가 제공한 회계 정보와 그 회사가 제시하는 가치평가 기준이 일치해야 한다. 종속회사로 분류했으면 가치평가도 연결재무제표상의 합산 이익·자산을 기준으로 해야 하고(관계회사는 지분법 평가), 매도가능증권으로 분류했으면 가치평가도 시가를 기준으로 해야 한다. 투자자는 재무제표상의 정보와 데이터를 원용해서 자유롭게 가치평가를 할 수 있으나, 회사는 자신이 공시한 재무제표상의 정보와 데이터에 구속된다고 해석해야 한다(특히 상장회사 합병 거래).

예컨대 삼성물산은 삼성전자에 대해서 지배력이 없다고 하고 매도가능증권으로 분류했는데, 그렇다면 삼성물산의 가치평가에서도 삼성전자의 가치를 시가 평가해야 한다. 삼성물산과 제일모직 합병 건 관련해서 국제의결권자문기구ISS는 삼성전자 주식을 시가 평가했으나 국내 일부 투자기관은 매도 가능성이 없다는 이유로 시가 평가에 의문을 제기했는데, 회계 정보는 매도가능증권으로 시장에 제공하고 가치평가는 매도 가능성이 없다고 할 수는 없다.

또 동원엔터프라이즈는 동원시스템즈를 종속회사로 분류했으므로 가치평가도 연결재무제표상의 합산 이익·자산을 기준으로 해야 하지만 동원시스템즈의 주식을 시가 평가했다. 공정하다고 볼 수 없다. 우리 외부감사법에 의해서 회계기준에 법적 구속력까지 부여되어 있다는 점을 깊이 고려할 때, 만일 회계 정보와 다른 가치평가 기준을 내세우려면 정당성을 입증해야 한다.

반복하지만 영미처럼 공정가치법을 일관되게 적용하든지, 아니면 회사가 시장에 제공한 회계 정보와 가치평가 기준이 일치해야 한다. 공정

가치법도 아니고 정보와 기준이 일치하지도 않으면 결국 지배주주가 회계기준과 가치평가법을 마음대로 골라잡을 수 있다는 말인데, 그러면 투자자의 예측 가능성을 현저히 훼손하게 된다. 이것이 코리아 디스카운트 현상의 원인이요, 그중에서도 극심한 지주회사 디스카운트 현상의 원인이다.

상장회사 주주 보호를 위한 이사회 독립성 요건

비상장회사의 주주는 주주 간 계약을 통해서 소수주주권을 보호받지만,* 상장회사의 주주는 불특정 다수이기 때문에 일일이 주주 간 계약을 체결할 수 없으므로 엄격한 이사회의 독립성을 통해 보호받는다. 이사회의 독립성이란 이사회가 대주주와 경영진으로부터 독립하여 "회사와 전체 주주의 이익을 위하여" 선관주의의무 및 충실의무를 수행해야 한다는 원칙이다.

상장회사의 이사회 독립성은 글로벌 자본시장의 철칙이고, 입법례에 따라 법률에 규정되기도 하지만 일반적으로 거래소의 상장(유지) 조건과 법원의 사후 통제 방식으로 관철된다.

이를 위해 예컨대 미국 뉴욕증권거래소는 2003년 상장 규정을 대폭 개정해, 대주주와 경영진으로부터 독립된 독립 이사를 상장회사 이사회의 과반수 선임해야 하고, 독립 이사만으로 구성된 지명·기업거버넌스위원회 및 보수위원회를 설치해야 하며, 독립 이사는 지명·기업거버

---

* 지배주주와 소수주주 간에 우선청약권(right of first offer), 우선매수청구권(right of first refusal), 동반매도참여권(tag-along), 동반매도청구권(drag-along), 콜옵션, 풋옵션, 핵심성과지표(KPI), 회수 계획(exit plan) 등을 약정한 계약을 체결한다.

넌스위원회에서 추천한 사람 중에서 선임할 것을 요구한다. 상장회사의 이사회 독립성 요건이 아주 엄격하다.*

델라웨어주 형평법원(The Delaware Chancery Court)은 소위 오라클 사건에서, 이사의 독립성을 판단할 때 경제적 이익뿐만 아니라 사회적, 인간적 관계까지 고려해야 한다고 판결함으로써 엄격한 기준을 정립했다.

지주회사와 종속회사 동시 상장의 문제점

지배력과 이사회 독립성의 충돌

전술한 바와 같이 지배력이란 지주회사가 종속회사의 영업정책과 재무정책을 결정할 수 있는 능력을 가리키고, 법적으로는 처분권과 유사한 개념이다. 그런데 지주회사는 종속회사에 대해서 지배력을 가지므로 종속회사의 이사회는 '지주회사의 결정에 따라야' 한다. 따라서 상장회사의 이사회 독립성 개념과 본질적으로 모순이며 충돌한다.

이와 같은 충돌을 고려해서 예컨대 뉴욕증권거래소는 모회사의 지분율이 50% 이상인 피지배회사controlled company에 대해서는 이사회 독립성 원칙을 적용하지 않는 예외를 인정했다.

지배력과 신인의무의 충돌

그러나 위와 같이 예외를 인정하면 지배력 남용에 따라 소수주주의 권리가 침해될 위험이 있으므로, 이를 통제하기 위해서 미국의 법원

---

* 다른 선진국의 상장 규정을 구체적으로 살펴보지 못했지만 일본은 2015년 6월 상장기업에 적용하는 기업 지배구조 모범 규준을 도입해, 독립 사외이사를 2인 이상 도입 요구하는 등 개선되고 있다.

영미계에서는 지주회사와 종속회사가
동시 상장을 유지하는 경우가 거의 없다.
미국에서는 모회사가 물적 분할(carving-out)한 자회사를
동시 상장(신주 발행하지 않고 구주 매출함)하는 경우가 종종 있지만
대부분 오래지 않아 자회사 지분을 모회사 주주에게
분배(spin-off distribution)해 동시 상장을 폐지한다.

은 일정한 경우 소수주주에 대한 지배주주의 신인의무를 인정하고 있다. 예컨대 대주주가 프리미엄을 받고 약탈적 양수인에게 지배 주식을 매각한 경우, 지배주주가 자신의 이익을 위해서 소수주주를 축출(squeeze-out)하는 경우, 내부 정보를 유용한 경우 등이 대표적이지만 지배적 의결권을 남용해 소수주주의 권리를 침해한 경우 포괄적으로 인정한다.[**]

이에 따라 영미계에서는 지주회사와 종속회사가 동시 상장을 유지하는 경우가 거의 없다. 50% 이상의 지분율을 확보하면 이사회 독립성 요건에서 제외됨에도 불구하고 지배력 남용과 신인의무 위반을 이유로 끊임없이 소송이 제기되기 때문이다. 미국에서는 모회사가 물적 분할(carving-out)한 자회사를 동시 상장(신주 발행하지 않고 구주 매출함)하는 경우가 종종 있지만 대부분 오래지 않아 자회사 지분을 모회사 주주

[**] 1983년 델라웨어 대법원의 와인버거 대 UOP 사건이 대표적이고 최근 칸 대 M&F 월드와이드 사건 등이 있다.

에게 분배(spin-off distribution)해 동시 상장을 폐지한다.

지배주주에 대한 경영 책임

영미에서는 이사회를 장악한 대주주가 CEO를 겸하거나 선임한 경우에도 주주환원율이 낮거나 경영 성과가 미흡하다면 임기 중이나 계약 만료 시 퇴임하라는 주주 요구를 무시하기 어렵다. 다양한 의결권 자문사들이 기업의 경영 성과를 검증하고 이사의 선임 여부에 대해서 의견을 제시하는 데 큰 영향력이 있다. 특히 주주환원율이 오랫동안 낮으면 재선임 가능성이 낮아진다.

모자회사 동시 상장에서 주주 권리를 보호한 해외 사례

유럽과 일본에는 동시 상장이 유지되는 경우가 있으나 증권거래소는 모자회사 이해 충돌 여부를 모니터링한다. 일본에서는 위와 같은 모자회사의 이해 충돌을 피하기 위해 2020년 1월부터 9월 말까지 공개 매수 등을 통해 자회사 지분을 100% 사들인 뒤 상장폐지하는 사례가 15건으로 급격히 증가했다. 일본 최대 통신회사인 NTT는 자회사 NTT 도코모에 대해 4조 2,000억 엔(약 46조 원) 규모의 공개 매수를 실시했다. 소니와 이토추상사도 금융 자회사인 소니파이낸셜홀딩스와 편의점 자회사인 패밀리마트 지분 100%를 확보하는 데 각각 4,000억 엔과

---

* IAC의 매치 그룹(Match Group), FMC의 리벤트(Livent), 일라이릴리(Eli Lilly)의 엘란코(Elanco), 스텔스가스(StealthGas)의 임페리얼 페트롤리엄(Imperial Petroleum) 등이 그랬고 향후 인텔(Intel)의 모빌아이(Mobileye)도 비슷한 경로가 될 듯하다. 이 경우 자회사 주식을 모회사 주주에게 분배하는 것이 형식적으로는 주식 배당 같지만 실질적으로는 인적 분할이기 때문에 과세하지 않는다(소위 Type D reorganization). 그러나 한국 국세청에서는 주식 배당으로 보고 과세해서 논란이 되고 있다.

일본에서는 모자회사의 이해 충돌을 피하기 위해
2020년 1월부터 9월 말까지 공개 매수 등을 통해
자회사 지분을 100% 사들인 뒤 상장폐지하는 사례가
15건으로 급격히 증가했다.

5,800억 엔을 투입했다고 보도된 바 있다.[**]

최근 자본시장연구원은 〈물적분할과 모자기업 동시상장의 주요 이슈〉 보고서에서, 주요 선진국에서 물적 분할과 쪼개기 상장을 명시적으로 규제하는 사례는 찾기 어렵지만 동남아시아 국가들은 상장 규정을 통해 모자회사 동시 상장을 규제하는 것으로 나타났다고 보고했다. 이 보고서에 따르면 싱가포르 거래소에서는 자회사가 자산과 영업범위의 중복성 심사를 통과해야만 상장할 수 있다. 또한 말레이시아 거래소는 2022년부터 모자회사의 지배 관계를 중단해야만 상장 신청이 가능하도록 규제 수준을 강화했다.

2022년 1월 이용우 의원이 주최한 '모자회사 쪼개기 상장과 소액주주 보호 – 자회사 물적분할 동시 상장 이대로 좋은가' 토론회가 한국거래소 컨퍼런스홀에서 열렸다. 이 토론회에서 이수환 국회입법조사처 변호사는 "해외 사례처럼 우리도 상장 자회사를 유지하는 게 최적인지 정기적으로 점검하게 하고 투자자에게 관련 정보를 공개할 책임을 부여할 필요가 있다"고 제안했다. 이 변호사는 "일본 도쿄증권거래소는

[**] 2020년 10월 7일 자 〈한경 글로벌 마켓〉 인터넷판

유가증권 상장 규정을 통해, 국내 상장주식이 주주의 권리를 부당하게 제한하는 경우 상장폐지한다"고 해외 사례를 들었다. 또 "미국 뉴욕증권거래소도 상장회사 매뉴얼을 통해, 보통주 기존 주주 의결권은 기업 활동이나 발행을 통해 이질적으로 축소되거나 제한될 수 없다는 규정을 두었다"고 소개했다.

우리 상장회사 규제와 문제점

우리 상법상 자산 2조 원 이상 상장회사는 사외이사를 3명 이상으로 하되, 이사 총수의 과반수가 되도록 규정(제542조의8 제1항)함으로써 대기업 상장회사의 이사회 독립성을 요구하고 있지만, 학계와 법원에서는 사외이사는 독립이사가 아니라 회사 외부 이사를 의미한다고 해석하고, 상법은 독립성 세부 기준에서도 경제적 이해 관계만 요구하고 있다(동조 제2항, 제382조 제3항). 한국증권거래소는 상장 조건으로 이사회 독립성을 요구하지만 요건이 글로벌 기준에 비해 엄격하지 않고, 법원 역시 상장 조건으로서의 이사회 독립성을 특별히 따지지 않는다.

그뿐만 아니라 상장회사에 대해서 지주회사의 지분율을 30% 이상만 요구하므로 글로벌 스탠더드에 비해 너무나 완화되어 있고, 게다가 지주회사의 지배력은 인정되지만 우리 법원은 지배력의 남용을 통제할 수 있는 지배주주의 신인의무는 인정하지 않는다.

CEO를 창업자 가문의 후손이 경영 검증 절차 없이 승계하고, 관련 소송에서 증거개시제도 등 투자자를 보호하는 수단이 미비하기 때문에 경영 책임을 묻기 어려운 현실이며, 이에 따라 주주환원율이 OECD 국가 중에서 가장 낮은 편이다.

공정거래법상 지주회사는 종속회사 지분율 30%만을 요구하고, 종속회사의 동시 상장까지 허용하며, 나아가 지배주주의 신인의무도 인정하지 않고, 상장 종속회사 이사회의 독립성까지 형해화되어 형식만 남았다면 종속회사 일반 주주는 무슨 수로 보호받을지 깊은 의문을 가질 수밖에 없다. 한국증권거래소는 영미, 싱가포르, 말레이시아 등 해외 사례를 참고해서, 상장기업 일반 주주 보호를 위해 상장 조건으로서의 이사회 독립성을 강화하든지 지배주주의 신인의무를 인정하든지 둘 중 하나는 도입해야 한다.

한국 자본시장 지주회사 가치평가의 실제

지금까지의 논의를 정리하면 다음과 같다.

① 영미, 유럽, 일본 등은 회계기준과 지주회사·지배력의 기준이 일치(50% 이상)하며 예측 가능성이 높다.* 뉴욕증권거래소 상장 규정 역시 상장 종속회사의 이사회 독립성 요건과의 충돌을 피하기 위한 지배력 요건으로 50% 이상의 지분율을 요구한다. 이사회 독립성 요건에서 제외되는 대신 소수주주에 대한 지배주주의 신인의무를 인정하거나(미국 판례법), 다양한 상장 규정을 통해 소수주주를 보호한다. 지배주주가 CEO를 겸하는 경우에도 경영 성과와 주주환원율에 대해서 경영 책임을 부담하며, 경영 성과가 미흡하면 퇴임 압력에서 자유로울 수 없다.

---

* 　실제로는 지주회사가 종속회사 지분의 80% 이상 확보

② 우리 외부감사법은 K-IFRS에 법적 구속력까지 부여하고 있으나 공정거래법상 지배력 기준과 일치하지 않으며, 30% 이상의 지분율만 확보하면 지주회사가 될 수 있고, 회계기준과 가치평가법을 지배주주가 임의로 선택할 수 있으며, 상장회사의 이사회 독립성은 형해화되어 있고, 지배주주의 신인의무와 경영책임도 인정되지 않으므로 주주환원율이 OECD 국가 중에 가장 낮고, 예측 가능성이 심각하게 훼손되어 있다.

이와 같은 전제하에서 우리 지주회사 주식은 어떻게 가치평가되는지, 어떤 경로로 디스카운트되는지 살펴본다. 다만 이하는 나의 의견이며 특히 내재가치가 무엇이라는 실체적 의미가 전혀 아니고, 내재가치를 찾아가는 과정, 특히 소송에서 입증 책임 분배에 관한 의견이라는 점을 밝혀둔다.[*] 변호사로서 이 문제는 매우 중요하다. 우리 외부감사법의 입법 태도에 의해 회계기준이 소송상 입증 책임 분배의 기준이 될 수 있다고 생각하며 그 연장 선상에서 정리해보았다.

상장 종속회사에 대한 지주회사의 기업 가치와 주주 가치

영미, 유럽과 같이 공정가치를 일관되게 적용하지 못한다면, 최소한 회사가 제공한 회계 정보와 그 회사의 가치평가법·배당정책은 일치해야 한다. 지배주주가 마음대로 선택하게 할 수는 없다.

---

[*] 예컨대 합병에서 상장 종속회사 가치평가가 불공정하다는 이유로 주주가 주주대표소송이나 주식매수청구소송을 제기한 경우, 연결재무제표와 별도재무제표의 이익과 자산 숫자가 다르고 무엇을 선택해야 하느냐는 문제가 발생한다. 내재가치는 각자의 주관적 영역이지만 소송에 들어가면 승패는 입증 책임에 의해 결정되는 경우가 많다. 소송으로 보호되지 않는 권리는 없는 것이나 마찬가지로 취급받는다.

① 지배력이 있다고 회계 정보를 제공(공시)했으면 그 지주회사가 제시하는 기업 가치는 연결재무제표상의 종속회사와 합산한 자산(자본조정)(자산가치)과 지배주주순이익(수익가치)을 기준으로 산출해야 한다. 유의적 영향력이 있는 관계회사로 공시했으면 연결재무제표상의 지분법을 사용해야 한다.** 예컨대 지분율 80%인 종속회사(동원시스템즈)에 대해서는 모회사(동원엔터프라이즈)의 지배력을 인정할 수 있고 종속회사로 분류했다. 전술한 바와 같이 동원엔터프라이즈는 연결재무제표상의 합산 이익·자산을 기준으로 가치평가해야 한다. 이 경우는 사실상 종속회사의 기업 가치평가를 하는 것과 같다. 물론 적정 멀티플 산정에서 시가를 깊이 고려하겠지만 시가가 곧 공정가치로 추정되지는 않는다.*** 전술한 바와 같이 K-IFRS는 법적 구속력, 규범력이 있고 주재무제표는 연결재무제표이므로, 모회사에 지배력이 있음에도 불구하고 별도 재무제표상의 현금흐름에 의해 가치평가를 한다면 정당한 이유를 입증해야 한다.

② 만일 지배력이 없다고 공시했다면 상장 종속회사에 대한 투자 주식은 일종의 장기금융자산(매도가능증권)이 되므로, 수익가치는 별도재무제표상의 실제 현금흐름을 기준으로 산출하고 자산가치는 시가가 원칙적인 공정가치로 추정된다. 이 경우에 연결재무제표상의 합산 이익·자산을 기준으로 한다면 그 역시 정당한 이유를 입증해야 한다. 전술한 바와 같이 상장 종속회사 지분을 30% 남짓 가진 지주회사가 상장 자회사를 종속회사, 관계회사, 매도가능증권 등 사실상 임의로 분류하고 있

**   NAVER에서 볼 수 있는 K-IFRS 주재무제표상의 순이익, 순자산이다.

***   물론 예컨대 LG화학과 LG에너지솔루션처럼 모회사 본업과 종속회사 사업의 특성이 많이 다른 경우에는 각각 가치평가하고 사업별 평가가치 합산(SOTP)을 사용해야 한다.

> 자본시장은 위와 같이 지주회사의 회계기준,
> 가치평가 기준의 예측 가능성이 현저히 훼손되어 있으므로,
> 상장 종속회사에 대한 지주회사의 지배력을 인정하지 않는 것처럼
> 현실로 수취하는 현금흐름만으로 수익가치를 평가한다.

어서 문제가 된다.[*]

③ 현실 자본시장에서 보수적인 투자자는 예측 가능성이 현저히 훼손된 경우(특히 30% 남짓 지분율) 리스크를 최소화하기 위해 가장 보수적으로 가치평가하게 된다. 즉, 가장 낮게 평가된 "실제 수취하는 현금흐름만으로 평가한 수익가치"를 선택한다. 이것이 지주회사 디스카운트 현상이다.

④ 지주회사의 주주 가치는 위 기업 가치에 주주환원율을 곱한 값이다.

실제 수취하는 현금흐름만으로 수익가치 평가

자본시장은 위와 같이 지주회사의 회계와 가치평가 기준의 예측 가능성이 현저히 훼손되어 있으므로, 상장 종속회사에 대한 지주회사의 지배력을 인정하지 않는 것처럼 현실로 수취하는 현금흐름만으로 수익가치를 평가한다. 지주회사는 이 경우 패밀리 오피스 같은 투자회사와 유사하게 된다.

---

[*]   K-IFRS가 입증 책임 분배 기준이 된다는 것에 동의하기 어려울 수도 있지만, 우리 법령은 K-IFRS에 법적 구속력을 부여하고 있으므로 최소한 입증 책임 분배의 기준이 된다고 생각한다.

로열티나 수수료는 영업수익으로 잡더라도 비용을 제거한 후 영업이익에 대해서 법인세가 부과되고, 종속회사에서 수취하는 배당금에는 익금불산입 혜택이 있으므로 영업수익으로 잡든, 영업이익으로 잡든, 영업외이익으로 잡든 동일하게 순이익까지 그대로 내려온다(지분율 30% 이상인 경우 90%까지 익금불산입).

상장 종속회사 투자 증권의 자산가치 평가

보수적인 가치평가법을 사용해서 실제 수취하는 현금흐름만으로 수익가치를 평가한다면 상장 종속회사 투자 증권을 기타포괄손익공정가치측정금융자산(일종의 매도가능증권)으로 보는 것과 같기 때문에, 이때 시장은 상장 종속회사 투자 증권을 시가평가한다고 볼 수 있다. 물론 회사 스스로 재무제표에 매도가능증권으로 분류했다면 회사가 제시하는 가치평가에서는 시가평가해야 한다.

비상장 종속회사의 수익가치와 자산가치는 합산 기준

비상장 종속회사는 모회사에 대한 이사회 독립성이 요구되지 않기 때문에 지주회사는 겸임이사 등을 통해서 실제로 종속회사의 영업정책, 재무정책을 결정하고, 따라서 모회사가 연결재무제표상의 합산 자산, 이익을 기준으로 가치평가하는 데 아무런 문제가 없다. 따라서 우량 비상장 종속회사가 있으면 지주회사 투자에서 좋은 성과를 낼 수 있다(단, 동시 상장이 예정되어 있지 않아야 한다). 자산가치 역시 연결재무제표상의 합산 자산가치(자본 조정)를 기준으로 평가하면 된다.

PER 방정식

가장 단순하고 널리 알려진 수익가치 평가법인 PER 산출 공식은 다음과 같다.[*]

$$PER = 주주환원율 \times \frac{(1+성장률)}{(할인율-성장률)}$$

이 공식은 원래 배당할인 모형이므로 주주환원율이 아니라 배당성향을 써야 하지만, 내 경험으로는 배당성향 대신 자사주 매입 소각까지 포함한 주주환원율을 쓰는 것이 더 정확하다.[**]

더블 카운팅은 없다

지배력이 인정되는 지주회사의 주주 가치 디스카운트를 설명하는 이유로 '상장 지주회사와 상장 종속회사의 더블 카운팅 현상'을 들기도 하지만 정확한 설명으로는 부족하다. 소위 더블 카운팅 현상은 아래 두 가지인데 모두 착시라고 할 수 있고, 실제 각 주주의 주식 가치는 지분율대로 평가된다.

하나는 '순이익 중복 인식론'으로, 종속회사의 순이익이 종속회사에 이익으로 잡히고 지주회사에도 연결재무제표에 의해 이익으로 잡혀서 중복 인식된다는 주장이다. 그러나 종속회사 순이익 전부를 기준으로 산출하는 것은 종속회사의 기업 가치다. 그 기업 가치 중에서 주주는 지분율만큼 주주 가치를 갖는다. 지주회사도 주주이기 때문에 종속회사

---

[*] 애스워드 다모다란, 《투자철학》 제2판, p. 153.
[**] 단, 한국에서 자사주는 자산으로 취급되므로 매입 후 소각해야 주주환원으로 인정되고, 주주환원율이 70%일 때 기업 가치와 주주 가치가 일치한다는 것이 글로벌 시장의 컨센서스다.

의 기업 가치 중 지분율만큼 주주 가치를 인식하고 그만큼이 지주회사의 기업 가치가 된다. 연결재무제표상에서도 영업이익은 종속회사와 합산하지만 순이익은 지분율만큼 지배주주순이익을 기준으로 가치평가하기 때문에 중복 반영되지 않는다.

다른 하나는 '시가총액 중복 인식론'으로, 종속회사의 시가총액이 이미 발행주식 총수를 기준으로 하기 때문에 지주회사의 시가총액과 중복된다는 주장이다. 그러나 거래소가 발행주식 총수를 기준으로 시가총액을 표기하는 것은 실무 관행일 뿐이며, 가치평가는 마찬가지로 지분율에 따라 이루어진다. 예컨대 BP는 런던거래소에 GBp 81B, 뉴욕거래소에 USD 101B로 교차 상장되어 있는데, 각자 발행주식 총수를 기준으로 시가총액을 표기한 것뿐이고, 가치평가할 때 GBP81B+USD101B로 더블 카운팅(합산)되는 것은 전혀 아니다. 교차 상장된 주식이 하나의 거래소에 상장되어도 시가총액과 주가는 달라지지 않는다. 만일 어느 회사가 런던거래소에 상장된 BP 주식을 매수해서 그 회사 주식에 가치평가를 반영한다고 해도 달라지는 것은 없고, 더블 카운팅 현상은 없다. 거래소 실무 관행에 따른 착시일 뿐이다.

한국의 지주회사가 상장 종속회사의 실적이나 시가총액 대비 저평가되는 것은 (더블 카운팅 때문이 아니고) 종속회사의 주주환원율이 너무 낮기 때문이다. 지배력이 있든 없든 결론적으로 주주환원율이 너무 낮다.

실제 수익가치 평가 사례

이처럼 한국 자본시장은 지주회사의 회계와 가치평가 기준의 예측 가능성이 현저히 훼손되어 있으므로, 가치를 평가할 때 (예컨대 지분율

30% 남짓의) 지배력이 인정되지 않는(혹은 혼란스러운) 상장 종속회사에 대해서는 실제 수취되는 현금흐름을 할인(DCF)하고, 지배력 인정에 문제가 없는 상장 종속회사(지분율 80% 이상)와 비상장 종속회사에 대해서는 연결재무제표에서 확인되는 현금흐름을 할인하게 된다. 할인이 번거롭기 때문에 실무상 영업이익률, 할인율, 성장률을 기준으로 위 현금흐름에 적정한 PER을 곱해서 계산한다. 순수지주회사는 종속회사 투자증권 외에 자산이 거의 없기 때문에, 이와 같이 현금흐름을 할인하거나 주가배수를 곱하면 바로 주주 가치가 산출된다.

지주회사들의 보수적인 가치평가는 대동소이하니 LG와 한화의 사례를 보겠다. 우선 LG는 실제로는 상장 자회사들을 지배하고 있음에도 불구하고 대부분의 상장 자회사를 관계회사로 분류해 여기서부터 예측 가능성을 훼손하고 있다. 그뿐만 아니라 스스로 관계회사로 분류했다면 배당정책 역시 연결재무제표상의 지분법에 의한 순이익을 배당가능이익 기준으로 해서 제시해야 한다. 그런데 표 1과 같이 LG는 별도재무제표 기준 순이익을 배당정책의 기준으로 하고 있다. 회사가 시장에 제공한 회계 정보와 그 회사가 제시하는 배당정책이 일치하지 않아서 예측 가능성이 심각하게 훼손되고 있다. LG는 회계기준과 배당정책에서 예측 가능성을 두 번 훼손했기 때문에 자본시장은 보수적으로 가치평가하게 된다. 예측 가능성이 떨어질수록 지주회사 가치평가도 보수적으로 될 수밖에 없다.

따라서 자본시장은 실제로 수취되는 현금흐름인 별도재무제표상의 2021년 지속가능 순이익 7천억 원*을 배당가능이익 기준으로 보고, 배당액은 4,500억 원(배당성향 65%)이다(표 1). 성장률 5%, 할인율 10%로

표 1. LG 사업보고서 중 배당 관련 부분

2021년 별도 당기순이익은 12,340억원이며, 일회성 비경상손익인 중단이익과 관계기업 손상차손 금액을 제외한 당기순이익의 약 65% 수준인 4,489억원을 배당할 예정입니다.

구분	주식의 종류	당기	전기	전전기
		제60기	제59기	제58기
주당액면가액(원)		5,000	5,000	5,000
(연결)당기순이익(백만원)		2,565,453	1,465,673	1,079,949
(별도)당기순이익(백만원)		1,234,012	1,331,351	581,161
(연결)주당순이익(원)		15,504	8,338	6,143
현금배당금총액(백만원)		448,885	439,593	386,862
주식배당금총액(백만원)		–	–	–
(연결)현금배당성향(%)		17.50	29.99	35.82
현금배당 수익률(%)	보통주	3.39	2.96	2.94
	우선주	4.41	3.83	4.53

보면 '주주 가치 = 7천억 원 × PER 20배 = 14조 원'이 되어 2022년 6월 4일 현재 시가총액 12.6조 원과 유사하다. 배당할인 모형에 의하면 시장은 지주회사를 이런 식으로 보수적으로 평가한다고 가늠할 수 있다.*

한화는 LG에 비해서는 사정이 조금 나은데, 실제 지배하는 상장 자회사를 종속회사, 관계회사로 분류해 회계 기준에서 예측 가능성은 낮지만, 배당성향을 연결재무제표상 합산 이익 기준으로 하고 있으므로 회계기준과 배당정책이 일치한다. 그런데 2021년 배당성향이 7.8%에 불과하다(표 2). 결국 한화의 디스카운트는 극도로 낮은 주주환원율 때문이라고 볼 수 있다.

---

* 표 1을 보면 별도재무제표 기준으로 배당성향 65%, 배당액 4,500억 원이 나오고 여기에서 배당 기준 순이익(=지속가능 순이익) 7천억 원을 역산할 수 있다.

표 2. 한화 사업보고서 중 배당 관련 부분

구분	주식의 종류	당기	전기	전전기
		제70기	제69기	제68기
주당액면가액(원)		5,000	5,000	5,000
(연결)당기순이익(백만원)		901,065	196,673	−303,431
(별도)당기순이익(백만원)		61,769	128,678	100,270
(연결)주당순이익(원)		9,781	2,125	−4,605
현금배당금총액(백만원)		69,877	65,443	65,569
주식배당금총액(백만원)		–	–	–
(연결)현금배당성향(%)		7.75	33.30	−21.60
현금배당 수익률(%)	보통주	2.35	2.57	2.80
	제1우선주	2.07	1.71	2.70
	제3우선주	4.83	5.26	5.30
주식배당 수익률(%)	보통주	–	–	–
	제1우선주	–	–	–
	제3우선주	–	–	–
주당 현금배당금(원)	보통주	750	700	700
	제1우선주	800	750	750
	제3우선주	800	750	750
주당 주식배당(주)	보통주	–	–	–
	제1우선주	–	–	–
	제3우선주	–	–	–

다만 지속가능 순이익을 제시하지 않았고, 최근 3년 배당성향이 들쭉날쭉해서 예측이 어렵지만 대략 15%로 보면, 배당할인 모형의 PER 방정식에 의한 주식 가치는 기업 가치의 6분의 1로 디스카운트된다. 주주 가치 = 순이익 9천억 원 × PER 3배 = 2.7조 원이 되어 2022년 6월 4일 현재 시가총액 2.2조 원과 유사하다. 보수적으로 별도재무제표에서 확

인되는 실제 수취하는 순이익을 가치평가 기준으로 사용해서 수익가치를 평가한다면 대략 배당성향 50%이고 PER 15배가 되어 별도 순이익 1,315억 원 × PER 15배 = 2조 원 정도 되므로 더욱 디스카운트된다. 실제 수취되는 현금흐름을 기준으로 하는 수익가치가 가장 보수적인 평가법이다.

참고로 위와 같이 실제 수취되는 현금흐름으로 평가하는 수익가치를 사용한다면, LG와 한화의 상장 자회사들은 일종의 매도가능증권이 되므로, 자산가치는 종속회사·관계회사의 시가 순자산가치NAV가 기준이며, 이 NAV에 비해 LG와 한화의 주식 가치는 극도로 저평가되어 있다. 즉, 자본시장은 지주회사를 보수적으로 가치평가할 때에도 자산가치가 아니라 가장 보수적인 수익가치를 기준으로 하고 있음을 알 수 있다. 이러한 극도의 디스카운트에는 의무공개매수제도가 없어서 경영권 지분 매각 시 유통주식이 매각되지 않는 점도 반영되어 있다. 의무공개매수제도가 도입되면 종속회사 주가도 상승하겠지만 특히 지주회사 주가가 폭등할 것으로 생각된다.

결론: 주주 가치 제고 방안

이상 한국 자본시장의 지주회사 가치평가 문제를 검토했다. 자본시장은 한국의 지주회사를 냉정하고 극도로 보수적으로 가치평가하고 있다고 생각한다. 이렇게 극도로 보수적으로 평가한다면, 지주회사는 상장 종속회사에 대해서 패밀리 오피스와 비슷한 투자회사로 취급되는 것과 같다.

전술한 PER 모형을 사용할 때 지주회사가 이러한 디스카운트를 극복하고 주주 가치를 제고하려면 다음과 같은 방법이 있다.*

첫째, 재무제표상의 정보와 데이터(특히 자산가치)가 합병 거래를 구속하는 법규로 기능하므로, 투자자는 재무제표상의 정보와 데이터로써 자유로이 가치평가를 할 수 있지만, 회사는 최소한 공시한 회계 정보와 자신이 제시하는 가치평가 모형, 배당정책을 일치시켜야 한다. 종속회사·관계회사라고 공시해놓고 갑자기 시가평가한다든지, 배당가능이익을 별도재무제표 기준으로 한다든지 하면 시장의 예측 가능성을 훼손하고 시장의 보수적인 가치평가를 초래한다.

둘째, 영미와 같이 상장 종속회사를 공개 매수해 비상장으로 만드는 방법이다. 미국의 버크셔 해서웨이는 비상장 종속회사의 잉여현금흐름에서 재투자에 필요한 최소한만 남기고 전액 모회사로 배당해 자본 배분에 활용한다. 전술한 바와 같이 일본에서는 모자회사의 이해 충돌 문제로 자회사를 공개 매수해 자진 상폐시키는 사례가 많다.

셋째, 상장 종속회사와 지주회사의 주주환원율을 올리는 방법이다. 주주 가치는 기업 가치에 주주환원율을 곱한 값이다. 지주회사는 상장 종속회사에서 수취한 현금만을 기업 가치로 평가할 수 있고, 거기서 다시 지주회사의 주주환원율이 주주 가치를 결정하므로, 종속회사와 지

---

*   적정 PER이 다른 복합사업을 인적 분할해 리레이팅되는 경우는 기업 거버넌스 문제와 무관해서 생략했다.

**   2022년 4월 삼프로TV의 모범적 기업 거버넌스 사례, 메리츠금융지주 편 참고(https://www.youtube.com/watch?v=WMOKXCxGVy8)

*** DL은 비상장 종속회사 DL케미칼을 통해 미국의 크레이턴(Kraton)을 인수했다. LS는 종속회사 중 LS일렉트로닉만 상장되었고 나머지는 모두 비상장이며 최근 LS전선, LS니꼬동제련이 부각되고 있다. 다만 LS전선은 K-OTC에서 거래되고 있고 LS니꼬동제련은 기업 공개(IPO) 리스크가 있으니 주의해야 한다.

주회사가 주주환원율을 올리면 지주회사 주주는 2중 레버리지 효과를 누릴 수 있다.** SK는 자사주를 24.3%나 갖고 있고, 최근 LG가 5천억 원 상당의 자사주 매입을 공시했는데, 자사주 소각까지 이르면 주주 가치가 도약할 것으로 판단된다.

넷째, 비상장 종속회사를 강하게 성장시키고 동시 상장하지 않는 방법이다.*** 혹은 영미처럼 비상장 종속회사를 동시 상장하더라도 구주 매출만 하거나, 신주 발행을 한다면 구주 매출을 같은 액수로 병행해 모회사에서 조달한 자금으로 자사주를 매입 소각하는 등 모회사 주주 보호 방안을 반드시 병행해야 한다.

만일 위 네 가지를 동시에 진행하는 지주회사가 있다면 매력적인 투자 기회라고 볼 수 있다. 즉, 회계 정보와 가치평가 모형·배당정책이 일치하고, 알짜 상장 종속회사를 공개 매수해 자진 상폐시키고, 지주회사의 주주환원율을 제고하며, 비상장 종속회사들이 강하게 성장하는 경우가 가장 바람직하다.

글 **김규식** | 한국기업거버넌스포럼 회장. 싱가포르 터너리 펀드 매니지먼트(Ternary Fund Management)의 포트폴리오 매니저로 일하고 있다. 한국에서 자산운용사의 포트폴리오 투자를 자문하는 변호사로 일하다가 2015년 투자업계로 이직, 수림자산운용 등 여러 자산운용사에서 근무했다. 코리아 디스카운트 해소를 위해 기업 거버넌스를 개혁해야 한다는 강한 신념을 갖고 2019년 12월 한국기업거버넌스포럼 창립 발기인으로 참여했고, 2021년 12월 2대 회장에 취임했다. 국내에서 '세이브 코스피 운동'도 활발하게 펼치고 있다.

금융리터러시란 무엇인가

금융리터러시 = '슬기로운 금융 생활' 역량, 지식에 더해 행동과 태도까지 갖춰야

정승혜

투자 교육은 많은데 금융리터러시 교육은 드물다. 포장은 금융리터러시 교육인데 내용은 투자 교육인 경우가 많다. 금융리터러시란 무엇인가? 답을 찾는 데 경제협력개발기구(OECD)/국제금융교육네트워크(INFE)에서 실시하는 설문조사가 도움이 된다. OECD/INFE는 금융 지식 외에 행동과 태도에 대해서도 측정한다. 한국의 금융리터러시 수준은 어떤가? 청년층은 행동이 부족하고 노년층은 지식이 부족하다.

"금융리터러시 교육과 투자 교육은 같은 것인가, 다른 것인가?"

"금융리터러시 교육에서는 도대체 어떤 내용을 전달해야 하는가?"

CFA한국협회에서 금융리터러시위원회 위원장이라는 거창한 직함 아래 자원봉사를 하게 된 이후 생겨난 의문이자 과제였다. 그 전에는 협회 교육위원회에서 CFA 회원들을 대상으로 세미나를 관리하는 일을 하고 있었다. 어느 날 CFA한국협회 박천웅 회장이 "당신이 적임자이니 (교육위원회는 다른 사람에게 넘기고) 사회공헌 차원에서 금융리터러시를 가르쳐 보시오"라고 권고(?)했다. 내 고민의 행군은 그렇게 시작됐다.

우리나라에서 최근 몇 년 사이에 투자 교육에 대한 관심이 뜨거워졌다. 유튜브, 금융회사 방송, 교보문고, 영풍문고 등 어디에 가도 '투자' 콘텐츠가 넘쳐난다. '묻지 마 투자'로는 성공할 수 없다는 사실을 인식한 결과다. '묻지 마' 수준을 벗어나기 위해 교육을 받기로 결심한 투자자들의 의지는 높이 사야 한다.

내가 주의하는 지점은 주식 투자 등 투자 교육을 금융리터러시 교육인 것처럼 하는 사례가 많다는 현실이다. 이를테면 포장지는 금융리터러시인데 내용은 투자다. 그 결과 금융리터러시 교육에서 정작 금융리터러시를 찾아보기 어렵다.

> **"**
>
> OECD/INFE는 금융리터러시를
> '건전한 금융 결정을 내리고 궁극적으로 개인의 재정적 행복을
> 달성하는 데 필요한 인식, 지식, 기술, 태도 및 행동의 조합'으로
> 정의하고 성공적인 국가 전략의 핵심 요소로 규정했다.
>
> **"**

금융리터러시 교육에서 투자를 가르치는 것은, 기본적인 개인 위생만 알려줘도 충분한 상황에서 어려운 의학 공부를 시키는 격이다. 과장하면 또래보다 월등히 뛰어난 초등학생에게 "자, 커서 의사가 되어야지. 여기 메스 잡아봐" 이런 식이다. 의학 공부를 할 준비가 된 어른이라면, 지금 배우는 기술은 사람을 죽이고 살리는 기술이니 매우 주의해야 하고 진지해야 한다고 알려줘야 한다. 결코 가볍게 여기지 않도록 말이다.

생각보다 많은 문제는 정의를 제대로 내리지 않는 데서 생긴다. 바꿔 말해 정의만 명확하게 해도 많은 문제가 쉽게 풀린다. 물은 물이고 산은 산이라고 하자.

사람의 흥미를 끌려면 '스토리'가 있어야 한다. 기승전결과 손에 땀을 쥐게 하는 절정이 있는 이야기 말이다. '투자'에는 그런 스토리가 있다. 급등락하는 시장 배경에 어떤 국제적인 문제가 있고, 국가들이 크고 작은 싸움박질을 하고, 그래서 환율이 뛰었고, 외국인이 팔았고, 그런데 그들이 어느새 야금야금 다시 사 모으고 있고 하는 등 역동성이 있다. 무엇보다 앞으로의 세계는 이렇게 저렇게 변할 것이니 여기나 저기에

투자하면 큰돈을 벌 수 있다는 기대를 갖게 한다.

반면에 '금융리터러시'는 속지 않고 망하지 않는 방법을 알려주는 것이다. 저축과 개인신용 관리 같은 콘텐츠가 꼭 들어간다. 그러니 투자에서 접하는 긴장과 긴박감이 없고 진행이 지루할 수밖에 없다. 경제협력개발기구(OECD) 등이 제공하는 리터러시 콘텐츠는 내가 봐도 흥미가 없다. 중2 딸에게 보여줬더니 말없이 자리를 피해버렸다.

그.러.나. 누군가는 해야 한다면, '배척받을 용기'를 발휘해 그 재미없는 이야기를 하려고 한다.

금융, 금융리터러시, 그리고 투자 교육

금융 교육은 초급부터 대학 전공까지 배움의 범위가 매우 넓다. 대중을 대상으로 하는 금융 교육의 근본적인 역할은 금융 회복력을 키우고 재정적으로 풍요롭게 살 수 있도록 하는 것이다.

초기 단계는 읽기, 쓰기에 해당하는 금융리터러시를 배우는 것이다. OECD/국제금융교육네트워크(INFE)는 금융리터러시를 '건전한 금융 결정을 내리고 궁극적으로 개인의 재정적 행복을 달성하는 데 필요한 인식, 지식, 기술, 태도 및 행동의 조합'으로 정의하고 성공적인 국가 전략의 핵심 요소로 규정했다.

이것을 원색적으로 표현하면 사기당하지 않고 망하지 않는 것이 1차 목적이다. 개인이 파산하면 구제하는 부담을 국가가 지게 된다는 점에서, 교육을 통해 개인의 금융 관리 능력을 키우는 것이 국가 입장에서 중요하기 때문이다. 그래서 금융리터러시 교육은 국가 기관이 담당하고, 성교육처럼 기본적인 시민의식 형성 교육의 한 과목 수준에서 다뤄야 한다고 생각한다. 필요하면 민간의 손을 빌릴 수도 있다. 미국에서는 주별로 설립된 CFA협회를 통해 금융리터러시를 교육하는 주도 있다. CFA 스리랑카협회는 스리랑카 중앙은행과 협력해 금융리터러시 교육을 활발하게 한다. 스리랑카는 개인의 마이크로파이낸스가 중요한 이슈여서 개인신용 부분을 비중 있게 다룬다.

기초를 다진 후 그 위에 무엇을 더할 수 있다면 금융상품과 재무 설계를 이용해 재정적으로 어려움 없이 사는 것이 2차 목적이다.

금융리터러시가 생존을 위한 개인 위생과 응급 처치를 알려주는 것이라면 투자 교육은, 특히 리스크를 많이 져야 하는 투자는 메스를 쥐는 의사를 키우는 수준이다. 정기예금을 제외하고, 리스크를 져야 하는 모든 자산은 투자자산이다. 엄밀하게 말하면 정기예금도 완전무결한 안전자산은 아니다. 금융기관별로 원금과 이자를 합쳐 5,000만 원 이상은 보호가 안 된다. 현금도 인플레이션 리스크에 노출돼 있다. 이런 것은 금융리터러시 과정에서 알아야 하는 내용이다.

투자 교육으로 넘어가면 먼저 리스크라는 수단을 다루는 방법을 배운다. 투자 수단(금융상품)은 리스크의 크기에 따라서 현금, 채권, 주식, 파생상품, 가상자산 등 무궁무진하다. 내가 가지고 있는 리스크 관리 기술에 따라 적절한 투자 수단을 사용하면 된다. 이렇게 간단하면 참 좋겠지만, 나의 기술과 역량을 객관적으로 판단하려고 해도 종종 높은 수익률 욕심에 판단을 그르칠 때가 너무 많다.

투자 역량은 '투자 거버넌스'라고 한다. 기업의 거버넌스는 경영할 수 있는 조직의 역량을 말하는데, 시간과 조직적 정합성(감당할 역량이 되는지)의 함수다. 전문적인 기관투자가조차 조직의 거버넌스를 파악하지

> **❝**
>
> 금융리터러시는 배운 대로 행동하면
> 인생에 무조건 도움이 되지만,
> 투자는 배운다고 다 성공하는 것은 아니다.
> 투자 교육의 핵심은 리스크를 다루는 기술인데,
> 이 리스크를 다루는 기술이 어렵다.
> 심지어 리터러시도 떼지 않은 상태에서
> 고난도의 투자로 바로 뛰어드는 사람들이 있는데,
> 까딱 잘못하면 돈 잃고 인생이 꼬인다.
>
> **❞**

못해 무리하게 투자했다가 실패하는 경우가 많다.

금융리터러시는 배운 대로 행동하면 인생에 무조건 도움이 되지만, 투자는 배운다고 다 성공하는 것은 아니다. 투자 교육의 핵심은 리스크를 다루는 기술인데, 이 리스크를 다루는 기술이 어렵다. 심지어 리터러시도 떼지 않은 상태에서 고난도의 투자로 바로 뛰어드는 사람들이 있는데, 까딱 잘못하면 돈 잃고 인생이 꼬인다. 심지어 극단적인 선택으로 내몰리는 경우도 있다. 메스를 잘못 다루면 내 손을 벤다.

지식은 기본! 행동과 태도까지 갖춰야 '리터러시'다

금융 교육은 금융리터러시를 배우는 것에서 출발한다. '리터러시'라는 말 그대로 금융을 읽고 쓰고 이해하는 능력이다. 전 국민이 읽고 쓸

> **"**
> 금융 행동은 건전한 금융·경제생활을
> 영위하기 위한 행동 양식이다.
> 금융 태도는 돈에 대한 가치관과 선호 정도로,
> 현재보다 미래를 대비하는 의식 구조를 측정한다.
> **"**

줄 아는 우리나라 사람들은 이 수준을 무시하기 쉽지만, OECD에서 요구하는 수준은 생각보다 상당하다. '지식'만 생각하면 쉬울지 몰라도 금융리터러시는 지식은 기본이고 행동과 태도까지 아우르기 때문이다.

OECD/INFE는 2년마다 OECD 회원국과 일부 국가를 대상으로 금융리터러시 수준을 측정한다. 이 설문에서는 금융 지식뿐만 아니라 금융 행동, 금융 태도를 포함해 세 부문을 조사한다. OECD/INFE가 직접 조사하기는 어려우니 각 국가에서 맡아서 수행하는데, 우리나라는 금융감독원과 한국은행이 공동으로 주관*한다.

금융 지식은 이자, 복리, 인플레이션의 의미, 분산 투자의 개념, 리스크와 수익의 관계 등에 대한 지식을 말한다. 이 정도 지식은 그렇게 어렵지 않다. 문제는 행동과 태도다.

금융 행동은 건전한 금융·경제생활을 영위하기 위한 행동 양식이다. 가계예산 관리, 신중한 구매, 평소 재무 상황 점검, 가계수지 적자 해소

---

*   OECD 산하의 경제·금융 교육에 관한 글로벌 협력 기구인 INFE가 제정한 금융이해력 측정 기준에 따라 금융 지식, 금융 행위, 금융 태도에 대해 부문별로 나누어 조사한다. 표본 조사 대상인 성인(만 18세~79세)을 전문 조사원이 직접 방문해 일대일 면접하는 방식으로 진행하며, 조사 결과를 바탕으로 경제·금융 교육 방향 수립 및 OECD 국가 간 비교 등에 활용한다.

등이다. 실제로 예산을 관리하고 평소 재무 상황을 점검하는가? 가계수지 적자를 해소할 줄 안다면 왜 신용불량자가 생기는가?

금융 태도는 돈에 대한 가치관과 선호 정도로, 현재보다 미래를 대비하는 의식 구조를 측정한다. 나는 이것이 가장 어렵다고 생각한다. 지식은 가르치면 되고, 행동은 보상-처벌로 훈련시킬 수 있다(물론 이것도 결코 쉬운 일은 아니다). 그러나 가치관 형성은 인격에 해당하는 수준의 이슈라서 누가 시킨다고 되는 일이 아니다. 아주 어릴 때부터 가르치지 않는 이상 방법이 없고, 이미 스무 살이 넘었다면 스스로 깨닫는 수밖에는 없다. 청소년뿐만 아니라 어린이에게도 금융 교육을 해야 한다는 목소리가 괜히 나오는 것이 아니다.

그림 1. OECD/INFE의 금융리터러시 측정 방법과 금융 교육 결과

금융리터러시

금융 지식	금융 행동	금융 태도
인플레이션, 이자, 복리, 리스크에 대한 기본적인 이해	저축하고, 장기 계획을 세우고, 현금 흐름을 관리하고, 신중하게 구매하는 습관	돈에 대한 장기적 태도와 저축 생활화를 입증

금융 사용 및 금융 교육의 결과

금융 포함	금융 회복력	금융 웰빙
여러 금융상품 및 사용에 대한 인식	저축하는 생활, 재정적 스트레스 경험, 신중한 계획 및 예산 책정	돈에 대한 통제력, 삶의 목표를 추구하는 능력, 재정적 스트레스가 적은 상태

출처: OECD, 2020/06/25 (Launch of the OECD/INFE 2020 International Survey of Adult Financial Literacy)

> "
> 2020년 조사 결과를 보면,
> 모든 참가국과 경제의 평균 점수는
> 21점 만점에 12.7점이고 OECD 회원국은 13.0점이다.
> 우리나라는 13.0점으로 OECD 11개국 평균이었다.
> 가장 점수가 높은 곳은 홍콩(14.8점)이었다.
> "

우리나라는 겉으로는 딱 OECD 평균, 그러나…

OECD는 12개 OECD 회원국을 포함해 3개 대륙(아시아, 유럽, 라틴 아메리카)의 26개국을 대상으로 금융리터러시 설문조사를 실시한다. 우리나라의 결과가 몹시 궁금하다.

가장 최근인 2020년 조사 결과*를 보면, 모든 참가국과 경제의 평균 점수는 21점 만점에 12.7점이고 OECD 회원국은 13.0점이다. 우리나라는 13.0점으로 OECD 평균이었다. 가장 점수가 높은 곳은 홍콩이었다.

참고: 페루의 금융 태도 질문 하나는 돈에 대한 장기적 태도를 평가하기 위해 표현을 달리했다.

* 몰타는 지식 질문 4개와 행동 질문 7개만 했기 때문에 전반적인 지식과 행동 점수는 비교할 수 없다. OECD의 2016년 조사와 2018년 조사 사이에 수행되었고, 최종 확정되지 않은 OECD 설문지 초안으로 설계되어 점수 산정이 불가능하다.

** 태국은 2015년 OECD 툴킷을 사용했기 때문에 행동 점수를 비교할 수 없다.

*** 프랑스는 금융 지식을 위한 데이터만 수집했다.

전체 평균에서 프랑스, 몰타, 태국을 제외했다. 평균(OECD 11개국)은 데이터가 있는 OECD 회원국으로 오스트리아, 콜롬비아, 체코, 에스토니아, 독일, 헝가리, 이탈리아, 한국, 폴란드, 포르투갈, 슬로베니아다.

---

* 　우리나라 성인(만 18세~79세) 2,400명을 대상으로 한 '2020 전국민 금융이해력 조사' 결과다.

그림 2. 국가별 금융리터러시 점수

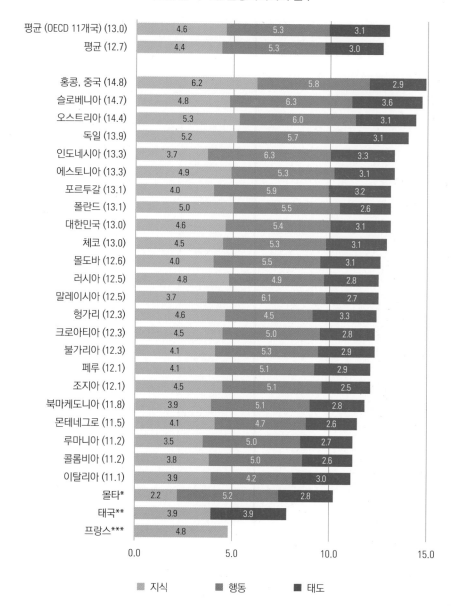

국가	지식	행동	태도
평균 (OECD 11개국) (13.0)	4.6	5.3	3.1
평균 (12.7)	4.4	5.3	3.0
홍콩, 중국 (14.8)	6.2	5.8	2.9
슬로베니아 (14.7)	4.8	6.3	3.6
오스트리아 (14.4)	5.3	6.0	3.1
독일 (13.9)	5.2	5.7	3.1
인도네시아 (13.3)	3.7	6.3	3.3
에스토니아 (13.3)	4.9	5.3	3.1
포르투갈 (13.1)	4.0	5.9	3.2
폴란드 (13.1)	5.0	5.5	2.6
대한민국 (13.0)	4.6	5.4	3.1
체코 (13.0)	4.5	5.3	3.1
몰도바 (12.6)	4.0	5.5	3.1
러시아 (12.5)	4.8	4.9	2.8
말레이시아 (12.5)	3.7	6.1	2.7
헝가리 (12.3)	4.6	4.5	3.3
크로아티아 (12.3)	4.5	5.0	2.8
불가리아 (12.3)	4.1	5.3	2.9
페루 (12.1)	4.1	5.1	2.9
조지아 (12.1)	4.5	5.1	2.5
북마케도니아 (11.8)	3.9	5.1	2.8
몬테네그로 (11.5)	4.1	4.7	2.6
루마니아 (11.2)	3.5	5.0	2.7
콜롬비아 (11.2)	3.8	5.0	2.6
이탈리아 (11.1)	3.9	4.2	3.0
몰타*	2.2	5.2	2.8
태국**	3.9	3.9	
프랑스***	4.8		

■ 지식　　■ 행동　　■ 태도

금융리터러시 = '슬기로운 금융 생활' 역량, 지식에 더해 행동과 태도까지 갖춰야

우리나라 설문조사를 수행한 금융감독원과 한국은행의 분석을 들여다보면 OECD 11개국 평균이라고 안심할 상황은 아닌 것 같다. 성인의 금융리터러시는 대체로 양호한 결과를 나타냈지만, 가치관을 나타내는 금융 태도는 다소 미흡하다고 분석했다. 연령별로 세분하면 노년층은 금융 지식, 청년층은 금융 태도의 점수가 상대적으로 낮았다.

성인 대부분이 적극적인 저축을 하고 있다고 응답(97.0%)했지만, 장기 재무 목표를 설정하고 이를 달성하려고 노력하고 있다는 성인은 43.5%에 불과했다.

성인의 장기적인 재무 계획이 부실하다는 현실은 멀리 갈 것도 없이 퇴직연금 적립 상태를 보면 짐작할 수 있다. 우리나라에 퇴직연금이 도입된 지 20년 가까이 되지만 여전히 적립금의 80%가량이 은행 예금에 들어가 있다. 이직이 잦은 사람들은 언제 퇴사할지 모르니 1년짜리 정기예금에 넣어놓는다. 개인형퇴직연금(IRP)을 이용하면 퇴사후에도 퇴직연금을 이어갈 수 있음에도 불구하고, 퇴직하는 순간 인출해버린다.

청년층은 저축보다 소비를 선호한다고 답한 비율이 34.2%여서 반대 응답률 26.0%보다 높게 나타났다. 특히 소비를 더 중시한다고 대답한 대학생(취업준비생 포함)은 10명 중 8명꼴로 OECD의 금융 행동 최소 목표 점수보다 낮게 나타났다.

단적으로 말하면 '우리나라 노인은 금융 지식이 부족하고, 성인은 장기적으로 재무 상태가 불안하고, 젊은이들은 오늘만 살며 소비하는 상태'라는 것인가?!

호모 파베르의 금융 도구 사용법

도구는 인류를 발전시킨 매우 중요한 매개체다. 오죽하면 인류의 이름 중 하나가 도구의 인간을 뜻하는 '호모 파베르(Homo Faber)'이겠는가. 도구 중에서도 칼은 보편적이고 유용하다. 칼을 쓸 줄 모르면 사는 게 너무 불편하다. 일단 요리를 할 수 없으니 밀키트만 데워 먹어야 한다. 우리야 다 컸으니 어린 시절 기억이 안 나는 척하겠지만, 아이를 키워본 사람은 알 것이다. 유아용 안전가위에서 일반 가위, 안전장치가 있는 칼에서 무방비 상태의 식칼까지 사용 과정을 말이다.

칼을 잘 사용한다는 것은 칼을 잘 관리하는 것도 포함한다. 애들 손 닿는 데 두지 않고, 칼을 쥐고 함부로 휘젓지 않는다. 자칫 실수하면 자신도 다치지만 주변 사람에게도 해가 된다는 것을 인지하고 있기 때문이다. 이것이 칼에 대한 태도다. 칼도 다 같은 칼이 아니다. 성인이라고 해서 다 메스나 회칼을 쓸 줄 아는 게 아니다. 메스는 의사만, 회칼은 일식 요리사만 사용한다.

금융은 자본주의 사회를 살아가는 데 꼭 필요한 도구다. 도구 사용

> **❝**
>
> 금융감독원과 한국은행은
> 금융리터러시를 금융이해력이라고 번역했다.
> 번역 자체는 훌륭하지만 리터러시에 금융 행동과
> 금융 태도가 포함됐다는 측면이 전달되지 않는다.
> 행동에 무게를 둔 '슬기로운 금융 생활'이 더 낫지 않을까?
>
> **❞**

법을 익히면서 도구도 날카로워진다. 도구에 대한 지식만이 아니라 행동, 태도를 모두 갖춘 현명한 금융 문화가 우리나라에도 자리 잡기를 바란다.

금융감독원과 한국은행은 금융리터러시를 금융이해력이라고 번역했다. 번역 자체는 훌륭하지만 리터러시에 금융 행동과 금융 태도가 포함됐다는 측면이 전달되지 않는다. 영화나 TV 시리즈를 베꼈다는 소리를 듣는다 해도 행동에 무게를 둔 '슬기로운 금융 생활'이 더 낫지 않을까?

금융리터러시 교육에 대한 정책 제언

금융리터러시위원회를 맡았을 때 콘텐츠만 고민한 게 아니다. 실행 방안에 대해서도 많은 생각을 했다. 학생에게 금융 교육을 하는 분들에게도 조언을 구했다. 그 결과 금융리터러시 교육에 대한 정책 제언을 다음과 같이 마련해봤다.

금융 교육을 제대로 하려면 교과 과정에 넣어야 한다. 현 체제를 최대한 지키면서 할 수 있는 방법은 자율학기제가 있는 중학교 1학년 과정에 4주 과정을 넣는 것이다. 시험도 실시하는 편이 좋다. 수업만 잘 들으면 풀 수 있는 문제들로 구성하되, 점수를 매기지 않고 이수 여부만 판정한다.

금융리터러시 교육은 공공 또는 국가 사업이다. 민간의 손을 빌리더라도 궁극적으로는 제도권 안에서 해결하는 것이 맞다. 금융 교육은 성교육과 비슷하게 중요한 기본 과목이라고 여기면 될 것 같다. 1970년대에 태어난 내 또래는 성교육이 교과 과정에 진지하게 들어오리라고

> **"**
>
> 금융리터러시 교육은 공공 또는 국가 사업이다.
>
> 민간의 손을 빌리더라도 궁극적으로는
>
> 제도권 안에서 해결하는 것이 맞다.
>
> **"**

생각이나 해보았을까. 그런데 지금은 중2 딸이 나보다 더 잘 안다. 교육의 힘은 정말 크다.

글 정승혜 | CFA(공인재무분석사). 모닝스타코리아 리서치팀 상무이며 CFA한국협회 금융지성커미티 체어로 활동하고 있다. 주식 애널리스트로 시작해 피델리티, 타워스 왓슨, 우리은행 등을 두루 거쳐 다양한 영역에서 금융권 경력을 쌓았다. CFA한국협회에서는 학생과 젊은이를 대상으로 금융리터러시 캠페인을 주관하고 있다. 금융 지식을 쉽게 전달하는 금융 커뮤니케이터를 추구한다.

금융리터러시 = '슬기로운 금융 생활' 역량, 지식에 더해 행동과 태도까지 갖춰야

달러 스마일 이론

달러는 언제까지
웃고 있을까?

조원경

'달러 스마일' 이론은 국제통화기금의 경제학자이자 모건 스탠리의 이코노미스트였던 스티븐 젠이 고안했다. 요약하면 세계 경제가 어려움에 처할 때 달러 보유의 매력이 커진다는 내용이다. 이 이론을 요즘 글로벌 경제에 적용하면 어떤 전망이 나올까? 세계 경제 성장에 대한 어두운 전망과 미국의 정책금리 인상 등을 고려할 때 달러 강세는 당분간 기정사실일 듯하다.

지인 중 한국에서 돈을 벌어 미국에 사는 가족에게 송금하는 재미교포 변호사가 있다. 그는 강달러 현상이 얼마 동안 지속될까 무척 궁금해한다. 국제통화기금IMF의 경제학자이자 모건 스탠리의 이코노미스트였던 스티븐 젠Stephen Jen은 '달러 스마일(Dollar Smile)' 이론을 고안했다. 그의 이론이 요즘의 달러 강세 현상을 이해하는 데 도움이 될 것 같아 소개한다.

그림 1. 달러 스마일 이론

1국면: 달러 강세
위험 회피

3국면: 달러 강세
상대적인 미국 경제 강세

2국면: 달러 약세
위험 회피 완화, 미국 이외 지역의 경제 강세

	세계 경제	금융시장	통화 선호
1국면	불안정	위험 회피	달러 선호(강달러)
2국면	불안정 혹은 회복 초반 (혹은 미국 경제의 상대적 부진)	위험 회피 완화 (위험 선호 회복)	달러 이외 통화 선호 (약달러)
3국면	안정 (그리고 미국 경제의 상대적 강세)	위험 선호	달러 선호(강달러)

스티브 젠은 세계 경제가
신용경색 같은 경제난이나 지정학적 긴장 상황에 봉착하면
기축통화인 달러 보유의 매력이 커진다고 본다.
금융위기이든 지정학적 리스크가 고조된 시기이든
충격이 있을 때마다 자본은 위험을 기피해서
보다 안전한 자산으로 흘러간다는 것이다.

스티브 젠은 세계 경제가 신용경색 같은 경제난이나 지정학적 긴장 상황에 봉착하면 기축통화인 달러 보유의 매력이 커진다고 본다. 금융위기이든 지정학적 리스크가 고조된 시기이든 충격이 있을 때마다 자본은 위험을 기피해서 보다 안전한 자산으로 흘러간다는 것이다.

1국면: 위험 회피 성향으로 달러 가치 상승

투자자들은 세계 경제가 불안한 시기에는 미국의 경제 상황과 상관없이 안전한 피난처를 찾고 미 달러화를 선호한다. 세계 경제 상황이 좋지 않을 때에도 투자자 대부분은 부를 지키기 위해, 위험한 통화보다는 기축통화나 준기축통화를 보유하는 데 매력을 느낀다. 그림 1의 달러 스마일 1국면에서는 미국 달러가 위험을 회피하는 이들에게 이익이라는 것을 보여준다. 2009년 세계 금융위기를 생각해보면 이때 달러가 절상되었다.

2국면: 미국 경기가 둔화되고 다른 국가의 경기가 더 호조일 경우 달러 가치 하락

그림 1의 중간에 있는 2국면에서는 미 경제가 어려움을 겪으면서 달러가 시장에서 바닥을 친다. 이 상황에서는 미 연방준비위원회(연준)의 잠재적 금리 인하가 달러를 더 떨어뜨릴 가능성이 있다. 투자자는 달러 구매에서 손을 떼고 고수익 통화를 선택한다. 2009년 3월 주식시장이 바닥에 가까웠다는 확신을 심어주자 투자자들은 달러 매입에서 철수하기 시작했다. 그러면서 고수익 통화 표시 주식 등에 투자했고 미국 달러는 하락했다.

달러 약세 시기에는 세계 경제 성장이 둔화되고 미국 경제는 이보다 더 둔화되거나, 세계 경제가 회복 초기에 접어든다. 이 시기에는 세계 경제가 미국보다 상대적으로 높은 경제 성장률을 보인다. 국채 수익률이 미국보다 높은 국가가 다수 존재할 가능성도 높다. 금융시장에서는 위험 선호가 회복되는 경향을 보여 미국 외 경제 성장이 유망한 국가의 주식시장이 인기를 끈다. 이들 국가에 투자하려는 유인이 증대되면서 미국 이외 국가의 통화에 대한 수요가 증가한다. 이는 달러 매도로 이어져 달러 가치를 하락시키는 압력으로 작용한다.

3국면: 미국 경제가 매우 강세인 경우 달러 가치 상승

미국의 강력한 경제 성장은 더 많은 외국인 투자자를 끌어들이고 많은 자본이 미국 경제로 유입되게 한다. 이에 따라 연준은 금리 인상을 단행하고, 미국 경제는 낮은 실업률, 강한 소비자신뢰지수, 강한 국내총생산GDP이라는 지표에 직면한다. 달러가 활짝 웃는 단계다. 2021년 코로나19 백신 접종 프로그램에 따라 미국 경제의 봉쇄가 풀리고 수조 달러의 경기 부양 지원에 힘입어 경제가 강세를 보일 가능성이 높았다. 이는 위험 선호 심리를 촉발해서 주식과 같은 미국의 위험자산 수요를 증가시켰다. 나아가 미국 달러화 수요가 증가해 달러화 가치 상승을 유도했다. 문제는 미국 경제가 호조이지만 향후 금리 인상으로 세계 경제가 침체한다면 그림 1의 3국면에서 2국면 없이 바로 1국면으로 가는 상황도 배제할 수 없다는 것이다.

41년 만의 최고 인플레이션, 20년 만의 최고 달러 인덱스

달러 인덱스(지수)는 2020년 초반을 제외하고 100의 벽을 오랫동안 넘지 못했으나 2022년 들어 100을 넘어섰고 7월에는 110에 근접했다. 2022년 달러는 유로화와 엔화 대비 20년 만의 최고 강세를 보여 1달러 1유로를 기록하기도 했다. 달러 인덱스는 6개의 준기축통화, 즉 유로(57.6%), 일본 엔(13.6%), 영국 파운드(11.9%), 캐나다 달러(9.1%), 스웨덴 크로나(4.2%), 스위스 프랑(3.6%)에 대한 달러 가치를 각국 무역 비중을 고려해 계산한 값이다. 유로화가 절반 이상의 비중을 차지하기 때문에, 달러 대비 유로화의 가치가 상승하면 달러 인덱스가 하락하는 구조다.

달러 인덱스는 1973년 3월을 기준점(100)으로 해서 미 연준에서 발

66

달러 인덱스(지수)는 100의 벽을 오랫동안 넘지 못했으나
2022년 들어 줄곧 100을 넘어섰다.

99

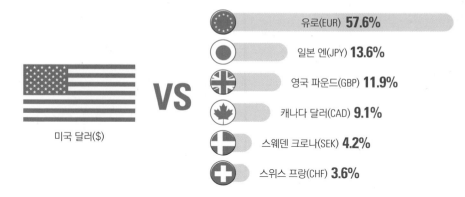

그림 2. 국가별 달러 인덱스 통화 비중

미국 달러($)

VS

유로(EUR) **57.6%**

일본 엔(JPY) **13.6%**

영국 파운드(GBP) **11.9%**

캐나다 달러(CAD) **9.1%**

스웨덴 크로나(SEK) **4.2%**

스위스 프랑(CHF) **3.6%**

표한다. 가중치는 각 국가의 경제(무역) 규모에 비례한다. 달러 인덱스가 200이라면 달러 가치가 1973년에 비해 2배로 상승했다는 이야기다. 달러 인덱스가 50이라면 달러 가치가 1973년에 비해 0.5배밖에 되지 않는다는 이야기다. 처음에는 10개국 통화로 독일 마르크화, 프랑스 프랑화, 이탈리아 리라화, 네덜란드 길더화, 벨기에 프랑화가 포함되었다. 이후 유로존 통합에 따라 6개 통화로 좁혀졌다. 이 국가들은 미국의 국제 거래 대부분을 차지하고 외환시장이 잘 발달했다는 특징을 지니고 있다.

1985년은 달러 인덱스가 160으로 가장 높았던 해다. 1985년까지 미 달러화는 세계 시장을 좌지우지했으나 달러 강세로 미국이 수년간 대외무역에서 적자를 냈다. 그러자 달러 약세로 돌아서는 계기가 된, 당시 가장 큰 무역 상대국이던 일본과의 플라자 합의(달러 대비 엔화 가치 폭등)를 이끈다. 그 결과 일본은 미국 수출에서 많은 피해를 입게 된다. 달러 인덱스는 급격하게 낮아져 불과 3년 만에 100 이하 수준이 된다.

그림 3. 달러 인덱스 추이(1976~2022)

출처: 야후 파이낸스

　우리는 외환시장에서 달러가 주식처럼 매일 거래되는 상황에서 살고 있다. 어떤 국가에서는 해당 통화 대비 달러의 교환 가치인 환율이 오를 수도 있고, 또 다른 국가에서는 환율이 내릴 수도 있다. 달러 환율은 국가마다 다르다. 달러의 가치가 전반적으로 올랐는지 내렸는지 파악하기 쉽지 않다. 예를 들어 오늘 외환시장을 살펴보니 달러가 유로화에 비해 5% 하락했고 엔화에 비해서는 5% 상승했다고 가정해보자. 오늘 달러의 가치는 상승한 것인가, 아니면 하락한 것인가? 달러 인덱스를 사용하는 것은 미국 달러의 평균적인 가치가 상승했는지 하락했는지를 쉽게 파악하기 위함이다. 달러 가치가 하락했다는 말은 결국 주요 6개국 통화와 비교했을 때 가치가 하락했다는 의미다.

　2022년 6월 소비자물가지수CPI 상승률이 41년 만에 최고인 9.1%를 기록했다. 이런 높은 인플레이션하에서 달러 스마일이 월가의 새로운 걱정거리로 떠오르고 있다. 러시아-우크라이나 전쟁이 지속됨에 따라 달러 같은 안전자산 선호 현상이 계속되고 미 연준의 긴축 정책으로 달러화가 강세를 보이면서 월가는 주가 하락이라는 심한 고통을 겪고 있다. 미국 기업들 중 매출의 상당 부분을 미국 외 지역에서 벌어들이는 경우, 달러 강세가 바람직하지 않다. 해외에서 벌어들이는 수익의 가치가 달러화로 환전하는 과정에서 감소하기 때문이다.

전반적으로 금리가 지나치게 상승하는데 경제 성장 수준이 높지 않다면, 주식이나 코인 등 위험자산 투자의 이익이 줄어들 가능성이 높아진다. 수익률이 증가하는 세계 기축통화로 표시된 미 국채에 대한 선호는 달러 가치를 더욱 증가시킨다. 달러로 가격이 산정되는 석유, 구리 등 글로벌 상품 가격이 달러 강세로 계속 비싸지면 수요에 부담을 주게 되고, 이는 수요 감소와 가격 하락으로 이어져서 다시 인플레이션 압력을 조정하는 흐름이 나타날 수 있다. 하지만 현실은 다르게 전개되고 있다. 배럴당 100~120달러를 넘나드는 유가와 높은 원자재 가격이 달러 강세를 억지하지 못하게 한다. 다만 최근 무역 호조로 수혜를 입는 에너지 수출 국가의 통화와 비교할 때, 달러에서 자금이 유출되어 고수익 원자재 통화로 자금이 유입되는 경우는 존재한다.

달러 가치가 높은 수준을 유지하는 다른 원인은 없을까? 2008년 세계 금융위기 이후 미국의 중앙은행 역할을 하는 연준이 양적 완화로 퍼부은 돈은 얼마일까? 6년간 약 3조 7,000억 달러에 달했다. 그 결과 미 연준의 재무상태표 중 국채와 모기지담보채권(MBS) 등 보유 자산은 4조 5,000억 달러 수준으로 불어났다. 이후 2017~2019년 양적 긴축으로 3조 9,000억 달러 수준으로 줄었다. 이번 코로나 위기 동안 양적 완화를 실시해 미 연준의 자산은 9조 달러 가까이로 불어났다. 약 5조

달러 수준(미국 GDP 21조 달러의 약 23%)이 증가했으니 세계 금융위기의 양적 완화 규모를 훨씬 상회한다. 2022년 내내 연준은 정책금리를 급하게 올리고 있다. 6월 1일 연준의 재무상태표를 축소하는 양적 긴축도 단행했다. 물가 상승을 진압한다는 최우선 과제 앞에 유동성을 본격적으로 줄이는 행보에 속도가 붙고 있다.

　재무상태표란 원래 회계 용어로서 차변에 자산, 대변에 자본과 부채를 기입해서 보여주는 표다. 차변의 합과 대변의 합이 원칙적으로 같아서 '자산 = 자본 + 부채'의 공식이 성립한다. 경기가 침체된다고 가정하자. 이때 연준은 국채를 매입하는 방식으로 시중에 돈을 공급해 경제를 활성화한다. 이로 인해 연준의 국채 자산이 증가해 재무상태표 규모가 증가한다. 이것이 양적 완화다. 경기가 과열되고 인플레이션이 오면 채권을 매각해 돈을 거둔다. 국채 자산이 줄어들고 재무상태표가 축소되는 양적 긴축이다. 연방공개시장위원회FOMC 회의 참석자들은 연준의 재무상태표를 매달 최대 950억 달러씩 줄일 것을 제안했다. 국채 600억 달러, MBS 350억 달러다. 직전 양적 긴축 기간인 2017~2019년 때보다 2배 빠른 속도다. 2017년 10월 양적 긴축을 시작할 때의 한 달 100억 달러 규모와 비교하면 10배 많은 규모다.

　연준의 양적 긴축은 국채와 MBS를 팔아 화폐 발행액을 줄이겠다는 것이다. 자산 규모 축소가 가파른 것 못지않게 정책금리를 올리는 수준도 종전과 다르다. 통상 정책금리를 한 번에 0.25%포인트 단위로 올리거나 내리는데 이를 '베이비스텝'이라고 말한다. 최대한 적은 폭으로 올리고 내려 경제에 충격을 적게 주겠다는 의도다. '빅스텝'은 정책금리 0.50%포인트 인상, '자이언트 스텝'은 0.75%포인트 인상을 말한다. 연

그림 4. 미국 정책금리 추이(2017/08~2022/07)

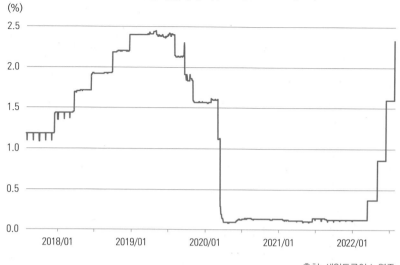

출처: 세인트루이스 연준

준은 2022년 들어 베이비스텝, 빅스텝, 자이언트 스텝을 단행해 정책금리를 계속 올렸다. 연준 의원 중에는 7월에 '울트라 빅스텝'으로 금리를 1.0%포인트 올려야 한다고 주장하는 이도 있었다. 그러나 연준은 7월 27일 자이언트 스텝을 발표해 정책금리를 2.25~2.50%로 올렸다. 9월에 소집되는 차기 FOMC 회의에서도 큰 폭의 인상이 이어질 수 있다고 내비쳤다.

그래서였나. 금융위기도 아닌데 환율이 높은 수준으로 올라갔다. 외국으로 송금하는 이들은 왜 이렇게 환율이 높으냐며 볼멘소리를 할 수밖에 없다.

66

일반적으로 환율이 상승하면 수출에 긍정적이고
수입에는 부정적이며 무역수지 개선에 도움을 준다.
수출 기업은 같은 양을 수출했을 때
외국에서 달러로 받는 돈이 같아도
원화 가치가 하락해 덕을 본다.
국내에서 원화로 바꿀 때 환차익이 그만큼 많아지기 때문이다.
다른 국가와의 가격 경쟁력에서도 앞서게 된다.
반대로 수입에서는 환율이 오르면 원화 기준으로
더 비싸진 달러를 주고 물품을 사들여야 한다.
그 결과 수입 기업의 수익 감소로 이어진다.
그러나 2022년의 환율 상승은
무역수지 적자를 유도하고 있고
'환율 상승 = 수출 증가'라는 공식이 성립하지 않는다.

99

무역수지 적자를 유발하는 달러 강세와 향후 전망

세계 금융위기 당시에는 돈을 천문학적으로 풀었으나 2008년을 제외하고는 인플레이션이 발생하지 않았다. 하지만 이번엔 미국이 가계에 직접 지원했고 글로벌 공급망도 교란되어 원자재, 곡물, 천연가스, 석유 공급에 문제가 생겼고 임금도 오르고 있어 여파를 가늠하기가 어려울 수 있다. 인플레이션이 사라졌다고 생각했으나 그렇지 않았다. 다음 경기 침체 때 양적 완화를 쓰기가 쉽지 않을 수 있다. 2007년 세계 금융위기 여파로 미국이 돈 풀기를 시작했을 때보다 미국의 GDP 대비 총부채 비율은 2배로 높아졌다.

미 달러 강세는 수입 물가를 상승시켜 인플레이션을 타국으로 수출하는 격이다. 미국이 금리를 인상하니 다른 국가도 통상적으로 금리가 높지 않다면 인상할 수밖에 없다. 이러다 금리 인상의 파급으로 도산하는 국가가 늘지 않을까 걱정스럽다. 세계 금융위기도 미국의 주택시장 오작동으로 발생한 것이다. 그런데 우리나라 환율이 덩달아 올라갔고 위기의 순간이 왔었다.

혹자는 자본주의 시장에서 화폐가 가진 독특한 특성을 강조한다. 달러라는 화폐가 가진 최고 지위로서의 상품은 흔들림이 없을까? 모두가 달러라는 화폐를 추앙하니 가치가 오르는 것이다. 흔들리는 시장에서 믿을 건 달러뿐이란 말인가. 여하간 모든 국가가 원하는 돈일지도 모르는 달러라는 화폐가 무소불위 권력을 발휘한다. 달러와 비교해 대부분의 통화가 약세라면 원화 약세가 발생하더라도 이상하지 않을 수 있다. 달러 인덱스 상승에 비해서 원화 환율이 절하된 정도가 거의 비슷하다면, 환율이 높은 수준이라도 우리나라만 특정지어 위기라고 말하기도 어렵다.

전 세계가 수입 물가 급등으로 인한 인플레이션 고통에 신음하고 있다. 러시아-우크라이나 전쟁 지속, 중국의 대규모 코로나 방역 봉쇄 이후 전 세계 물가는 역대 최고 수준을 기록 중이다. 이런 상황에서 종전에 보지 못했던 양상이 전 세계적으로 전개되고 있다. 그전에는 자국 통화를 평가절하(환율 인상)하여 수출을 증가하려 했는데 이제는 반대로 대응하려고 한다. 즉, 자국 통화 가치를 높이고 환율을 끌어내리는 역(逆)환율 전쟁이 펼쳐지고 있다. 높은 인플레이션으로 '고환율 = 수출 증가' 공식이 약화되고 있다.

물가를 인하하기 위해서는 자국 통화 가치가 상승해야 한다. 환율을 낮추면 수입품 가격이 내려간다. 그 결과 물가 상승을 막을 수 있다. 원자재를 수입해서 제품을 생산하는 입장에서는 가격을 낮추는 것이 무엇보다 중요하다. 통화 가치가 높은 국가들은 상대적인 물가 안정 효과를 보았다. 2022년 6월, 15년 만에 금리를 -0.75%에서 -0.25%로 인상한 스위스가 대표적이다. 2022년 6월 스위스의 물가상승률은 3.4%로, 유로존 물가상승률(8.9%)을 크게 밑돌았다. 그래서였나. 미국도 달러화 강세를 용인하거나 조장하는 분위기다. 환율을 끌어내리기 위해 각국 외환 당국은 보유 중인 달러화를 시장에 내다 팔고 있다. 환율 방어를 위해 달러를 내다 팔면 외환 보유액이 감소한다.

높은 환율 수준이 수출을 늘려 경제 활성화에 도움이 된다는 이야기는 2022년 들어 안 먹히고 있다. 환율이 수출에 미치는 영향이 과거보다 작아지고 오히려 물가 우려가 큰 상황이기 때문이다. 물가 안정을 위해서 자국 통화 가치를 높이고자 세계 각국이 경쟁적으로 달러를 팔고 금리를 올리고 있다. 종전처럼 수출을 증가하기 위해 환율을 높이려 하는 풍경은 볼 수 없다. 대외 불확실성이 동시다발적으로 확대되는 상황을 감안할 때, 한국 경제 성장의 버팀목인 수출도 높은 환율 수준이 지속된다면 악영향이 불가피하다.

세계 경제 성장의 전망이 어둡고 연준이 향후에도 인플레이션과 싸우는 대규모 금리 인상을 실시할 것이라는 기대가 올라감에 따라, 달러 강세가 당분간 이어지는 것이 기정사실인 듯하다. 제로 코로나를 추구하면서 세계 2위 경제인 중국 경제가 위축되어 글로벌 성장 엔진이 크게 둔화될 것이라는 전망이 높아지고 있다. 러시아-우크라이나 전쟁과 함께 글로벌 공급망의 추가 교란도 이미 뜨거운 인플레이션 압력을 가중할 가능성이 있다. 이 모든 것이 물가의 급격한 하락을 어렵게 하고 궁극적으로 약달러 기대를 어렵게 만드는 요인이다. 그래도 너무 빠져서인지 7월 주식시장에 단비가 내렸다. 활짝 갠 하늘을 빨리 보고 싶다.

글 **조원경** | 국제경제 전문가. 기획재정부의 대외경제협력관과 국제금융심의관, 대한민국OECD정책센터 조세본부장, 울산시 경제부시장 등을 지냈으며 현재 유니스트(UNIST, 울산과학기술원) 경영학부 교수 겸 글로벌 산학협력 센터장이다. 저서로 《앞으로 10년 빅테크 수업》,《넥스트 그린 레볼루션》,《부의 비밀병기, IF》등이 있다.

ETF를 활용한 연금 투자법

직장인이지만
'공무원연금' 받는다

이영빈

은퇴 후 공무원연금과 같이 마르지 않는 현금흐름을 만드는 방법이 있을까? 필자는 연금저축펀드 투자를 권한다. 연금저축펀드는 저비용인 상장지수펀드ETF를 활용한 포트폴리오를 운용하기에 가장 적합하다고 설명하며 '한국형 올웨더 포트폴리오'를 추천한다. 필자는 연봉의 9%를 연금저축펀드에 납입하고, 삶에 집중하라고 조언한다.

워런 버핏은 저비용 인덱스펀드 투자를 추천하기로 유명하다. 많이 알려진 내용 중 세 가지를 살펴보자.

#1. 2008년 버크셔 해서웨이 주주총회에서 "30세 전업 투자자가 18개월분 생활비를 확보한 상태에서 100만 달러를 투자한다면 어떻게 투자해야 할까요?"라는 질문이 나왔다. 버핏의 답변은 간결하면서도 강렬했다. "모두 저비용 인덱스펀드에 투자하세요. 스스로를 아마추어라고 생각해야 합니다. 나라면 인덱스펀드에 묻어두고 일터로 돌아가겠습니다."

어쩌면 나를 포함한 직장인 투자자가 가장 새겨들어야 할 조언이 아닌가 싶다. 상승장에서는 내가 투자에 소질이 있는 양 으스대기도 하지만 하락장을 만나면 그것이 내 실력이 아니었음을 깨닫게 된다. 투자시장을 전쟁터로 비유하기도 하는데 직장인들이 직장 생활과 가정생활을 같이 하면서 전쟁 준비를 하기란 너무나 어려운 일이다. 버핏의 조언은 하루하루를 나의 일에 충실하고 거기서 생기는 현금흐름으로 시장의 성장을 따라가는 정도로 투자해도 좋다는 이야기다. 아무리 시장 평균에 투자한다고 해도 변동성 때문에 큰 하락을 맞을 수도 있다. 열심히 가꾸어온 일터와 거기에서 발생하는 현금은 그런 위험에서 안전장치가 되어준다.

#2. 워런 버핏과 헤지펀드 회사가 100만 달러를 걸고 10년 수익률 대결을 펼쳤다. 버핏은 S&P500에 걸었고 헤지펀드는 액티브펀드를 선택했다. 2008년 1월 1일 시작된 헤지펀드 운용사 프로테제 파트너스의 5개 펀드와 S&P500 인덱스펀드의 대결은 2017년 12월 29일 버핏의 승리로 끝났다. 버핏의 인덱스펀드는 연평균 7.1%의 수익률을 거둔 데 비해 헤지펀드의 수익률은 2.2%에 불과했다. 이때 승리로 받은 내기 금액을 버핏은 여성·청소년을 위한 자선단체에 기부했다.

#3. "내가 죽고 나면 90%는 수수료가 저렴한 뱅가드 S&P500에 투자하고 10%는 미국 국채에 투자하세요." 버핏이 자신의 아내에게 남긴 투자법이다. 여기에는 미국 주식시장의 성장에 대한 버핏의 믿음이 담겨 있다. 또한 인덱스펀드는 저비용으로 초보자가 투자할 수 있는 가장 좋은 선택이라는 판단도 있다.

여기서 잠깐, 나는 10%의 국채가 무슨 의미일지 생각해보았다. 미국에서는 전통적인 6040 전략이 유명하다. 60%는 미국 주식에, 40%는 채권에 투자하는 오래된 투자 포트폴리오다. 주식의 성장에서 수익을 얻고, 주식 하락 시에는 채권의 방어로 하락 폭을 제한한다는 것이 기본 개념이다.

그림 1과 표 1은 6040 포트폴리오와 미국 주식 100%, 9010 포트폴리오(버핏이 말한 미국 주식 90% + 단기 국채 10%)에 투자한 성과를 나타낸 것이다. 6040 전략은 수익률이 낮아지는 반면 편차가 줄어들고 최대 낙폭도 절반 가까이 줄어드는 효과를 얻을 수 있었다. 반면 버핏이 권장한 9010 포트폴리오는 미국 주식 100%에 투자한 것과 큰 차이가 없다. 그렇다면 왜 단기 국채 10%를 포함하라고 했을까?

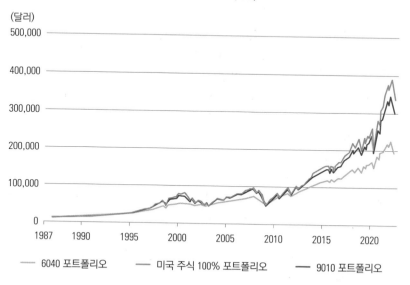

그림 1. 6040 vs 미국 주식 100% vs 9010 포트폴리오 성과
(1987/01~2022/05)

── 6040 포트폴리오   ── 미국 주식 100% 포트폴리오   ── 9010 포트폴리오

표 1. 6040 vs 미국 주식 100% vs 9010 포트폴리오 성과
(1987/01~2022/05)

포트폴리오	연환산 수익률	표준편차	최고의 해	최악의 해	최대 낙폭	샤프지수
6040 포트폴리오	8.74%	9.46%	28.74%	−20.20%	−30.72%	0.63
미국 주식 100%	10.42%	15.37%	35.79%	−37.04%	−50.89%	0.54
9010 포트폴리오	9.95%	13.78%	33.42%	−32.67%	−45.95%	0.55

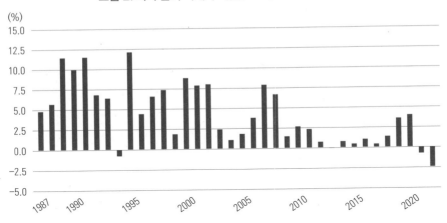

그림 2. 미국 단기 국채 수익률(1987/01~2022/05)

그림 2는 1987년부터 2022년 5월까지 미국 단기 국채의 연간 수익률을 나타낸 것이다. 마이너스인 해는 지난 35년간 4번에 불과하고, 최대 낙폭은 -4%에 지나지 않는다. 이 말은 주식시장에 큰 어려움이 와도 단기 국채는 하락이 크지 않아서 현금화해서 사용하는 데 부담이 없다는 뜻이다. 즉, 돈을 써야 할 일이 생겼는데 마침 주식시장의 하락이 굉장히 큰 시기라면 현금화하기가 매우 곤란할 것이다. 하지만 최악의 경우 손실이 4%에 지나지 않는다면 현금화하는 데 어려움이 없다. 주식시장에 항상 머물러 있으면서 돈이 필요할 때 언제든지 찾아 쓸 수 있는 안전장치까지 해놓은 것이 9010 포트폴리오가 아닐까 생각한다.

상장지수펀드+연금저축펀드 계좌는 최고의 운용 수단

버핏이 일반인에게 추천하는 것은 저비용 인덱스펀드다. 인덱스펀드를 주식시장에 상장해놓은 것이 상장지수펀드ETF다. 인덱스펀드의 분산 투자 장점을 살리고 상장주식의 매수·매도 편리성을 더한 것이다. 2008년 금융위기 이후 ETF가 대표 투자처로 급부상했다. 주식 ETF, 채권 ETF는 물론이고 실물 자산과 섹터, 스타일, 규모 등 다양한 형태의 ETF가 주식시장에 상장되어 있다. ETF를 나누는 기준이 많지만 우리나라에 상장된 ETF를 세금 측면으로 분류해서 살펴보자.

표 2. ETF별 세금 과세 현황

	국내 주식형 ETF	기타 ETF(국내 상장 해외 ETF)
설명	국내 주식으로 구성된 ETF	국내 주식형 ETF를 제외한 ETF (채권, 해외 지수, 파생형, 상품 ETF)
매매 차익	×	배당소득세(15.4%)
분배금(배당금)	배당소득세(15.4%)	배당소득세(15.4%)
종합소득과세	○(2천만 원 이상)	○(2천만 원 이상)

표 2를 보면 세금 면에서 크게 국내 주식형 ETF와 기타 ETF의 두 가지로 나뉜다. 국내 주식형 ETF는 말 그대로 국내 주식으로 구성된 ETF이고, 그 외는 모두 기타 ETF로 분류되는데 채권과 실물을 포함해 미국 S&P500과 같은 해외 지수를 추종하는 ETF도 포함된다. 국내 주식형 ETF에는 매매 차익에 대한 세금이 없지만 기타 ETF는 배당소득세로 지방소득세율 포함 15.4%를 낸다. 분배금(배당금)에 대한 배당소득세 15.4%는 동일하다. 추가로 국내 주식형 ETF는 분배금이, 기타 ETF는 매매 차익+분배금이 2천만 원 이상 발생하면 종합소득과세 대상이 된다.

나는 주식과 채권, 실물을 모두 포함하는 자산배분 전략을 추천하려고 한다. 그렇다면 기타 ETF가 포트폴리오에 반드시 포함된다. 국내 주식형 ETF는 매매 차익에 세금을 내지 않는데 기타 ETF는 15.4%의 세금을 내기 때문에 ETF 종류에 따른 세금 차별이 있다.

그렇다면 세금 차별이 없는 계좌는 없을까? 있다! 바로 연금저축계좌다. 연금저축은 다양한 종류가 있는데 ETF를 직접 투자할 수 있는 것은 연금저축펀드(증권사 개설) 계좌다. 직장인이 연금저축펀드에 가입하면 연말정산 혜택을 받을 수 있기 때문에 증권사 등에서 홍보를 많이 한다. 바로 그 상품이다. 먼저 직장인이 받는 연말정산 소득공제 혜택을 살펴보면 표 3과 같다. 총급여액 5,500만 원 이하이면 연간 400만 원 한도의 16.5%인 66만 원을 공제받을 수 있다. 투자자로서는 아무것도 하지 않아도 연간 400만 원에 대해서 16.5% 수익이 발생하는 것과 같다.

표 3. 종합소득 금액별 소득공제 세율

종합소득 금액	세액공제 한도	세율
4,000만 원 이하 (총급여액 5,500만 원 이하)	400만 원	16.5%
4,000만 원 초과~1억 원 이하 (총급여액 5,500만 원 초과~1.2억 원 이하)	400만 원	13.2%
1억 원 초과 (총급여액 1.2억 원 초과)	300만 원	13.2%

그렇다면 일반 계좌와 연금계좌는 ETF에 투자할 때 세금이 어떻게 다를까?

표 4. 일반 계좌와 연금계좌의 ETF별 세금 형태 비교

	일반 계좌		연금계좌	
	국내 주식형 ETF	기타 ETF	국내 주식형 ETF	기타 ETF
매매 차익	×	배당소득세(15.4%)	×	×(과세이연)
분배금(배당금)	배당소득세(15.4%)	배당소득세(15.4%)	×(과세이연)	×(과세이연)
종합소득과세	○(2천만 원 이상)	○(2천만 원 이상)	×	×

표 4를 보면 앞서 살펴본 일반 계좌와 달리 연금계좌는 매매할 때가 아니라 연금을 수령할 때 세금이 부과된다. 이렇게 세금 납부를 나중으로 미루었다고 하여 과세이연이라고 한다. 과세이연은 지금 세금을 떼지 않기 때문에 원금을 더욱 많이 굴릴 수 있는 장점이 있다.

표 5. 연금 수령 나이에 따른 세율

연금 수령 개시 연령	확정형(수령 기간)		연 1,200만 원 이상
	연 1,200만 원 이내		
	한도 내 금액	한도 초과액	
만 70세 미만	5.5%	16.5%	종합과세
70세 이상~80세 미만	4.4%		
80세 이상	3.3%		

일반 계좌에서는 기타 ETF 매도 시 세금 15.4%를 즉시 납부해야 하는 데 비해, 연금계좌에서는 표 5와 같이 연금을 수령하는 나이에 따라 3.3~5.5%의 낮은 세율을 적용받는다. 이렇듯 해외 지수를 포함한 기타 ETF로 구성된 포트폴리오를 운용하기에 연금저축펀드 계좌가 최적이다. 과세이연과 소득공제의 혜택을 동시에 누릴 수 있기 때문이다.

> **"**
>
> 일반 계좌에서는 기타 ETF 매도 시
> 세금 15.4%를 즉시 납부해야 하는 데 비해,
> 연금계좌에서는 연금을 수령하는 나이에 따라
> 3.3~5.5%의 낮은 세율을 적용받는다.
>
> **"**

직장인이 '공무원연금' 받는 손쉬운 방법: 9%의 비밀

몇 년 전 TV에서 투자자 짐 로저스가 한국의 노량진 학원가를 둘러보는 장면을 본 적이 있다. 로저스는 공무원이 젊은이의 꿈인 나라는 미래가 없다고 했다. 역동적이고 도전적이어야 발전이 있다는 뜻인데, 내가 직접 마주하는 현실은 그렇지 못하다. 일자리는 부모 세대 때보다 줄어들었고 좋은 일자리라고 하는 것은 더욱 찾아보기 힘들어졌다. 힘들게 직장에 들어가도 미래가 보장되지 않는다. 이런 현실을 알기 때문에 직업 안정성과 노후의 연금이 보장되는 공무원을 목표로 하는 청년이 많아진 것이다. 최근에는 공무원 시험 경쟁률이 예전과 같이 높지 않다는 뉴스를 종종 보게 된다. 공무원연금이 몇 차례 개혁을 거쳐서 더 내고 덜 받는 구조로 변했고, 업무도 일명 MZ 세대로 불리는 청년에게 맞지 않다고 생각하는 사람이 많아졌기 때문이다. 그렇다 하더라도 일반

표 6. 연금별 평균 수령액 비교(2019년)

	국민연금	공무원연금	군인연금	사학연금
월평균 수령액	53만 원	247만 원	272만 원	289만 원

> **❝**
>
> 직장인은 월급을 받을 때 본인이 월급의 4.5%를 부담하고
> 회사가 4.5%를 부담해서 총 9%의 국민연금을 납부한다.
> 공무원은 본인이 9% 부담하고 정부가 9% 부담해서
> 총 18%를 납부한다.
>
> **❞**

직장인에게는 공무원연금이 부러움의 대상이다.

부러움의 대상이 되는 것은 표 6에 나타낸 바와 같이 평균 수령액이 다르기 때문이다. 2019년 기준으로 국민연금의 월평균 수령액이 53만 원인 데 비해 공무원연금은 5배 가까운 247만 원이다. 그렇다면 일반 직장인은 공무원연금을 마냥 부러워만 해야 하나? 나는 이 글에서 간단한 산수로 일반 직장인도 공무원연금만큼 받을 수 있는 방법을 제시하려고 한다.

표 7. 국민연금과 공무원연금의 부담 주체별 납부액 비율

	부담 주체와 비율	총 납부 비율
국민연금	본인 부담 4.5% + 회사 부담 4.5%	9%
공무원연금	본인 부담 9.0% + 정부 부담 9.0%	18%

표 7에 국민연금과 공무원연금의 부담 주체별 납부액 비율을 나타냈다. 직장인은 월급을 받을 때 본인이 월급의 4.5%를 부담하고 회사가 4.5%를 부담해서 총 9%의 국민연금을 납부한다. 공무원은 본인이 9%

부담하고 정부가 9% 부담해서 총 18%를 납부한다. 같은 월급을 받는다고 해도 매달 공무원이 9% 더 납부한다. 여기서 간단하게 산수 한번 해보자. 직장인이 공무원연금만큼 받으려면 어떻게 하면 될까? 답은 간단하다. 18% - 9% = 9%. 총 납부 비율의 차이인 9%를 개인연금에 가입하면 된다.

물론 공무원은 직장 안정성이 있어서 연금 납입 기간이 국민연금 가입자에 비해 훨씬 길다. 2019년 기준으로 공무원연금 가입자의 평균 가입 기간은 27년이고 국민연금 가입자의 평균 가입 기간은 17년이어서 10년이라는 차이가 난다. 또 한 가지 차이점은 기준소득월액이다. 연금보험료를 산정하기 위해 정한 금액인데, 일반 직장인과 공무원의 기준소득월액 상한액에 차이가 있다.

표 8. 기준소득월액 비교(2021년)

	기준소득월액 상한액	연봉 환산
국민연금	524만 원	6,288만 원
공무원연금	856만 원	10,272만 원

일반 직장인은 연봉이 올라갈수록 당연히 국민연금 납부 금액도 올라가는데, 끝없이 올라가는 것이 아니고 상한선이 정해져 있다. 공무원도 마찬가지다. 2021년 기준으로 국민연금의 기준소득월액 상한액은 524만 원이다. 즉 연봉 6,300만 원이 넘어가면 국민연금 납부액이 동일해진다. 반면 공무원연금의 상한액은 856만 원이고 연봉으로 환산하면 1억 원이 조금 넘는 수준이다.

> **❝**
> 잠깐 유행하고 마는 개별 ETF 한 종목에 집중하기보다는
> 여러 자산군으로 배분하는 자산배분 방식으로
> 포트폴리오를 구성할 것을 권장한다.
> 그중에서도 세계 최대 헤지펀드 회사인 브리지워터의
> 레이 달리오 회장이 추천한 올웨더 포트폴리오를 추천한다.
> **❞**

앞서 말한 것처럼 납부액이 9% 다르고 상한액도 차이가 크다. 여기에 납부 기간까지 다르니 수령액이 5배 정도 다른 결과는 어떻게 보면 당연하다.

그렇다고 부러워만 하고 있으면 나의 연금이 늘어나지 않는다. 공무원과 차이 나는 9%를 추가로 개인연금에 납부하면 공무원연금 또는 그 이상도 가능하다. 직장인이 공무원연금만큼 받을 수 있는 비밀은 이 9%에 있다.

연금저축펀드 실전 투자 전략

앞서 분산 투자를 하기 위해서 기타 ETF(국내 상장 해외 ETF 포함)에 투자가 필요하고 직장인은 연금저축펀드에서 운용하면 많은 장점이 있다고 얘기했다. 그렇다면 어떤 ETF를 사면 좋을까? 나는 잠깐 유행하고 마는 개별 ETF 한 종목에 집중하기보다는 여러 자산군으로 배분하는 자산배분 방식으로 포트폴리오를 구성할 것을 권장한다. 그중에서도 세계 최대 헤지펀드 회사인 브리지워터의 레이 달리오 회장이 추천

그림 3. 성장과 인플레이션의 4개 국면

	성장	인플레이션
상승	25% Risk · 주식 · 신흥국 채권 · 상품 · 회사채	25% Risk · 물가 연동 채권 · 상품 · 신흥국 채권
하락	25% Risk · 채권 · 물가 연동 채권	25% Risk · 주식 · 채권

시장 기대치

한 올웨더 포트폴리오를 추천한다.

달리오 회장은 성장의 상승과 하락, 인플레이션의 상승과 하락이라는 4개 국면으로 경제 환경을 분류했다. 그림 3과 같이 각각의 환경에서 상승하는 자산을 선택하고 위험을 균등하게 나누어서 포트폴리오를 완성했다.

토니 로빈스는 책 《머니》에서 일반인을 위한 올웨더 포트폴리오의 간략한 구성을 소개했는데 표 9와 같다. 달리오 회장의 브리지워터는 '퓨어 알파'와 '올웨더 펀드'를 운용한다. 펀드의 상세한 구성은 알려지지 않았지만 다행히 올웨더 펀드는 토니 로빈스 덕분에 대략적인 구성이 알려졌다. 그래서 실제 올웨더 펀드와는 조금 다른 '올시즌즈 포트폴리오'라고 부른다. 큰 틀에서 보면 주식 30%, 채권 50%, 실물 20%의

표 9. 올웨더(올시즌즈) 포트폴리오

자산군	자산	비율	비율 합계
주식	주식	30%	30%
채권	단기 채권	15%	55%
	장기 채권	40%	
실물	금	7.5%	15%
	상품	7.5%	

출처: 토니 로빈스, 《머니》

표 10. 연금저축펀드 한국형 올웨더 포트폴리오 구성

	구성	ETF 이름	비율	비율 합계
주식	글로벌 주식	KODEX 선진국 MSCI WORLD	12%	30%
	미국 나스닥	TIGER 미국 나스닥 100	9%	
	미국 S&P500	TIGER 미국 S&P500선물(H)	9%	
채권	미국채 10년	TIGER 미국채 10년 선물	20%	50%
	미국채 30년	KODEX 미국채 울트라30년 선물(H)	30%	
실물	미국 리츠	TIGER 미국 MSCI 리츠(합성 H)	12.5%	20%
	금	KODEX 골드선물(H)	7.5%	

구성이다. 나는 이 구성을 국내 계좌에서도 운용할 수 있도록 국내 상장 ETF로 구성해 제안한다. 일명 한국형 올웨더 포트폴리오다.

표 10은 연금저축펀드에서 한국형 올웨더 포트폴리오를 운용할 수 있도록 ETF를 구성한 것이다. 주식, 채권, 실물의 비율을 3:5:2로 구성 했다. 자산군의 비율 합계는 지키면서 세부 구성은 자신의 관심에 맞게

변경해도 흐름상의 큰 차이는 없다. 자신만의 올웨더 포트폴리오를 구성하는 것도 흥미로울 것이다.

그림 4와 표 11은 연금저축펀드에서 운용 가능한 한국형 올웨더 포트폴리오의 실적이다. 이 포트폴리오는 2009년에서 2022년까지 연환산 수익률 8.08%를 냈다.

그림 4. 연금저축 올웨더 vs 올시즌즈 포트폴리오 실적(2009/01~2022/05)

표 11. 연금저축 올웨더 vs 올시즌즈 포트폴리오 실적 요약(2009/01~2022/05)

	연환산 수익률	표준편차	최고의 해	최악의 해	최대 낙폭	샤프지수
연금저축 올웨더	8.08%	8.05%	20.30%	-14.69%	-14.69%	0.95
올시즌즈	6.92%	7.11%	18.28%	-11.19%	-11.98%	0.91
코스피지수	6.70%	15.82%	49.65%	-17.28%	-31.63%	0.46

연봉 9%가 가져다줄 은퇴 파라다이스

앞서 버핏이 일반인에게 저비용 인덱스펀드에 투자하라고 조언한 것을 바탕으로 직장인이 연봉의 9%를 연금저축펀드에 투자하는 구체적인 방법을 알아보았다. 그렇다면 효과가 어떻게 될지 살펴보자.

표 12. 연간 400만 원(월 33만 원) 납입 시 실적 금액

	납입 누적액	실적 누적액
1년	400만 원	418만 원
5년	2,000만 원	2,468만 원
10년	4,000만 원	6,161만 원
20년	8,000만 원	19,944만 원
30년	12,000만 원	50,782만 원

* 연 수익률 8.08% 가정

표 12는 연금저축펀드에 매달 33만 원씩 1년에 400만 원 납입할 때의 납입 누적액과, 연 수익률 8.08%를 거둘 때의 총금액을 보여준다. 소득공제와 재투자를 제외하고 계산했다. 신입사원이 회사에 들어와서 은퇴할 때까지 30년간 매년 400만 원을 납부하면 납부 금액은 총

> 66
>
> 신입사원이 회사에 들어와서 은퇴할 때까지 30년간
> 매년 400만 원을 납부하면 납부 금액은 총 1억 2천만 원이다.
> 여기에 투자 수익을 합하면 총금액은 5억 원을 넘어선다.
>
> 99

1억 2천만 원이다. 여기에 투자 수익을 합하면 총금액은 5억 원을 넘어선다. 연금저축펀드는 연금을 받기 시작해도 계속 투자할 수 있다. 즉, 5억 원을 계속 투자하고 수익금만 연금으로 받아서 쓴다면 5억 원은 영원히 그대로 있고 연금은 연금대로 사용할 수 있다.

표 13. 5억 원 운용 시 예상 연금액

운용 예상 수익률	연간 연금액	월 연금액
7.0%	3,500만 원	292만 원
7.5%	3,750만 원	313만 원
8.0%	4,000만 원	333만 원

표 13은 30년간 적립하고 운용해서 만든 5억 원으로 연금을 받으면서 운용을 병행할 경우 예상되는 연금 액수다. 5억 원을 수익률 7%로 운용하면 연간 3,500만 원의 수익이 생긴다. 월 292만 원에 해당하는 금액이다. 단순 계산상으로는 매달 292만 원을 연금으로 받아도 원금 5억 원은 그대로 있다. 영원히 마르지 않고 연금이 샘솟는 곳. 이곳이

66

5억 원을 수익률 7%로 운용하면
연간 3,500만 원의 수익이 생긴다.
월 292만 원에 해당하는 금액이다.
단순 계산상으로는 매달 292만 원을
연금으로 받아도 원금 5억 원은 그대로 있다.

99

바로 파라다이스라고 할 수 있다. 실제로 이렇게 운용되지는 않을 것이다. 운용 수익 7%는 확정된 값이 아니라 상승과 하락을 포함한 평균값이기 때문이다. 그리고 4% 룰이 있다. 운용을 통해 7% 수익을 얻고 3% 인플레이션을 고려하면 4%를 연금으로 영원히 사용할 수 있다는 것이다. 이것이 앞서 7% 수익을 내고 7% 연금으로 받는 것보다는 조금 더 현실적일 것이다.

지금까지 2022년 현재 직장인이 연말정산에서 소득공제를 받는 최대 금액인 400만 원을 기준으로 간략하게 살펴보았다. 이렇게만 하더라도 월 290만 원 이상 받을 수 있다. 추가로 국민연금을 100만 원 정도 받는다고 가정하면 월 390만 원이 된다. 연간 400만 원이 아니라 연봉의 9%를 연금저축펀드에 납입하고 운용한다면 공무원연금이 부럽지 않다.

연금저축펀드로 연간 1,200만 원, 월 100만 원 이상을 받으면 종합과세 대상이 되어서 세금을 왕창 내게 된다고 걱정하는 사람이 많다. 직장에서 받는 연봉이 오르면 내는 세금도 많아지니 연봉이 오르지 않기를 기대하는 직장인이 있을까? 연봉을 많이 받고 연말정산할 때 신용카드 사용 등 여러 가지 공제로 세금을 줄이는 방법을 생각하는 것이, 연봉을 작게 받아서 세금을 적게 낸다고 좋아하는 것보다 합리적이라고 생각한다. 소득이 연금소득만 있을 경우, 연금저축펀드에서 월 300만 원을 연금으로 받아서 종합과세를 내더라도 실효 세율은 8.6%에 지나지 않는다. 적게는 연 400만 원에서 많게는 연봉의 9%를 연금저축펀드에 납입하고 운용하면 은퇴 후 파라다이스에 도착하게 된다.

> **66**
>
> 소득이 연금소득만 있을 경우,
> 연금저축펀드에서 월 300만 원을 연금으로 받아서
> 종합과세를 내더라도 실효 세율은 8.6%에 지나지 않는다.
>
> **99**

세금: 호환 마마보다 무섭지 않다

'호환 마마보다 무섭다'라는 말이 있다. 옛날 비디오테이프의 첫 장면에 실린, 불법 복제 비디오테이프를 시청하지 말라는 광고에 나온 말이다. 나는 한국형 올웨더 포트폴리오를 연금저축펀드 계좌에서 운용할 수 있게 구성했다. 은퇴 시까지 운용하면 공무원연금만큼 받을 수 있다는 것을 알게 된 후, 주위에도 가입하라고 추천하고 있다.

하지만 단번에 설득되는 경우는 드물다. 이유는 크게 두 가지다. 첫째, 중간에 해지하면 세금 폭탄을 맞는다는 것, 둘째, 연금으로 받아도 연간 1,200만 원이 넘으면 종합과세되니 세금 혜택이 전혀 없거나 오히려 손해라는 것이다. 대답 먼저 하자면 세금은 호환 마마보다 무섭지 않다.

먼저 중도 해지하는 경우를 살펴보자.

총급여액이 5,500만 원 이하이면 소득공제를 16.5% 받고 해지할 때도 16.5%의 세금을 내서 차이는 0%다. 즉, 해지해도 아무런 손해가 없다. 그래서 나는 사회 초년생이면 무조건 가입하라고 권한다. 손해가 없기 때문이다. 총급여액이 5,500만 원을 넘는 경우에는 소득공제 13.2%에서 해지 시 16.5%를 빼면 -3.3%가 나오니 손해가 발생한다.

손해가 발생하지 않으려면 어떻게 하면 될까? 답은 간단하다. 수익을

표 14. 연금저축펀드 해지 시 세금과 손해

종합소득 금액	소득공제 세율	해지 시 세금	차이
4,000만 원 이하 (총급여액 5,500만 원 이하)	16.5%	16.5%	0.0%
4,000만 원 초과~1억 원 이하 (총급여액 5,500만 원 초과~1.2억 원 이하)	13.2%	16.5%	-3.3%
1억 원 초과 (총급여액 1.2억 원 초과)	13.2%	16.5%	-3.3%

3.3% 이상 내는 것이다. 앞서 소개한 한국형 올웨더 포트폴리오는 기대 수익률이 연 7~10%다. 3년 이상 운용하면 손실을 입기도 힘든 포트폴리오이니 3.3% 수익은 쉽게 달성할 수 있는 수준이다. 걱정만 하지 말고 간단하게 계산해보면 걱정이 훨씬 줄어든다.

　다음으로 연간 수령액이 1,200만 원 이상이면 종합과세 폭탄을 맞는지 살펴보자. 연금저축펀드에서 연간 1,200만 원 이상 수령하면 1,200만 원을 초과한 금액이 아니라 전체 금액이 종합소득과세 대상이 된다. 그래서 연간 1,200만 원을 넘지 말라고 권하는 사람이 많다. 과연 그런지 간단하게 계산해보자.

　표 15는 연금을 월 100, 200, 300만 원 받을 때 부과되는 종합소득세를 계산한 결과다. 연간으로 환산하면 1,200만 원, 2,400만 원, 3,600만 원이다. 다른 소득 없이 연금소득만 있고 당사자 한 사람만 인적공제를 받는다고 가정했다. 각 경우의 종합소득세는 30, 132, 310만 원이다. 많다면 많고 적다면 적다. 월 부담액으로 보면 받는 액수에 비해서 크게 부담되는 것은 아니다. 한 달에 100만 원 받고 세금을 내지 않는 것과,

표 15. 연금저축 월 수령액별 종합소득세 예시

(금액 단위: 원)

월 수령액	1,000,000	2,000,000	3,000,000
연간 수령액	12,000,000	24,000,000	36,000,000
인적공제 1인	1,500,000	1,500,000	1,500,000
연금소득공제	5,900,000	7,300,000	8,500,000
과세표준(6%/15%/15%)	4,600,000	15,200,000	26,000,000
종합소득세(연간)	303,600	1,320,000	3,102,000
종합소득세(월 부담액)	25,300	110,000	258,500
실효 세율	2.5%	5.5%	8.6%

한 달에 300만 원 받고 세금을 26만 원 내는 것이 있다. 어느 것을 선택하고 싶은가? 나는 당연히 후자를 선택하겠다. 세금 폭탄은 진실과 거리가 멀다. 다들 1,200만 원만 받자고 얘기할 때 웃으면서 3,600만 원 받아도 된다. 세금 폭탄이 아니라 연금소득 적은 것이 더 무섭다.

추가로 건강보험료도 알아보자. 연금저축펀드에서 월 300만 원을 연금으로 받으면 건강보험료가 높아지는 게 아닐까 걱정된다. 걱정할 필요가 없다.

표 16. 연금 종류별 건강보험료 부과 대상

연금 종류	건강보험료 부과 대상
사적연금(연금저축)	×
공적연금 (국민연금, 공무원연금, 사학연금, 군인연금)	○

표 16을 보면 국민연금을 포함한 공적연금은 건강보험료 부과 대상에 해당된다. 그러나 연금저축펀드를 포함한 사적연금은 건강보험료 부과 대상이 아니다.

연금저축펀드의 세금 관련해서 정리하자면 해지 시 세금은 0% 또는 -3.3%로 낮다. 연금저축에서 연금 월 수령액 300만 원이 되어도 종합소득세 실효 세율은 8.6%밖에 되지 않는다. 건강보험료 부과 대상도 아니다. 그러니 세금 걱정은 세금에 맡겨두고 우리는 연금을 많이 받을 걱정을 하자.

글 **이영빈** | 직장인의 연금 투자에 관심이 많은 직장인 투자자. '와이비엘'이라는 필명으로 블로그 활동을 하면서 연금 외에도 퀀트투자와 세계 경기 매크로 지표 등을 지속적으로 전하고 있다. 《우리 아이를 위한 부의 사다리》에서 자녀를 위한 실전 투자법을 제시했다.

전문가와 독자가 선정·추천한 '2022 우량 투자서(번역서 신간) 톱 7'

대가들의 철학, 관점,
지혜, 태도를 읽는다

- 목록 선정, 추천, 설문 결과
- 도서 선정단 4인 진심 리뷰

가치투자연구소와 〈버핏클럽〉, 투자자를 위한 도서 선정단이 지난해 발표한 '2021 우량 투자서 35선'(번역서 부문)은 공부하는 투자자들과 관련 업계로부터 큰 호응을 얻었다.

올해도 투자자에게 도움이 될 우량 투자서를 선정했다. 후보 도서로는 '2021년 4월 ~2022년 6월 출간된 번역서 신간' 중 도서 선정단이 38종을 선별했다. 그런 다음 후 보 도서에 대해 가치투자연구소 회원과 전문가 평가단의 추천을 받았다. 전문가 추천 톱 7과 가치투자연구소 회원(독자) 추천 톱 7에서 2종이 중첩되었고, 그 결과 우량 투자서 12권이 도출되었다.

워런 버핏의 투자 동반자 찰리 멍거는 "버핏이 학습 기계, 특히 지속적인 학습 기계가 아 니었다면 기존 투자 성과가 절대 불가능했을 것"이라고 말한다. 여기서 '학습'은 '독서' 를 가리킨다. 버핏은 "하루에 책을 500페이지씩 읽을 때도 있다"고 말한 바 있다. 그리 고 자신을 만든 투자서로 벤저민 그레이엄의 《현명한 투자자》와 필립 피셔의 《위대한 기업에 투자하라》를 꼽았다('2021 우량 투자서 35선'은 당연히 이 두 종을 '모셨다'.)

'2022 우량 투자서(번역서 신간) 톱 7' 중에도 투자서 분야의 고전이 될 책들이 있을 것이다. 그 책들은 그러면서 현명한 독자들을 성공 투자로 이끌 것이다.

워런 버핏은 "대개 마음 편하게 투자하는 사람들의 실적이, 끊임없이 바뀌는 뉴스, 소 문, 전망을 좇는 사람들의 실적보다 좋다"고 올해 주총 답변에서 말했다. 그는 끊임없 이 바뀌는 정보에 자신을 노출시키는 대신 책을 읽는다. 정보 역시 식품과 마찬가지 로 유통기한이 있다. 유통기한이 긴 정보를 담은 책에 가중치를 높게 부여해야 한다. 책을 읽기로 했을 때 통과해야 할 질문이 있다. 어떤 책을 선택하느냐는 질문이다. 여 기 그 선택에 도움이 되는 목록이 있다.

2021 우량 투자서 35선

유통기한이 긴 정보, 책에 투자하라

《다모다란의 투자 전략 바이블》과 《딥 밸류》,《필립 피셔의 최고의 투자》,《가치투자자의 탄생》,《독점의 기술》,《주식투자의 지혜》,《소로스 투자 특강》,《가치투자는 옳다》,《더 레슨》,《벤저민 그레이엄의 성장주 투자법》,《포춘으로 읽는 워런 버핏의 투자 철학》,《투자의 배신》 등 12종이 번역서 신간 부문 '2022 우량 투자서'로 선정되었다.

이들 12종은 전문가가 추천한 7종과 가치투자연구소 회원(독자) 추천 7종을 합한 결과다. 전문가와 독자가 모두 추천한 2종이 있어서 도합 12종이 됐다. 전문가와 독자 모두 높이 평가한 책은 《다모다란의 투자 전략 바이블》과 《가치투자자의 탄생》이다.

2022 우량 투자서 선정 행사는 건전한 투자 문화를 확산하기 위해 개인 주식 투자자들에게 우량 도서 목록을 제시한다는 취지로 기획됐다. 가치투자연구소와 〈버핏클럽〉이 주최했고, '투자자를 위한 도서 선정단'이 주관했다. 도서 선정단은 지난해와 동일하게 박성진 이언투자자문 대표와 최준철 VIP자산운용 대표, 정채진 개인 투자자, 홍진채 라쿤자산운용 대표 등 4인으로 구성되었다.

도서 선정단은 먼저 '2021년 4월~2022년 6월 출간된 번역서 신간'을 대상으로 후보 도서 38종 목록을 작성했다. 후보 도서 선정에는 '시간이 흘러도 진가가 변하지 않을 투자 양서'를 가장 중요한 기준으로 삼았다. 이번에도 트레이딩 및 기술적 분석 전문 도서는 제외했다. 후보 도서 목록을 전문가 평가단과 독자들에게 제시하고 설문조사를 실시했다. 그 결과로 전문가가 선정한 톱 7과 독자가 선정한 톱 7이 나왔다.

전문가 평가단 명단

강환국	개인 투자자, 《하면 된다! 퀀트 투자》 저자
김규식	변호사, 한국기업거버넌스포럼 회장
김재현	머니투데이 전문위원, 《주식투자의 지혜》 공역자
김철광	필명 바람의숲, 유튜버
김학균	신영증권 리서치센터장, 《부의 계단》 공저자
김형균	차파트너스자산운용 본부장
박성진*	이언투자자문 대표, 《현명한 투자자의 인문학》 역자
사경인	공인회계사, 《재무제표 모르면 주식투자 절대로 하지마라》 저자
서준식	숭실대학교 경제학과 교수, 《다시 쓰는 주식 투자 교과서》 저자
숙향	개인 투자자, 《이웃집 워런 버핏, 숙향의 투자 일기》 저자
심혜섭	변호사, 《주식시장을 더 이기는 마법의 멀티플》 공역자
이건규	르네상스자산운용 대표, 《투자의 가치》 저자
이상건	미래에셋투자와연금센터 대표, 《부자들의 개인 도서관》 저자
이우근	필명 systrader79, 《주식투자 ETF로 시작하라》 저자
이은원	SK증권 서초PIB센터 부장, 《워런 버핏처럼 적정주가 구하는 법》 저자
정승혜	모닝스타코리아 상무
정채진*	전업 투자자, 《코로나 투자 전쟁》 공저자
차영주	와이즈경제연구소 소장, 《터틀 트레이딩》 저자
천영록	두물머리 대표, 《부의 확장》 공저자
최준철*	VIP자산운용 대표, 《한국형 가치투자 전략》 공저자
피우스	개인 투자자, 블로거
홍영표	변호사, 《워런 버핏 바이블 2021》 공저자
홍진채*	라쿤자산운용 대표, 《주식하는 마음》 저자
홍춘욱	리치고인베스트먼트 대표, 《돈의 역사는 되풀이된다》 저자

* 이름 뒤에 '*' 표시한 사람은 도서 선정단 멤버임

2022 우량 투자서(번역서 신간) 톱 7

순위	전문가 추천	독자 추천
1	다모다란의 투자 전략 바이블	다모다란의 투자 전략 바이블
2	딥 밸류	필립 피셔의 최고의 투자
3	가치투자자의 탄생	가치투자자의 탄생
4	독점의 기술	주식투자의 지혜
5	소로스 투자 특강	가치투자는 옳다
6	더 레슨	벤저민 그레이엄의 성장주 투자법
7	포춘으로 읽는 워런 버핏의 투자 철학	투자의 배신

* 대상 도서: 2021년 4월~2022년 6월 출간된 번역서

다모다란의
투자 전략 바이블

딥 밸류

필립 피셔의
최고의 투자

가치투자자의 탄생

독점의 기술

주식투자의 지혜

소로스 투자 특강

가치투자는 옳다

더 레슨

벤저민 그레이엄의
성장주 투자법

포춘으로 읽는
워런 버핏의 투자 철학

투자의 배신

범주별 우량 투자서 목록

범주	수준	제목
투자 철학	초급	가치투자는 옳다, 가치투자자의 탄생
대가의 지혜	중급	더 레슨, 포춘으로 읽는 워런 버핏의 투자 철학
	고급	소로스 투자 특강, 필립 피셔의 최고의 투자
투자 방법론	초급	주식투자의 지혜
	중급	다모다란의 투자 전략 바이블, 벤저민 그레이엄의 성장주 투자법
	고급	딥 밸류
기업 분석	초급	독점의 기술
투자 상식	초급	투자의 배신

우량 투자서 12종 목록을 살핀 뒤 도서 선정단의 리뷰를 참고해 읽으면 도움이 된다. 리뷰 중 두 대목만 소개한다. 박성진 대표는《포춘으로 읽는 워런 버핏의 투자철학》중 한 기사에 대해 "인플레이션이 주식시장에 정확히 어떤 문제를 야기하는지에 대해 이 글만큼 구체적이고 체계적인 설명은 찾아보기 어렵다"고 평가했다. 최준철 대표는 톱 7 중에《가치투자자의 탄생》을 가장 추천한다며 "자산주 투자의 전설인 월터 슐로스의 인터뷰가 실려 있는데 워낙 희소한 내용이라 이 챕터만으로도 책값은 뽑고도 남는다"고 장담했다.

주식 투자자는 왜 책을 읽어야 하나? 정채진 투자자는 "기업을 분석하는 기술적인 부분은 서서히 개선해나갈 수 있지만, 투자를 바라보는 태도, 좋은 기질을 갖추기 위해서는 반드시 한 번의 큰 깨달음이 필요하다"고 전제했다. 이어 그런 깨달음에는 독서가 도움이 된다며《가치투자자의 탄생》에 나오는 월터 슐로스의 이야기를 예로 들었다. 홍진채 대표는 '투자의 기초'를 알려준다는 사람은 검증되지 않은 개인적 경험을 풀어놓는 경우가 많은 데 비해 책을 통해 "검증된 대가들의 경험담과 원칙"을 배울 수 있다고 말한다.

박성진
이언투자자문 대표

책에는 성공으로 이어진 길이 있다

아무리 어둔 길이라도 / 나 이전에 / 누군가는 이 길을 지나갔을 것이고,

아무리 가파른 길이라도 / 나 이전에 / 누군가는 이 길을 통과했을 것이다.

아무도 걸어가 본 적이 없는 / 그런 길은 없다.

나의 어두운 시기가 / 비슷한 여행을 하는

모든 사랑하는 사람들에게 / 도움을 줄 수 있기를.

류시화 시인의 잠언시집에 실린 베드로시안의 '그런 길은 없다'이다.

최근 많은 사람들, 특히 2030 청년들이 부동산, 주식, 코인에서 큰 손해를 보고 있다고 한다. 안타깝게도 사람들은 천성적으로 역사에서 제대로 배우지 못하는 것 같다. 미국의 경제학자인 존 케네스 갤브레이스는 금융 분야만큼 역사가 무시당하는 곳은 드물다고 지적하며 극단적으로 짧은 금융권의 기억을 탓한다. 사람들은 이전 사람들이 저지른 실수를 계속 반복한다.

세상이 우리에게 제시하는 문제 중에 완전히 새로운 종류는 없다. 시간과 공간이 달라지면서 배경이 달라지고 모양이 바뀌어 제시될 뿐이

다. 세상에는 지혜로운 사람이 많고 우리는 독서를 통해 그들에게 배울 수 있다. 금융과 주식시장이 제시하는 문제 역시 마찬가지다. 대부분 벤저민 그레이엄과 워런 버핏이 이미 풀었던 유형이다.

올해에는 좋은 책이 정말 많이 출간되었다. 《포춘으로 읽는 워런 버핏의 투자철학》은 〈포춘〉의 기자로 버핏을 오랫동안 취재해온 캐럴 루미스가 지난 수십 년간 〈포춘〉에 실린 버핏 관련 기사를 엮은 책이다. 인수·합병, 자사주 매입, 파생상품 등 다양한 주제에 대한 버핏의 견해를 읽을 수 있다. 지금 시기 가장 눈길을 끄는 기사는 1977년 5월에 실린 '인플레이션은 어떻게 주식 투자자들을 궁지에 몰아넣나'이다. 인플레이션이 주식시장에 정확히 어떤 문제를 야기하는지에 대해 이만큼 구체적이고 체계적으로 설명한 글은 찾아보기 어렵다.

흥미롭게도 이 내용 중에 추후 오류로 판명된 대목이 일부 있다. 버핏은 높은 인플레이션이 지속되리라고 예상했는데, 당시 연준 의장 폴 볼커Paul Volcker가 인플레이션을 잡은 것이다. 한편 인플레이션이 예상되고 주식 투자에 부정적인 영향을 미칠 것이라고 생각했음에도 버핏은 여전히 주식에 투자했고, (적당한 가격에 산다면) 주식이 인플레이션 시대에 최선의 대체품이라고 조언했다. 실제로 버크셔 해서웨이는 인플레이션을 극복하고 계속해서 놀라운 수익을 이어갔다.

세계 최고의 투자자인 버핏의 미래 전망조차 틀리는 것은 세상에 대한 우리의 이해가 본질적으로 불완전하기 때문이다. 2009년 10월 부다페스트에서 강연한 내용을 책으로 엮은 《소로스 투자 특강》에서 조지 소로스는 오류성fallibility과 재귀성reflexivity 때문에 세상은 불확실하다고 말한다. 우리가 사는 세상은 너무 복잡해서 우리 능력으로는 이해할 수 없으며, 사람이 세상을 보는 관점은 항상 부분적이고 왜곡될 수밖에 없다(오류성). 이런 왜곡된 관점은 부적절한 행동을 낳기 때문에 그 상황에 다시 영향을 미치게 된다(재귀성). 사람들이 현실을 왜곡해서 해석하고 여기서 나온 결과가 현실을 더 왜곡하는 현상이 벌어진다. 누군가 코인이 값어치가 있다고 생각해서 코인에 투자하면 코인 가격이 오른다. 코인 가격 상승은 다른 누군가의 생각에 영향을 미치고 그 사람도 코인에 투자하게 된다. 소로스는 이런 금융시장의 오류와 불확실성을 투자에 이용한다. 거품이 형성되는 모습을 발견하면 즉시 자산을 사들여 불난 곳에 기름을 붓는다고 한다.

소로스의 세계관은 세상을 이해하는 데 많은 도움이 된다. 하지만 그의 투자 방식은 모방하기가 쉽지 않다. 소로스는 잘못된 결정을 하면 등에 극심한 통증이 오곤 했다고 고백했는데 그런 동물적 감각은 따라 할 수 있는 부분이 아니다. 반면 그레이엄의 가치투자 방식이 놀라운 점은 그 내용이 너무도 명백해서 누구나 모방할 수 있다는 것이다. 세스 클라만은 《증권분석》 6판의 서문에서 "투자의 진정한 비밀은 투자에 비밀이 없다는 사실이다. 가치투자의 모든 주요 요소는 1934년 《증권분석》 1판이 출간되면서 여러 차례 대중에게 공개되었다"라고 했다.

그레이엄과 버핏의 방식은 상식을 가진 사람이라면 누구나 이해할 수 있고 모방이 가능하다는 측면에서 매우 실용적이다. 이번에 선정된 책들에서도 그레이엄과 버핏의 가르침을 받아들여 크게 성공한 수많은 투자자를 만날 수 있다. 토비아스 칼라일의 《딥 밸류》는 그레이엄의 딥 밸류 투자가 여전히 강력한 투자 방법임을 실증적으로 잘 보여준다. 로널드 챈의 《가치투자자의 탄생》은 그레이엄과 버핏의 투자 방식을 받아들이고 모방, 복제, 변형해 크게 성공한 투자자 17인을 소개한다. 이들은 주로 활동한 시기가 다르고(1920년대부터 오늘날까지) 지역도 다르지만(미국과 유럽과 아시아 곳곳) 시공을 초월해 자신에게 맞는 방식으로 가치투자를 변용해 실천했고 큰 성공을 거두었다. 부디 한국의 투자자 중에서도 이들을 모방해 좋은 성과를 거두는 분이 많이 나오면 좋겠다.

번역서만을 대상으로 한 관계로 추천 대상에서는 빠졌지만 권용현 교수의 《가치투자 이야기》는 초보 투자자들이 궁금해할 만한 가치투자의 핵심을 질의, 응답 방식으로 매우 쉽게 담아낸 책이다. 권용현 교수는 대표적인 가치투자자인 남산주성님이 운영하는 '가치투자연구소' 카페에서 '넥클리스'라는 필명으로 10년 넘게 자신의 포트폴리오를 공개하고 글을 써왔다. 포트폴리오에 편입된 종목 수, 편입 종목을 매수·매도하는 방식이 매우 독특하고 인상적이다. 장마리 에베이야르의 말처럼 가치투자 진영은 '빅 텐트'이다.

현대는 정보의 홍수 시대다. 너무 많은 뉴스와 인터넷 매체들은 공포와 탐욕을 자극하며 사람들을 조급하게 만드는 경향이 있어, 투자에 도움이 되기보다는 해로울 가능성이 높다. 노마드투자조합을 운영했던 닉 슬립과 콰이스 자카리아는 '노마드투자조합 투자자 서한'에서, 정보역시 식품과 마찬가지로 유통기한이 있으며 유통기한이 긴 정보에 가중치를 높게 부여해야 한다고 조언한다. 실시간으로 뉴스 속보를 청취하기보다는 혼자 조용히 책을 읽는 것이 세상을 좀 더 깊이 이해하는 길이라고 믿는다. 잠시 컴퓨터를 끄고 독서에 빠져보는 것을 권한다. 나이전에 현명한 누군가가 걸어갔을 길을 발견하길 기원한다.

최준철
VIP자산운용 대표

철학, 관점, 지혜, 용기의 보급 창고

도서 선정단의 일원으로 참여한 '2021 우량 투자서 35선' 프로젝트의 결과가 〈버핏클럽〉을 통해 공개된 뒤로 벌써 1년이 흘렀다. 가끔 인터넷 블로그나 카페를 둘러보다 이 우량 투자서 리스트를 참고해 책을 골랐다는 내용을 담은 글을 읽으면 초보 투자자들에게 조금이나마 도움이 되었다는 생각에 혼자 뿌듯해하기도 했다.

인스타그램에 독서 감상을 올리는 개인 계정을 운영하고 있는데, 지난 1년간 기록을 보니 주식 책이 꽤 많았다. 그만큼 투자 관련 신간 출간이 활발히 이뤄졌다는 얘기다. 아마 출판사에서 강세장 때 기획한 도서들의 출간이 몰린 결과가 아닐까 추측한다. 우량 투자서 공개 이후로 시장은 내내 약세였고 지금은 주식의 인기도 시들하지만 공부하기 좋아하는 투자자들에겐 읽을거리가 풍부한 환경인 셈이다.

실제로 도서 선정단에서 신간 추천을 위해 리스트업을 해보니 1년간 나온 투자서가 이렇게 많았나 싶을 정도였다. 양뿐 아니라 질도 우수한 책이 많다 보니 투표하는 데도 애를 먹었다. 약세장의 영향을 받을 내년엔 리스트를 또 한번 업데이트할 정도의 가짓수가 나올지 모르겠으나, 일단 2001~2022년만큼은 모으고 추리고 가려서 추천했다고 하기에 충분한 유효경쟁이 있었다.

전문가 평가단의 추천과 독자 투표로 최종 선정된 리스트를 확인하는 순간 가장 반가웠던 책은《가치투자는 옳다》였다. 작년 선정이 진행 중일 때 출간되어, 아쉬운 마음에 기고문을 통해 추가 추천서로 언급한 바로 그 책이어서다. 번외에서 정규로 승격된 느낌이랄까, 어쨌든 장마리 에베이야르의 오랜 팬으로서 기쁜 결과였다.

역시나 팬덤이 두텁게 형성된 대가들이 직접 썼거나 그들의 투자법을 다룬 책이 다수 추천되었다. "나의 투자법은 80%는 그레이엄으로부터, 20%는 피셔로부터 왔다"는 버핏의 고백에 등장한 두 거장이 주인공들이다.《필립 피셔의 최고의 투자》는 그의 저서가 두 권뿐이라는 통념을 깨며 홀연히 등장했고,《벤저민 그레이엄의 성장주 투자법》은 그레이엄과 성장주는 상충한다는 고정관념에 도전하며 투자자의 관심을 끌었다.

대가들 그룹에 다크호스로 떠오른 인물이 있으니 바로 애스워드 다모다란 교수다. 그가 쓴《다모다란의 투자 전략 바이블》이 전문가와 독자 추천에서 통합 1위에 오른 결과를 보고 흠칫 놀라기도 했다. 가치평가라는 투자자들이 가장 신비로워하는 분야에서 쌓은 명성이 신간에 대한 반응으로 이어진 결과가 아닐까 싶다. 나 역시 그동안 의존해온 몇 가지 투자 전략을 이 책을 통해 객관적으로 돌아보았고, 큰 도움을 받았다.

톱 7 중 개인적으로 가장 반전이 컸던 책은《더 레슨》이었다. 갈라쇼 스타일의 책을 선호하지 않는 데다가 출연진이 익히 알려진 존 템플턴, 피터 린치, 워런 버핏이라니 읽을까 말까 망설이다, 하락장 때 마음 수련이나 하자며 펼쳐 들었다. 하지만 세 분에 대해 모르는 게 있을까 하는 오만한 생각이 부끄러웠을 만큼 새로운 내용들이 담겨 있었다. 그 정도로 인물 역사부터 투자 사례들까지 저자의 조사가 치밀하고 방대했다. 인물별 세 권으로 각기 나왔어도 충분했을 법한 양과 질을 갖춘 책이다.

내가 톱 7 가운데 가장 추천하고 싶은 책은 가치투자의 거장 17명을 인터뷰한 내용을 담은 《가치투자자의 탄생》이다. 한국에 가치투자를 알리는 활동을 시작하면서부터 가장 지겹게 들어온 말은 "가치투자는 미국에서나 통하지, 한국에서는 통하지 않는다"라는 반론이었다. 당시 한국 시장에 대한 불신이 깊었던 탓도 있겠지만(현재도 그러하다) 가치투자 대가들이 대부분 미국 시장에서 활동했던 영향도 크게 작용했을 것이다.

이 책은 스페인, 홍콩, 싱가포르 등 미국 외 지역에서 성공한 가치투자자들의 사례를 포함하면서 가치투자가 지역을 초월한 보편적인 유효성을 가지고 있음을 보여준다. 더불어 자산주 투자의 전설인 월터 슐로스의 인터뷰가 실려 있는데 워낙 희소한 내용이라 이 챕터만으로도 책값은 뽑고도 남는다고 자신 있게 주장하고 싶다.

경제 사이클이 급변하고 세계 정세가 혼란해지며 약세장이 이어지고 있다. 확고한 철학과 관점이 부재하다면 견디기 어려운 환경이다. 또한 심리적으로 힘든 시기를 이겨나가기 위해선 지혜와 용기가 필요하다. 아무쪼록 추천 신간 목록이 독자들에게 철학, 관점, 지혜, 용기를 모두 공급하는 보급 창고 역할을 하길 간절히 바란다.

정채진
전업 투자자

월터 슐로스가 전하는 투자의 '태도'

2022년에 읽은 책 중에 내게 큰 힘이 된 것은 《스토아적 삶의 권유》이다. 이 책은 내가 삶을 바라보는 '태도'를 향상시키는 데 큰 도움을 줬다. 인간은 누구나 두려움, 욕심, 질투, 분노, 나쁜 습관 등에 지속적으로 노출될 수밖에 없는 나약한 존재이며 종종 이런 장애물에 쉽게 굴복한다. 우리를 약하게 만드는 것들로부터 자유로워지기 위해서는 좋은 철학(삶의 방법론)을 배우고 훈련하는 일이 중요한데, 이 책은 몸과 마음, 삶의 모든 측면을 개선할 수 있는 유용한 전략들을 쉬운 이야기로 잘 설명하고 있다.

투자 역시 이와 비슷하다고 생각한다. 투자 성과를 결정짓는 요인들은 많이 있지만 그중 가장 큰 부분은 투자를 바라보는 '태도'와 관련되어 있다. 다른 말로는 투자자의 기질이라고도 할 수 있다. 기업을 분석하는 기술적인 부분은 서서히 개선해나갈 수 있지만, 투자를 바라보는 태도, 좋은 기질을 갖추기 위해서는 반드시 한 번의 큰 깨달음이 필요하다. 어떤 사람은 한 번의 설명에도 즉시 알 수 있을 것이고, 어떤 사람은 많은 시행착오를 통해서야 알 수 있을 것이며, 어떤 사람은 끝까지 깨닫지 못할 수도 있겠지만 투자에 성공하기 위해서는 반드시 필요한 부분이다. 또

한번 제대로 깨닫고 나면 다시는 다른 방법으로 돌아갈 수 없다.

나는 지난 1년간 새로 출간된 번역서 중 《가치투자자의 탄생》과 《가치투자는 옳다》 두 권의 책을 추천한다. 성공한 투자자들의 경험담을 읽다 보면 '정말 그렇구나' 하고 무릎을 탁 칠 때가 종종 있는데, 이 두 권의 책을 읽으며 자주 그랬기 때문이다.

특히 《가치투자자의 탄생》에 나오는 월터 슐로스의 이야기를 여러 번 반복해 읽기를 추천한다. 그의 이야기에는 투자를 바라보는 태도와 관련해 중요한 것들이 모두 들어 있을 뿐만 아니라 무척 흥미롭기까지 하다. 월터 슐로스의 이야기에 나오는 구절 몇 개를 간단히 소개하면 다음과 같다.

"저는 식료품점 주인이고 제가 보유한 주식은 식료품 재고라고 생각했습니다. 보유한 주식은 때때로 배당금을 지급했고 그래서 기다릴 만한 가치가 있었죠. 결국 누군가 제가 가진 재고에 좋은 가격을 제시하면 그때 파는 것입니다."

"아버지는 '내게 피해를 입히지 않는 모든 악재는 호재'라고 하셨습니다. 제 목표는 손실을 줄이는 것이고, 상승세에 있는 주식 몇 개만 찾을 수 있다면 복리의 마법이 발휘될 것입니다."

"저는 항상 50~100개 종목을 보유했습니다. 그러지 않았다면 특정한 주식이 저를 배반했을 때 크게 스트레스를 받았을 겁니다. 심리적으로 저는 버핏과는 다르게 만들어진 사람입니다. 버핏처럼 되려고 노력하는 사람이 많다는 것을 압니다. 하지만 그들이 주목해야 할 것은, 버핏이 훌륭한 분석가일 뿐만 아니라 사람과 회사를 판단하는 능력이 뛰어나다는 사실입니다. 저는 제 한계를 알기 때문에 제게 맞는 가장 편한 방식으로 투자하는 것을 선택했습니다."

"투자는 예술이라고 생각합니다. 우리는 가능한 한 논리적으로 판단하고 감정에 휘둘리지 않으려고 노력했습니다. 투자자가 대개 시장의 영향을 받는다는 것을 알았기 때문에 우리는 이성적으로 판단해 시장을 유리하게 이용할 수 있었습니다. 그레이엄의 말처럼 시장은 여러분을 도와주는 곳이지, 여러분을 가르치는 곳이 아닙니다."

"1월이든, 월요일이든, 그해 선거가 있든 신경 쓰지 않는다. 월터 슐로스는 1달러 가치가 있는 회사를 40센트에 사두면 뭔가 좋은 일이 있을 것이라고 단순하게 설명한다. 이런 투자를 수없이 되풀이한다. 그는 나보다 훨씬 더 많은 종목을 보유하고 있으면서도 그 기업의 근본적인 성격에 대해 나보다 훨씬 관심을 적게 가진다. 나는 월터에게 그다지 영향력을 미치지 못하는 듯하다. 사실 누구도 그에게 영향을 미치지 못한다. 이것이 그의 장점이다."(워런 버핏)

월터 슐로스의 이야기를 여러 번 읽은 후 다른 투자자들의 이야기도 같이 읽는다면, 그 한 번의 깨달음을 얻는 데 도움이 되리라 생각한다.

홍진채
라쿤자산운용 대표

'뜻밖의 선물' 같은 우량 투자서들

투자에서는 좋은 스승을 만나기도 어렵고, 좋은 원칙을 배우기도 어렵다. 소위 '투자의 기초'를 알려준다는 사람은 많지만, 막상 살펴보면 다분히 용어 설명에 그치거나, 검증되지 않은 개인적인 경험을 풀어놓은 것에 불과한 경우가 많다. "결국 투자는 직접 부딪히고 깨져가면서 배우는 거야"라는 말이 진실에 가장 가깝긴 하지만, 그렇게 '던져진 존재'가 되어서 혼자 힘으로 풍랑을 헤쳐나가기에는 시장은 너무 가혹하다.

그런 면에서 책은 아주 큰 도움을 줄 수 있다. 검증된 대가들의 경험담과 원칙, 혹은 그들을 연구한 사람들의 진중한 결과물로부터 우리는 많은 것을 배울 수 있다. 그러나 투자 책을 고르는 데에도 좋은 주식을 고를 때만큼이나 많은 위험이 도사리고 있다. 매년 수십 수백 권의 투자 서적이 쏟아져 나오지만, 그것들을 다 읽어볼 시간도 당연히 없거니와, 누가 무엇을 얼마나 검증한 책인지도 알기 어렵다.

'우량 투자서 선정'은 투자를 직접 경험한 사람, 그중에서도 책을 꽤 읽었다는 사람들이 실제로 읽어보고 유익했다고 판단한 책들을 골라내는, 사회적으로 큰 의미가 있는 작업이다. 작년에 이어 올해도 이 작업에 참여할 수 있어 큰 영광이다.

지난 1년 동안에도 많은 책이 출간되었다. 개인적으로 책을 한 권 쓰는 중이었는데, 상당히 많은 참고 자료를 요하는 글이었다. 그러던 중 발견한 몇몇 책은 저술하던 책에서 꼭 필요한 부분을 메꿔주는 오아시스와도 같았다. 어찌나 내가 원하는 타이밍에 원하는 책이 출간되었던지.

《벤저민 그레이엄의 성장주 투자법》은 그레이엄에 대해서 내가 갖고 있던 가설, 그레이엄은 저PBR 등 수치상 저평가주, 소위 '가치주'라고 불리는 주식에만 투자한 것이 아니라는 가설이 옳았음을 입증해주었다. 《현명한 투자자》 초판에만 나와 있던 글,《증권분석》 4판에 등장했다가 그레이엄 사후에 사라진 글 등을 이 저자가 복원해주지 않았다면, 내 가설을 직접 입증하느라 진땀을 빼거나 가설을 폐기해야 했을 것이다.

워런 버핏과 관련해서도 상당히 많은 자료를 인용해야 했는데,《포춘으로 읽는 워런 버핏의 투자 철학》과《더 레슨》은 다른 버핏 관련 책에서 보기 어려웠던 자료들을 대량으로 찾을 수 있었다. 덕분에 버핏에 대해서 가지고 있던 여러 가설들, 그가 그레이엄과 어떻게 핵심 사고 체계를 공유하면서도 자신만의 기법으로 발전시켜왔는지, 기업을 바라보는 관점과 시장을 바라보는 관점이 무엇인지에 대해서 풍부한 해석을 더할 수 있었다.

《필립 피셔의 최고의 투자》는 정말 뜻밖의 선물이었다. 워런 버핏은 피셔의 '첫 두 권의 책'이《현명한 투자자》에 맞먹을 정도로 훌륭하다고 한 바 있다. 다들 알겠지만 버핏에게《현명한 투자자》는 거의 성경에 준하는 입지를 가지고 있다. 나는 지금까지 그 두 권의 책이《위대한 기업에 투자하라》와《보수적인 투자자는 마음이 편하다》인 줄 알았는데, 두 번째 책은 바로 이《최고의 투자》였다. 이제서야 그 사실을 알았다는 게 참으로 부끄럽지만, 뭐 어쩌겠나. 지금이라도 알았으니 다행이지.《최고의 투자》는《위대한 기업에 투자하라》의 주요 내용을 요약 정리하면서 핵심 내용을 좀 더 깊게 보완해주는 책이다. 특히 원서의 출간 시점(1960년)은 미국에서도 인플레이션에 대한 고민이 상당하던 시절이었는데, 인플레이션에 대한 피셔의 시각을 알 수 있어 현시점의 우리에게 상당히 큰 의미가 있다.

지난 1년은 내가 좋아하지만 절판되었던 책들이 다수 출간되어서 특히 즐거운 한 해였다.《주식투자의 지혜》는 펀더멘털 기반의 투자에 기술적 분석을 어떻게 조화시킬 수 있을지 큰 힌트를 주는 책이다.《소로스 투자 특강》은 조지 소로스의 투자법의 단면을 알 수 있는 책이다. 《확률적 사고의 힘》은 투자에 너무나 중요한 '확률적 사고'를 가장 쉽게 설명한 책이다.

《가치투자자의 탄생》에서 스팍스 그룹의 창업자 아베 슈헤이는 벤저민 그레이엄의《현명한 투자자》와 조지 소로스의《금융의 연금술》을 특히 좋아한다고 했다. 그레이엄과 소로스를 동시에 좋아하는 게 어떻게 가능한가? 위 세 권의 책을 읽으면 사뭇 달라 보이는 투자법들이 근본은 하나로 귀결될 수 있다는 점을 깨닫게 된다. (어쩌다 보니 세 권의 책 모두 부족한 본인이 해제를 쓰게 되었다. 이해에 조금이라도 도움이 된다면 더할 나위 없는 영광이다.)

공역으로 참여한《다모다란의 투자 전략 바이블》도 많은 사랑을 받아서 참으로 감사한 마음이다. 2008년에 처음 발견한 이후 여러 사정으로 묵혀두었다가 인연이 닿아 발간하게 되었다. 다모다란은 투자 이론과 실증적 증거를 찾아내는 면에서 독보적인 지위를 가지고 있다. 투자 전략을 샅샅이 훑은 이 책은 지금 읽어도 충분히 유익한 내용으로 가득 차 있어서, 투자를 진지하게 고민하는 사람이라면 꼭 읽어보기를 권한다.

　이 외에《시장을 풀어낸 수학자》도 상당히 흥미롭다. 활용할 수 있는 데이터가 기하급수적으로 늘어난 요즘에 퀀트투자를 등한시하다가는 어떤 위험에 빠질지 감이 잡히지 않는다. 실증적으로도 펀더멘털 투자에 퀀트를 접목하면 성과가 유의미하게 좋아진다는 연구 결과가 있다. 부디 다양한 투자 기법에 열린 마음으로 접근하기를 바란다.

　내년에도 좋은 책이 많이 출간되기를 기대한다.

Appendix 1

Warren Buffett's Annual Letter to Shareholders
_____

2021년도 워런 버핏의 주주서한 전문

* 매년 2월 발표하는 워런 버핏의 주주서한(버크셔 해서웨이 연차보고서) 원문은 버크셔 해서웨이 홈페이지(www.berkshirehathaway.com/letters/letters.html)에 공개되어 있다. (편집자 주)

버크셔 해서웨이(주)

버크셔 해서웨이 주주 귀하:

오랜 동업자 찰리 멍거와 나는 여러분의 재산 일부를 운용하고 있습니다. 우리는 여러분의 신뢰를 영광으로 생각합니다.

우리는 입장이 뒤바뀌었을 때, 즉 우리가 부재 주주(회사의 경영에는 참여하지 않고 이익 배당만 받는 주주)이고 여러분이 경영자라면 알고 싶은 내용을 여러분에게 보고할 책임이 있습니다. 우리는 이 주주서한과 주주총회를 통해서 여러분과 직접 소통하는 방식을 즐깁니다.

우리 방침은 모든 주주를 평등하게 대우하는 것입니다. 그래서 우리는 애널리스트나 대형 기관들과 별도 회의를 하지 않습니다. 아울러 가능하면 주요 정보를 토요일 오전에 공개합니다. 주주와 언론이 월요일 시장이 열리기 전까지 분석할 시간을 최대한 제공하려는 뜻에서입니다.

버크셔 관련 상세한 사실과 숫자들은 매년 증권거래위원회SEC에 제출하는 10-K에 실려 있고 이 연차보고서의 K-1~K-119에도 실려 있습니다. 아마 이런 상세한 정보에 흥미를 느끼는 주주도 있겠지만, 찰리와 내가 새롭거나 관심 있다고 생각하는 정보를 선호하는 주주도 있을 것입니다.

유감스럽게도 2021년에는 그런 활동이 거의 없었습니다. 그래도 여러분 주식의 내재가치 증대 과업에는 어느 정도 진전이 있었습니다. 이 과업이 지난 57년 동안 나의 주된 임무였고, 앞으로도 주된 임무가 될 것입니다.

버크셔와 S&P500의 실적 비교(연간 변동률)

연도	버크셔 주가 상승률 (%)	S&P500의 상승률 (%, 배당 포함)	연도	버크셔 주가 상승률 (%)	S&P500의 상승률 (%, 배당 포함)
1965	49.5	10.0	1995	57.4	37.6
1966	−3.4	−11.7	1996	6.2	23.0
1967	13.3	30.9	1997	34.9	33.4
1968	77.8	11.0	1998	52.2	28.6
1969	19.4	−8.4	1999	−19.9	21.0
1970	−4.6	3.9	2000	26.6	−9.1
1971	80.5	14.6	2001	6.5	−11.9
1972	8.1	18.9	2002	−3.8	−22.1
1973	−2.5	−14.8	2003	15.8	28.7
1974	−48.7	−26.4	2004	4.3	10.9
1975	2.5	37.2	2005	0.8	4.9
1976	129.3	23.6	2006	24.1	15.8
1977	46.8	−7.4	2007	28.7	5.5
1978	14.5	6.4	2008	−31.8	−37.0
1979	102.5	18.2	2009	2.7	26.5
1980	32.8	32.3	2010	21.4	15.1
1981	31.8	−5.0	2011	−4.7	2.1
1982	38.4	21.4	2012	16.8	16.0
1983	69.0	22.4	2013	32.7	32.4
1984	−2.7	6.1	2014	27.0	13.7
1985	93.7	31.6	2015	−12.5	1.4
1986	14.2	18.6	2016	23.4	12.0
1987	4.6	5.1	2017	21.9	21.8
1988	59.3	16.6	2018	2.8	−4.4
1989	84.6	31.7	2019	11.0	31.5
1990	−23.1	−3.1	2020	2.4	18.4
1991	35.6	30.5	2021	29.6	28.7
1992	29.8	7.6	연복리 수익률 (1965~2021)	20.1	10.5
1993	38.9	10.1	총수익률 (1964~2021)	3,641,613	30,209
1994	25.0	1.3			

주: 실적은 역년(曆年: 1월 1일~12월 31일) 기준. 단, 1965년과 1966년은 9월 30일 결산 기준이고, 1967년은 12월 31일 결산이되 15개월의 실적임.

우리가 보유하는 기업

버크셔는 다양한 기업을 보유하고 있으며, 지분을 통째로 보유한 기업도 있고 일부만 보유한 기업도 있습니다. 지분을 일부만 보유한 기업들은 주로 미국 대기업들의 상장주식입니다. 아울러 우리는 몇몇 외국 주식도 보유하고 있으며, 합작 투자나 공동 투자에도 여러 건 참여하고 있습니다.

투자 형태에 상관없이 우리가 추구하는 목표는 확고한 경제적 우위와 일류 경영자를 갖춘 기업에 유의미한 규모로 투자하는 것입니다. 특히 우리는 주가 등락에 따라 매매할 주식이 아니라 장기 사업 실적이 유망한 주식을 보유한다는 점에 주목하시기 바랍니다. 이는 중요한 관점입니다. 찰리와 내가 선정하는 것은 주식이 아니라 기업입니다.

나는 실수를 많이 합니다. 따라서 우리가 보유한 다양한 기업 중에는 경제성이 정말로 탁월한 기업도 있고, 경제성이 훌륭한 기업도 많으며, 경제성이 거의 없는 기업도 몇 개 있습니다. 지분 일부만 보유할 때의 이점은 가끔 훌륭한 기업의 일부를 훌륭한 가격에 사기가 쉽다는 점입니다. 반면 (지분을 통째로 보유하게 되는) 기업 인수 거래에서는 훌륭한 기업을 훌륭한 가격에 손쉽게 사는 사례가 매우 드물며, 이런 사례가 무더기로 발생하는 일은 절대 없습니다. 그리고 지분 일부만 보유할 때에는 실수를 저지르더라도 빠져나오기가 훨씬 쉽습니다.

놀라움의 연속

다음은 노련한 투자자들조차 종종 놀라는 버크셔의 특성입니다.

■ 사람들은 버크셔를 다소 이상한 거대 금융자산의 집합으로 인식합니다. 그러나 실제로 버크셔는 미국 기업 중 (재무상태표에 유형자산으

로 분류된) 인프라infrastructure 자산을 가장 많이 보유하고 있습니다. 우리는 인프라 자산 1위를 추구한 적이 전혀 없는데도 1위 기업이 되었습니다.

연말 현재 버크셔의 재무상태표에 표시된 미국 인프라 자산은 1,580억 달러입니다. 이는 작년에 증가한 숫자이며, 앞으로도 계속 증가할 것입니다. 버크셔는 인프라 자산을 계속 확대할 것입니다.

■ 버크셔는 매년 막대한 연방소득세를 납부합니다. 예컨대 2021년 우리가 납부한 연방소득세는 33억 달러였습니다. 같은 해 재무부가 발표한 연방소득세 납부액 합계는 4,020억 달러였습니다. 버크셔는 주 州와 외국에도 막대한 세금을 납부합니다. 버크셔 주주들은 "나는 회사에서 기부했습니다"라고 말해도 무방합니다.

버크셔의 역사는 (눈에 띄지 않아서 사람들이 인식하지 못하는) 정부와 미국 기업들 사이의 재무적 협력 관계를 생생하게 보여줍니다. 버크셔의 역사는 '버크셔 파인 스피닝Berkshire Fine Spinning'과 '해서웨이 매뉴팩처링Hathaway Manufacturing'이 합병에 합의한 1955년 초에 시작됩니다. 이들 유서 깊은 뉴잉글랜드 직물회사는 합병에 큰 기대를 걸면서 주주들에게 승인을 요청했습니다.

예컨대 해서웨이 매뉴팩처링은 주주들에게 "두 회사의 자원과 경영을 결합하면 직물 업계에서 가장 강력하고 효율적인 회사 중 하나가 될 것입니다"라고 장담했습니다. 자문회사였던 리먼 브러더스(네, 글로벌 금융위기에 파산한 그 투자은행입니다)도 이 낙관적 견해를 지지했습니다.

합병이 완료된 날은 폴 리버(버크셔)와 뉴베드퍼드(해서웨이) 양 지역에 매우 기쁜 날이었을 것입니다. 그러나 축하 행사가 끝나고 투자은행들이 돌아간 뒤 주주들이 맞이한 것은 대참사였습니다.

합병 9년 후 버크셔의 순자산은 5,140만 달러에서 2,210만 달러로 감소했습니다. 그 원인에는 자사주 매입, 무분별한 배당, 공장 폐쇄도 있었지만, 9년 동안 종업원 수천 명을 고용하면서 기록한 영업손실도 있었습니다. 사실은 버크셔만 고전한 것이 아니었습니다. 뉴잉글랜드 직물업계 전체가 돌이킬 수 없는 기나긴 죽음의 행진에 조용히 진입했습니다.

합병 후 9년 동안 재무부 역시 버크셔의 고전 탓에 힘들었습니다. 9년 동안 버크셔가 재무부에 납부한 소득세 합계액은 33만 7,359달러로서 하루 100달러에 불과했습니다.

1965년 초부터 상황이 바뀌었습니다. 새로 구성된 버크셔 경영진은 가용 현금을 재배치했고 모든 이익을 다양한 유망 사업에 투입했는데, 이들 사업 대부분이 계속 좋은 실적을 유지했습니다. 이익 재투자와 복리의 위력이 결합하자 매력적인 실적이 나왔고, 주주들은 부자가 되었습니다.

버크셔의 궤도 수정으로 혜택을 본 사람은 주주만이 아니었습니다. '조용한 동업자' 재무부도 버크셔의 소득세로 수백억 달러를 받게 되었습니다. 한때 하루 100달러에 불과했던 버크셔의 소득세가 지금은 하루 약 900만 달러에 이릅니다.

조용한 동업자 정부에 관해서 공평하게 말하자면, 우리 주주들은 버크셔가 그동안 미국에서 사업을 한 덕분에 크게 번영할 수 있었다는 사실을 인정해야 합니다. 미국은 버크셔가 없었더라도 1965년 이래로 크게 번영했을 것입니다. 그러나 버크셔는 미국에서 사업하지 않았다면 현재의 모습 근처에도 절대 이르지 못했을 것입니다. 그러므로 국기를 보면 감사의 뜻을 표하십시오.

■ 1967년 860만 달러에 내셔널 인뎀너티National Indemnity를 인수한 이후 버크셔는 보험 '플로트float'(우리 소유는 아니지만 투자할 수 있는 자금) 규모에서 세계 1위가 되었습니다. 생명보험에서 나오는 소규모

플로트까지 포함하면, 보험 사업에 진출하던 시점에 1,900만 달러였던 버크셔의 플로트 합계액은 1,470억 달러로 증가했습니다.

지금까지 이 플로트는 조달비용이 마이너스였습니다. 그동안 보험 손실과 영업비용 합계액이 보험료를 초과한 해도 여러 번 있었지만, 전체적으로는 55년 동안 적정 보험영업이익을 기록하면서 플로트를 창출했습니다.

플로트는 흐름이 매우 안정적이라는 특성도 커다란 장점입니다. 우리 보험 사업과 관련된 자금 유출입은 매일 발생하지만, 자금 총합계액이 갑자기 감소하는 일은 없습니다. 그러므로 플로트를 투자할 때는 장기적 관점으로 생각할 수 있습니다.

플로트 개념이 생소하다면 A-5페이지의 자세한 설명을 참고하시기 바랍니다. 놀랍게도 작년 우리 플로트가 90억 달러 증가했습니다. 일반회계원칙GAAP 순이익과 순자산에는 반영되지 않지만, 이는 버크셔 주주들에게 중요한 가치 증대입니다.

우리가 보험 사업에서 막대한 가치를 창출한 것은 1986년 내가 아지트 자인을 고용한 행운 덕분입니다. 토요일 아침 처음 만났을 때, 나는 곧바로 아지트에게 보험 사업 경험이 있는지 물었습니다. 그는 "전혀 없습니다"라고 대답했습니다.

나는 "완벽한 사람은 아무도 없지"라고 말하면서 그를 고용했습니다. 그날이 내게 행운의 날이었습니다. 아지트 채용이야말로 지금까지 내가 한 가장 완벽한 선택이었습니다. 게다가 35년이 지난 지금도 그는 여전히 완벽한 선택입니다.

보험에 관해 한마디만 덧붙이겠습니다. 장담할 수는 없지만, 버크셔의 플로트는 보험영업손실을 장기간 기록하지 않으면서 유지될 것으로 생각합니다. 그러나 보험영업손실을 (아마 대규모로) 기록하는 해는 틀림없이 있을 것입니다.

버크셔는 대재해 위험 관리 능력이 다른 어떤 보험사보다 우수하며, 이 우위는 찰리와 내가 떠난 후에도 오래도록 유지될 것입니다.

버크셔의 4대 거인

우리 주주들은 버크셔를 통해서 수십 개 기업을 소유하고 있습니다. 그리고 이들 기업 중 일부 역시 수많은 자회사를 소유하고 있습니다. 예컨대 마몬Marmon은 철도차량 임대업에서 의료기기 제조업에 이르기까지 100개가 넘는 개별 사업을 보유하고 있습니다.

■ 그렇더라도 버크셔의 가치에서 매우 큰 비중을 차지하는 것은 우리 '4대 거인'의 사업입니다. 4대 거인 중 선두는 우리 보험사 집단입니다. 버크셔는 이 보험사 집단을 실제로 100% 소유하고 있으며, 이들이 창출하는 막대한 플로트의 가치에 대해서는 앞에서 설명했습니다. 우리 보험사들의 투자 자산은 그들의 약속을 뒷받침하려고 우리가 투자하는 엄청난 자본을 통해 더 확대되고 있습니다.
버크셔의 보험 상품은 주문 제작 방식입니다. 그래서 이 상품은 절대 진부해지지 않으며, 경제 성장과 인플레이션에 발맞추어 매출이 전반적으로 증가할 것입니다. 건전성과 자본은 앞으로도 항상 중요할 것입니다. 우리 회사는 항상 모범이 될 수 있고 모범이 될 것입니다. 물론 다른 보험사 중에도 비즈니스 모델과 전망이 탁월한 회사들이 있습니다. 그러나 버크셔의 사업을 복제하기는 거의 불가능할 것입니다.
■ 우리 4대 거인 중 연말 시장 평가액 기준으로 2위인 애플은 다른 거인들과 유형이 다릅니다. 우리의 애플 지분은 5.55%로 1년 전의 5.39%보다 증가했습니다. 이 증가 폭은 하찮아 보입니다. 그러나

2021년 애플의 이익의 0.1%가 무려 1억 달러에 이른다는 사실을 고려해야 합니다. 이 지분율 증가에 우리는 버크셔 자금을 한 푼도 쓰지 않았습니다. 애플이 자사주 매입을 통해서 우리 지분을 높여주었습니다.

버크셔가 보고하는 GAAP 이익에는 애플로부터 받은 배당만 포함된다는 사실을 알아야 합니다. 작년 우리가 애플로부터 받은 배당은 7억 8,500만 달러였습니다. 그렇더라도 애플의 이익 중 우리 '몫'은 무려 56억 달러에 이릅니다. 애플은 유보 이익 중 상당액을 자사주 매입에 사용했는데, 우리는 이 결정에 박수를 보냅니다. 애플의 훌륭한 CEO 팀 쿡Tim Cook은 애플 제품 사용자들을 자신의 첫사랑처럼 대합니다. 이는 매우 타당한 방식이며, 이러한 경영 방식 덕분에 다른 이해관계자들도 모두 혜택을 보고 있습니다.

■ 우리 거인 중 3위인 BNSF는 여전히 미국의 상업을 지탱하는 첫 번째 동맥으로서, 버크셔는 물론 미국에도 절대적으로 필요한 자산입니다. 현재 BNSF가 운송하는 필수품들을 트럭으로 운송하면 미국의 탄소 배출량이 급증하게 됩니다.

2021년 BNSF는 이익 60억 달러로 최고 실적을 기록했습니다. 이 이익은 우리가 즐겨 산출하는 구식舊式 이익이라는 점에 주목하셔야 합니다. 즉 이자, 세금, 감가상각, 상각, 그리고 온갖 형태의 보상까지 차감한 이익입니다. (우리는 이익을 정의할 때 주의해야 합니다. 고상하게 표현하자면, 주가가 상승할수록 기만적인 '조정' 이익이 더 괴상한 모습으로 더 자주 등장합니다. 덜 고상하게 표현하자면, 강세장은 거품을 일으킵니다.)

작년 BNSF는 1억 4,300만 마일을 운행하면서 화물 5억 3,500만 톤을 운송했습니다. 거리와 운송량 두 가지 모두 다른 운송회사들을 압도했습니다. 여러분은 BNSF를 자랑스럽게 여겨도 됩니다.

■ 우리 거인 중 4위인 BHE는 2021년 이익 40억 달러로 최고 실적을

기록했습니다. 이는 버크셔가 지분을 처음 취득한 2000년에 기록한 이익 1억 2,200만 달러보다 30배 이상 증가한 실적입니다. 현재 버크셔가 보유한 지분은 91.1%입니다.

BHE가 달성한 사회적 성과도 재무적 성과 못지않게 놀랍습니다. 2000년 BHE는 풍력 발전이나 태양광 발전 실적이 없었습니다. 당시에는 둘 다 거대한 전력산업에 새로 도입된 대수롭지 않은 사업으로 취급받았습니다. 이후 데이비드 소콜과 그레그 에이블이 이끄는 BHE는 전력산업의 최강자가 되어 (웅성거리지 말아주세요) 풍력 발전, 태양광 발전을 선도하고 있으며 미국의 다수 지역에 걸쳐 송전 사업도 하고 있습니다.

이러한 성과를 담은 그레그의 보고서는 A-3와 A-4에 있습니다. 그 내용은 요즘 유행하는 '위장偽裝 환경주의green-washing'가 전혀 아닙니다. BHE는 재생 가능 에너지와 송전 사업의 상세한 계획과 실적을 2007년부터 매년 충실히 보고하고 있습니다.

추가 정보를 원하면 BHE의 웹사이트 brkenergy.com을 방문하시기 바랍니다. 이곳 자료가 말해주듯이, BHE는 오래전부터 기후변화 방지 사업에 모든 이익을 재투자하고 있습니다. 그러므로 향후 더 많은 기회가 기다리고 있습니다. BHE는 미국에 필요한 거대 전력 사업에 적합한 경영진, 경험, 자본, 의욕을 보유하고 있습니다.

투자

이제 애플처럼 우리가 지배하지 않는 기업들에 관해서 설명하겠습니다. 다음은 시장 평가액이 가장 큰 보유 주식 15종목입니다. 이들 중에는 버크셔에서 오래전부터 일하는 펀드매니저 토드 콤즈와 테드 웨슬러가 선정한 종목도 여러 개 있습니다. 연말 기준으로 두 인재가 완벽한 재량권을 행사한 투자액은 340억 달러이지만, 이들이 투자한 주식 중 아래 15종목에 포함되지 않는 주식도 많습니다. 토드와 테드가 운용하는 자금 중에는 여러 버크셔 자회사의 퇴직연금도 상당 규모인데, 퇴직연금으로 보유한 종목들 역시 아래 목록에 포함되지 않습니다.

2021년 말 현재 시장 평가액이 가장 큰 보통주 15종목

주식 수	회사명	지분율 (%)	매입 원가 (100만 달러)*	시가 (100만 달러)
151,610,700	아메리칸 익스프레스	19.9	1,287	24,804
907,559,761	애플	5.6	31,089	161,155
1,032,852,006	뱅크 오브 아메리카	12.8	14,631	45,952
66,835,615	뱅크 오브 뉴욕 멜론	8.3	2,918	3,882
225,000,000	비야디**	7.7	232	7,693
3,828,941	차터 커뮤니케이션즈	2.2	643	2,496
38,245,036	셰브런	2.0	3,420	4,488
400,000,000	코카콜라	9.2	1,299	23,684
52,975,000	GM	3.6	1,616	3,106
89,241,000	이토추상사	5.6	2,099	2,728
81,714,800	미쓰비시상사	5.5	2,102	2,593
93,776,200	미쓰이 물산	5.7	1,621	2,219
24,669,778	무디스	13.3	248	9,636
143,456,778	US뱅코프	9.7	5,384	8,058
158,824,575	버라이즌	3.8	9,387	8,253
	기타***		26,629	39,972
보통주 시장 평가액 합계			104,605	350,719

* 실제 매입 가격이며 세무보고 기준임.

** BHE가 보유. 그러므로 버크셔 주주들의 실제 지분은 이 지분의 91.1%에 불과.

*** 우선주 및 (보통주 인수) 워런트로 구성된 옥시덴탈 페트롤리움 투자 100억 달러 포함. 현재 평가액은 107억 달러.

주석으로 언급한 옥시덴탈 페트롤리움과 다양한 주식 포지션에 더해서, 버크셔는 크래프트 하인즈(시장 가치 대신 '지분법'으로 평가하며, 평가액은 131억 달러) 지분 26.6%와 파일럿(Pilot Corp., 화물차 휴게소 분야의 선도 기업으로서 작년 매출 450억 달러) 지분 38.6%도 보유하고 있습니다.

2017년 인수한 파일럿 지분은 지금까지 '지분법'으로 평가하고 있습니다. 그러나 2023년 초 버크셔가 지분을 80%까지 추가 인수할 예정이며, 그러면 파일럿의 이익, 자산, 부채가 우리 재무제표에 완전 연결 기준으로 표시됩니다.

미국 단기 국채

버크셔의 재무상태표에 표시된 현금 및 현금성 자산(BNSF와 BHE 보유분 제외)은 1,440억 달러입니다. 이 금액 중 1,200억 달러가 만기 1년 미만의 미국 단기 국채입니다. 이는 유통 중인 미국 국채의 약 0.5%에 해당합니다.

찰리와 나는 버크셔(BNSF와 BHE 보유분 제외)의 현금 및 현금성 자산을 항상 300억 달러 이상으로 유지하겠다고 약속했습니다. 우리는 버크셔의 재무 구조가 철벽처럼 견고해서, 타인의 친절에(심지어 친구들의 친절에도) 의지하는 일이 절대 없기를 바랍니다. 찰리와 나는 단잠을 자고 싶으며, 우리 채권자, 보험 고객, 그리고 주주 여러분 역시 단잠을 자길 바랍니다.

그래도 1,440억 달러는 과하지 않을까요?

하지만 장담하건대 이 금액이 단지 애국심에서 비롯된 비정상적인 규모는 아닙니다. 찰리나 내가 기업 소유에 대한 열정을 상실한 것도 아닙니다. 실제로 나는 80년 전인 1942년 3월 11일 시티 서비스 우선주 3주를 살 때 기업 소유에 대한 열정을 처음으로 드러냈습니다. 당시 매수 금액 114.75달러에 내 전 재산이 들어갔습니다. (그날 다우지수 종가는 99였습니다. 이는 절대 미국이 망하는 쪽에 돈을 걸지 말라는 강력한 경고입니다.)

주식 투자에 처음 뛰어들고 나서 나는 재산의 80% 이상을 항상 주식으로 보유했습니다. 그동안 줄곧 내가 좋아한 주식 비중은 100%였고 지금도 마찬가지입니다. 버크셔의 일부 자회사는 우리 지분이 약 80%이며, 우리가 소수 지분만 장기간 보유 중인 상장주식도 있지만, 이는 내가 지분 100% 확보에 실패한 결과일 뿐입니다.

이렇게 현금 포지션이 과도한 기간은 과거에도 가끔 있었습니다. 이런 기간이 전혀 즐겁지는 않았지만, 절대 끝없이 이어지지는 않았습니다. 다행히 2020년과 2021년에는 다소나마 매력적인 자본 배분 대안이 있었습니다. 이에 대한 설명입니다.

자사주 매입

우리가 버크셔의 가치를 높이는 방법은 세 가지입니다. 항상 최우선으로 생각하는 첫 번째 방법은 내적 성장internal growth이나 인수를 통해서 버크셔 자회사들의 장기 수익력을 높이는 것입니다. 지금은 인수보다 내적 성장이 훨씬 더 효과적입니다. 그러나 버크셔가 보유한 자원과 비교하면 내적 성장을 이용하는 수익력 증대 기회는 많지 않습니다.

두 번째 방법은 훌륭하거나 위대한 상장기업의 소수 지분을 사는 것입니다. 확실히 매력적인 주식을 살 기회가 넘칠 때도 가끔은 있습니다. 그러나 지금은 흥미로운 기회가 거의 보이지 않습니다.

이는 자명한 이치입니다. 낮은 장기 금리 탓에 주식, 아파트, 농장, 유정 등 모든 생산 자산의 가격이 상승했기 때문입니다. 다른 요소들도 가격에 영향을 미치지만, 금리가 항상 중대한 영향을 미칩니다.

세 번째 방법은 자사주 매입입니다. 이 단순한 방법을 통해서 버크셔가 보유한 자회사와 주식에 대한 여러분의 몫이 증가합니다. 가치 대비 가격이 적절하다면, 자사주 매입이야말로 여러분의 재산을 늘리는 가장 쉬우면서도 가장 확실한 방법입니다. (자사주 매입은 계속 남아 있는 주주들의 재산도 늘려주지만, 팔고 떠나는 주주와 사회에도 어느 정도 혜택을 안겨줍니다.)

다른 방법들이 매력을 상실할 때, 자사주 매입은 간헐적으로 버크셔 주주들에게 매우 타당한 방법이 됩니다. 그래서 지난 2년 동안 우리는 2019년 말 기준 유통주식의 9%에 해당하는 자사주를 총비용 517억 달러에 매입했습니다. 이렇게 해서 계속 남아 있는 우리 주주들은 모든 버크셔 기업을 약 10% 이상 더 보유하게 되었습니다. BNSF와 가이코처럼 지분을 모두 소유한 기업이든, 코카콜라와 무디스처럼 지분을 일부만 소유한 기업이든 말이지요.

그러나 강조하건대 버크셔 자사주 매입이 타당해지려면 버크셔 주가가 반드시 적정 수준이어야 합니다. 다른 기업의 주식을 매입할 때 과도한 가격을 지불하면 안 되듯이, 버크셔 자사주를 매입할 때도 과도한 가격을 지불하면 가치를 파괴하는 셈이 됩니다. 지난 연말부터 2022년 2월 23일까지 우리는 12억 달러를 들여 자사주를 추가로 매입했습니다. 우리의 자사주 매입 욕구는 여전히 크지만, 그래도 매입 여부는 항상 주가에 좌우될 것입니다.

버크셔는 주주들의 수준이 높아서 자사주 매입 기회가 제한되는 측면도 있습니다. 우리 주식을 단기 투기자들이 많이 보유하고 있다면 가격 변동성과 거래량이 대폭 증가할 것입니다. 그렇게 되면 우리가 자사주 매입을 통해서 가치를 창출할 기회가 훨씬 많아집니다. 그러나 찰리와 나는 지금처럼 훌륭하게 장기 보유 자세를 유지하는 우리 주주들이 훨씬 좋습니다. 자사주 매입을 통한 이익 기회가 감소하더라도 말이지요.

끝으로, 우리 주식의 가치를 평가할 때 흔히 간과되는 버크셔 특유의 요소가 있습니다. 앞에서도 언급했지만, 보험사가 창출하는 양질의 '플로트'는 가치가 매우 큽니다. 공교롭게도 자사주 매입은 '주당 플로트'도 자동으로 늘려줍니다. 지난 2년 동안 버크셔 A주의 주당 플로트는 7만

9,387달러에서 9만 9,497달러로 25% 증가했습니다. 자사주 매입에서 비롯된 의미심장한 증가율입니다.

훌륭한 경영자와 훌륭한 기업

작년에 폴 앤드루스가 세상을 떠났습니다. 폴은 포트워스에 본사를 둔 TTI의 설립자 겸 CEO였습니다. 그는 평생 사업은 물론 사생활에서도 찰리와 내가 찬탄하는 모든 자질을 조용히 보여주었습니다. 이제부터 폴에 관한 이야기입니다.

1971년, 제너럴 다이내믹스General Dynamics에서 구매 담당자로 근무하던 폴에게 청천벽력 같은 일이 벌어졌습니다. 회사가 대규모 방산 물자 계약을 빼앗기자 폴을 포함한 종업원 수천 명을 해고한 것입니다.

첫아이 출산을 목전에 둔 폴은 자신에게 돈을 걸었습니다. 그동안 저축한 500달러로 텍스-트로닉스(Tex-Tronics, 나중에 TTI로 회사명 변경)를 설립한 것입니다. 이 회사는 소형 전자 부품을 유통해 첫해 매출 11만 2,000달러를 달성했습니다. 현재 TTI는 100만 개가 넘는 품목으로 연 매출 77억 달러를 기록하고 있습니다.

63세가 되던 2006년, 폴은 자신의 사업과 동료들에 만족하면서 가족과 행복하게 살고 있었습니다. 그러나 그를 끊임없이 괴롭히는 걱정거리 하나가 있었습니다. 한 친구가 요절하고 나서 그의 가족과 회사가 재난에 빠지는 모습을 본 것입니다. 2006년 그는 자기가 갑자기 죽으면 가족과 수많은 종업원이 어떻게 될까 생각해보았습니다.

폴은 1년 동안 여러 대안을 놓고 고심했습니다. 경쟁 회사에 매각할까? 경제적 관점으로만 본다면 이것이 가장 합리적인 선택이었습니다. 마침내 경쟁 회사는 중복 기능 축소를 통한 비용 절감으로 이른바 '시너지' 효과를 추구하겠지만 말이죠.

그리고 경쟁 회사는 틀림없이 자사의 CFO, 법률 고문, 인사팀을 남겨둘 것입니다. 그러면 TTI의 CFO, 법률 고문, 인사팀 직원들은 쫓겨나게 됩니다. 저런! 새 물류센터가 필요하면 경쟁 회사는 포트워스보다 자사의 고향 도시를 틀림없이 선호할 것입니다.

금전적 이득이 아무리 크더라도 경쟁 회사에 매각해서는 안 된다고 폴은 즉시 판단했습니다. 그다음으로 그가 검토한 대안은 한때 차입매수회사로 불리던 재무적 매수자financial buyer에 매각하는 방법이었습니다. 그러나 재무적 매수자는 이른바 '출구 전략exit strategy'에 집중하는 회사였습니다. 그러면 회사가 어떻게 될지 누가 알겠습니까. 곰곰이 생각해보니 35년 동안 키운 회사를 재판매업자에 넘겨주고 싶지 않았습니다.

폴은 나를 만나자 위 두 가지 대안을 왜 포기했는지 설명했습니다. 이어서 자신의 딜레마를 이렇게 요약했습니다(실제로는 훨씬 더 재치 있게 표현했습니다). "1년 동안 숙고하고 나서 버크셔에 매각하기로 했습니다. 남은 대안은 당신뿐이라서요." 그래서 나는 조건을 제시했고, 폴은 수락했습니다. 한 번 만나 한 번 점심을 먹으면서 합의에 도달했습니다.

이후 우리 둘 다 평생 행복하게 살았다는 표현으로는 부족합니다. 버크셔가 인수한 시점에는 TTI의 종업원이 2,387명이었습니다. 지금은 종업원이 8,043명입니다. 증가한 종업원 대부분이 포트워스와 그 주변에서 채용되었습니다. 이익은 673% 증가했습니다.

해마다 나는 폴에게 전화해서 그의 연봉을 대폭 인상하라고 말했습니다. 그러면 해마다 그는 대답했습니다. "그 이야기는 내년에 하시죠, 워런. 지금은 너무 바빠서요."

그레그 에이블과 내가 폴의 장례식에 참석했을 때, 우리는 그의 자녀, 손주, (TTI가 처음 채용한 종업원들을 포함한) 장기근속자들, 그리고 (2000년 버크셔가 인수한 어떤 포트워스 회사의 CEO였던) 존 로치John Roach를 만났습니다. 존은 TTI가 버크셔와 잘 어울린다고 직관적으로 판단하고 친구 폴을 버크셔로 안내한 사람입니다.

장례식이 끝난 후 그레그와 내가 들은 이야기인데, 폴은 수많은 사람과 단체를 조용히 후원했습니다. 그의 후원은 보기 드물게 폭넓고 관대했습니다. 그는 항상 남들의 삶을 개선하려고 노력했으며, 특히 포트워스 사람들에게 관심을 기울였습니다.

어느 모로 보나 폴은 걸출한 인물이었습니다.

* * *

버크셔에는 늘 행운(가끔은 기막힌 행운)이 따랐습니다. 폴과 나에게 공통의 친구 존 로치가 없었다면, TTI는 버크셔의 자회사가 되지 않았을 것입니다. 그러나 이렇게 넘치는 행운은 시작에 불과했습니다. TTI는 곧 버크셔가 가장 중요한 기업을 인수하도록 길을 열어주었습니다.

해마다 가을이 오면 버크셔 이사들은 몇몇 이사의 발표를 들으러 모입니다. 가끔 우리는 그 모임 장소를 최근 기업을 인수한 곳으로 정하기도 합니다. 우리 이사들이 새 자회사의 CEO를 만나 그 사업 활동을 듣게 하려는 취지입니다.

2009년 가을, 우리는 TTI를 방문하려고 모임 장소로 포트워스를 선택했습니다. 당시 본사가 마찬가지로 포트워스에 있었던 BNSF는 우리가 보유한 상장주식이 세 번째로 많은 기업이었습니다. 이렇게 많은 주식을 보유하고 있었는데도 나는 이 철도회사의 본사를 방문한 적이 없었습니다.

내 비서 데비 보사넥이 이사회의 첫 만찬 날짜를 10월 22일로 잡았습니다. 나는 오래전부터 성과에 탄복하던 BNSF의 CEO 매트 로즈를 만나려고 그날 일찍 도착했습니다. 그런데 그를 만난 날이 우연히도 BNSF의 3분기 실적 발표일이었고, 그날 늦게 실적이 나왔습니다.

그날 시장은 BNSF의 실적에 격한 반응을 보였습니다. 3분기에 대침체(서브프라임 모기지 사태와 세계 금융위기로 촉발된 2008~2009년의 세계적 경기 침체)의 영향이 최고조에 달해 BNSF의 이익이 급감했기 때문입니다. 경제 전망도 암울했으므로 월스트리트는 철도회사에 대해 비우호적이었습니다.

이튿날 나는 다시 매트를 만나 제안했습니다. BNSF가 버크셔의 자회사가 되면, 상장회사로 남아 있을 때보다 장기적으로 더 크게 성장할 것이라고요. 아울러 버크셔가 지불하려는 최고 가격도 알려주었습니다.

매트는 이 제안을 이사와 고문들에게 전했습니다. 그러고서 11영업일 뒤, 버크셔와 BNSF는 계약이 성사되었다고 발표했습니다. 이 대목에서 나는 좀처럼 하지 않는 예측을 하고자 합니다. 지금부터 1세기 후에 BNSF는 버크셔와 미국의 핵심 자산이 될 것입니다.

폴 앤드루스가 TTI의 모회사로 버크셔를 선택하지 않았다면, 버크셔의 BNSF 인수는 절대 이루어지지 않았을 것입니다.

감사의 말씀

내가 학생들에게 투자를 처음 가르친 시점은 70년 전이었습니다. 이후 나는 거의 매년 모든 연령대의 학생들에게 즐겁게 투자를 가르쳤고, 2018년 마침내 투자 교육에서 물러났습니다.

그 과정에서 내가 가르치기 가장 어려웠던 학생들은 내 손자가 포함된 5학년이었습니다. 이 11살짜리 아이들은 자리에서 계속 꼼지락거리면서 멍한 눈으로 나를 응시하고 있었습니다. 그러다가 내가 코카콜라와 그 유명한 비밀 공식을 언급하자 아이들 모두 즉시 손을 들었습니다. 나는 '비밀'이야말로 아이들의 마음을 사로잡는 비결임을 깨달았습니다.

글쓰기와 마찬가지로 가르치는 행위는 내 생각을 개발하고 명확하게 정리하는 데 유용했습니다. 찰리는 이 현상을 오랑우탄 효과라고 부릅니다. 오랑우탄의 옆에 앉아 내가 소중히 여기는 아이디어를 정성껏 설명하면, 오랑우탄은 끝까지 설명해도 여전히 어리둥절해하겠지만 내 생각은 더 명확해질 것입니다.

대학생들을 가르치면 효과가 훨씬 좋습니다. 나는 대학생들에게 당장 돈이 필요한 처지가 아니라면 (1) 자신이 원하는 분야에서 (2) 원하는 사람들과 근무하는 일자리를 찾으라고 권유합니다. 물론 경제 현실 탓에 그런 일자리를 찾기 어려울 수도 있습니다. 그렇더라도 그런 노력을 절대 포기해서는 안 됩니다. 그런 일자리를 찾으면 이제는 일이 전혀 힘들지 않기 때문입니다.

찰리와 나는 초기에 몇 번 실수하고 나서 그런 일자리를 찾았습니다. 우리는 둘 다 내 할아버지의 잡화점에서 시간제로 일을 시작했는데 찰리는 1940년에, 나는 1942년에 일했습니다. 우리 일은 재미가 없었고 급여도 거의 없었으므로 우리가 생각하는 일자리가 절대 아니었습니다. 나중에 찰리는 변호사가 되었고 나는 주식 중개인이 되었습니다. 그러나 직업 만족도는 여전히 낮았습니다.

마침내 우리는 버크셔에서 좋아하는 일을 발견했습니다. 이제는 (거의 예외 없이) 우리가 좋아하고 신뢰하는 사람들과 수십 년째 '일'하고 있습니다. 폴 앤드루스 같은 경영자나 작년에 언급한 버크셔 가족들과 손잡는 것은 인생의 기쁨입니다. 우리 본사에서는 유능하고 품위 있는 사람들이 일하고 있으며, 얼간이는 없습니다. 이직률은 아마 연간 1명 정도입니다.

그러나 우리가 여러분을 위해서 재미있고 만족스럽게 일하는 이유 또 하나를 강조하고자 합니다. 찰리와 내게는 오랜 기간 개인 주주들이 우리에게 보여주는 신뢰만큼 큰 보상이 없습니다. 이들은 자신의 돈을 우리가 확실하게 관리해줄 것으로 기대하면서 수십 년 동안 우리와 함께했습니다.

물론 우리가 동업자를 선택하듯이 우리 마음대로 주주를 선택할 수는 없습니다. 곧바로 되팔려는 사람도 누구든지 버크셔 주식을 매수할 수 있습니다. 실제로 그런 주주도 있습니다. 예를 들면 규정을 준수해야 하므로 버크셔 주식을 대량으로 보유하는 인덱스펀드가 그런 주주입니다.

그러나 버크셔에는 "죽음이 우리를 갈라놓을 때까지" 계속 보유하려는 마음으로 합류한 개인과 가족 주주가 정말 이례적일 정도로 매우 많습니다. 이들 중에는 재산 대부분(아마도 과도한 비중)을 맡긴 사람도 많습니다.

이들도 가끔 인정하겠지만, 버크셔보다 더 좋은 주식을 선택할 수도 있었을 것입니다. 그러나 가장 마음 편하게 보유할 주식으로는 버크셔를 우선해서 꼽을 것입니다. 그리고 대개 마음 편하게 투자하는 사람들의 실적이, 끊임없이 바뀌는 뉴스, 소문, 전망을 좇는 사람들의 실적보다 좋습니다.

장기간 함께하는 개인 주주들이야말로 찰리와 내가 항상 원하는 '동업자'이며, 우리가 의사 결정할 때 끊임없이 생각하는 사람들입니다. 이들에게 우리는 말합니다. "여러분을 위해서 일하니 기분이 좋고, 신뢰해주셔서 고맙습니다."

주주총회

미리 일정을 비워두십시오! 버크셔는 4월 29일(금요일)~5월 1일(일요일) 오마하에서 자본가들의 연례 모임을 개최합니다. 세부 사항은 A-1과 A-2에 있습니다. 오마하 역시 나처럼 여러분의 방문을 고대하고 있습니다.

이제 구매 권유로 이 서한을 마무리합니다. 내 사촌 지미 버핏이 설계한 파티용 평저선을 현재 버크셔의 자회사 포리스트 리버Forest River가 건조 중입니다. 이 보트는 4월 29일 우리 버크셔 할인 바자에서 선보일 예정입니다. 주주들은 이틀 동안만 지미의 걸작을 10% 할인해서 구매할 수 있습니다. 할인을 좇아다니는 여러분의 회장은 가족을 위해서 한 척 구매할 예정입니다. 여러분도 동참하세요.

2022년 2월 26일
이사회 의장 워런 버핏

Berkshire Hathaway Annual Shareholders Meeting

2022년 버크셔 해서웨이
주주총회 질의응답 완역

* 본문은 질의응답의 내용을 가능한 한 그대로 옮겼다. 정확한 내용을 원하면 CNBC 동영상(https://www.cnbc.com/brklive22/)을 이용하기 바란다. 번역 과정에서 이 동영상을 포함해 다양한 매체의 보도 자료와 메모 자료를 이용했다. (옮긴이 주)

워런 버핏 이렇게 다시 주주총회를 직접 진행하게 되어서 정말 기분이 좋습니다. 3년 만이군요. 주주이자 소유주이자 동업자인 여러분을 실제로 보니 훨씬 좋습니다.

이제 찰리와 나의 나이를 더하면 190세입니다. 두 경영자가 98세와 91세라면 소유주인 여러분은 경영자를 직접 확인할 자격이 있다고 생각합니다. 이는 절대 무리한 요구가 아니지요. 우리 자회사 한 곳의 경영자가 98세라면, 나라도 가끔 사람을 보내서 혹시 그가 종이 인형을 오리고 있는지 확인하고 싶을 것입니다. 우리가 하는 일은 종이 인형 오리기보다 훨씬 멍청한 짓일지도 모르지만 우리는 이 일을 무척 즐기고 있습니다.

그리고 여러분이 방문해주면 우리는 정말 즐겁습니다.

실제로 몇 년 전 버크셔에 치매를 앓는 경영자가 둘 있었습니다. 아마 더 있었겠지만 우리가 확인한 사람은 둘뿐이었습니다. 그리고 그중 한 사람은 찰리와 내가 정말 좋아하는 사람이었습니다. 그는 캘리포니아에서 우리 자회사를 경영하고 있었는데, 찰리가 가끔 가보았지만 아무 문제 없어 보였습니다. 그러다가 그가 이미 오래전에 치매에 걸렸다는 사실을 알게 되었습니다. 찰리와 나에게 정말 훌륭한 친구였는데 말이지요. 그러나 사업은 잘 돌아가고 있었으므로 우리는 이 회사로 일종의 시험을 하게 되었습니다. 치매에 걸린 사람도 경영할 수 있는 신규 사업을 발굴하고 싶었거든요. 우리 경영자가 앉아서 종이 인형이나 오리고 있는데도 사업이 잘 돌아간다면, 그런 사업은 경쟁이 치열하지 않을 테니까요.

버크셔에서 실제로 일하고 있는 두 사람을 소개하겠습니다. 찰리 왼쪽에 있는 그레그 에이블은 대외 업무를 총괄하고 있습니다. 그리고 옆에 있는 사람이 아지트 자인입니다. 한때 나는 15년째 보험 사업을 경영했으나 성과를 내지 못하고 있었는데, 토요일에 사무실로 찾아온 자인이 보험 사업을 경영하고 싶다고 말했습니다. 그래서 내가 "보험 사업을 경영해본 적이 있나?"라고 묻자 그는 없다고 대답했습니다. 나는 말했습니다. "나도 경영해본 적이 없어서 성과가 신통치 않다네. 그러니 자네가 해보게." 아시다시피 자인은 버크셔를 탈바꿈시켰습니다.

여기 씨즈캔디 상자가 있습니다. 상자 덮개에는 1854년생 여인의 사진이 나오는데, 아마 이 여인의 사진이 미국 상품 중에서 가장 많이 등장할 것입니다. 200개가 넘는 매장에 걸려 있고 씨즈캔디 상자에도 빠짐없이 새겨져 있으니까요. 바로 1854년생 메리 시Mary See 여사입니다. 내가 여장女裝한 사진이라고 생각하는 사람도 많지만 내가 아닙니다. 분명히 닮긴 했지만 절대 내가 아닙니다. 경쟁자들이 퍼뜨린 소문이므로 절대 믿지 마십시오.

First Quarter After-Tax Earnings (in millions)		
	2022	2021
Insurance – underwriting	$ 47	$ 764
Insurance – investment income	1,170	1,208
Total insurance	1,217	1,972
Railroad	1,371	1,251
Utilities and energy	750	703
Manufacturing, service and retailing businesses	3,025	2,619
Other	677	473
Operating earnings	7,040	7,018
Investment and derivative gains (losses)	(1,580)	4,693
Net earnings	$ 5,460	$ 11,711

오늘 아침 인터넷에 우리 분기보고서(10-Q)를 올렸습니다. 이 분기보고서를 살펴보고 나서 질문을 받겠습니다. 1분기에는 놀랄 만한 사항이 전혀 없습니다. 언제나 그렇듯이 실적이 매우 좋은 자회사도 있고, 어떤 이유에서인지 실적이 좋지 않은 자회사도 있습니다. 보시다시피 우리는 이른바 영업이익을 선호합니다. 정확한 실적을 절대 밝히지 않으려는 기업들과는 달리 우리는 감가상각비, 이자, 세금을 차감한 실적을 즐겨 사용합니다.

그리고 자본이득은 따로 구분해서 제공합니다. 그동안 거듭 말했지만 나는 향후 20년 동안 우리 자본이득이 더 증가할 것으로 예상합니다. 하지만 미래 일을 누가 알겠습니까. 20년 뒤 과연 자본이득이 더 증가했는지 여러분께 내가 보고하게 되길 희망합니다.

보시다시피 1분기 우리 이익이 약 70억 달러입니다. 이는 우리가 실제로 벌어들인 70억 달러입니다. 분기 말이 지나면 우리는 이익을 대개 현금으로 보유합니다. 모든 분기에 그러는 것은 아니지만 이번 분기에는 실제로 약 70억 달러를 보유하고 있습니다. 버크셔 홍보영화에서 여러분이 본 경영자들이 바로 이 돈으로 찰리와 내가 전혀 생각하지 못한 일들을 하나씩 차근차근 해내고 있습니다.

1분기를 포함해서 지난 2년 동안 우리 다양한 사업에서 온갖 이례적인 일들이 발생했습니다. 2년 전인 2020년 5월 주주총회를 했을 때, 코로나 팬데믹으로 이후 경제가 어떻게 될지 우리는 알지 못했습니다. 안다고 생각한 사람들에게도 이후 온갖 뜻밖의 사건들이 발생했습니다. 그러나 2022년 우리는 다시 이곳에 모였고, 버크셔는 영업이익 70억 달러를 기록했습니다. 우리는 수많은 자회사를 거느리고 있으며, 그 임직원 36만 명이 여러분의 돈을 매일 활용해서 제품을 공급하고 있습니다. 이 돈은 여러분이 위험을 감수하면서 맡긴 돈이므로, 우리는 좋은 성과로 여러분을 만족시켜야 마땅하며, 우리 역시 만족하고 싶습니다.

우리는 여러분의 돈에 영구 손실이 발생하는 것을 극도로 싫어합니다. 나는 무일푼이 되어도 아무 문제가 없습니다. 나는 내가 하던 일을 계속할 것입니다. 신문을 읽고 TV도 가끔 시청할 것이며, 이런저런 생각을 하고 찰리와 이야기를 나누면서 그럭저럭 살아갈 것입니다. 그러나 우리를 믿고 맡긴 사람들의 돈에 영구 손실이 발생한다는 사실은 정말이지 상상하기도 싫습니다. 찰리의 좌우명은 "내가 어디에서 죽게 되는지를 알아내기만 하면, 그곳에는 절대 가지 않겠다"인데, 매우 건전한 말인 듯합니다.

찰리 멍거 그 좌우명이 지금까지는 유용했습니다.

버핏 지금까지는 유용했다고 방금 찰리가 말했습니다. 사람들의 돈을 많이 잃으면 우리는 정신적으로 사망하는 셈입니다. 우선 우리부터 이 사실을 용납하지 못합니다. 능력이 되지 않는데도 함부로 남의 돈을 맡아서 손실을 내는 것은 미친 짓이니까요. 나는 장래 우리 이익을 예측하지 못하며 우리 주가도 예측하지 못합니다. 향후 경제가 어떻게 될지 등도 전혀 알지 못합니다. 그러나 아침에 일어날 때마다 여러분의 투자가 더 안전해지길 우리가 바란다는 사실만큼은 분명히 알고 있습니다. 여러분이 큰돈을 벌지는 못하더라도 여러분에게 큰 손실은 입히고 싶지 않습니다. 여러분은 스스로 우리 동업자가 되었기 때문입니다. 이 약속은 믿으셔도 됩니다.

올해 주주서한은 2월 26일 토요일에 발표했습니다. 그러나 나는 머릿속으로 1년 내내 서한을 씁니다. 버크셔에는 서한을 대신 써주는 직원이 없습니다. 이 서한은 동업자에게 보내는 서한이니까요. 나는 머릿속으로 내년 서한도 쓰고 있습니다. 글로 쓰고 있지는 않지만 동업자 여러분께 내가 해주고 싶은 말이 있습니다. 내 누이도 동업자이므로 나는 누이에게도 머릿속으로 편지를 쓰고 있습니다. 오래전 세상을 떠난 누나도 동업자였으므로 누나에게도 머릿속으로 편지를 쓰곤 했지요. 나는 누이에게 사업에 관한 내 생각도 말해주고 싶고, 누이가 사업을 어떻게 생각해야 하는지 등도 말해주고 싶습니다. 그러므로 서한을 발표한 날짜는 2월 26일이지만 실제로 서한을 쓴 날짜는 2월 26일이 아닙니다. 나는 "요즘 진행되는 일이 많지 않으며, 자사주를 조금 매입했습니다. 좋은 기회가 보이지 않습니다"라고 말했습니다.

Activity in Equities – 1st Quarter
(in millions)

Dates	Purchases	Sales
January 1 to February 18	$ 2,280	$ 1,742
February 21 to March 15 *	41,025	3,875
March 16 to March 31	8,551	4,691
Total	$51,856	$ 10,308

* Peak Day – March 4th – $4.6 billion of purchases

보시다시피 1월 1일~2월 18일의 약 30영업일 동안 우리 지출액은 22억 달러이므로 사실상 아무것도 하지 않았습니다. 그러나 이후 약 3주 동안에

는 400억 달러를 지출했습니다. 이 400억 달러 지출은 본사 직원 한 사람이 모두 처리했습니다. 그는 부하 직원 없이 혼자서 주식도 매수하고 국채도 매수합니다. 게다가 다른 일도 합니다. 그는 오래전에는 버크셔의 다른 부문에서 근무했지만 현재 맡은 업무를 좋아합니다. 그가 혼자서 업무를 매우 잘하고 있으므로 우리는 부서를 만들지 않았습니다. 이후 지출이 감소했습니다. 그리고 1분기에 그랬던 것처럼 자사주 매입에 31~32억 달러를 지출했습니다. 이렇게 할 일이 있었으므로, 찰리 표현을 빌리자면 술집에 갈 틈도 없었습니다. 우리는 버크셔에 가치를 더해주는 일이 아니면 아무것도 하지 않습니다. 그래서 가장 가치 있는 일이라고 판단될 때에만 자사주 매입을 합니다. 4월에는 자사주 매입을 전혀 하지 않았습니다. 이후 우리는 다시 조용한 상태로 돌아왔지만 언제든 바뀔 수 있습니다.

그러나 변치 않는 사실 하나는 우리가 항상 거액의 현금을 보유한다는 점입니다. 내가 말하는 현금에는 기업어음이 포함되지 않습니다. 세계 금융위기가 발생한 2008~2009년, 우리는 어떤 기업어음도 보유하지 않았습니다. MMF도 보유하지 않았고요. 우리는 단기 국채를 보유했습니다. 현금을 보유해야 한다고 믿으니까요.

현금이 없으면 하루도 버티지 못하는 때가 있습니다. 과거에 몇 번 있었고 앞으로도 또 있을 것입니다. 현금이 산소와 같아지는 때입니다. 산소는 늘 존재합니다. 그러나 산소가 몇 분 동안만 사라져도 모두 끝장납니다. 우리 보유 현금은 3월 31일 감소했습니다. 단기간에 400억 달러를 지출했기 때문입니다. 우리는 약 110억 달러에 앨러게이니를 인수하기로 약정했습니다. 그래도 항상 거액의 현금을 보유하게 됩니다.

우리 자회사 중 일부는 은행 여신한도를 받아두고 있습니다. 나는 우리 자회사들이 왜 은행과 거래하는지 모르겠습니다. 우리가 은행보다 나은데 말이지요. 필요하면 우리가 자회사에 자금을 지원할 수 있습니다. 아마 지역 은행들이 자주 찾아오니까 가만있기 어려웠겠지요. 다른 기업들도 모두 은행 여신한도를 받아두므로 그 자체로는 해롭지 않습니다. 하지만 우리 자회사들은 여신한도가 필요 없습니다. 버크셔가 은행보다도 튼튼하니까요. 방금 은행 사람들이 비명 지르는 소리였나요? 나는 아무도 고문하지 않았습니다.

돈은 흥미로운 존재입니다. 사람들이 내게 춤추는 방법은 물어보지 않지만 돈에 대해서는 물어봅니다. 20달러짜리 지폐를 봅시다. 위에는 '연방준비은행권'이라고 적혀 있습니다. 미국은 이 돈으로 온갖 실험을 했습니다. 역사가 200년에 불과한 나라가 은행으로 수많은 실험을 했다는 사실이 놀랍습니다. 그러나 미국은 마침내 연방준비은행에서 화폐를 발행하게 했습니다. 지폐의 왼쪽 아래 구석에는 재무장관이었던 로지 리오스 Rosie Rios의 서명이 있습니다. 아마도 미국 역사상 가장 많은 지폐에 서명한 인물입니다. 그러므로 혹시 만나게 되면 친하게 지내십시오. 지폐에는 '공공 부문과 민간 부문의 모든 채무를 상환하는 법정화폐'라고 적혀 있습니다. 그래서 돈입니다.

여러분이 우리 씨즈캔디 매장에 들어가서 밀을 대량으로 제공하면 초콜릿 한 상자 정도는 줄 것입니다. 그러나 국세청에서는 돈만 받습니다.

그림 등 온갖 물건으로 세금을 납부하려고 해도 받지 않습니다. 미국에서 국세 채무는 돈으로만 상환됩니다. 요즘 여러분은 다양한 돈에 관해 많은 이야기를 듣고 있겠지만, 여러분 생애에 계속 보게 될 돈은 이 지폐뿐이라고 생각합니다. 이 지폐에 '공공 부문과 민간 부문의 모든 채무를 상환하는 법정화폐'라고 적혀 있다는 점이 매우 흥미롭습니다.

다른 20달러짜리 지폐도 흥미롭습니다. 이 지폐에도 앤드루 잭슨 사진이 똑같이 들어 있습니다. 그런데 이 지폐를 발행한 은행을 1969년 버크셔가 인수했습니다. 지폐에는 '일리노이 내셔널 뱅크 앤드 트러스트 컴퍼니 오브 록퍼드(THE ILLINOIS NATIONAL BANK & TRUST COMPANY OF ROCKFORD)'라고 적혀 있습니다. 지폐 왼쪽 아래 구석에는 유진 아베크 Eugene Abegg의 사인도 있습니다. 우리는 유진 아베크로부터 이 은행을 인수했습니다. 우리는 이 은행이 발행한 20달러 지폐 전지全紙도 보유하고 있습니다. 지금이라도 종이 인형처럼 오려내면 우리 돈이 됩니다. 일리노이 내셔널 뱅크가 발행한 돈입니다. 미국 정부가 명시했듯이 미국에서 상환되는 법정화폐입니다. 바로 이것이 돈입니다.

이 돈은 구매력이 극적으로 감소할 수도 있습니다. 다른 여러 나라에서 그랬듯이 종이 쪼가리가 될 수도 있습니다. 그러나 사람들이 온갖 새로운 형태의 돈을 발행하더라도 채무가 상환되는 돈은 이것뿐입니다. 2020년 3월에도 (우리는 많은 돈을 보유하고 있었지만) 2008년 이상으로 심각한 상황이 다시 발생할 뻔했습니다. 이곳 다른 행사장에는 우리 서점 북웜The Bookworm이 있는데, 그곳에서 《Trillion Dollar Triage(3조 달러의 선별적 분배)》라는 책을 판매합니다. 이런 사건에 관심 있는 분들에게 추천합니다. 당시 연준과 재무부에서 진행된 일을 하루 단위로 훌륭하게 설명해주는 책입니다. 장담하는데 당시 연준이 그런 조처를 하지 않았다면 곧바로 모든 일이 중단되었을 것입니다. 2년 전 나는 연준 의장 제롬 파월Jerome Powell의 당시 신속한 조처에 경의를 표했습니다.

19세기에는 은행 앞에 사람들이 몰려들어 장사진을 이루면 그 은행은 파산했습니다. 은행은 뭔가 반전을 기대하면서 돈을 최대한 천천히 지급했고, 역마차로 금을 실어 와서 사람들을 안심시켜 해산하려고 했지만 말이죠. 1931년 8월 오마하에서 있었던 일입니다. 그날 주법은행state banks 넷은 문을 열지 않았고 국법은행national banks들만 문을 열었습니다. 그러나 문을 연 국법은행들은 그날 모두 파산했습니다. 예금을 지급한 은행들은 단 하루도 버티지 못했습니다. 당시 버틸 수 있었던 은행은 연방준비은행 하나뿐이었습니다. 그러나 장담하는데 버크셔 해서웨이라면 당시에도 버텨냈을 것입니다.

2008년에도 재무장관 헨리 폴슨, 연준의장 벤 버냉키, 대통령 조지 부시 등이 조처를 하지 않았다면, 사람들이 은행 앞에 몰려 장사진을 이루었을 것입니다. 시내의 두 은행 중 하나를 소유한 사람이라면, 이런 날 사람들을 고용해서 경쟁 은행 앞에 줄을 세우면 됩니다. 하지만 이 방법에도 문제가 하나 있습니다. 잠시 후 당신 은행 앞에도 사람들이 줄을 설 것이고, 그러면 두 은행 모두 파산하게 됩니다.

그러나 연준은 파산하지 않습니다. 미국 연준은 필요하면 무슨 일이든 할 수 있습니다. 이들은 온갖 규정을 이용해서 어떤 일도 해낼 수 있습니다. 1980년대에 연준 의장이었던 폴 볼커는 매우 정직한 사람이었습니다. 나는 그에게 물었습니다. "당신들이 하지 못하는 일이 무엇인가요?" 거구였던 그는 나를 내려다보면서 대답했습니다. "우리는 필요하면 무슨 일이든 할 수 있습니다." 맞는 말입니다. 실제로 2008~2009년과 2020년에 그런 사례가 있었습니다. 그리고 장래에도 그런 사례가 반복될 것입니다. 하지만 우리는 경제가 멈추더라도 버크셔 해서웨이는 잘 굴러가길 바랍니다. 그런 상황은 언제든지 발생할 수 있습니다.

최근 투자가 급증한 이유는?

Q. 2월 26일 주주서한에서 당신은 시장에 흥미로운 기회가 거의 보이지 않는다고 말했습니다. 그러나 3월 10일경 앨러게이니를 인수한다는 발표가 나왔고, 그 후에는 옥시덴탈 페트롤리움과 HP 주식 매수가 공개되었습니다. 그사이에 어떤 변화가 있었나요?

버핏 찰리, 자네가 먼저 대답하겠나?

멍거 단기 국채보다 더 마음에 드는 기회를 발견했습니다.

버핏 늘 그랬듯이 찰리가 완벽한 대답을 했습니다. 나는 실속 없는 이야기를 길게 하겠습니다. 실제로 2월 26일 서한에서 우리는 기회를 찾을 수가 없다고 인정했습니다. 그러나 바로 전날인 2월 25일 이메일을 한 통 받았습니다. 사실 나는 기계를 다루지 못하므로 내 비서 데비 보사넥이 가져다주었습니다. 그녀가 내 책상 모퉁이에 자료를 쌓아두면 나는 가끔 모아서 읽어봅니다. 오래전 버크셔에서 근무했던 내 친구가 보내온 몇 줄짜리 메시지였습니다. 그는 이제 앨러게이니의 CEO가 되었다고 말했습니다. 나는 60년 동안 앨러게이니를 유심히 지켜보면서 연차보고서를 읽었습니다. 흥미로운 회사여서 내 커다란 서류함 네 개에 연차보고서가 가득 들어 있습니다. 그러므로 나는 앨러게이니에 관해서 잘 알고 있었습니다.

조 브랜던Joe Brandon은 말했습니다. "연차보고서를 동봉합니다. 내가 CEO가 되어 처음 발간한 연차보고서입니다. 당신이 누이들을 생각하면서 서한을 쓰듯이, 나도 당신을 생각하면서 서한을 썼습니다." 나는 조에게 답장을 보냈습니다. "보내준 연차보고서는 주말에 읽어보겠네. 3월 7일 뉴욕에 갈 예정인데 만날 수 있겠나? 보고 싶기도 하고 아이디어도 하나 있다네." 이렇게 답장을 보낸 날이 2월 26일이었습니다. 나는 가격이 적절하면 앨러게이니를 인수할 생각이었습니다. 조의 이메일을 받지 못했다면 나는 3월 7일 만나자는 메시지를 절대 보내지 않았을 것이며, 아무 일도 일어나지 않았겠지요. 이 모든 일은 조가 처음 발간한 연차보고서를 내게 보내주었기 때문에 진행되었습니다.

나는 투자은행에 전화해서 인수에 관한 검토 보고서를 요청한 것이 아니고 조언을 구한 것도 아닙니다. 나는 우리가 제시한 가격에 앨러게이니를 인수할 생각이었습니다. 앨러게이니가 그 가격에 관심이 있다면 좋은 일이지만, 관심이 없다면 어쩔 수 없었죠. 이메일을 받지 못했다면 우리는 앨러게이니에 인수 제안을 하지 않았을 것입니다. 그러므로 인수가 성사된 것은 조가 이메일을 보내준 덕분입니다. 이렇게 해서 110억 달러가 지출되었습니다.

이후 우리는 몇몇 주식에 큰 흥미를 느껴서 또 거액을 지출하게 되었습니다. 주식시장에 대한 이해는 정말 중요합니다. 주식시장은 항상 카지노 요소와 자본시장 요소로 구성됩니다. 간혹 시장은 건전한 투자를 중심으로 흘러갑니다. 흔히 책이나 학교에서 배우는 이른바 자본시장의 모습입니다. 그러나 다른 때에는 완전히 도박장이 되어버립니다. 지난 2년 동안은 주식시장이 심각한 도박장이 되었고, 월스트리트가 이런 분위기를 조장했습니다. 사람들은 1965년쯤 버크셔 주식을 사서 계속 보유했다면 경이적인 실적을 냈을 것이라고 말합니다. 하지만 그랬다면 주식 중개인들은 굶어 죽었을 것입니다.

월스트리트는 자본주의라는 식탁에 떨어지는 빵 부스러기로 돈을 법니다. 200년 전에는 상상도 할 수 없었던 방식입니다. 그러나 사람들이 가만있으면 빵 부스러기가 떨어지지 않으므로 월스트리트는 돈을 벌지 못합니다. 이들은 사람들이 투자할 때보다 도박할 때 돈을 훨씬 많이 법니다. 그래서 슬롯머신의 핸들을 연거푸 잡아당기듯 사람들이 흥분해서 하루에 20번씩 매매할 때 훨씬 유리해집니다. 이들이 고객의 과도한 매매를 원한다고 말하지는 않겠지만, 실제로는 고객이 과도하게 매매해야 이들이 돈을 법니다.

시장이 도박에 휘둘리는 모습을 보여주는 사례가 있습니다. 우리가 2주 동안 옥시덴탈 페트롤리움 지분 약 14%를 사 모은 사례입니다. 게다가 지분 40%를 보유한 블랙록 등 4대 인덱스펀드는 매매를 거의 하지 않아서 실제 유통주식은 60%에 불과한데도 우리가 14%를 시장에서 사 모았습니다. 나는 마크 밀러드에게 대량 매매도 상관없으니 옥시덴탈 지분 20%를 매수하라고 말했습니다. 그리고 2주 만에 그는 유통주식의 60% 중 14%를 사 모았습니다. 이런 방식이면 투자가 아닙니다. 나도 믿을 수가 없었습니다. 버크셔 주식이라면 불가능한 일이어서, 14%를 사 모으려면 매우 오래 걸릴 것입니다.

이제는 미국 대기업들이 모두 포커 칩이 되었습니다. 사람들은 콜 옵션을 사고팔듯이 대기업 주식을 사고팝니다. 이렇게 슬롯머신의 핸들을 당기듯이 주식을 매매하는 사람이 증가할수록 월스트리트는 돈을 더 많이 법니다. 그러면 투자자들은 어디로 갔을까요? 원래 수가 많지 않았던 투자자들은 빈둥거리고 있었고, 도박하듯 매매하는 사람들 덕분에 돈을 벌고 있었습니다. 그리고 덕분에 우리도 업력이 수십 년이나 되는 대기업의 지분 14%를 2주 만에 사 모을 수 있었습니다.

유통 물량의 40%가 이미 잠겨 있는 미국의 농장이나 아파트나 자동차 대리점의 14%를 사 모은다고 상상해봅시다. 찰리와 나에게는 불가능한 일입니다. 나는 미국 주식시장에서 이렇게 많은 거래가 이루어지는 모습을 본 적이 없습니다. 주식시장이 아니라 도박장의 모습이었으며, 돈을 버는 사람들은 도박장 직원들이었습니다. 이후 몇 주 전부터 거래량이 대폭 감소했습니다.

주말에 옥시덴탈의 연차보고서가 발표되었을 때 나는 보고서를 읽어보았습니다. CEO 비키 홀럽의 말이 타당해서, 나는 옥시덴탈이 훌륭한 투자 대상이라고 판단했습니다. 비키가 설명한 옥시덴탈의 과거, 현재, 미래는 명확해서 모호한 점이 없었습니다. 그녀는 내년 유가를 알지 못한다고 말했습니다. 사실은 아무도 알지 못합니다. 그러고서 2주 뒤 우리는 옥시덴탈 지분 14%를 매수했습니다.

우리는 옥시덴탈의 우선주와 워런트도 이미 보유하고 있었습니다. 100억 달러에 인수했는데 2020년 3월 말에는 평가액이 55억 달러였으므로 45억 손실 상태였습니다. 그러다가 세상이 바뀌었습니다. 한때 유가가 배럴당 마이너스 37달러까지 떨어졌죠. 과거에 미국은 산업이 계속 돌아가게 하려면 외국에서 석유를 하루 1,100만 배럴이나 수입해야 했습니다. 그러나 이제는 하루 약 1,100만 배럴을 미국에서 생산할 수 있으니 매우 기쁜 일입니다. 찰리, 시장의 광기에 대해서 한마디 하겠나?

멍거 현재 시장의 모습은 거의 투기 광풍입니다. 컴퓨터가 다른 컴퓨터를 대상으로 알고리즘 트레이딩을 하고 있습니다. 주식을 전혀 모르는 사람들이 더 모르는 주식 중개인들의 조언을 받고 있습니다.

버핏 그래도 주식 중개인들이 수수료는 잘 알고 있지요.

멍거 믿기 어려울 정도로 말도 안 되는 상황입니다. 우리 시장은 도박에 해당하는 활동과 정당한 장기 투자가 뒤섞여 있는 기묘한 시스템입니다. 현명한 국가가 원하는 시장의 모습이 아닙니다. 여러분은 도박꾼들이 판치는 카지노 같은 시장에서 미국 주식이 거래되길 바라나요? 나는 시장이 미쳤다고 생각합니다. 그런데도 사람들은 이런 시장을 인정하고 있습니다.

버핏 뉴욕증권거래소는 1792년 플라타너스 아래에서 설립되었습니다. 이때 미국이 큰 깨달음을 얻었던 것 같지는 않습니다. 하지만 내 나이의 약 3배(91년×3 = 273년) 동안 미국이 거래소를 이용해서 이룬 성과를 보십시오. 믿기 어려울 정도입니다. 거래소는 자기도 모르게 큰 역할을 해냈고, 미국도 믿기 어려울 정도로 잘 굴러갔습니다. 아무도 상상하지 못했을 정도입니다. 주주총회가 열리는 이곳 네브래스카는 1867년에 주州가 되었습니다. 1789년 헌법 제정회의를 마치고 나오는 벤저민 프랭클린에게 네브래스카주의 전망을 물었다면 어떤 대답을 했을까요? 그동안 네브래스카주가 이룬 성과는 믿기 어려울 정도입니다. 도박을 조장하던 사람들은 이 성과가 유동성 높은 시장 덕분이라고 말할 것입니다. 그러나 찰리라면 그걸 누가 알겠느냐고 되물을 것입니다. 정답은 없습니다.

1952년 4월 19일 결혼한 우리 부부는 고모의 차를 빌려 서쪽으로 달렸고, 어느 날 밤 마침내 라스베이거스에 도착했습니다. 라스베이거스에는 유명 인물이 셋(에디 배릭, 샘 지그만, 재키 고헌) 있었는데 모두 오마하 출신이었습니다. 이들은 플라밍고 호텔 지분을 조금씩 보유하고 있었습니다. 벅시 시걸(Bugsy Siegel: 라스베이거스 개발을 주도한 마피아)은 몇 년 먼저 급사했습니다.

멍거 총에 맞았지요.

버핏 틀림없이 유탄이었을 겁니다. 아마 유탄이 5~6발이었을 것이고, 어쨌든 벅시는 죽었습니다. 샘 지그만은 현재의 내 집에서 두 블록 떨어진 곳에 살았습니다. 그는 나중에 40~50년 동안 버펄로 뉴스를 경영한 스탠 립시의 삼촌이었습니다. 세상에는 온갖 인연이 교차합니다.

우리는 다소 오래된 플라밍고 호텔 카지노로 들어갔는데, 당시 나는 21세였고 신부는 19세였습니다. 주위를 둘러보니 모두 잘 차려입은 사람들이었는데, 수천 마일을 비행기로 온 사람들도 있었습니다. 당시에는 비행기가 지금처럼 빠르지 않았고 요금은 더 비쌌습니다. 이들은 잘 알면서도 명백하게 어리석은 짓을 열심히 하고 있었습니다. 이들은 서둘러 주사위를 굴리면서 운을 시험하고 있었습니다. 이들의 무리를 보니 자신이 수천 마일이나 날아와서 하는 행동이 명백히 어리석은 짓임을 모두가 알고 있었습니다. 나는 아내에게 이렇게 좋은 기회를 놓칠 리가 없으니 우리는 부자가 될 것이라고 말했습니다. 부자가 되려는 의지만 있으면 미국은 기회의 나라입니다.

이 사실은 지금도 변함없습니다. 플라밍고 호텔은 성장하여 훨씬 큰 호텔이 되었습니다. 오마하 사람들은 크게 성공한 재키를 매우 자랑스럽게 생각합니다. 그는 1~2년 전에 세상을 떠났습니다. 그는 라스베이거스의 정신적 지도자가 되었습니다. 그리고 샘 지그만의 조카는 나중에 우리가 인수한 버펄로 뉴스의 훌륭한 경영자가 되었습니다. 우리 사회에는 뜻밖의 인연이 매우 많습니다. 특히 금융 분야에서 뜻밖의 인연이 많았습니다.

아마도 주식시장의 작동 원리를 가장 잘 설명한 책은 경제사에서도 가장 유명한 존 메이너드 케인스의 《고용, 이자 및 화폐의 일반이론》(1936)입니다. 케인스는 12장에서 시장의 핵심 원리를 아름다운 산문으로 설명하는데, 올해 3월 주식시장이 통째로 광풍에 휩쓸린 덕분에 우리가 옥시덴탈 주식 유통 물량의 4분의 1을 사 모을 수 있었던 과정도 이해하게 되었습니다. 훨씬 더 사 모을 수도 있었는데, 투자에 관해서 진지하게 생각하는 사람이 있었는지 의심스러울 정도였습니다. 투자는 장래에 더 많은 구매력을 받으리라 기대하면서 현재 구매력을 남에게 이전하는 행위입니다. 즉, 장래에 더 많이 소비하려고 현재 소비를 포기하는 행위지요. 이것이 교과서에서 배우는 내용이며, 투자가 발생하는 원리입니다.

사람들이 농장을 사면 대개 계속 보유하다가 마침내 자녀들에게 물려줍니다. 이들은 매일 15회씩 호가를 확인하면서 콜 옵션과 풋 옵션을 사고팔거나 스트래들straddle과 스트랭글strangle 거래를 하지 않습니다. 대신 농장의 가치를 높이려고 노력합니다. 아파트 소유자도 월세를 높이려고 개보수 등을 합니다. 그러나 사람들은 40조 달러에 이르는 미국 기업들의 소유권(주식)을 포커 칩이나 슬롯머신처럼 취급합니다. 월스트리트는 사람들이 주식을 살 때보다 콜 옵션을 살 때 돈을 더 많이 법니다. 그래서 사람들이 3일짜리 콜 옵션도 살 수 있는 시스템을 개발하고 사용법까지 가르쳐줍니다. 농장에 대해서는 콜 옵션을 사고파는 사람이 없는데도 말이지요.

이렇게 주식시장이 제정신이 아닌 덕분에 버크셔는 좋은 기회를 잡게 됩니다. 우리가 똑똑해서가 아니라 단지 제정신이기 때문에 기회를 잡는 것입니다. 이것이 투자에 필요한 핵심 요건입니다. 찰리?

멍거 엄청난 주식 거래량과 매일 벌어지는 도박, 도박자를 속이려고 흥분시키는 사람들을 보면 현재와 같은 광기는 유례가 없다고 생각합니다. 도박판에서 주사위를 굴리는 사람들과 다름없으니 자본주의의 자랑거리가 아니고 아름다운 모습도 아닙니다. 이런 모습이 세상에 무슨 보탬이 되겠습니까.

버핏 어떤 방식으로든 이런 시장 시스템을 이용하면 쉽게 부자가 될 수 있습니다. 때로는 직업이 사람을 선택하기도 합니다. 오래전 나는 월스트리트에도 온갖 친구들이 있었습니다. 그러나 내가 이런 식으로 말하기 시작한 이후 많이 감소했지요. 사람들은 살아가면서 많은 결정을 합니다. 사실 미국 시스템이 전반적으로 보면 지극히 효과적이었지만 여러모로 매우 불공정하기도 합니다. 그러나 미국 시스템 덕분에 지금 나는 할아버지 시대보다 훨씬 뛰어난 상품과 서비스를 이용하고 있습니다. 나는 에어컨도 없고 이를 뽑기 전에 위스키를 들이켜야 했던 시대로 돌아가고 싶지 않습니다. 지금 이 세상은 전보다 훨씬 좋아졌습니다.

멍거 그 미친 도박 덕분에 우리가 더 잘살게 되었다고 생각합니다. 수십 년 전보다 살기 편해졌습니다.

버핏 우리는 도박에 의존하고 있지요.

멍거 그렇습니다.

버핏 도박 덕분에 가격이 잘못 설정된 주식을 우리가 이용하고 있다는 뜻입니다. 우리가 오래전에 깨달은 사실이 있습니다. 투자에 필요한 것은 높은 IQ가 아니라 단지 올바른 태도라는 사실입니다.

외국 기업도 적극적으로 인수할 생각이 있나요?

Q. 외국 기업이더라도 인수 가능성이 있으면 주도적으로 인수를 시도할 생각이 있나요?

버핏 실제로 나는 해외 출장을 몇 번 갔고 한 번은 찰리와 함께 갔습니다. 20~25년 전이었는데 목적은 전 세계 버크셔 자회사들의 지분 추가 등이었습니다. 이 기간에 우리는 50억 달러 이상을 지출해 독일 기업 세 곳과 일본 기업 한 곳의 주식을 매수했고, 일본 기업 한 곳의 주식을 소량 추가 매수했습니다.

우리는 외국 기업도 기꺼이 인수하겠지만 그 과정은 쉽지 않습니다. 미국에는 내가 오랜 기간 지켜본 기업에서 이메일을 보내주는 사람이 많습니다. 이들은 내가 쉽게 만나볼 수 있고, 내 제안을 이사회에 전달해주기도 합니다. 그러나 외국에는 그런 사람이 없어서 외국 기업을 손쉽게 인수한 경험이 없습니다. 또한 미국은 기업들의 시가총액이 무려 40조 달러이므로 인수 대상 기업을 찾기가 더 쉽겠지요. 그렇다고 우리에게 외국 기업에 대한 편견이 있는 것은 아닙니다. 상대 기업에서 10분 만에 의사결정을 할 수 있다면, 우리도 10분 만에 그 기업을 인수할 수 있습니다. 그러나 일부 국가에서는 기업을 인수하는 과정이 훨씬 복잡하며, 규제를 두기도 합니다. 이런 문제로 오래전 나는 우리 독일 자회사에서 전화를 받았습니다. 우리 독일 자회사를 훌륭하게 경영하는 두 친구였습니다. 내가 어제 만났으니 아마 여기 앉아 있을 것입니다. 오늘 아침 상영한 홍보영화에도 이들의 사진이 나왔습니다.

우리는 좋은 아이디어를 찾기가 매우 어려워서 어떤 제안도 무시할 수 없는 처지입니다. 그래도 이제는 기업의 규모가 일정 수준 이상이 되어야 합니다. 하지만 규모가 큰 기업은 정말 많지 않습니다. 나는 독일에서 인수한 기업을 매우 좋아하며, 이들과 교류하게 되어 기쁩니다. 그러나 자릿수가 하나 더 늘어난 대규모 거래였다면 더 좋았을 것입니다. 규모가 작으면 버크셔의 실적에 미치는 영향이 미미하기 때문입니다. 그래도 우리는 독일 기업을 아끼고 사랑합니다. 여러분도 보고 느낄 수 있습니다. 우리가 기꺼이 보유하려는 유형의 기업이므로, 자회사로 두게 되어서 매우 행복합니다. 그러나 이제 이런 기업을 한 번에 하나씩 인수할 수는 없습니다. 그리고 우리는 이런 자회사를 절대 매각하지 않습니다. 그레그, 자네를 보고 있네.

그러나 내일 독일, 프랑스, 영국, 일본 등 어느 나라에서든 전화가 와서 100~200억 달러짜리 기업을 매각하겠다고 하면, 우리는 인수할 것입니다. 2년 전 우리는 일본 5대 종합상사의 지분을 매수했고 이후에도 소량을 추가 매수해서 끝자리를 맞추었습니다. 그러나 나는 처음부터 5대 종합상사에, 우리는 지분을 대규모로 매수하지 않을 것이고, 그들의 승인 없이 지분을 대폭 변경하지도 않을 것이라고 말했습니다. 최근 자료에 의하면, 우리는 5대 종합상사의 지분을 각각 5.85%씩 보유하고 있습니다. 취득 원가는 수억~20억 달러입니다. 우리는 좋은 기업을 발굴할 수만 있다면 어떠한 난관도 마다하지 않을 것이며, 어떠한 가격이라도 치를 것입니다.

그러나 우리는 기업이 제 발로 찾아오는 편을 선호합니다. 예컨대 몇 년 동안 만나지 못했던 사람에게 메일을 받고 나서 그 기업의 적정 인수 가격을 산정합니다. 그 기업 이사회가 그 가격에 만족하면 우리는 기꺼이 인수합니다. 거래가 마무리된 후에도 우리는 그 기업을 담보로 대규모 부채를 일으키지 않고 함부로 조직을 변경하지도 않습니다. 앨러게이니 이사회는 그 거래가 최선이라는 점을 의심하지 않았으므로 우리는 그날 110억 달러를 지출했습니다.

기회는 어디에서든 나올 수 있습니다. 예컨대 우리는 이스라엘에도 정말 훌륭한 기업을 보유하고 있습니다. 게다가 규모도 상당히 큽니다. 이런 기업을 하나 더 인수하고 싶으냐고요? 그럼요. 단지 그런 기업이 어디에 있는지 모를 뿐입니다. 찰리?

멍거 우리가 자사주를 600억 달러 매입한다고 생각해봅시다. 우리는 이 사업이 마음에 들고 주가도 마음에 듭니다. 간접비 등 다른 비용도 전혀 들지 않으며, 단지 이미 보유한 지분이 증가할 뿐입니다. 그렇다면 시간 낭비가 아닙니다.

버핏 자사주 매입에 관해서 이러쿵저러쿵 논하는 글은 수없이 많습니다. 그러나 자사주 매입은 그렇게 복잡하지 않습니다. 레모네이드 가판대 회사를 함께 운영하던 동업자 세 사람 중 하나가 자기 지분을 팔고 나가려 한다고 가정합시다. 회사에 지분을 인수할 자금이 있고 가격도 적당하다면 두 사람은 지분을 인수할 것입니다.

내가 매력을 느끼는 기업은 탁월한데도 사람들의 관심을 끌지 못하는 기업입니다. 20여 년 전인 1998년, 우리는 아메리칸 익스프레스 주식 1억 5,000만 주를 보유하고 있었습니다. 마지막으로 매수한 시점이 1998년경이었고 이 훌륭한 기업에 대한 우리 지분은 11.2%였습니다. 이후 우리는 분기마다 현금 배당을 받았습니다. 그런데 현재 우리가 보유한 지분은 20%입니다. 바로 자사주 매입 덕분에 이렇게 탁월한 실적이 나온 것입니다. 만일 주식이 고평가되었을 때 자사주 매입을 했다면 이렇게 탁월한 실적이 나오지 않았을 것입니다. 투자한 훌륭한 기업이 우리 지분을 높여준다면 경이로운 일입니다. 우리는 돈 한 푼 쓰지 않았는데도 아메리칸 익스프레스는 우리 지분을 11.2%에서 20%로 높여주었습니다.

이제 당신이 농장 640에이커를 소유했다고 가정합시다. 당신은 매년 즐겁게 농사를 지어 번 돈으로 계속 농장을 샀고, 약 20년 뒤 농장이 1,200에이커로 늘어났습니다. 오래 걸리긴 했으나 자본을 합리적으로 사용한 덕분에 놀라운 성과가 나왔습니다. 적정 가격에 실행한다면 자사주 매입보다 더 좋은 투자는 없습니다. 주주서한에서도 예를 들어 설명했지만, 애플이 연간 1,000억 달러를 벌 때마다 우리 지분은 0.1%씩 증가하고, 덕분에 우리 이익은 추가로 1억 달러 증가합니다. 이렇게 추가로 증가하는 이익 1억 달러는 우리가 가만 앉아서 버는 돈입니다. 애플이 발표한 1분기 실적을 보면 이익은 증가하고 유통주식 수는 감소했습니다.

1분기에 우리는 애플 주식을 조금 더 매수했습니다. 지분을 더 늘리고 싶었기 때문입니다. 만일 애플이 계속 자사주를 매입한다면 지분을 이보다도 더 늘릴 것입니다. 우리는 내부 정보가 전혀 없지만 이런 투자 방식이 옳다고 생각합니다. 우리는 주식을 시장에서 매수했기 때문에 기분이 더 좋습니다. 그리고 애플이 보유 현금으로 다른 사람들의 주식을 매수했기 때문에 기분이 좋습니다.

자사주 매입은 세상에서 가장 단순한 투자 방법입니다. 그런데도 사람들이 이해하지 못한다는 사실이 믿기 어렵습니다. 농장을 소유한 농부가 농사를 지어 돈을 벌면, 그는 그 돈으로 이웃 농부의 농장을 조금씩 계속 사들일 수 있습니다. 추가로 돈을 쓰지 않아도 됩니다. 이렇게 농사지어 번 돈으로 농장을 사면 기분이 매우 좋을 것입니다. 찰리, 보탤 말 있나?

멍거 현재 상황에 흥미로운 일이 있습니다. 인덱스펀드 운용사들이 주주 제안을 했습니다. 현재 우리는 이사회 의장과 CEO를 동일인이 겸직 중인데, 일부 교수는 두 자리를 분리하면 기업 경영이 개선될 것으로 생각한다고 합니다. 워런을 둘로 쪼갤 수 있으면 두 자리에 절반씩 앉힐 수 있겠지요. 내가 지금껏 들어본 제안 중 가장 터무니없는 비판입니다. 트로이 전쟁에서 승리하고 돌아온 오디세우스에게, 그가 싸울 때 창 잡던 방식이 마음에 안 든다고 비판하는 셈입니다. 아마 회사를 경영해본 경험이 전혀 없고 아는 것도 전혀 없는 사람이겠죠. 검토할 가치도 없는 제안이라고 생각합니다.

버핏 나는 이번 주주서한 세 번째 단락에 "우리 방침은 모든 주주를 평등하게 대우하는 것입니다"라고 말했습니다. 그러므로 1960년대 이래로 우리를 믿고 재산을 맡겨주신 주주들 역시, 운용자산 규모를 미친 듯이 확대하면서 자산 규모를 기준으로 보수를 받는 사람들과 동등하게 대우받을 자격이 있다고 생각합니다. 이 사람들도 잘 알겠지만 미국 정부가 가끔 밝히는 정책은 기업의 규모가 지나치게 커지면 내버려 두지 않겠다는 정도입니다. 어쨌든 나는 모든 주주를 평등하게 대우하겠다고 말했으며, 300만 주주를 모두 똑같이 대우할 것입니다.

주주서한을 발표하고서 약 한 달 뒤인 3월 25일, 우리는 버크셔 B주 1억 100만 주를 보유한 사람들로부터 서한을 받았습니다. '우리는 2022년 버크셔 해서웨이 주주총회 이전에 당신을 만나 귀사의 지배구조와 지속가능성에 관해 논의하고자 합니다'라는 내용이었습니다. 나는 모든 주주를 평등하게 대우하겠다는 방침을 이미 여러 차례 밝혔는데도 이 사람들은 도대체 왜 나와 따로 만나야겠다고 생각하는 걸까요? 여기 주주총회장에 개별적으로 참석하면 되는데 말이지요. 나는 공화당을 강하게 지지하는 집안에서 자랐지만, 지금은 마치 극단적인 포퓰리스트(populist: 인기에 영합하는 정치인)가 된 기분입니다.

흔히 홍보 부서들은 전문가를 고용해 이사회 의장과 CEO를 분리하는 편이 형식상 바람직한지 조언을 받고, 이에 대해 이사회에서 논의하는 모양입니다. 물론 이사회 의장과 CEO의 겸임을 국회의원의 90%가 지지한다면 인덱스펀드가 그런 서한을 보내지 않겠지요. 왜 일부 기관(인덱스펀드)이 모든 미국 대기업 의결권의 10%를 행사하는지 사람들이 궁금해하는 상황을 걱정하기도 바쁠 테니까요.

나는 인덱스펀드의 상품 개념은 마음에 듭니다. 그러나 인덱스펀드가 인센티브와 관료주의에 끌려가는 모습은 걱정스럽습니다. 내게 서한을 보내준 사람은 아마 좋은 사람일 것입니다. 담당 업무여서 그런 서한을 보냈겠지요. 어쨌든 우리는 이 사람들과 별도 면담을 하지 않았습니다. 그래도 이 자리에 참석해주셔서 감사합니다.

BNSF와 가이코의 경쟁사 대응 방안은?

Q. 아지트와 그레그에게 질문합니다. BNSF와 가이코가 주요 경쟁사 유니언 퍼시픽과 프로그레시브에 밀리는 듯합니다. 지난 몇 년 동안 유니언 퍼시픽은 가동률이 약 4% 더 높았고 정밀 일정 철도 운영(Precision Scheduled Railroading: PSR)도 앞서가는 것으로 보입니다. 그리고 프로그레시브는 합산 비율을 더 낮게 유지하면서 더 높은 성장세를 유지했고, 텔레매틱스(telematics: 무선통신과 GPS를 결합해 자동차에서 제공하는 위치 정보, 안전 운전, 오락, 금융 등 다양한 서비스)도 앞서가고 있습니다. 버크셔의 대응 방안을 알고 싶습니다.

그레그 에이블 BNSF는 이례적인 독점력을 보유한 훌륭한 기업입니다. 우리는 가동률과 PSR 등 경쟁사의 운영 현황을 잘 파악하고 있습니다. 고객에게 초점을 맞추어 최고의 서비스를 효율적이고 효과적인 방식으로 제공함으로써 주주 여러분께 탁월한 실적을 드리려고 노력하고 있습니다. 물론 우리에게 개선의 여지가 있다는 사실을 간과하지 않을 것입니다. BNSF는 훌륭한 경영진과 훌륭한 직원들을 보유하고 있으며, 이들은 장기적인 안목으로 개선에 노력할 것입니다.

우리가 서부 지역에 보유한 탁월한 일관수송(intermodal: 철도와 배 등 두

종류 이상의 운송 수단을 이용하는 수송) 프랜차이즈는 가치가 엄청나게 높습니다. 우리는 우리 사업에 크나큰 긍지를 느끼지만, 향후 업무 개선에 계속 노력하겠습니다.

멍거 그레그, 경쟁사가 철도회사를 교환하자고 제안하면 교환하겠나?

그레그 절대 안 합니다. 우리는 독점력도 탁월하고 경영진도 뛰어납니다.

버핏 아시다시피 그레그는 우리가 에너지회사를 인수한 이후 약 20년 동안 소콜과 함께 회사를 경영했으므로 회사 경영 방식을 잘 아는 동업자입니다. 우리가 경쟁사의 영업 현황을 모르는 것이 아닙니다. BNSF를 맡은 완벽한 경영자 케이티 파머Katie Farmer가 책무를 훌륭하게 완수할 것입니다.

BNSF는 측선(대피선)과 복선 철로를 제외해도 보유한 철로가 2만 1,000마일에 이르며, 200년 전부터 건설한 철로여서 유지관리 업무가 많으므로 뜯어고치기가 쉽지 않습니다. 그동안 도시들도 성장했고요. 1862년 오마하까지 연장되었을 때에는 철로가 강을 건너지도 못했습니다. 오마하가 서부로 가는 철도의 중심지가 되었는데도 말이지요.

100년 뒤에도 BNSF는 건재할 것이며 미국에 필수적인 핵심 자산이 될 것입니다. 그리고 버크셔에서 매우 중요한 위치를 차지할 것입니다. BNSF는 무려 300여 철도회사가 결합해 구성된 회사입니다. 150년 전에 철로를 깔고 노선을 개통했습니다. 세상은 계속 변화하고 있으므로 우리는 적응해야 합니다. 하지만 철로 수천 마일을 몇 시간 안에 바꾸거나 운영 방식 등을 변경할 수는 없습니다. 우리는 버크셔 주주들을 위해서 이 자산을 운영하고 있으며 국가에도 이바지하고 있습니다. 누가 운영하든 철도는 국가에 매우 중요한 자산이며, 유니언 퍼시픽 역시 100년 후에도 존재할 것입니다.

그리고 100년 후에는 BNSF가 지금보다 더 훌륭한 철도회사가 될 것입니다. 그러나 몇 달 후 홍수 등이 발생하면 어떻게 될지는 나도 모릅니다. 많은 생명과 화물을 잃고 여러 계획이 무산될 수 있습니다. 철도 사업에 변화를 일으키는 마법의 지팡이는 존재하지 않습니다. 그러므로 개선을 위해서 매일 노력해야 합니다.

BNSF가 보유한 교량이 몇 개인지는 잊었지만, 몇 년 전 연간 자본적 지출이 30~40억 달러였습니다. 내가 전임 CEO 매트 로즈에게 철도 유지에 들어가는 비용이 막대하다고 말하자, 그는 계속 더 큰 비용을 지출해야 한다고 대답했습니다. 그래서 이 정도는 내가 감당할 수 있다고 말했습니다. 그러나 찰리도 감당할 수 있을지는 몰라서 이런 숫자를 설명해야 했습니다. 그러고서 다음에 세운 교량의 이름을 찰스 멍거로 지었습니다. 찰스 멍거 교량이 실제로 존재하는지 여러분이 가서 확인해보십시오. 찰리도 10년 전 비슷한 질문을 했답니다. 아지트?

아지트 자인 자동차보험 사업의 경쟁이 매우 치열하다는 점에는 의문의 여지가 없습니다. 그렇긴 해도 가이코와 프로그레시브는 둘 다 이 분야에서 매우 성공적인 기업입니다. 물론 각자 강점과 약점이 있습니다. 그리고 질문자의 말대로 최근 이익률과 성장률 둘 다 프로그레시브가 훨씬 높다는 점에도 의문의 여지가 없습니다. 그 원인은 여럿이지만 가장 중요한 원인은 질문자가 지적한 대로 텔레매틱스라고 생각합니다.

프로그레시브는 아마도 20년 가까이 텔레매틱스의 시류에 올라탔습니다. 그러나 가이코는 근래에야 텔레매틱스를 도입했고, 2년 전부터 비로소 위험 매칭률 산정에 텔레매틱스를 이용하려고 진지하게 노력하고 있습니다. 갈 길은 멀지만 결국 여정을 시작했고 초기 실적은 유망합니다. 나의 희망 섞인 예상으로는 1~2년 뒤 텔레매틱스 분야에서 가이코가 프로그레시브를 따라잡을 것입니다. 그리하여 우리 이익률과 성장률도 개선될 것으로 기대합니다.

버핏 자동차보험 산업을 연구해보면 매우 흥미롭습니다. 헨리 포드가 자동차 사업을 시작한 시점은 1903년이었습니다. 이후 오래지 않아 포드의 자동차 생산량이 연 200만 대에 이르렀습니다. 연 200만 대면 적지 않은 숫자입니다. 이후 보호 협회들을 통해서 해상화재보험업이 성장했습니다. 그러나 자동차보험은 상품이 이미 오래전에 나왔는데도 주요 산업으로 성장하지 못했습니다. 1936년 리오 굿윈Leo Goodwin이 가이코를 설립한 후에도 크게 달라지지 않았습니다.

그리고 오랜 기간이 지난 후 좋은 아이디어가 나왔고 대형 보험사도 다수 등장했습니다. 미국에서 가장 큰 자동차보험사는 스테이트 팜State Farm인데, 일리노이주에서 보험을 전혀 모르는 사람이 설립했습니다. 이 회사는 상호회사(mutual company: 보험 계약자가 소유한 보험사로서, 모든 이익이 계약자에게 분배됨)로서, 자본주의에서 성공을 기대하기 어려운 형태였습니다. 경영대학원에서는 인센티브와 보상 등을 잘 활용해야만 기업이 성공할 수 있다고 가르칩니다.

스테이트 팜에서 큰 부자가 된 사람은 아무도 없습니다. 리오 굿윈은 약 80년 전 보험업을 시작했고, 십중팔구 부자가 되고 싶었을 것입니다. 프로

그레시브 사람들 역시 부자가 되고 싶었습니다. 그리고 트래블러스^{Travelers}와 애트나^{Aetna} 등 수십 개 보험사가 등장했습니다. 경쟁에서 누가 승리했을까요? 상호회사가 승리했습니다. 지금도 스테이트 팜의 규모가 가장 큽니다. 버크셔를 제외하면 순자산이 압도적으로 가장 커서 약 1,400억 달러에 이릅니다.

프로그레시브는 매우 오래 전부터 대단히 똑똑한 사람들이 경영하고 있습니다. 그러나 순자산은 이름도 모르는 일리노이주 사람들이 소유한 스테이트 팜의 6분의 1에 불과합니다. 똑같은 보험 상품을 미친 듯이 광고하면서 오랜 기간 판매했는데도 말이지요. 우리는 똑같은 광고를 하면서 70~80년 동안 매년 20억 달러를 지출하고 있습니다. 보험 상품은 바뀌지 않습니다. 그런데도 스테이트 팜의 판매 실적이 여전히 가장 많습니다. 자본주의에서는 있을 수 없는 일입니다.

오늘날 당신이 스테이트 팜을 설립해서 프로그레시브와 경쟁하겠다고 하면 도대체 누가 자본을 투자하겠습니까? 이익을 분배받을 수 없는 상호회사에 말이지요. 타당성이 전혀 없습니다. 그런데도 스테이트 팜은 순자산이 약 1,400억 달러나 됩니다. 프로그레시브는 순자산이 200억 달러 정도 될 것입니다. 이들은 보험을 인수할 때 원칙을 매우 철저하게 준수합니다. 그러나 투자 부문에서는 1분기에 순자산이 감소했습니다. 채권을 대규모로 보유하고 있기 때문입니다. 프로그레시브는 다른 보험사들이 채권을 보유하기 때문에 자기도 채권을 보유한다고 말합니다. 아마 모든 보험사가 그렇게 말할 것입니다.

이 보험사는 사업의 절반에 대해서는 온갖 방식으로 모든 지역을 분석하고 세분해 보험료를 정확하게 책정하지만, 사업의 나머지 절반은 다른 보험사들이 하는 방식으로 하고 있습니다. 프로그레시브 회장을 역임한 피터 루이스^{Peter Lewis}는 40년 전에는 내 사무실에서 함께 근무했는데 기막히게 똑똑한 인물이었습니다. 보험을 구석구석 알고 있었고 매우 총명했으므로 장차 버크셔의 주요 경쟁자가 될 사람이었습니다. 하지만 그는 투자 부문을 무시했는데 사실은 투자 부문도 인수 부문만큼 중요합니다. 흥미롭게도 어느 조직에나 맹점이 있습니다. 물론 우리에게도 온갖 유형의 맹점이 있습니다. 그러므로 남들의 맹점을 비판할 때에는 조심해야 합니다.

자동차보험은 경영대학원에서 마땅히 연구해야 하는 사업입니다. 현재 경영대학원에서 가르치는 내용에 오류가 많다는 사실을 알려주기 때문입니다. 그러므로 나는 경영대학원에 자동차보험 사업 연구를 제안합니다.

아지트가 막대한 가치를 창출한 덕분에 버크셔의 순자산이 프로그레시브보다 많아졌습니다. 이는 프로그레시브에 대한 공격이 아니라 아지트에 대한 칭찬입니다.

버크셔가 매매 시점을 선택하는 방법은?

Q. 실적을 돌아보면 당신은 매매 시점 선택market timing이 탁월했습니다. 1969년과 1970년에 시장에서 빠져나와 주가가 정말 낮았던 1972년과 1974년에 다시 들어갔고 1987년, 1999~2000년에도 그렇게 했습니다. 지금은 주가가 하락 중인데 막대한 현금을 보유하고 있습니다. 당신은 어떤 방법으로 매매 시점을 선택하나요?

버핏 당신에게 일자리를 제안하고 싶군요. 흥미롭게도 월요일 시장이 열릴 때 우리는 향후 주가 흐름이 어떻게 될지 전혀 알지 못합니다. 예측해본 적도 전혀 없고요. 찰리나 나나 함께 일해온 기간 내내 시장 예측을 근거로 매매하자고 말해본 적이 없고 생각해본 적도 없습니다. 우리는 향후 경제가 어떻게 될지도 알지 못합니다.

그런데 재미있게도, 모두가 시장을 비관하던 2008년 나의 낙관론이 적중했다는 이유로 사람들이 나를 인정하기도 합니다. 하지만 우리는 어리석게도 매우 불리한 시점에 막대한 금액을 투자했습니다. 정정합니다. '우리'가 아니라 '나'입니다.

과거 우리는 3~4주에 걸쳐 리글리Wrigley와 골드만삭스에 약 150억 달러를 투자했는데, 당시에는 지금보다 엄청나게 큰 금액이었습니다. 그때 나는 유리한 시점인지 불리한 시점인지 알지 못했지만, 지나고 보니 정말 불리한 시점이었습니다. 나는 〈뉴욕타임스〉에 '미국을 사라(Buy American)'라는 제목으로 기고도 했습니다. 내게 시점 선택 감각이 있었다면 6개월 더 기다렸다가 시장이 저점에 도달한 3월에 기고했을 것이고 CNBC에도 출연했을 것입니다. 그러나 나는 2000년 3월에 찾아온 저점 매수 기회를 완전히 놓쳤습니다.

우리는 시점 선택을 잘 해본 적이 없습니다. 우리가 투자한 돈에 대해서 충분한 가치를 얻는지는 상당히 잘 파악했지만 말이죠. 그리고 어떤 주식을 사기로 하면 우리가 그 주식을 더 살 수 있도록 주가가 한동안 하락하기를 바랐고, 심지어 매수를 완료해서 우리 돈이 바닥난 뒤에도 더 하락하기를 바랐습니다. 그 기업이 싼 가격에 자사주를 매입해서 우리 지분을 높여주길 기대했으니까요. 이는 초등학교 4학년이면 배울 수 있는 내용입니다. 그러나 학교에서는 가르쳐주지 않습니다. 그러므로 절대 우리가 시점 선택을 잘한다고 칭찬하지 마십시오. 대신 우리가 매우 똑똑하다고 모든 사람에게 말해주십시오. 하지만 우리는 똑똑하지 않습니다.

우리는 시점 선택을 해본 적이 없습니다. 경제의 흐름을 꿰뚫어 본 적도 전혀 없습니다. 나는 11세이던 1942년 3월 12일, 다우지수가 90일 때 주식을 매수했습니다. 오전에는 다우지수가 101이었고 종가는 99였습니다. 지금은 목요일보다 1,000 하락해서 3만 4,000입니다. 그러므로 미국 주식을 보유했다면 좋은 판단을 내린 것입니다. 하버드 기부금 펀드나 GM 연금기금 등이 당시에 투자했다면, 주식과 현금의 균형을 유지해야 한다고 생각하면서 아마 60% 정도를 주식으로 보유했을 것입니다. 그러고서 3개월마다 여러 펀드매니저의 말을 듣고 비중을 조정했겠지요. 그러나 50~100년 투자할 생각으로 다트를 던져 종목을 선정하고 채권 대신 주식으로 계속 보유했다면 실적이 더 좋았을 것입니다.

놀랍게도 증권계 사람들은 정말 단순한 게임을 매우 어렵게 만듭니다. 그러나 이 사람들이 모두에게 투자가 단순한 게임이라고 사실대로 말해주면 수입의 90% 이상이 사라질 것입니다. 그러므로 투자는 혼자 힘으로도 할 수 있고 증권계 사람들은 실제로 아무 보탬도 되지 않습니다. 그러나 이 사람들이 이 사실을 말해주길 바란다면 인간 본성에 지나친 기대를 하는 셈입니다. 이런 예를 들기는 싫지만 원숭이에게 다트를 던지게 해서 종목을 선정하면 운용보수 등 온갖 비용을 절감할 수 있습니다. 나는 원숭이를 선택하겠습니다. 그러나 나는 원숭이가 우월한 종이라고 생각하지 않습니다. 그러므로 현재의 이웃 대신 원숭이를 이웃으로 두고 싶지는 않습니다. 찰리, 뭔가 유쾌한 이야기 없나?

멍거 투자자문업계가 돌아가는 방식이 있습니다. 투자자문사에 방문해서 나의 미래를 어떻게 대비해야 하느냐고 펀드매니저에게 물어보면 그는 말합니다. "지금 내게 5만 달러를 주십시오. 내가 당신의 미래에 기여하는 대가입니다." 참으로 특이한 사업이지요.

버핏 부자가 되는 기막힌 방법이군요. 높은 IQ와 열정을 이용해서 큰돈을 벌고 싶어 하는 자녀가 있으면 월스트리트로 가라고 말해주십시오. 성직자가 되라는 말은 하지 마십시오. 정말로 돈을 원하면 스스로 선택하게 됩니다. 항상 그렇게 됩니다. 인간성에 대해 절망할 이유가 없습니다. 사람들은 자신의 이익을 추구하는 법이니까요. 시간이 흐르면 사리사욕을 버릴지도 모르지만, 그걸 누가 알겠습니까.

여기 강당에 있는 분들은 살로몬 브러더스 사건을 기억할 것입니다. 게리 코리건Gerry Corrigan은 당시 뉴욕연방준비은행장이었는데, 이 은행 위원회가 그에게 질문 공세를 퍼부었습니다. 위원회는 전년도 최고 연봉자가 누구였는지 물었습니다. 그는 이름을 밝혔고 1991년 연봉이 약 2,000만 달러라고 말했습니다. 위원회가 나이를 묻자 코리건은 그가 26세라고 답하면서 풋볼 공 던질 줄도 모르는 친구라고 털어놓았습니다.

이제는 풋볼 공을 잘 던지면 전보다 훨씬 많은 돈을 벌 수 있습니다. 나의 영웅인 테드 윌리엄스는 연간 수입이 2만~2만 5,000달러였습니다. 이제는 타율이 0.23~0.24인 선수가 메이저 리그에 진출하면 수입이 엄청나게 늘어납니다. 선수들은 TV 발명자에게 감사해야 합니다. 전에는 구단주의 수입원이 3~4만 명까지 수용되는 유료 관중뿐이었지만, TV 덕분에 수입이 엄청나게 늘어났기 때문입니다. 이렇게 돈을 벌게 해주는 관중이 누구인지는 아무도 모르지만, 자본주의는 매우 특이한 방식으로 후하게 보상해줍니다. 한동안은 월스트리트 증권인의 수입이 메이저 리그의 타율 0.22~0.23짜리 타자보다 좋았습니다. 그러나 지금은 TV 등의 발전 덕분에 역전되었습니다.

이제는 정말 이상한 세상이 되었습니다. 보상이 상상을 초월할 정도로 변덕스러워졌습니다. 신학자가 보기에도 그렇고, 한가한 시간에 찰리와 내가 보기에도 온 세상이 미친 듯합니다. 그러나 전체적으로는 세상이 매우 잘 돌아가고 있습니다. 변경된 시스템으로부터 혜택을 받지 못하는 (또는 불이익을 당하는) 사람들조차 형편이 전보다 훨씬 나아졌습니다. 그렇다고 변화를 위해서 노력할 필요가 없다는 뜻은 아닙니다. 다만 우리는 사람들과 함께할 수 있는 일의 한계를 인식해야 합니다. 찰리, 자네가 이 설교를 마무리해주겠나?

멍거 매우 흥미로운 현상이 있습니다. 투자자문업계 사람들 다수가 실제로는 자산을 거의 인덱스펀드처럼 운용하면서 높은 보수를 받고 있습니다. 운용 실적이 시장과 크게 다르면 아무도 버틸 수 없기 때문입니다. 이들은 운용보수를 잃을까 봐 두려워하고 있습니다. 그래서 모든 투자자문사가 똑같이 행동하고 있습니다. 다소 우스운 현상입니다. 실제로 세상은 다소 우습지요.

버핏 버크셔 홍보영화에서 찰리가 지적했듯이, 찰리와 나는 결혼 전에 두 젊은 여성에게 실제보다 더 매력적인 사람으로 보이려고 노력했습니다. 사람들이 사익을 추구하지 않으리라고 기대해서는 안 됩니다. 찰리와 내가 결혼 전에 약점을 모두 공개하지 않았다는 사실은 매우 중요합니다.

멍거 이제는 워런과 내가 조금 더 나은 사람이 되려고 노력하고 있습니다.

버핏 네, 그렇습니다.

멍거 다소 실망을 안겨줄지 모르지만, 나는 17세 이후 조금 개선되었습니다.

버핏 그렇군요. 정말 흥미로운 주장입니다. 온갖 좋은 일이 소나기처럼 쏟아지는 행운을 잡았다면, 찰리가 인생 후반기에는 인생 전반기보다 더 나은 사람이 되어야 마땅합니다. 이 정도라면 지나친 기대는 아니겠군요. 당신이 난소 복권ovarian lottery에 당첨되어 미국에서 태어났고 온갖 좋은 일이 발생했다고 가정합시다. 그런데 돌아보니 당신이 그동안 온갖 어리석은 일을 저질렀다면, 당신의 인생 후반전은 전반전보다 나아져야 마땅합니다.

이번에는 당신이 IQ나 능력은 나쁘지 않으나 흙수저 출신이라서 아무것도 배우지 못했다고 가정합시다. 그래서 사람들과의 교류를 통해서만 배울 수 있다고 가정합시다. 당신이 두 살이라면 그동안 세상에서 온갖 지식을 아무리 많이 습득했어도 머릿속에 든 지식은 많지 않을 것입니다. 그러나 30~40년 동안 실제로 인간의 행동 방식을 체험하면서 계속 지식을 습득하면 이야기가 달라집니다. 그러면 인생 후반전에는 당신이 전반전보다 나은 사람이 될 것입니다.

그리고 인생 후반전에 더 나은 사람이 되었다면, 인생 전반전에도 좋은 사람이었더라도 전반전은 잊어버리십시오. 후반전을 즐기세요. 찰리와 나는 긴 인생을 사는 호사를 누리고 있으므로 훌륭하고 희망적인 후반전을 보내게 되었습니다. 우리는 무엇이 행복을 주는 요소인지 알게 되었고 사람들에게 불행을 주는 요소도 잘 인식하게 되었습니다. 나는 인생의 전반전보다 후반전으로 평가받고 싶으며, 찰리도 그럴 것입니다.

멍거 네, 물론입니다. 나는 젊은 시절에 한 일은 돌이켜 보지도 않습니다. 부끄러우니까요.

버핏 나중에 누구든지 찰리에게 구체적인 사례를 물어볼 수 있습니다.

핵 공격과 사이버 공격에 대한 버크셔의 대응 방안은?

Q. 당신은 핵 공격이 버크셔에 가장 큰 위험이라고 말했는데, 인구 밀집 지역이 핵 공격을 당하면 버크셔의 보험 사업은 어떤 영향을 받나요? 그리고 버크셔 해서웨이 에너지는 물리적 공격이나 사이버 공격을 받은 적이 있나요?

버핏 1945년 8월 이후 세계 2대 강국의 대량살상 능력이 극적으로 강화되면서 핵 공격 위험이 상존하게 되었습니다. 사람들은 핵 공격 위험이 정말 아주 작다고 말하겠지요. 그런데 라스베이거스 데저트 인Desert Inn에는 한동안 주사위 한 쌍이 전시되었습니다. 누군가 32회 연속 굴렸던 주사위들입니다. 그 확률은 아마 400만분의 1이나 40억분의 1일 것입니다. 그러나 주사위를 계속 굴리면 모든 경우의 수가 나올 수 있습니다.

미국인 3억 3,000만 명이 매일 앞면이나 뒷면이라고 외치면서 동전 던지기를 하면, 10일 후에는 10회 연속 적중한 사람이 33만 명 나오게 됩니다. 그리고 10일 더 지나면 20회 연속 적중한 사람이 여전히 많이 나옵니다. 이들은 자신이 실제로 동전을 통제하게 되었다고 생각합니다.

이 세상은 사람들이 지구를 파괴할 것인가를 놓고 매일 동전을 던지고 있습니다. 문제는 핵무기와 대륙 간 탄도 미사일(ICBM)을 대량으로 보유한 사람들에게 있습니다. 만일 전쟁에 지고 있어서 마음이 상한 사람들이 전술핵으로 수십만 명을 죽이려 하면, 누가 이들을 막을까요? 이제 이 세상은 지극히 위험해졌습니다.

멍거 우리는 대규모 핵 공격을 방어할 방법이 없습니다. 내가 아는 사람은 핵전쟁이 발생하면 테이블 밑으로 들어가 엉덩이에 작별 인사를 하겠다고 말합니다.

버핏 찰리는 버크셔의 손실 통제 책임자입니다. 그러나 핵 공격에 대해서는 해결책이 전혀 없습니다. 1939년 9월 1일 히틀러가 폴란드를 침공했습니다. 그러나 이 사건에 대해서 많이 아는 사람은 거의 없었습니다. 당시에는 극장 뉴스 영화로만 이 사건을 접할 수 있었으므로, 여름 더위를 피해 에어컨이 있는 극장에 간 사람들만 이 사건을 알 수 있었습니다.

그러나 뉴스 영화에 등장하는 사람은 강압적인 목소리로 독일군이 방금 폴란드로 이동했다고 말하는 인물을 포함해서 소수에 불과했고, 탱크도 몇 대만 보였으며, 뉴스도 금방 끝났습니다. 지금은 우리가 매일 온종일 나오는 뉴스에서 죽어가는 사람들을 보면서 남의 일이 아니라고 공감하지만 말이죠. 하지만 당시에는 상황이 전혀 달랐습니다.

그런데 약 한 달 전인 1939년 8월, 루스벨트 대통령은 편지 한 통을 받았습니다. 왜 그 편지를 받았을까요? 히틀러가 극단적인 반유대주의자였기 때문입니다. 히틀러는 독일에서 모든 유대인을 추방했는데, 그 유대인 중에는 위대한 과학자들도 있었습니다. 헝가리 태생 유대인 과학자 레오 실라르드Leo Szilard가 추방당했고 아인슈타인도 추방당했습니다. 마침내 미국에 도착한 실라르드는 미국 대통령 루스벨트에게 편지를 썼습니다. 많은 우라늄이 다양한 방식으로 운반되고 있고 물리학 분야에서 중대한 사건이 발생할 수 있으니 미국이 앞서나가야 한다는 내용이었습니다.

그런데 문제는 이 편지를 미국 대통령에게 어떻게 전달하느냐였습니다. 그래서 그는 아인슈타인을 찾아가 취지를 설명하고 공동 명의로 편지를 보냈습니다. 그의 판단은 적중했습니다. 만일 히틀러가 유대인을 그토록 혐오하지 않았다면 두 사람은 미국에 오지 않았을 것이고, 미국 대통령에게 편지를 보내지도 않았을 것입니다. 마침내 편지는 대통령에게 전달되었고, 미국은 세계에서 가장 먼저 원자폭탄을 개발했습니다. 실라르드와 아인슈타인이 다른 나라가 아니라 미국에 온 것은 커다란 행운이었습니다.

역사에는 늘 우연이 개입합니다. 원자폭탄에 관해서는 우연이 더 많이 개입할 수 있습니다. 미국에는 핵전쟁의 위기가 여러 번 있었습니다. 날아가는 기러기 떼가 북미 대공방위사령부NORAD에 이상한 신호로 잡힌 적도 있습니다. 소련에서 발생한 특이 동향이 핵 공격의 전조로 해석된 적도 있습니다. 이런 위험에 대해 우리는 아무것도 할 수 없습니다. 그리고 세상 사람들 모두 이런 위험에 관심을 가져야 한다고 말해도 버크셔는 전혀 관심이 없습니다. 관심을 가져도 버크셔에는 아무런 이득이 없으니까요.

과거에 두 군사 강국은 실제로 상대의 의도를 잘못 해석해 핵전쟁 직전까지 간 적이 있습니다. 찰리와 나는 쿠바 미사일 위기를 겪었습니다. 당시 대량살상무기가 실제로 사용될 가능성이 있었습니다. 장담하는데 훨씬 더 나쁜 일이 벌어질 수도 있습니다. 인류는 첨단 기술에 대항할 방법을 아직 찾아내지 못했습니다. 인류가 동굴에 살던 시대에는 반사회적 인격 장애자가 할 수 있는 짓이 옆 동굴 사람에게 돌을 던지는 정도였습니다. 그러면 옆 동굴 사람도 돌을 던졌겠지요. 그러나 이제는 기술이 비약적으로 발전해 인류를 압도하게 되었습니다. 지금까지는 큰 문제가 없었지만 더 지켜보아야 합니다.

버크셔에는 해결책이 없습니다. 보험 상품 중에는 우리가 보상할 수 없어서 판매하지 않는 상품이 있습니다. 핵 사건에 대해서는 우리가 보상할 수 없다는 사실을 누구나 알 것입니다. 고객에게 이 위험이 있는데도 버크셔는 그 위험을 막을 방법이 없습니다. 지금까지는 운이 매우 좋았습니다.

아지트, 자네는 할 말 없나?

아지트 핵 사건에 대해서 우려하는 점은 버크셔가 실제로 떠안게 되는 위험을 내가 산정할 능력이 없다는 사실입니다. 지진, 허리케인, 사이버 공격 등 다른 대규모 위험에 대해서는 규모, 우리의 노출도, 손실 범위를 어느 정도 정확하게 산정할 수 있습니다. 그러나 핵 사건에 대해서는 산정을 포기할 수밖에 없습니다. 심각한 상황이 도대체 얼마나 더 심각해질 수 있을지 산정하기는 매우 어렵습니다. 핵 사건이 발생하면 우리는 매우 다양한 위험에 노출됩니다. 우리는 거의 모든 보험 계약의 보장 대상 위험에서 핵 사건을 제외하지만, 실제로 사건이 발생하면 규제 당국과 법원은 보험사에 불리하게 판정할 터이므로 우리가 보상하게 될 것으로 확신합니다.

이미 논의되고 있는 사례를 살펴봅시다. 우리는 이른바 '화재보험'을 판매하고 있습니다. 이 화재보험에서는 핵 사건을 보장 대상 위험에서 제외했습니다. 그러나 규제 당국자들은 이 상품이 화재보험이므로, 핵 공격으로 화재가 발생하면 그 화재로 인한 피해는 보상해야 한다고 생각합니다. 그러므로 우리는 이런 토론 내용을 수용해야 하며, 보험업계가 보장 범위에 관한 규제 당국과 법원의 견해를 반박하기는 매우 어려울 것입니다.

버핏 참석자 중에 규제 당국자는 없으시죠? 오랜 세월이 지나면 바뀌겠지요. 아인슈타인은 말했습니다. "나는 제3차 세계대전에 어떤 무기가 등장할지는 모르지만, 제4차 세계대전에는 막대기와 돌이 등장할 것입니다." 여러분이 핵 공격의 영향을 걱정하신다면, 버크셔의 가치보다 먼저 걱정할 일이 많다는 점을 말씀드리고 싶습니다.

그레그 사이버 공격에 대해서 간략하게 답하겠습니다. 사이버 공격에 의한 위험은 모든 버크셔 자회사가 관리해야 하는 위험입니다. 끊임없이 발생하는 중대 위험이므로 우리는 항상 이 위험을 평가하면서 완벽하게 방어하고 있습니다. 버크셔 해서웨이 에너지를 예로 들면, 우리 다양한 운영

시스템은 매일 수없이 많은 사이버 공격을 받고 있습니다. 그래서 전담 팀을 두고 있습니다. 이 팀은 우리가 받는 사이버 공격을 매일 초 단위로 평가하면서 이를 막는 방어 자산을 강화하고 있습니다.

이렇게 사이버 공격을 받는 우리 자회사는 많습니다. 그러나 우리가 많은 자원과 시간과 노력을 투입하는 자회사는 철도, 에너지, 기타 소수에 불과합니다. 좋은 소식은 지금까지 우리 팀이 탁월하게 임무를 완수한 덕분에 심각한 사건이 한 번도 발생하지 않았다는 사실입니다. 소규모 자회사에서 사소한 사건이 발생한 적은 몇 번 있습니다. 그러나 우리 주요 자회사의 운영 시스템에는 사이버 공격을 방어하는 적절한 보안 프로토콜이 설치되어 있습니다. 하지만 공격은 끊이지 않고 있습니다. 그러나 우리 팀은 매일 이 위험을 인식해 대응하고 있고 특히 모든 운영 시스템을 먼저 관리하고 있습니다.

버핏 한 가지만 덧붙이겠습니다. 과거를 돌아보면 민간 기업들은 정부가 제대로 하는 일이 아무것도 없다고 항상 말하고, 정부는 민간 기업들이 자기들 생각만 한다고 항상 말합니다. 그러나 내 경험으로는 정부와 기업이 협력해 사이버 위험에 함께 대응할 때 좋은 성과가 나왔다고 생각합니다.

그레그 탁월한 지적입니다. 다양한 정부 기관과 민간 기업들이 협력하면 사이버 공격에 대한 방어력이 엄청나게 강해집니다. 우리가 운영 데이터를 관련 기관들에 매일 제공하면, 기관들은 우리 시스템에 침투한 사람이 있는지 확인해서 알려줄 수 있습니다. 이는 강력한 협력 관계입니다. 정부 기관과 민간 기업들이 긴밀하게 협력해야 한다는 당신의 지적이 확실히 옳습니다. 양쪽 모두 사이버 공격을 심각한 위험으로 인식하고 있으므로 함께 손잡고 대응해야 합니다.

버핏 그것이 진정한 파트너입니다. 정부가 도와주니까 우리가 더 잘할 수 있고, 우리가 도와주니까 정부가 더 잘할 수 있습니다. 양쪽 모두 협력하지 않을 이유가 없습니다. 사이버 공격은 극도의 충격을 안겨줍니다. 핵 공격이 첫 번째 위협이지만 그 확률은 지극히 낮습니다. 언젠가는 태양도 다 타서 사라집니다. 그러나 ICBM을 대량으로 보유한 두 나라 사이에서 어떤 일이 벌어질지는 아무도 모릅니다. 우리는 아직 해결책을 찾지 못했습니다. 이런저런 해결책이 있다고 돌아가면서 말하기는 쉽습니다. 그러나 양쪽 사람들이 장전한 총을 들고 마주 보는 상황이라면 해결이 쉽지 않습니다.

멍거 모든 사람이 합리적이지는 않으니까요.

버핏 불합리한 사람이 많습니다. 여기에 이기심까지 더해지면 온갖 짓을 벌이면서 자멸의 길로 들어서서 자신의 인생을 포함한 모든 것을 파괴할 수 있습니다. 조직에서 지위가 상승해도 이런 행동은 사라지지 않습니다. 우리는 형편없는 사람들이 자신의 이기심을 채우려고 세상을 상대로 이런 행동을 벌일 수 있는 지위에 오르지 않기를 간절히 바라야 합니다.

인플레이션이 심해지는 상황에서 주식을 하나만 선택한다면?

Q. 지금처럼 인플레이션이 심해지는 상황에서 주식을 하나만 선택할 수 있다면 어느 종목을 선택하겠습니까?

버핏 주식보다 더 좋은 방법을 알려드리겠습니다. 가장 좋은 방법은 어떤 일이든 유별나게 잘하는 것입니다. 예컨대 도시에서 가장 뛰어난 의사나 변호사가 되면, 당신의 서비스에 대한 대가로 사람들이 돈을 얼마든지 지불할 것이고 자신이 생산하는 것을 무엇이든 제공할 것입니다. 당신이 최고의 가수나 야구 선수나 변호사가 되면, 당신은 그 능력을 누구에게도 빼앗기지 않으며, 인플레이션에 시달릴 일도 없습니다. 당신의 서비스에 대한 대가로 사람들은 자신이 생산하는 밀, 면화, 기타 무엇이든 제공할 것입니다. 그러므로 단연 최고의 투자는 자신의 능력을 개발하는 것입니다.

게다가 세금도 없습니다. 이것이 내가 하는 투자 방식입니다.

멍거 나도 조언을 해드리겠습니다. 친한 사람이 퇴직 계좌로 비트코인에 몰빵하라고 조언하면 단호하게 거절하십시오.

버핏 당신이 개발한 재능은 아무도 빼앗을 수 없습니다. 이는 변치 않는 사실입니다. 반면 재능을 개발하지 못한 사람에게는 사회의 산물이 상대적으로 적게 제공됩니다. 재능은 교육과 관련된 경우도 있지만 교육과 무관한 경우가 더 많습니다. 당신이 어떤 재능을 얻고 싶은지, 그리고 그 방법은 무엇인지 알고 싶다면, 당신이 무엇을 잘할 수 있는지 알아야 합니다. 예를 들어 세상 사람들은 누군가 유튜브에서 상황을 설명해주길 바랍니다. 그러므로 베키 퀵 같은 인물을 연구해서 그녀의 강점을 파악하십시오. 그리고 이를 바탕으로 당신의 재능을 개발하십시오.

말콤 글래드웰은 어떤 일이든 1만 시간을 투자해야 한다고 말합니다. 그러나 나도 헤비급 권투 선수가 되려고 1만 시간을 투자할 수 있지만, 투자를 마친 뒤에는 기분이 썩 좋지 않으리라 생각합니다. 그러므로 당신이 정말 좋아하고 잘하며 사회에 유용한 일을 찾아보십시오. 수입이 얼마나 되는가는 중요하지 않습니다. 1센트이든, 0.5센트이든, 0.01센트이든 중요하지 않습니다. 당신이 도시에서 가장 뛰어난 의사가 되면, 사람들은 당신의 재능을 빼앗을 수 없고 치킨이든 무엇이든 자신이 생산한 것을 당신에게 가져다줄 것입니다.

이 주주총회에 다섯 번이나 참석했다면 당신의 미래는 매우 유망하다고 생각합니다. 당신이 자신의 일부를 팔겠다면, 우리가 최고의 투자로 생각하고 사겠습니다. 당신의 미래 이익 10%를 받는 대가로 우리가 지금 현금을 지급하겠습니다. 우리는 훌륭한 자산을 보유하게 됩니다. 당신은 자신의 미래 이익을 100% 보유할 수도 있습니다. 당신이 훌륭한 댄서가 되는 등 자신의 재능을 개발하면, 사람들이 댄스를 보려고 돈을 낼 것입니다.

프레드 아스테어Fred Astaire와 그의 누나 아델Adele도 오마하 출신입니다. 당시에는 그의 이름이 아우스테어리츠Austerlitz였는데 이후 다양한 분 야에서 활동했습니다. 진저 로저스Ginger Rogers는 하이힐을 신고 댄스를 했지만, 여성이라서 그만큼 많은 돈을 받지는 못했습니다. 당신은 잘 해낼 것입니다. 나는 당신에게 거액을 걸겠습니다.

경영진이 교체되어도 버크셔는 똑같은 방식으로 운영될까요?

Q. 장기 주주인 우리 가족은 버크셔를 영원히 보유할 계획입니다. 그러나 경 영진이 교체되어도 버크셔가 똑같은 방식으로 운영될지 모르겠습니다. 그리 고 아지트가 떠날 때를 대비해서 보험 사업의 위험을 평가하는 방법을 알고 싶 습니다.

버핏 버크셔의 미래에 대해서는 앞으로도 오랫동안 걱정할 필요 없습니 다. 핵 공격 등에 대해서는 아직 해결책이 없지만, 버크셔에는 앞으로도 오래도록 이어질 건전한 기업문화와 주주들이 있습니다. 내가 내일 죽는 다면 첫해에는 모두가 "버크셔는 어떻게 될까? 분할되는 것 아니야?"라고 말할 것입니다. 그러나 의결권이 잘 관리되고 있으므로 기업 분할spin off 은 일어날 수 없습니다. 우리 이사회는 버크셔의 기업문화가 기업 운영의 99.9%를 지탱한다는 사실을 잘 이해하고 있습니다. 이사회는 각종 위원 회 구성이나 외부 전문가 영입이 아무 의미도 없다고 생각합니다. 다른 기 업들은 다양한 이유로 이런 방식을 채택하지만 버크셔는 전혀 다릅니다.

버크셔는 우리를 신뢰해주는 사람들을 위해서 존재하는 기업입니다. 우리는 사람들의 신뢰를 충족하기만 하면 됩니다. 아주 간단합니다. 우리 에게는 그런 임무를 수행할 사람들이 있고 엄청난 자원도 있습니다. 그리 고 자유가 있는 한 그 임무를 수행하기는 어렵지 않습니다. 1년 후 세상 사람들은 버크셔가 어떻게 되었는지 이야기할 것입니다. 철도는 똑같은 방식으로 운행될 것입니다. 물론 누군가 큰돈을 벌 생각으로 찾아와서, 버크셔는 상장폐지하는 편이 낫다거나 이 회사만 '순수하게' 남기는 편이 낫다고 말하면서 자회사들을 매각하려 할지도 모릅니다.

그러나 '순수한' 것은 우리의 동업 관계입니다. 버크셔와 주주들의 관계야말로 특별하다고 우리는 생각합니다. 이 관계는 변하지 않으며 소유권도 그다지 변하지 않는다고 생각합니다. 물론 버크셔를 영원히 유지할 수는 없습니다. 그러나 그 시점에는 버크셔의 우수한 기업문화를 세상 사람들이 더 잘 이해해주길 기대합니다. 기업문화가 그대로 유지된다면 100년 후에도 버크셔는 건재할 것입니다. 핵전쟁이 일어나지 않는다면 말이지요. 버크셔는 영원을 추구하는 회사이므로 사업 종료일이 없습니다.

버크셔에는 은퇴를 기다리는 사람이 없고, 스톡옵션을 바라는 사람도 없으며, 다른 일자리를 찾는 사람도 없습니다. 자신이 원하는 일을 하고 있기 때문입니다. 버크셔의 대우가 다른 기업보다 좋아서도 아닙니다. 헤드헌터들이 찾아와서 두둑한 보수를 제시하면서 이 사람 저 사람 스카우트하려 해도 성공하지 못할 것입니다. 우리가 버크셔와 같은 회사를 또 설립할 수 있을지는 모르겠습니다. 처음 인수할 때 우리는 버크셔를 어떤 회사로 만들게 될지 알지 못했습니다.

처음에 버크셔는 형편없는 직물공장이었습니다. 이 형편없는 직물공장을 20년 정도 운영하다가 중단하고서 이런저런 사업을 할 계획이 아니었습니다. 우리는 단지 남보다 계속 한발 앞섰을 뿐입니다. 그러나 이제는 상장기업을 어떻게 경영해야 하는지 분명히 알고 있습니다. 우리가 항상 원했던 한 가지는 우리와 잘 맞는 사람들이었습니다. 1952년 내가 플라밍고 호텔 카지노에서 보았던 사람들은 정말 아닙니다. 우리는 우리를 신뢰하는 사람들을 원했습니다.

나는 7명과 함께 투자조합 형태로 사업을 시작했습니다. 찰리도 똑같이 투자조합으로 시작했습니다. 우리는 기관을 방문하지 않았고, 운용자산 규모를 늘리려고 수수료를 지급하지도 않았습니다. 우리는 사람들에게 만족했습니다. 나는 기본 원칙이 적힌 종이를 사람들에게 건네주었는데, 우리가 모두 똑같은 생각인지 확인하고 싶었기 때문입니다. 나는 말했습니다. "투자조합 계약서는 읽지 않으셔도 됩니다. 내가 여러분을 이용할 리가 없다는 뜻입니다. 내가 여러분을 이용하리라 생각하신다면 나는 여기 있으면 안 됩니다. 그러나 여러분 모두 나와 똑같은 생각이어야 하며, 내가 나를 평가하는 똑같은 기준으로 나의 실적을 평가하셔야 합니다."

투자조합 사람들은 나를 신뢰해주었고 여전히 나와 함께하고 있습니다. 그들이나 자녀나 손주가 지금도 버크셔의 주주로 남아 있습니다. 이 사람들은 동업자들입니다. 다시 투자조합을 운영하기는 어렵겠지만, 이 사람들과 함께라면 다시 운영하겠습니다. 이 분야에 계속 남아 있으면 나는 똑같이 하려고 노력할 것입니다. 나를 믿어줄 사람들을 찾으려고 노력할 것입니다. 그러나 "지난달 S&P500 대비 실적은 어땠나요? 매수·매도 포지션이 어떻게 되나요?" 같은 질문을 하는 사람들은 원치 않습니다.

나는 3년 동안 주식을 매도했는데, 내가 원하던 포지션은 아니었습니다. 그런데 나는 할 수 없는 일을 사람들은 내가 할 수 있다고 생각한 듯합니다. 그래서 나는 마침내 나를 믿어주는 사람들 소수를 찾아냈고, 이들은 내게 돈을 맡겼습니다. 이후 우리는 오래오래 행복하게 살았습니다. 새 경영진, 그리고 그 뒤로 이어지는 경영진은 이미 뿌리내린 우리 기업문화를 관리하는 사람들입니다. 주주들도 이 사실을 믿고, 직원들도 이 사실을 믿습니다. 그렇다고 다른 일은 더 잘할 수 없다는 말이 아닙니다. 다만 우리에게 훌륭한 기업문화가 있다는 뜻입니다. 그리고 훌륭한 이사들과 주주들이 있고 회사 규모도 거대해서, 우리 기업문화를 바꾸려는 어떠한 시도도 막을 수 있다는 뜻입니다.

'우리 이사회가 이렇게 하면 어떻고 저렇게 하면 어떨까?'는 어리석은 이야기입니다. 우리는 항상 법을 지킬 것입니다. 우리는 델라웨어 회사이므로 델라웨어주 법을 따릅니다. 그러나 다른 델라웨어 회사들이 하는 일을 똑같이 해야 하고 똑같은 방식으로 델라웨어 법규를 생각해야 한다는 뜻은 아닙니다. 우리는 법을 따를 것이며, 우리를 신뢰하는 사람들을 위해서 회사를 경영할 것입니다. 신뢰해주셔서 감사합니다. 찰리?

멍거 뉴잉글랜드에서 직물공장을 운영하던 시절이 기억납니다. 당시 직물공장은 전력 소비량이 엄청났습니다. 게다가 테네시강 유역 개발 공사TVA의 전력 요금은 뉴잉글랜드보다 60%나 낮았습니다. 그러므로 뉴잉글랜드 직물 사업은 전혀 가망이 없었습니다. 버핏이 사업을 접은 것은 합리적인 판단이었습니다.

버핏 25년 지나서야 접었지요.

멍거 그래도 직물 사업에 돈을 쏟아붓지는 않았지요. 현실이 정말 끔찍할 때 그 현실을 인정하고 적절하게 대응하려면 기본적인 분별력이 있어야 합니다. 뉴잉글랜드에서 경쟁자들보다 훨씬 비싼 전력 요금을 내면서 도대체 무슨 수로 직물공장을 운영할 수 있겠습니까.

버핏 문제가 하나 더 있었습니다. 내가 공장 운영을 맡긴 사람은 정말 좋은 사람이었습니다. 그는 모든 면에서 내게 100% 정직했습니다. 직물업도 잘 아는 품위 있는 사람이었습니다. 그가 얼간이였다면 결단하기가 훨씬 쉬웠을 것입니다. 나는 십중팔구 사업을 접었겠지요. 그러나 고전하면서도 한동안 사업을 이어갔습니다. 그러다가 운 좋게도 잭 링월트Jack Ringwalt가 보험사 매각을 결심해서 우리가 인수했고 다른 기업도 인수했습니다. 그러나 7~8년 뒤 나는 뉴햄프셔에서 직물회사를 하나 더 인수하기까지 했습니다.

우리가 멍청한 결정을 얼마나 많이 했는지는 믿기 어려울 정도입니다. 1966년 우리는 샌디 가츠먼Sandy Gottesman과 함께 백화점을 인수했습니다. 우리 돈으로 말이지요. 도대체 왜 그런 생각을 했을까요? 찰리와 나는 항공편으로 볼티모어를 방문했습니다. 당시에는 우리가 실제로 일을 했었지요. 이번에도 훌륭한 사람들을 만났습니다. 루이스 코헨Louis Cohen은 더할 수 없이 좋은 사람이었습니다. 당시 백화점 사업을 하던 사람들은 모두 관점이 달랐습니다. 이들은 사업을 확장하고자 했습니다. 누가 이들을 비난할 수 있을까요? 이들은 신규 백화점 둘을 계획 중이었습니다. 신발백화점을 포함해서 둘 다 이번에는 더 잘될 것이라고 온갖 이야기를 했습니다. 그러나 모두 미친 생각이었습니다. 그러나 우리는 잠시 생각해보고서 마침내 반대 방향을 선택했습니다. 그러면 처음에 왜 인수했을까요?

멍거 우리가 멍청했으니까요.

버핏 네. 그렇습니다. 잘 생각해보아야 합니다. 우리는 주당 6달러에 백화점을 인수했는데, 백화점이 성공했다면 그 가치가 지금은 주당 30달러가 되었을 것입니다. 그러나 백화점은 실패했습니다. 하지만 우리는 백화점을 버크셔와 합병했습니다. 덕분에 당시 6달러에 인수한 주식이 지금은 약 15만 달러가 되었습니다. 백화점이 성공했다면 우리는 겨우 몇 달러 벌었겠지만, 실패했기 때문에 15만 달러를 벌었습니다. 그런 게 인생입니다. 그러므로 실패해도 포기하지 마십시오.

멍거 그리고 계속 학습하십시오. 학습이 성공 비결입니다.

버핏 계속 학습하십시오.

멍거 계속 학습하세요.

버핏 계속 학습하세요. 그런데 왜 그토록 오랜 기간 학습해야 할까요? 나는 11세에 주식을 사기 시작했습니다. 도서관에서 주식에 관한 책을 모두 읽었습니다. 증권업에 종사하던 아버지도 주식 책을 좋아했습니다. 나는 아버지의 사무실에 있던 주식 책도 읽었습니다. 나는 그동안 모은 돈으로 11세에 마침내 주식을 샀습니다. 아버지는 자녀를 한 번씩 뉴욕에 데려갔는데, 나는 9세에 뉴욕증권거래소에 가보고 감탄했습니다. 나는 스페셜리스트(specialist: 해당 증권의 거래를 촉진하려고 시장을 조성하는 거래소 회원) 제도, 단주 거래 방식, 금융의 역사 등을 모두 이해할 수 있었습니다.

이후 나는 기술적 분석, 주식 차트 등 온갖 이상한 방식에 큰 흥미를 느꼈고, 푹 빠져서 시간 가는 줄 몰랐습니다. 그리고 돈을 모아 다른 주식도 샀고, 공매도도 했으며, 온갖 방식을 다 시도했습니다. 그러다가 19세인가 20세에 책 한 권을 발견했습니다. 교과서는 아니었습니다. 네브래스카주 링컨에서 이 책의 한 단락을 읽어보고 내 방식이 모두 틀렸음을 깨달았습니다. 당시 나는 상승할 종목을 고르는 행위가 투자라고 생각했습니다. 그러나 한 단락을 읽고 나서 내가 전적으로 어리석었음을 깨달았습니다. 매우 흥미로운 자료를 보여드리겠습니다.

첫 번째 자료입니다. 이 자료가 어떤 사람에게는 두 얼굴로 보이고, 어떤 사람에게는 꽃병으로 보일 것입니다. 또 어떤 사람은 오랫동안 보아도 두 얼굴만 볼 수 있지만, 어떤 사람은 두 가지 그림을 교대로 바꿔가면서 볼 수 있습니다. 이것이 이른바 '착시 현상'입니다. 그리고 '깨달음의 순간'이란 지금까지 보이지 않던 것이 갑자기 보이는 시점입니다. 옛날 연재만화 〈뽀빠이〉에서는 윔피 Wimpy의 말풍선에 전구의 불이 들어오는 모습으로 표현됩니다. 나에게도 착시 현상이 있었습니다.

두 번째 자료입니다. 이 그림은 한쪽에서 보면 토끼처럼 보이고, 다른 쪽에서 보면 오리처럼 보입니다. 우리 마음은 참 이상하지요? 통각집합체 apperceptive mass라는 용어가 있습니다. 우리 머릿속에서는 온갖 생각이 떠오르고 그 생각이 몇 년 동안 남아 있지만 머릿속에서 길을 잃어버립니다. 그러다가 그 생각이 갑자기 전과 다른 모습으로 다시 떠오릅니다.

나는 주식에 몰입한 상태였는데, IQ가 높았고 독서와 사색도 많이 하고 있었습니다. 돈을 벌고자 하는 동기도 지극히 강했습니다. 그때 내가 읽은 글이 《현명한 투자자》 8장의 한 단락이었는데, 토끼만 보고 있는 나에게 오리도 있다는 사실을 깨우쳐주었습니다. 링컨에서 나는 전구에 불이 들어오는 깨달음의 순간을 맞이했고, 이후 내 인생이 바뀌었습니다. 그 책을 읽지 않았다면 나는 헤드 앤 숄더 패턴, 200일 이동평균, 단주 공매도 비율 등을 보면서 얼마나 허송세월했을지 모릅니다. 나는 이런 분석을 정말 좋아했지만, 번지수가 틀렸음을 깨달았습니다.

나는 깨달음의 순간을 만났고, 찰리도 틀림없이 만났습니다. 누구나 이런 순간을 평생 몇 번 만나게 됩니다. 전에는 알아보지 못했던 것을 갑자기 보게 되는 중요한 순간입니다. 일주일 전, 1년 전, 어쩌면 5년 전에 보았던 것을 말이죠. 예컨대 사람들과 잘 지내려면 친절하게 대해야 한다는 사실을 갑자기 깨달을 수도 있습니다. 아니면 세상 사람들에게 사랑받으려면 무엇을 해야 하는지 깨달을 수도 있습니다. 이제는 깨달았지만 지난 10년 동안은 깨닫지 못하고 있었습니다.

사업에서도 그런 깨달음의 순간이 몇 번 있었습니다. 한 회사를 10년 동안 지켜보고 있었는데, 내 머릿속에서 온갖 생각이 다시 정리되면서 5년 전에는 보지 못했던 모습을 발견한 것입니다. 그런 순간이 내게 몇 번 있었듯이, 여러분에게도 다른 분야에서 몇 번 있었을 것입니다. 그러면 '내가 왜 그렇게 멍청했을까?'라고 생각하게 됩니다. 찰리도 법무법인 로이 톨스Roy Tolles에서 파트너로 활동하던 시절에 그런 순간이 있었습니다. 흔히 똑똑한 사내가 여자 문제로 곤경에 처해도, 그때는 그것이 좋은 생각인 줄 알았다고 풀죽은 표정으로 말합니다.

그런 깨달음 이후 대개 문제가 해결됩니다. 이렇게 우리 머릿속에 쌓여 있는 통각집합체가 가끔 통찰을 안겨줍니다. 그리고 이렇게 얻는 통찰은 돈 버는 방법일 때보다 자신의 행동을 바로잡아 주는 방법일 때 더 좋습니다. 자신의 행동에 대해 통찰을 전혀 얻지 못하는 사람들도 있습니다. 이들은 왜 자기가 자녀에게 미움받는지 이해하지 못하고, 왜 세상에 자기를 걱정해주는 사람이 없는지도 이해하지 못합니다. 이들은 사람들이 단지 자신이 소장한 미술품을 보고 꼬리를 친다며 차라리 죽고 싶다고 말합니다. 찰리는 이런 상황이라면 먼저 자신의 사망 기사를 써놓고 여기서부터 거꾸로 분석해보라고 말할 것입니다. 나쁘지 않은 생각입니다. 찰리, 통각 집합체와 착시 현상에 대해서 어떻게 생각하나?

멍거 원래 두뇌가 그런 방식으로 작동합니다. 그래서 실수를 저지르기 쉬운 것이죠. 여기에 대응하는 요령은 자신의 실수를 바로잡는 것입니다. 우리도 실수를 바로잡은 적이 많습니다. 흔히 너무 늦은 시점이었지만 말이죠.

버핏 우리는 좋은 아이디어보다도 실수 덕분에 더 잘할 수 있었습니다.

멍거 좋은 아이디어는 남용하기가 매우 쉽습니다. 바로 지금 그런 일이 벌어지고 있습니다. 지금 좋은 아이디어 다수가 엄청나게 남용되고 있다는 말입니다.

버핏 아직 남용되지 않은 좋은 아이디어 하나만 내게 말해주게. 나중에 청중이 듣지 않을 때 말이지.

멍거 로빈후드 주가가 정점에서 저점으로 떨어질 때 발생한 일을 생각해보십시오. 이렇게 폭락하리라는 점은 너무도 자명하지 않았나요? 그런데도 모두가 이런 단기 도박에 빠져들었고 막대한 수수료와 뇌물 등을 주고받았습니다. 혐오스러운 일이었습니다.

버핏 작년에 자네가 그렇게 말하자 사람들이 자네에게 몹시 화를 내면서 주식을 팔았고, 그렇게 판 사람들은 그나마 돈을 건졌던 게지.

멍거 이제는 실마리가 풀리고 있습니다. 신은 공정하니까요.

버핏 내부자들은 대량으로 매도해서 막대한 돈을 벌었을 텐데?

멍거 그래도 어느 정도 공정하기는 했지.

버핏 그 말에는 동의하네. 돌아다니면서 사람들을 적으로 만드는 자네 방식이 좋은 생각인지는 의문이지만 말일세. 사람들을 비판하는 게 현명할까?

멍거 현명하지 않지. 하지만 난 참을 수가 없다네.

버핏 찰리는 내가 아는 사람 중 가장 똑똑한 친구입니다만, 98세인데도 아직 깨닫지 못했군요. 난 이제 포기하고 그냥 즐기렵니다. 이제부터 점심을 먹고 1시에는 더 현명해져서 돌아옵시다.

정치에 대해 CEO는 어떤 태도를 보여야 할까요?

Q. 최근 정치 분야에서도 미국 기업들이 목소리를 키우는 과정에서 고객과 종업원들과 멀어질 위험이 증가하고 있습니다. 정치에 대해 CEO는 어떤 태도를 보여야 한다고 보나요?

버핏 아주 좋은 질문입니다. 그동안 내가 깊이 생각했어야 마땅한 질문이고요. 나는 버크셔의 CEO가 되더라도 내 시민권을 백지 위임하지는 않겠다고 말한 적이 있습니다. 그러나 내가 어떤 주제에 관해서 공개적으로 말하면, 일부 사람은 일시적으로 기뻐하겠지만 훨씬 더 많은 사람이 지속적으로 화를 낼 수 있다는 사실도 깨달았습니다. 게다가 특정 주제에 관해서는 사람들이 우리 회사에 화풀이할 것이고 결국 우리 종업원 일부를 해고해야 합니다. 그러면 우리 주주들이 피해를 보게 됩니다. 사람들이 몹시 화를 내서 우리 종업원과 주주들이 대가를 치를지도 모르는데, 내가 온갖 주제에 대해 말하는 일이 그토록 중요할까요?

나는 중요하지 않다는 결론에 도달했습니다. 나는 버크셔를 위해서 온갖 일을 다 하는 우리 종업원들이 다치는 것을 원치 않습니다. 나는 미국인의 20%가 즉시 반대하고 마음이 상할 말을 해서 우리 주주들이 다치는 것도 원치 않습니다. 그들은 내게 소리를 지를 수 없으므로 우리 회사를 상대로 캠페인 등을 하겠지요. 그러므로 나는 버크셔의 견해로 오해받을 말은 하지 않을 생각입니다. 만일 견해를 밝히고 싶다면 나는 사임해야 합니다. 만일 시민으로서 꼭 공개 발언을 할 생각이라면, 나는 가장 사랑하는 이 업무를 포기할 것입니다. 나는 그러고 싶지 않아서 물러서기로 마음먹었습니다. 나는 버크셔에 파장이 미쳐서 누군가 대가를 치르게 될 말은 하고 싶지 않습니다.

그러나 대다수 기업의 CEO들은 이사회가 하는 말을 외면하기 어렵습니다. 대다수 이사회는 구성원들이 다양한 이해관계자 집단을 대표하므로, 이사회의 말이 CEO에게 압박으로 작용하기 때문입니다. 하지만 우리 이사회는 그런 모습이 되지 않을 것입니다. 찰리, 자네는 어떻게 생각하나?

멍거 나는 내 말에 대해 자네보다도 더 신중해야 하겠지.

버핏 우리 두 사람의 차이점은 내가 참지 못해서 말을 더 많이 한다는 점입니다. 신문에 매번 등장하는 헤드라인이 '버핏이 이러이러한 종목 매수'입니다. 그러나 사실은 내가 매수하는 것이 아닙니다. 실제로는 버크셔가 매수하는 것이고, 버크셔에서 일하는 다른 두 사람의 결정일 수도 있습니다. 기자들은 그 주식 매수가 나의 지시인지 아니면 나와 무관한지 전혀 알지 못합니다. 그러나 헤드라인을 '결정자가 버핏인지 부하 직원인지는 모르지만 버크셔 해서웨이에서 이 종목 매수'라고 쓸 때보다 '버핏이 이 종목 매수'라고 쓸 때 더 많은 사람의 관심을 끌게 됩니다.

헤드라인의 용도는 관심을 끄는 것이지만, 이로 인한 혼란은 끔찍합니다. 가장 쉬운 대응책은 입 다물고 사람들의 매혹적인 질문에 대꾸도 하지 않는 것입니다. 훌륭한 질문을 해주셔서 기쁩니다. 아마 나는 어느 주식이 싼지보다도 이 질문에 대해 더 많이 생각했을 것입니다.

미실현 자본이득에 대해 최저한세를 부과하려는 계획을 어떻게 보나요?

Q. 가구당 1억 달러가 넘는 미실현 자본이득에 대해서 20% 최저한세(소득이 있으면 누구나 최소한의 세금을 내게 하는 제도)를 부과하려고 하는 정부의 계획에 대해서 어떻게 생각하나요? 버핏이 답변하기를 원치 않으면 멍거가 답변해주기 바랍니다.

버핏 솔직히 말해서 기준이 1억 달러면 우리 둘 다 영향을 받게 됩니다. 그래서 나는 견해가 없습니다. 찰리?

멍거 나는 소득세 같은 문제에는 관여하지 않습니다. 세법이 통과되면 어떤 세금이든 납부한다는 방침이며, 세금 관련 로비에도 관여하고 싶지 않습니다.

버핏 한마디 보태겠습니다. 로비는 정말 혐오스럽습니다. 나도 후보자를 위해서 로비를 한 적이 있습니다. 나는 담배회사 로비스트들이 모여 있는 방에 함께 있었는데, 이들은 네브래스카주는 물론 아무것에도 관심이 없었습니다. 단지 기부금을 내려고 모여 있었고 나는 손쉬운 장식품에 불과했습니다. 구역질이 나더군요. 우리는 철도 사업, 보험 사업, 에너지 사업을 하면서 많은 규제를 받고 있습니다. 그러나 우리 철도회사나 보험회사만 나머지 철도회사나 보험회사들과 달리 특별 대우를 받는 것은 원치 않습니다.

그래서 사람들은 우리가 무임승차하려 한다고 생각할 수도 있습니다. 그래도 나는 경영자들에게 말합니다. "버크셔의 돈으로 당신이 좋아하는 후보를 후원하면 안 됩니다. 납품업체에 후원을 압박해서도 안 되고요." 버크셔는 그런 용도로 사용하는 무기가 아닙니다. 자기가 좋아하는 사람이나 단체를 후원하도록 남을 압박하는 무기로 사용해서는 안 됩니다.

그러나 우리 경영자들의 업계 단체나 협회 가입에는 반대하지 않습니다. 찰리는 1989년 미국저축대부조합연맹U.S. Savings and Loan League에 역대급 서한을 보냈고, 우리는 이 연맹에서 탈퇴했습니다. (이 서한은 인터넷에서 '1989 Munger savings and loan'을 검색하면 나옵니다.) 우리는 연맹에 "국가에 대한 당신들의 행동은 참을 수가 없습니다"라고 경고했습니다. 연맹에 매우 훌륭한 사람이 많았는데도 이들은 오로지 저축대부조합에 이로운 쪽으로 정책을 결정했습니다. 찰리는 연맹에 마침내 탈퇴 서한을 보냈고, 이 서한은 지금까지 버크셔에서 발송한 가장 자랑스러운 서한 중 하나입니다. 멍거는 서한에 "우리는 더는 참을 수 없어서 탈퇴합니다"라고 썼습니다. 동료와 이웃을 비난하는 것은 절대 쉬운 일이 아닙니다. 그러나 이들은 매우 점잖은 사람들이었지만 연맹을 운영하는 방식은 매우 혐오스러웠습니다.

우리는 에너지 부문 자회사들의 협회 가입에 반대하지 않습니다. 그러나 단지 개인적인 이유로 가입한다면 곤경에 처하게 될 것입니다. 하지만 자회사의 손발을 묶고 싶지 않으므로 가입을 막지는 않습니다. 독불장군이 되어 고객들에게 "우리가 도덕적으로 우월하므로 우리 제품을 구매하십시오"라고 말할 수는 없는 노릇입니다. 찰리?

멍거 보탤 말 없습니다.

다학제를 실용적으로 적용하는 방법은?

Q. 투자 판단과 인생에 다학제multi-disciplinary를 실용적으로 적용하는 방법은 무엇인가요?

멍거 학문을 두 가지 이상 알면 확실히 도움이 됩니다. 망치만 들고 있는 사람에게는 세상 만물이 못으로 보인다는 속담이 있습니다. 모든 학문을 조금씩 알지 못하면 판단을 그르칠 수 있습니다. 이것이 내가 항상 하는 말입니다. 그러나 남의 영역에 들어가서 "당신은 한 분야의 전문가이고 나는 여러 분야를 아니까 내가 더 잘 압니다"라고 말하면 사람들이 몹시 화나서 당신을 증오합니다. 내가 입증할 수 있습니다. 여러 번 경험했으니까요.

버핏 중국에는 노인을 공경하는 문화가 있습니다. 그래서 찰리가 나보다 존경받습니다. 중국에 관해서는 찰리와 경쟁할 생각조차 없습니다. 내가 나이로 찰리를 따라잡을 수 없으니까요.

주식은 인플레이션을 따라가지 못한다고 여전히 생각하나요?

Q. 1970년대에 당신은 '인플레이션은 어떻게 주식 투자자들을 털어가는가? (How Inflation Swindles the Equity Investor)'라는 글에서, 기업들은 자기자본이익률을 높일 수 없으므로 주식은 인플레이션을 따라가지 못한다고 말했습니다. 지금도 그렇다고 생각하나요?

버핏 네. 그리고 인플레이션은 채권 투자자들도 털어갈 수 있습니다. 인플레이션은 현금을 침대 밑에 숨겨두는 사람들을 포함해서 거의 모든 사람을 털어갈 수 있습니다. 달러의 가치가 90% 감소해서 원가가 10배 상승했다고 가정해봅시다. 이때 추가 자본도 필요 없고 가격도 10배로 인상할 수 있는 기업이라면 여전히 경쟁력을 유지할 수 있습니다. 그러나 대부분 기업에는 추가 자본이 들어갑니다. 언젠가 달러의 가치가 10분의 1이 되면 우리 공익기업은 자본 투자를 10배로 늘려야 합니다. 단지 현상 유지에 들어가는 자본이 이렇게 증가한다는 말입니다.

여러분이 공감할 만한 유명한 이야기가 있습니다. 나는 〈포천(Fortune)〉에 기고하려고 이 인플레이션 관련 글을 썼는데, 마치고 보니 분량이 약 7,000단어였습니다. 분량이 너무 많다고 판단한 〈포천〉은 내 친구 캐럴 루미스Carol Loomis를 통해서 이 사실을 설명했습니다. 내가 그녀의 말을 잘 들으리라 생각한 것이죠. 그러나 완고한 사내였던 나는 "모든 단어가 소중합니다"라고 말했으므로 그들은 내 원고를 실을 수도, 버릴 수도 없었습니다. 이번에는 그들이 매우 친절한 편집자를 오마하로 보내왔습니다. 이 남자는 그렇게 많은 단어를 사용해야 꼭 정확한 표현이 되는 것은 아니라고 내게 설명했습니다. 그래서 나는 말했습니다. "알겠습니다. 내 글을 싣기 싫으시다면 다른 곳에 보내겠습니다." 나의 행동은 매우 혐오스러웠습니다.

이후 나는 자꾸 마음에 걸려서 친구 멕 그린필드에게 내 글을 보냈습니다. 멕은 〈워싱턴 포스트〉의 탁월한 편집자였고 나와 매우 가까운 사이였습니다. 그녀는 대부분 작가의 글을 사정없이 뜯어고치는 강인한 편집자였지만 내게는 상처를 주지 않으려 했습니다. 내가 "멕, 어떻게 생각해?"라고 묻자 그녀가 대답했습니다. "이 글에 네가 아는 걸 모두 쓸 필요는 없어." 핵심을 짚는 말이었습니다. 그래서 나는 분량은 줄이면서 거의 같은 내용을 다시 썼습니다. 내 글이 개선되었습니다. 향후 100년 동안 지극히 안정적인 화폐 단위를 사용할 수 있다면 기업과 투자자 모두에게 보탬이 될 것입니다.

문제는 인플레이션의 수준입니다. 인플레이션을 2% 수준으로 유지할 수 있을지는 아무도 모릅니다. 당신이 안다고요? 장담하는데 당신도 모르고 아무도 모릅니다. 온갖 사람들의 말에 귀 기울여보아도 10년, 20년, 50년, 다음 달 인플레이션이 얼마가 될지 아무도 알지 못합니다. 그런데도 답을 알고 싶어서 사람들은 항상 인플레이션 이야기를 합니다. 그러나 돈을 충분히 지급하면 답을 알려주겠다고 말하는 사람이 많습니다. 자기도 모르는 답을 말이죠. 공짜로 답을 알려주겠다는 사람들도 있습니다. 자신의 명성이 높아져서 몸값이 올라간다고 생각하기 때문입니다.

그러나 사실은 그들도 답을 모릅니다. 우리도 모르고요. 인플레이션에 대비하는 가장 좋은 방법은 자신의 수익력을 높이는 것입니다. 뛰어난 바이올린 연주자라면 인플레이션 기간에도 상당히 여유롭게 지낼 수 있습니다. 남들보다 잘 연주하면 사람들이 그만한 대가를 지불하기 때문입니다. 게다가 돈은 남들이 빼앗아 갈 수 있어도 연주 기량은 빼앗아 가지 못합니다.

버크셔의 주주 문화를 육성하는 방법은?

Q. 당신은 기업이 자신의 행동에 걸맞은 주주들을 얻게 된다고 말했고, 올해 주주서한에서는 장기간 함께하는 개인 주주들을 위해서 일하니 기분이 좋다고 언급했습니다. 요즘 인덱스펀드의 영향력이 강해지고 있는데, 버크셔의 주주 문화를 어떤 방법으로 육성할 수 있나요?

버핏 다행히 우리에게는 훌륭한 주주 문화가 있습니다. 우리가 훌륭한 주주 문화를 도입하는 방법은 많이 몰라도 유지하는 방법은 많이 압니다. 그 방법이 매우 흥미롭습니다. 오늘 유통 중인 A주는 147만 주로서 1년 전보다 감소했습니다. 여러분이 이 주식을 보유하고 있으므로 이 자리는 이미 모두 채워졌습니다. 우리는 현재 주주 집단이 마음에 듭니다. 이 주주 자리는 한정되어 있으므로, 우리가 밖에 나가 새로 주주가 될 사람들을 모집할 필요가 없습니다. 우리에게 이상적인 주주 집단이 바로 현재 우리 주주들이기 때문입니다.

우리가 교회를 운영한다면 매주 빠짐없이 참석하는 독실한 사람들을 원할 것입니다. 교회의 좌석이 한정되어 있고 신도들이 훌륭하다면 우리는 신도를 새로 모집하지 않을 것입니다. 밖에 나가서 신도를 50명, 100명 새로 모집하면 기존 신도를 50명, 100명 내보내야 하기 때문입니다. 그러나 내가 아는 기업들은 거의 모두 주주가 되어달라고 구애하면서 사람들을 새로 모집하고 있습니다. 그렇게 해서 주주 집단이 개선되든 안 되든, 이 방식은 말도 안 된다고 생각합니다.

우리는 이미 이상적인 주주 집단이 있으므로 새로운 주주를 원치 않습니다. 새로운 주주가 들어오려면 인덱스펀드를 내보낼 수는 없으므로 여러분 같은 주주들을 내보내야 하는데, 이상적인 주주를 내보내고 싶지 않기 때문입니다. 나는 이웃을 최대 10가구까지 둘 수 있는데 현재 10가구 모두 훌륭하다고 가정합시다. 그렇다면 내가 밖에 나가 길거리를 오가면서 사람들에게 "내 이웃집을 사세요"라고 외칠 필요가 있을까요? 그런데 기묘하게도 이런 활동으로 생계를 유지하는 사람이 매우 많습니다.

나는 달마다 애널리스트 프레젠테이션을 하는 회사에 묻고 싶습니다. "현재 주주 중 누구를 내보내고 싶으세요?" 이는 연말 당신 회사의 유통주식 수가 지금보다 증가하지 않으리라 기대하기 때문에 하는 질문입니다. 그러면 다음 주 주가 흐름을 예상하는 다른 펀드가 들어올 수 있도록 내가 자리를 내주어야 하나요? 정말 매우 기묘한 상황입니다.

아주 말도 안 되는 관행이 또 있는데, 일부 기업에 대해서 금융계의 제사장 격인 애널리스트들이 월 2회 이상 프레젠테이션을 한다는 사실입니다. 당신이 그 기업의 직원이라고 가정해봅시다. 달마다 애널리스트들이 당신 회사에 관한 프레젠테이션을 반복합니다. 회사에서는 현재 고객당 서비스가 6.2회이므로 7회로 올려야 한다고 말합니다. 그래서 달마다 똑같은 프레젠테이션이 반복되어 일종의 교리 문답처럼 되어버립니다. CEO나 대변인도 똑같은 말을 반복합니다.

이런 상황에서 당신이라면 다음 달에 "우리 예상이 크게 빗나갔습니다. 그래서 이런 방식으로 노력하고 있습니다"라고 말할 수 있을까요? 그렇게 말할 수는 없습니다. 회사를 넘겨받은 후임 CEO도 이익 목표 달성이 중요하다고 강조합니다. 십중팔구 후임 CEO도 그동안 고객들을 계속 만날 것이고 가끔 실적을 조작할 것입니다. 그가 하던 업무를 당신에게 넘기면 당신은 고객들에게 이렇게 털어놓을 수 있나요? "사실은 우리가 지금까지 실적을 다소 조작했습니다. 이렇게 우리가 실적 예측치를 발표하면 역효과만 발생하므로, 앞으로는 나오는 실적을 그대로 공개하겠습니다."

하지만 회계 부서도 그렇게 할 수 없습니다. 인간의 본성 탓입니다. 그렇게 털어놓을 사람이라면 당신은 후임자로 임명받지 못합니다. 그러므로 이렇게 말해야 합니다. "우리는 항상 8% 성장을 달성할 수 있고 이런저런 일을 할 수 있다는 미신을 이어왔는데 가장 중요한 내용이 이것입니다." 매달 실적 예측치를 제시하고 질문을 받으며 대중과 애널리스트들에게 메시지를 전달하던 관행을 당신은 바꿀 수 없습니다. 지극히 해로운 정책이더라도 말이죠.

나는 일반회계원칙GAAP 안에서도 숫자놀음을 꽤 많이 할 수 있습니다. 그러나 우리가 그동안 버크셔에서 멍청한 짓을 많이 했지만, 숫자를 바꾸라는 지시는 절대 하지 않았습니다. 일단 시작하면 끝장이기 때문입니다. 중단하고 싶어도 중단할 수 없습니다. 마치 금전 등록기에서 5달러짜리 지폐를 가져가는 것과 같습니다. 처음 한 장 가져갈 때에는 "나중에 도로 갖다 놓을 거야"라고 말합니다. 이후 몇 번 더 가져가면 절대 중단할 수가 없습니다. 사실 한번 시작하면 절대 중단하지 못합니다. 해로운 일이라면 아예 시작하지 말아야 합니다.

실적 예측치만큼 해로운 것은 상상하기도 어렵습니다. 내 말이 거짓말인지 아닌지는 버크셔 직원 36만 명이 잘 압니다. 직원들은 자기가 보고한 숫자가 나중에 변경되면 실적이 조작되었다는 사실을 안다는 말입니다. 버크셔에서도 극적인 사례가 있었습니다. 거짓말은 일단 시작하면 중대한 문제가 됩니다. 아주 간단합니다.

당신이 IR(Investor Relations: 투자자 관리) 업무를 넘겨받으면, 이제 밖에 나가서 우리 회사 주식이 수천 개 종목 중 가장 유망하다고 매일 말해야 합니다. 이는 미친 짓입니다. IR 부서 직원들은 풍향을 살피면서 사람들에게 어느 수준으로 말해야 할지 파악합니다. 그러고서 사람들에게 "실적 예측치가 주당 3.59달러입니다"라고 말합니다. 얼마 후 당신은 주당 3.59달러를 만들어냅니다. 그러나 이렇게 거짓말하는 문화가 자리 잡으면 회사의 정상적인 절차는 모두 사라지고 맙니다. 찰리와 나는 이사회에 참석할 때마다 그런 모습을 보았습니다. 찰리, 한마디 해주겠나?

멍거 버크셔의 기업문화는 우리가 떠난 뒤에도 오래도록 유지되리라 생각합니다. 마땅히 유지되어야 하며 잘 발전할 것입니다. 그러나 나머지 미국 기업들은 매우 다르고 세월이 흐를수록 더 달라지고 있습니다. 정말 이상해지고 있습니다. 조만간 미국 기업들은 모든 주주총회를 온라인으로 진행할 것이고, 주주들은 참석하지도 않을 것입니다. 그래서 인덱스펀드의 역할이 갈수록 중요해지고 있습니다. 인생사 모든 일이 그렇습니다. 변화가 오지만 항상 우리가 원하는 방식은 아닙니다.

버핏 결국 선정되는 CEO가 달라지는 등 온갖 변화가 옵니다. 과거의 모든 일이 조작이었다고 밝힐 만한 사람은 후임 CEO로 선정되지 않습니다. 필요하면 분기 말 이후에도 매출 실적을 소급해서 추가해야 하고, 필요하면 준비금도 조정해야 하기 때문입니다. 일단 거짓말을 시작하면 모두 끝난 셈입니다. 다른 방법은 나도 모릅니다. 그러므로 처음부터 CEO가 나쁜 선례를 만들지 않도록 모든 노력을 기울이는 수밖에 없습니다. 우리는 숫자를 바꾸라고 누구에게도 지시한 적이 없습니다. 앞으로도 절대 없을 것입니다. 만일 숫자를 바꿨다면 우리는 온갖 문제를 겪었을 것입니다. 그 사실을 나도 알고 직원도 알며 그 옆 사람도 알기 때문입니다. 그러면 상황이 악화하고 마침내 토대가 무너집니다. 실제로 우리는 이런 모습을 매번 보았습니다.

새로운 소식이 있습니다. 우리는 액티비전Activision 약 1,500만 주를 매수했습니다. 나는 이 회사를 알았고 월간 보고서에서도 보곤 했습니다. 그런데 1월 17일인가 18일에 마이크로소프트가 액티비전을 주당 95달러에 인수하겠다고 발표했습니다. 마이크로소프트가 인수를 발표하고 나서 액티비전은 성격이 다른 증권이 되었습니다. 찰리와 나는 이런 증권을 워크아웃workout이라고 불렀는데, 50년 전에는 모두 그렇게 불렀습니다. 이제는 차익거래arbitrage라고 부릅니다. 그러나 실제로 차익거래는 아닙니다. 단지 주가가 인수 거래 성사 여부에 좌우될 뿐입니다.

마이크로소프트는 주당 95달러에 인수를 원하고 돈도 있습니다. 그러나 대규모 기술회사의 합병 과정에는 온갖 문제가 발생할 수 있습니다. 예컨대 법무부가 어떻게 결정할지 모르고, 유럽연합EU이 어떤 조처를 할지 모릅니다. 어쨌든 액티비전은 합병이 발표된 시점에 성격이 다른 증권이 되었습니다. 50년 전 찰리와 나는 이런 거래를 많이 했습니다. 골드만삭스에서는 거스 레비Gus Levy가 이런 거래를 했고요. 우리는 브리티시컬럼비아 파워British Columbia Power로 이런 거래를 했습니다. 그렇지, 찰리?

멍거 그랬지. 확실하네.

버핏 당시 브리티시컬럼비아의 CEO가 베넷Bennett이었는데, 우리는 이미 발표된 인수 거래의 성사 가능성을 분석해서 투자했습니다. 최근에는 이런 차익거래의 성공률이 전반적으로 높지 않은 듯합니다. 요즘 나도 이런 차익거래 기회를 가끔 찾아보지만, 규모가 큰 거래는 아주 드뭅니다. 차익거래는 이익이 제한적입니다. 인수 가격이 95달러이면 내가 받을 수 있는 최고 가격도 95달러입니다. 그러나 인수 거래가 무산되면 내 주식은 40달러까지 하락하기도 합니다.

우리는 5~6년 전 바이엘Bayer이 몬산토Monsanto 인수를 발표했을 때도 투자했는데, 운이 아주 좋았습니다. 몬산토에는 아무도 규모를 가늠할 수 없는 심각한 문제가 있었는데도 바이엘의 자금이 충분해서 인수가 성사되었기 때문입니다. 우리는 IBM이 레드햇Red Hat을 인수할 때에도 투자했습니다. 어쨌든 1월에 마이크로소프트가 인수를 발표하자 60달러대였던 액티비전 주가가 81~82달러로 상승했습니다. 며칠 동안 내게는 이 가격 차이가 커 보이지 않았습니다. 이후 주가가 다소 하락했습니다.

현재 우리가 보유한 액티비전 지분은 약 9.5%입니다. 이 지분이 10%를 초과하면 SEC에 보고서를 제출해야 합니다. 이 주식은 주로 내가 매수했고, 다른 펀드매니저는 몇 달 전 조금 매수했을 뿐입니다. 거래가 성사되면 우리는 돈을 조금 벌고, 거래가 무산되면 어떻게 될지 아무도 모릅니다. 그러나 우리가 실제로 보고서를 제출하면 사람들이 이 거래를 명확하게 이해하길 바랍니다. 과거에는 이런 거래가 심각한 오해를 낳기도 했습니다. 분명히 밝히지만 이 투자는 내가 판단했고, 나는 법무부가 어떤 결정을 내릴지 모르며, EU가 어떤 조처를 할지도 모릅니다. 나는 마이크로소프트의 누구와도 이야기한 적이 전혀 없습니다. 내가 직접 서류를 읽었고 내가 직접 평가했습니다. 그리고 내 생각은 바뀔 수 있습니다.

한번은 내가 기대했던 것보다 주가가 다소 높았는데도 주식 일부를 매도한 적이 있습니다. 나중에 그 매도는 나쁘지 않았던 판단으로 밝혀졌습니다. 나는 과거처럼 한 언론사가 부정확한 이야기를 보도하고 다른 언론사들이 이를 확인 없이 퍼 나르는 사례를 방지하고 싶습니다. 당시 먼저 보도했던 언론사는 오류를 모두 정정했고, 기자와 편집자는 내게 사과 서한까지 보내주었습니다. 그러나 부정확한 이야기를 퍼 날랐던 다른 언론사들은 정정 기사를 무시했습니다. 그 결과 수많은 독자가 잘못된 정보를 접하게 되었습니다. 이번에는 사실을 정확하게 설명해서 그런 사례를 방지하고자 합니다.

우리 지분이 10%를 초과할지는 두고 보면 압니다. 인수 가격이 아직은 95달러지만 몇 달러 더 올라갈 가능성은 충분히 있습니다. 우리는 법무부가 어떤 결정을 내리고 EU가 어떤 조처를 할지 여전히 알지 못합니다. 30개 관할 지역에서 어떤 결정이 나올지도 모르고요. 우리가 아는 한 가지는 마이크로소프트의 자금이 충분하다는 사실입니다. 그러므로 위험 요소 하나는 줄었습니다. 찰리, 전할 소식 있나?

멍거 없네.

버핏 내가 가끔 차익거래를 한다는 사실은 찰리도 알지만 자세한 내용은 상의하지 않습니다. 50년 전에는 찰리와 내가 함께 차익거래를 했지만, 찰리의 전반적인 반응은 "워런은 왜 이런 거래나 하면서 노닥거리고 있지?"였습니다. 틀에 박힌 방식이지만 차익거래는 가끔 승산이 높아 보일 때가 있습니다. 물론 손실을 볼 수도 있고, 거래가 무산되면 어떤 일이 발생하느냐에 따라 손실 규모가 상당히 커질 수도 있습니다. 거래가 무산되길 바라는 사람도 많을 것입니다. 그러나 마이크로소프트는 거래가 성사되길 바라므로 어떻게 될지는 지켜보아야 압니다.

대형 인덱스펀드가 기업의 지배구조에 미치는 영향이 과도하지 않나요?

Q. 이제 패시브 투자 상품이 미국 주식시장에서 차지하는 비중이 50% 이상입니다. 그 결과 대형 인덱스펀드가 가장 거대한 행동주의 투자자가 되었고, 그 펀드매니저들이 기업의 지배구조에 엄청난 영향력을 행사하게 되었습니다. 이들의 과도한 영향력 행사를 제한하는 규정이 필요하다고 보나요?

멍거 질문자의 말이 옳다고 생각합니다. 이제는 걷잡을 수 없는 상황이 되어서 역효과가 발생한다고 봅니다. 3대 인덱스펀드가 기업의 적절한 지배구조를 논하는 것은 국가 차원에서도 좋은 일이 아니라고 생각합니다. 펀드매니저가 하버드 출신의 똑똑한 젊은이라고 하더라도 말이죠. 나는 바람직한 발전 방향이라고 보지 않습니다. 언젠가 인덱스펀드가 시장에서 차지하는 비중이 90%에 도달하면 좋은 실적이 절대 나오지 않을 것입니다. 그러나 지금은 실적이 잘 나오고 있습니다.

버핏 3대 인덱스펀드가 모든 미국 기업의 운명을 좌우하게 해도 좋다는 방향으로 여론이 형성되더라도, 그리고 이들이 기업에 협조하지 않을 것처럼 보이더라도, 이들이 사악한 행위를 하지는 않을 것입니다. 이들은 단지 여러분과 나처럼 행동할 것입니다. 이들의 관심사는 의결권을 행사하는 것이 아니라 막대한 운용자산 규모를 유지하는 것입니다. 그러므로 우리는 무엇이 여론의 흐름을 잘 반영하는지 파악하고, 정치인들의 분노를 사지 않도록 조심해야 합니다. 우리에게 유일한 위험은 정치인들이 우리에게 분노해서 규제 당국들을 동원하는 경우입니다. 이런 상황은 방지해야 합니다.

장담하는데 만일 사람들이 3대 인덱스펀드의 영향력 행사를 원치 않으면, 3대 펀드는 운용자산 규모 확대를 원할 것입니다. 이들이 과거에 규모 확대를 원하지 않았다면 현재의 위치를 차지하지 못했을 것입니다. 이들이 현재의 위치를 차지한 것은 우연이 아닙니다. 그렇다고 규모 확대만을 원한다는 뜻은 아닙니다. 고객들도 좋은 실적을 얻길 바랍니다. 잘못된 정책을 따르다가 고객들의 반발을 사서 자산 규모가 급감하는 일은 어떻게든 피하고자 할 것입니다.

이들은 어떤 정책이 자신에게 이로운지 파악할 능력이 있습니다. 그러므로 미국 기업들을 통제하려는 정책 대신 정치적으로 용인되면서 자신에게 이로운 정책을 선택할 것입니다. 다만 의회가 법을 개정하면 이들이 계획하던 이로운 정책은 엉망이 될 수 있습니다. 1940년 투자회사법은 실제로 투자자들의 행동 양식을 바꿔놓았고 투자 관행도 오랜 기간 대대적으로 바꿔놓았습니다. 연방정부에 맞서는 사람은 누구나 패배합니다. 그러므로 이들은 이렇게 말합니다. "우리는 투표를 포기하겠습니다. 아니면 나머지 사람들의 투표에 비례해서 투표하겠습니다."

인덱스펀드가 나머지 사람들의 투표에 비례해서 투표하고 인덱스펀드의 비중이 시장의 90%라면, 사람들은 지분 3~4%만 매수해도 경영권을 인수할 수 있습니다. 인덱스펀드의 투표는 사람들의 투표를 자동으로 따라가기 때문입니다. 여러분은 이런 모습을 모두 보게 될 것입니다. 이는 대형 사건이지만 이례적인 사건은 아니기 때문입니다.

그레그가 보유한 BHE 주식을 버크셔 주식으로 전환할 계획은?

Q. 찰리는 1995년 하버드대 연설에서 인센티브가 사람의 행동에 미치는 영향을 강조했습니다. 현재 그레그가 보유한 버크셔 해서웨이 에너지BHE 지분의 가치는 5억 달러가 넘는데, 이를 버크셔 주식으로 전환할 계획이 있나요? 현재 BHE는 당기 순이익 대비 부채 규모가 매우 큰데, 버크셔의 지분이 100%이더라도 현재의 부채 규모를 유지할 생각인가요?

버핏 두 번째 질문이 더 쉬우니까 내가 대답하고, 첫 번째 질문은 찰리에게 넘기겠습니다. BHE는 처음 설립될 때부터 규제받는 공익기업이었고 지금도 당국의 규제를 받고 있습니다. 그리고 우리는 규제받는 공익기업을 더 인수할 생각이 있습니다. BHE는 여러 주에서 다양한 규제 당국으로부터 다양한 방식으로 규제받고 있습니다. 이들은 부채가 자기자본보다 조달비용이 낮으므로 부채로 자금을 조달하라고 요구합니다. 실제로 역사를 돌아보면 이들의 말은 대체로 항상 옳았습니다.

그리고 규제 당국들은 BHE에 일정 수준의 자기자본이익률을 허용하겠다고 말합니다. 예를 들어 이들이 자기자본이익률 9%를 허용한다고 가정합시다. 그리고 부채의 조달비용은 3%라고 가정합시다. 이때 BHE가 자금을 모두 자기자본으로 조달하면, 이들은 고객이 부담하는 요금이 높아진다고 말합니다. 우리는 BHE의 자금을 모두 자기자본으로 조달하고 싶지만 규제 당국들은 용납하지 않을 것입니다. 전통적인 시스템 아래서는 고객들의 전력 요금이 인상되기 때문입니다. 그러므로 BHE가 자금을 모두 자기자본으로 조달하면, 관계 당국들은 BHE에 똑같은 자기자본이익률을 허용하지 않을 것입니다. 다만 아이오와주에서는 최근 30여억 달러 규모의 자기자본 조달을 승인받았습니다.

그러나 규제 당국들은 지금까지 모든 민간 전력회사에 부채를 일정 비율 이상으로 유지하라고 요구했습니다. 이들은 BHE가 부채로 대규모 자금을 조달하길 원합니다. 그러면 고객들의 전력 요금이 낮아지기 때문입니다. 그러므로 우리가 BHE 지분을 100% 보유하게 되더라도 부채비율은 똑같이 유지될 것입니다. 우리는 공익기업규제위원회의 지침을 준수할 것입니다. 찰리?

멍거 첫 번째 질문도 쉽습니다. 과거에 우연히 발생한 일이므로, 심각한 갈등을 유발하거나 신인 의무를 위배하는 일이 아닙니다. 장기간 버크셔의 이사였고 BHE 주식을 보유했던 월터 스콧Walter Scott과도 똑같은 문제가 있었으나 역시 우연에서 비롯된 일이었습니다. 나는 심각한 문제가 전혀 아니라고 생각합니다. 나는 그레그가 버크셔의 이익에 반해서 행동하는 모습을 본 적이 없습니다. 2000년경 인수한 이후 우리가 보유한 BHE 지분은 다양하게 바뀌었습니다.

나는 오늘 여기에 참석한 내 누이와 함께 우리 집에서 파티를 열었는데, 약 30명이 참석했습니다. 그날 월터가 내게 말했습니다. "2~3분 시간 있나? 하고 싶은 이야기가 있거든." 함께 서재로 들어가자 월터가 말했습니다. "내가 지분을 보유한 회사가 있는데, 상장회사로는 잘 안 어울려. 함께 인수해서 비상장회사로 만들어보면 어떨까?" 나는 좋다고 대답했습니다. 오마하로 돌아와서 우리는 대주주이던 데이비드 소콜을 만났습니다. 우리는 거래 가격에 합의했는데, 월터가 데이브에게 한 말이 기억납니다. "워런과는 흥정하지 말게. 거래 성사를 원한다면 말일세." 우리는 그 회사를 인수했습니다. 그러므로 처음부터 다소 이상한 구조였습니다.

이후 지분 구성이 바뀌어 현재 우리 지분은 약 91%입니다. 월터의 지분도 있으나 어디로 갔는지 전혀 모릅니다. 월터는 자기 지분에 관해서 내게 말한 적이 없고, 나도 그에게 물어본 적이 없습니다. 그러나 그 지분은 어떤 식으로든 월터와 관계가 있고 현재 8%에 가깝습니다. 그리고 그레그의 지분도 1% 있습니다. 이들이 지분을 거래하고자 한다면 우리는 받아들일 것입니다. 그레그는 십중팔구 거래를 원할 것입니다. 그러나 나는 보유 지분 때문에 그레그가 버크셔의 경영자로서 부적합하다는 생각은 한 번도 해본 적이 없습니다. 물론 내부자 거래 등과 관련될 만한 절차가 많이 있기는 합니다.

내가 살아 있는 한, 나의 이해관계는 버크셔와 100% 일치합니다. 우리 이사회도 다소 주저할지는 몰라도 아마 이렇게 말할 것입니다. "워런은 자네의 거래가 문제없다고 생각한다네. 확실히 문제없어." 네. 사실입니다. 그러므로 나는 누구와도 거래할 수 있고, 내 거래 탓에 절차가 훼손되는 일은 없습니다.

그러나 내가 떠난 뒤에는 이야기가 달라집니다. 이사들은 변호사들의 조언을 따라야 한다는 압박을 받을 것이고, 변호사들은 이런저런 조처를 하라고 조언할 것입니다. 변호사들은 투자은행에 가치평가를 맡기고 싶어 할 것입니다. 이후에는 모든 일이 게임처럼 진행되며 많은 시간과 비용이 들어갑니다. 그러므로 이런 절차가 필요하다면 내가 살아 있는 동안 진행하는 편이 나을 것입니다.

하지만 그럴 이유가 없습니다. 우리도 BHE의 지분을 91%가 아니라 100% 보유하고 싶습니다. 버크셔의 이익이 증가하니까요. 그러나 스콧이나 그레그가 원치 않는다면 지분 인수를 시도할 이유가 없습니다. 만일 스콧에게 무슨 일이 생긴다면, 우리가 그 지분을 그레그에게 제안해야 타당하다고 생각합니다. 그러나 미래에 무슨 일이 있을지 누가 알겠습니까?

장담하는데 버크셔 주주들이 이용당하는 일은 절대 없을 것입니다. 만일 동의하지 않는다면 나에게 소송을 제기해도 좋습니다. 그리고 소송을 제기한다면 내가 살아 있는 동안 하는 편이 훨씬 수월할 것입니다. 우리에게 이런 이해 충돌이 20건쯤 더 있으면 좋겠습니다.

버핏 확실히 맞는 대답입니다. 지극히 논리적인 질문이지만 우리는 아무 문제 없습니다. 현재 스콧 가족의 주식이 어디로 갈지, 가족이 어떤 생각 인지는 나도 전혀 모릅니다. 결정은 가족에게 달렸습니다. 월터는 우리 동업자였습니다. 우리는 월터와 관계된 사람은 누구든지 우리 동업자로 대우합니다. 가족도 이 사실을 알고 있으므로 우리에게 이용당할지 모른다는 걱정은 할 필요 없습니다. 가족이 거래를 원하든 원치 않든 우리는 이해할 수 있습니다. 훌륭한 질문이었습니다. 감사합니다.

최근 중국 상황을 고려할 때 중국 투자에 대한 견해는?

Q. 찰리에게 묻습니다. 과거에 당신은 중국 주식이 저평가되어서 유망하다고 말한 적이 있습니다. 최근 중국 공산당의 각종 활동을 고려해도 중국 투자에 대한 견해에 변함이 없나요?

멍거 훌륭한 질문입니다. 중국 정부가 중국에 투자하는 미국인들을 불안하게 하고 있다는 사실에는 의문의 여지가 없습니다. 최근 수개월 동안 정도가 심해져서 투자자들이 긴장하고 있습니다. 그래서 중국 주식, 특히 인터넷 주식의 가격이 영향을 받고 있습니다. 하루 이틀 전 중국 지도자는 태도를 바꾸어, 그동안 자신의 정책이 지나쳤으므로 한발 물러서겠다고 말했습니다. 희망적인 신호입니다. 중국은 미국보다 투자하기가 어렵습니다. 확실히 다릅니다. 거리가 매우 멀고 문화와 애국심 등에서도 차이가 있습니다.

내가 중국에 투자한 것은 훨씬 낮은 가격에 훨씬 좋은 기업을 매수할 수 있었기 때문입니다. 그래서 위험도 어느 정도 감수할 용의가 있었습니다. 정반대 결론에 도달한 사람들도 있을 것입니다. 모두가 중국에 대해

2~3년 전보다 더 걱정하고 있습니다. 세상일이 그런 것이죠.

버핏 보탤 말 없습니다.

우리 플로트의 안정성과 수익성을 낙관하는 이유는?

Q. 올해 주주서한에서 당신은 자사주 매입 덕분에 주당 플로트가 증가했다고 말했습니다. 그리고 가끔 시련기가 와도 우리 플로트는 안정적으로 유지될 것이며, 조달 원가도 제로에 가까울 것으로 당신은 기대하고 있습니다. 경쟁자들도 플로트를 창출하려고 노력할 텐데 그렇게 낙관하는 근거는 무엇인가요?

버핏 흥미롭게도 경쟁자들은 우리와 같은 방식으로 노력하지 않습니다. 플로트가 조달비용을 고려해도 유용하다는 판단이 서지 않는다면 우리는 보험 사업을 하지 않을 것입니다. 이것이 당신 질문에 대한 답입니다. 실제로 플로트가 유용할지는 매우 오랜 기간 아무도 모릅니다. 지금까지는 유용했으나 나의 판단일 뿐입니다. 그리고 나의 판단은 얼마든지 틀릴 수 있습니다. 그러나 찰리와 나는 플로트가 유용할 가능성이 매우 크며 우리가 매우 유리한 위치에 있다고 생각합니다. 하지만 9·11 테러가 발생할 줄 누가 알았겠습니까. 장담할 수는 없다는 뜻입니다.

멍거 검토하면서 잠재력이 얼마나 되는지 생각해보십시오. 우리 플로트로 세후 수익률 8%를 확신할 수 있는 주식에 투자할 수 있다면 엄청난 돈을 벌게 됩니다.

버핏 네. 버는 돈이 무려 110~120억 달러나 됩니다. 매년 버는 돈이 말입니다.

멍거 네. 정말 엄청난 돈입니다. 게다가 플로트는 계속 성장하고 있습니다. 그러니까 긴장을 푸십시오. 우리는 플로트를 보유하게 되어서 기쁩니다.

버핏 그러나 찰리는 두 가지 조건을 달았습니다. 우리가 확신할 수 있어야 하고 투자할 수 있어야 한다고 말이죠. 바로 이것이 우리가 하는 일이며, 누구 못지않게 잘할 수 있습니다. 그렇지 않다면 우리는 보험 사업을 하지 않을 것입니다. 어느 사업에 들어갈지 판단하는 것이 우리 업무입니다. 그리고 간혹 타당성이 없으면 사업을 포기하는 것도 우리 업무입니다. 직물 사업처럼 말이지요. 그러나 이런 판단은 쉽지 않습니다.

1967년 어느 날 11시 45분경, 잭 링월트가 내 사무실에 잠시 들렀습니다. 전혀 예상 못 한 방문이었습니다. 찰리와 나는 곧바로 분위기를 조성했습니다. 잭은 1년에 한 번 규제 당국에 미친 듯이 화를 냅니다. 그는 당국의 규제에 질색했습니다. 그래서 "이 망할 보험사 팔아버려야겠어"라고 혼잣말을 하곤 했습니다. 언젠가 그를 본 찰리가 "잭이 열 받았더군"이라고 말해서 나는 "그러면 그를 데려오게"라고 대답한 적이 있습니다.

이렇게 사무실에 들른 잭은 망할 보험사를 처분하고 싶다고 말했습니다. 그는 규제 당국 때문에 미칠 지경이었습니다. 그때 내가 말했습니다. "좋아, 내가 사겠네. 원하는 가격이 얼마인가?" 그는 "그러면 주당 50달러로 하지"라고 대답했습니다. 나는 말했습니다. "좋아, 거래 끝났네. 우리는 감사도 필요 없고 아무것도 필요 없다네."

그런데 곧바로 잭의 마음이 바뀌었습니다. 그러나 체면 때문에 거래를 취소할 수는 없었습니다. 그가 말했습니다. "대리점들도 자네에게 넘기길 바라겠지?" 나는 아니라고 대답했습니다. 내가 그렇다고 대답했다면 그는 "그렇다면 거래 못 하겠네"라고 말했을 것입니다. 그래서 나는 말했습니다. "나는 원치 않으니 자네가 계속 소유하게, 잭." 그는 "그래도 자네에게 넘기길 바랄 텐데?"라고 말했지만 나는 "절대 아니야. 자네가 계속 소유하길 바란다네"라고 대답했습니다. 그는 빠져나갈 구실을 찾고 있었습니다. 그러나 이렇게 15~20분이 지나자 그는 내가 어떤 조건이든 모두 동의하리라는 사실을 알았습니다. 마침내 그는 주당 50달러에 팔겠다고 말하고 거래를 마무리했습니다. 천운이었습니다.

멍거 자네는 우리 플로트가 정말 마음에 들지 않나?

버핏 물론 마음에 들지. 그러나 우리는 아지트가 오고 나서야 플로트를 최대한 활용하게 되었습니다. 1986년 그가 내 사무실에 제 발로 찾아올 줄 누가 알았겠습니까. 나는 보험사를 내가 원하는 방식으로 운영할 수가 없었습니다. 아지트야말로 우리 보험 사업이 제대로 돌아가게 만든 인물입니다. 나중에 우리가 가이코를 보유하게 될 줄 누가 알았겠습니까. 세상에는 온갖 일이 생깁니다. 그러므로 기회가 오면 잡을 수 있도록 준비가 되어 있어야 합니다. 곧바로 대응할 수 있어야 합니다. 다행히 버크셔가 그런 환경입니다. 다른 환경에서는 내가 일할 수 없으니 떠날 수밖에 없습니다.

만일 이사회가 "모든 인수 거래를 검토하는 위원회를 설립해야겠소"라고 말도 안 되는 소리를 한다면 나는 "좋습니다. 나는 그런 검토를 받고 싶지 않으니 다른 경영자를 찾아보십시오"라고 말할 것입니다. 나는 남은 인생에 할 일이 또 있습니다. 운도 중요하지만, 타당한 기회가 오면 즉시 본격적으로 대응할 준비가 되어 있어야 합니다. 그래서 반드시 충분한 자원을 확보해두어야 합니다.

멍거 버크셔에는 관료주의가 없어서 매우 오랜 기간 많은 돈을 추가로 벌 수 있었습니다.

버핏 덕분에 내 인생이 더 행복해졌습니다.

멍거 그것이 이상적인 인생입니다.

버핏 네. 그렇습니다. 마침내 우리는 플로트 활용에 매우 유리한 위치를 차지하게 되었고, 지키지 못할 약속 따위는 전혀 할 필요가 없어졌습니다. 아지트가 합류하기 훨씬 전에 우리는 소형 보험사를 둘 인수해서 자회사로 보유하고 있었습니다. 하나는 내가 잘 알지 못했고, 하나는 내가 직접 경영했습니다. 그러나 둘 다 완전한 실패작이었습니다. 내버려 두면 둘 다 파산할 상황이었으므로 우리는 가만있을 수 없었습니다. 방법은 모회사가 부채를 대신 상환하거나 다른 보험사에 흡수시키는 것이었는데, 우리는 후자를 선택했습니다.

이상하게 들리겠지만 나는 버크셔를 크기가 무한한 그림으로 생각합니다. 캔버스가 계속 확장되고 있으므로 나는 원하는 그림을 계속 그려야 합니다. 누군가 다른 그림을 그리고 싶어 하면, 나는 덧칠해서 지운 작은 여백을 내줍니다. 사실 나는 그림을 전혀 알지 못합니다. 미술관에 갔을 때 내가 알고 싶은 것은 화장실 위치뿐입니다. 나는 관심이 없습니다. 그러나 다른 사람들은 그림을 보면 뭔가를 발견합니다. 그리고 이후에도 추가로 뭔가를 발견합니다. 그림을 지각하는 능력이 나와 다르다는 뜻입니다. 나에게 버크셔는 내가 그리는 그림입니다. 이 그림에서 내 동업자들이 멋진 모습으로 나오길 바랍니다.

내가 정말로 좋아하는 것은 버크셔 그림입니다. 이 그림이 내 머릿속에 있는 한, 나는 그림에서 뭔가 다른 것을 계속 발견합니다. 그러면서 매일 매 순간을 즐기게 됩니다. 그러나 다른 사람들에게 말하지는 않습니다. 나는 그림을 보면서 '이것은 다르게 그려야 했어'라고 생각할 때가 있습니다. 그러면 머릿속으로 덧칠하고 나서 흡족해합니다. 인간이 왜 이런 식으로 반응하는지 누가 알겠습니까. 그러나 나는 무엇을 할 때 행복해지고 무엇을 할 때 행복해지지 않는지 확실히 압니다. 나는 행복해지는 방법을 발견했습니다. 그렇다면 이 방법을 바꿀 이유가 있나요? 질문 내용은 잊었지만 이것이 나의 짧은 답변입니다.

이번 인플레이션은 과거와 비교해서 어느 수준인가요?

Q. 현재 진행 중인 인플레이션은 예컨대 1970년대나 1980년대의 인플레이션과 비교하면 수준이 어느 정도인가요? 인플레이션이 미치는 충격을 줄이려면

어떻게 해야 하나요?

버핏 앞에서도 설명했지만, 사람들이 기꺼이 돈을 낼 만한 기술을 습득하면 인플레이션을 극복할 수 있습니다. 그리고 우리 회사의 관점에서 볼 때 현재 인플레이션은 예사롭지 않은 수준입니다. 네브래스카 퍼니처 마트 회장 어브 블럼킨Irv Blumkin은 최근 인터뷰에서, 지난 2년 동안 제품 가격이 계속 상승했는데도 사람들은 전보다 돈이 많아서 기꺼이 구매한다고 말했습니다. 그러나 돈은 많이 풀렸지만, 제2차 세계대전 시절에 그랬듯이 구매할 수 없는 제품도 있습니다. 사람들은 차를 살 수 없고 냉장고도 살 수 없습니다. 심지어 설탕이나 커피 등도 원하는 만큼 살 수 없습니다. 사람들의 주머니가 두둑해졌는데도 제품이 많지 않아서 물가가 상승하고 있습니다.

인플레이션은 똑같은 법이 없습니다. 두 번째 인플레이션은 첫 번째 인플레이션과 다릅니다. 첫 번째 인플레이션이 사람들의 태도에 영향을 미치는 탓에, 두 번째 인플레이션이 발생했을 때 사람들의 활동이 달라지기 때문입니다. 흥미로운 현상입니다. 저자들은 교과서를 쓸 때 최근 경험을 바탕으로 합니다. 사람들이 이런 교과서를 읽으면 이후에는 행동이 달라집니다. 그래서 사람들이 얻는 결과도 전과 달라집니다. 미국 정부는 엄청나게 많은 돈을 계속 사람들에게 공급했습니다. 어느 시점에 이르자 돈의 가치가 전보다 떨어지게 되었습니다.

여러분이 깜짝 놀랄 만한 숫자가 있습니다. 나도 깜짝 놀랐습니다. 연준은 법에 따라 모든 연방준비은행의 실적을 결합한 연결재무제표를 공개합니다. 그중에는 목요일마다 공개하는 재무상태표도 있습니다. 약 15년 전에도 연준은 이런 자료를 발간했습니다. 흥미롭게도 사람들은 이제 현금이 죽었으므로 현금이 불필요한 사회라고 말합니다. 10년이나 15년 전에는 유통통화currency in circulation가 약 8,000억 달러였습니다. 그런데 지난 목요일 보고서에 의하면 현재 유통통화가 약 2.3조 달러입니다.

현재 미국 인구가 약 3억 3,000만 명이고 유통통화가 거의 2.3조 달러이므로 1인당 유통통화는 7,000달러입니다. 이론상 남녀노소 모두 7,000달러씩 보유하는 셈입니다. 연준의 부기는 정확하므로 실제로 막대한 돈이 풀렸다고 보아야 합니다. 나는 그 돈이 어디에 있는지 모르겠습니다. 그 돈이 러시아에 있는지, 남미에 있는지, 아니면 찰리가 모두 가졌는지 나는 모르겠습니다. 경이적인 금액입니다. 만일 미국 정부가 모든 미국 가구에 100만 달러씩 보내주기로 했다면 어떤 일이 벌어질까요?

약 1억 3,000에 이르는 미국 가구에 정부가 현금 100만 달러씩 보내준다는 말입니다. 여기에는 조건이 붙습니다. 돈을 받은 사람이 30일 이내에 이 사실을 발설하면 그 돈은 사라집니다. 과거 TV 쇼에서 상금이 갑자기 사라졌던 것처럼 말이죠. 그러나 30일 후에는 그 돈을 사용할 수 있습니다. 연준이 추정하는 미국 가구의 재산 합계액이 약 130조 달러인데, 이제 갑자기 두 배로 늘어납니다. 정부는 모든 가구에 현금을 보냈지만 이 사실을 공개하지 않습니다. 단지 가구별로 당신이 복권에 당첨되었다는 식으로 알려줄 뿐입니다.

이제 사람들의 평균 재산은 두 배가 되었고, 전체적으로는 재산이 130조 달러 증가했습니다. 1개월이 지나서 이 돈을 쓸 수 있습니다. 어떤 일이 벌어질까요? 물가가 상승할 것입니다. 물가가 즉시 상승할까요? 사람들은 남들도 현금을 받았다는 사실을 모르므로, 급히 달려가 물건을 사려 하지 않습니다. 그러나 정부가 현금을 보낸 시점에 정부가 분배한 금액이 드러나면 곧바로 소문이 퍼집니다. 바로 이런 금액이 자원 배분을 논의할 때 가리키는 숫자입니다. 이 숫자는 물가에 영향을 미칩니다. 미칠 수밖에 없습니다.

집에 갔더니 내 재산이 하룻밤 사이에 10배로 늘어났는데 다른 사람들의 재산도 모두 10배로 늘어났다고 가정합시다. 그렇더라도 빵이나 자동차 등 공급되는 제품은 늘어나지 않습니다. 단지 돈의 가치가 하락할 뿐입니다. 돈의 구매력이 감소한다는 뜻입니다. 사람들이 구매할 수 있는 제품은 증가하지 않습니다. 매우 이상한 모습입니다. 정부가 막대한 돈을 사람들에게 보내주었지만, 사람들은 제품을 전보다 더 많이 구매할 수가 없습니다. 공급망이 붕괴했기 때문입니다. 이런 일은 늘 발생합니다.

마침내 사람들은 네브래스카 퍼니처 마트로 몰려가서 물건을 사기 시작합니다. 다른 회사에도 몰려갑니다. 이제 색다른 행태가 등장합니다. 사람들은 귀금속도 삽니다. 일반적으로 보석상은 수익성 높은 사업이 아닙니다. 2년 전에는 모든 보석상 사업주가 매장 임차료를 감당할 수 있을지 걱정해야 하는 처지였습니다. 이제는 모든 보석상이 전에는 상상도 못 했던 호경기를 누리고 있습니다. 사람들은 할인 판매 기간을 기다리지 않고 매장에 들어오고, 들어온 사람들은 빈손으로 나가는 법이 없습니다. 덕분에 재고가 대폭 감소했습니다.

사람들은 가진 돈을 쓰고 있습니다. 정부가 사람들에게 어떤 방식으로든 막대한 돈을 보내준 효과가 나타나고 있습니다. 정부는 매우 간접적인 방식을 사용했는데, 이 거대한 시스템은 설명하기가 복잡합니다. 바로 이것이 현재 상황입니다. 장담하는데, 정부가 미국의 모든 가구에 100만 달러씩 보내주었는데도 사람들이 이 사실을 모르면, 내일 사람들이 어떻게 행동할지 예측하기 어렵습니다. 그러나 정부가 달마다 돈을 보내주면 어느 시점에는 사람들이 이 사실을 알게 되고, 사람들은 서둘러 물건을 사기 시작합니다. 그러면 경제 분야에서 수많은 일이 발생합니다.

그래서 그동안 수많은 인플레이션이 발생했습니다. 정부가 막대한 돈을 풀면 인플레이션을 피하기는 거의 불가능합니다. 그러나 정부가 돈을 푼 것은 훌륭한 결정이었습니다. 실제로 연준이 돈을 풀지 않았다면 우리 생활은 지금보다 엄청나게 악화했을 것입니다. 그것은 중대한 결단이었습니다. 그리고 인플레이션이 발생한 원인이기도 합니다. 이 인플레이션을 끝낼 수 있을지는 아무도 모릅니다. 인플레이션을 잡으려다가 경기 침체를 부를 수도 있으며, 온갖 사건을 일으킬 수도 있습니다. 그러나 이 경기 침체는 주기적으로 찾아오는 우연일 수도 있습니다.

다른 일이 벌어질 수도 있습니다. 오늘 신문을 읽은 사람이 1년 뒤에는 '1년 전에 내가 왜 신문을 읽었지?'라고 생각할 수도 있습니다. 세상일이 그렇습니다. 1942년 내가 처음 주식을 샀을 때, 이후 어떤 일이 발생할지 모두 알았을까요? 물론 나는 전혀 알지 못했습니다. 그러나 아이디어 하나면 충분했습니다. 잘 포장된 아이디어도 아니었습니다. 미국이 제2차 세계대전에 막 참전했을 때 거의 모든 아이가 한 생각이었습니다. 미국이 승리하리라는 생각이었습니다.

미국이 승리한다면 전면적인 승리가 될 터였습니다. 당시 저축채권의 금리는 2.9%였습니다. 우리 집에서도 샀으므로 알고 있었습니다. 이 채권의 명칭이 처음에는 전쟁채권war bond이었는데 이후 국방채권defense bond으로 바뀌었다가 마침내 저축채권savings bond이 되었습니다. 명칭은 다르지만 모두 똑같은 채권입니다. 정부가 돈을 대규모로 찍어내면 돈의 가치는 떨어집니다. 이제 내가 경제에 대해 아는 것은 모두 말했습니다. 찰리가 보완 설명을 해줄 것입니다.

멍거 정부는 전례 없는 규모로 돈을 찍어냈습니다. 이 돈을 자신이 사업자나 고용주라고 주장하는 모든 사람에게 보내주었습니다. 한동안 나라가 돈에 빠져 허우적거릴 정도였습니다. 아마 다른 방도가 없었을 것입니다. 그러나 지금까지 그렇게 큰 규모로 돈을 찍어낸 적은 한 번도 없었습니다.

버핏 하지만 문제도 전례 없이 심각하지 않았나?

멍거 정부의 결정이 잘못되었다는 뜻은 아닐세.

버핏 제롬 파월이 내게는 영웅입니다. 이유는 아주 간단합니다. 그는 자신이 해야 하는 일을 했습니다. 당시 그는 가만 앉아서 손가락만 빨고 있을 수도 있었습니다. 실제로 과거에 그렇게 처신한 연준 의장도 있습니다.

만일 파월이 손가락만 빨았다면 세상이 줄줄이 무너졌을 것입니다. 그래도 사람들은 파월이 아니라 바이러스나 중국 등을 비난했을 것입니다.

멍거 정말로 흥미로운 사례가 일본입니다. 일본 정부가 처음에는 모든 채권을 사들였고 이후에는 주식을 사들이기 시작했습니다. 그 후 어떻게 되었을까요? 25년 동안 경기 침체가 이어졌습니다. 이를 누가 예측했겠습니까?

버핏 아무도 예측하지 못했습니다. 우리는 누가 예측해도 관심이 없습니다. 우리 생각은 매우 단순합니다. 여러분이 우리를 신뢰하므로 우리는 쓸데없는 일을 할 이유가 없다는 것입니다. 우리는 버크셔를 철옹성처럼 견고하게 세우려고 노력하지만 핵전쟁까지 견뎌낼 수는 없습니다. 그러나 버크셔는 어떤 기업보다도 잘 견뎌낼 수 있습니다. 그래서 완벽한 느낌은 아니어도 기분이 좋습니다. 우리는 여러분에게 그 이상을 약속하고 싶지만 그럴 수는 없습니다.

GAAP를 변경한다면?

Q. 당신이 GAAP를 변경한다면 어떻게 변경하겠습니까?

버핏 나는 답변을 포기하겠습니다. 자네는 어떻게 하겠나, 찰리?

사실 이 문제에는 답이 없습니다. 우선 GAAP가 무엇을 반영해야 하는지 결정해야 합니다. GAAP는 가치를 반영하지 않습니다. 물론 때에 따라서는 이것이 가치라고 말해야 합니다. GAAP는 일반적으로 감사를 보호하는 것이 관례입니다. 감사를 보호하지 않으면 온갖 이유로 모두가 모두에게 소송을 제기하기 때문입니다. 그리고 GAAP는 시장이 원하는 일정량의 정보를 보고할 수 있도록 설계됩니다.

나는 어떤 규정을 만들어야 할지 모르겠습니다. 그동안 나는 기꺼이 내 이웃으로 두고 싶은 사람들을 지켜보았습니다. 내가 2주간 여행을 떠날 때 내 아이들을 마음 놓고 맡길 만한 사람들이었습니다. 내가 잃어버린 지갑을 발견하면 내게 돌려줄 사람들이었습니다. 그러나 이런 사람들도 숫자놀음을 하더군요. 사람들이 숫자놀음을 하면 그 회사의 감사위원회에 있기가 매우 불편해집니다. 사람들은 내가 물의를 일으키지 않기를 바랍니다. 약 15년 전 나는 당신의 질문을 어느 정도 예상했습니다. 나는 감사위원회에 던질 질문 4개를 만들어 제안했습니다.

당시 내가 속한 감사위원회가 코카콜라였는지 모르겠습니다. 어쨌든 당시 진행 상황을 나는 명확하게 이해하고 있었습니다. 나는 뻔한 속임수를 용인해야 하는 처지였지만, 그러면 나도 온갖 문제에 휘말릴 수 있었습니다. 그래서 나는 알고 싶은 사항에 관해 질문 4개를 제시했습니다. 지극히 합리적인 질문이었습니다. 그런데도 받아들이는 사람이 아무도 없었습니다. 회사의 시스템은 훌륭했습니다. 감사가 소송당하는 일은 많지 않습니다. SEC는 많은 규정을 만들었습니다. 나는 SEC를 매우 높이 평가합니다. SEC 덕분에 미국이 더 좋아졌다고 생각합니다.

그러나 사람들이 피할 수 없는 규정은 만들어도 아무 소용이 없습니다. 작가인 내 친구가 말했습니다. "너무나 충격적인 일은 불법 행위가 아니라 합법 행위라네." 그리고 매우 어렵겠지만 가치 있는 일이니 해보라고 말했습니다. SEC가 필요하지만 회사의 속임수를 막아주지는 못합니다. 감사들도 마찬가지여서 규정과 절차를 요구합니다.

찰리는 살로몬 감사위원회에 있을 때 계약 수백만 건 사이에 끼워 넣은 숫자들을 조사해서 2,000만 달러를 찾아냈습니다. (이미 사라졌지만) 당시 미국 최대 규모의 회계감사였던 아서 앤더슨Arthur Andersen도 찾아내지 못한 돈이었습니다.

멍거 그런 부정행위를 플러그plug라고 부릅니다. 회계사가 플러그를 언급하면 좋은 일이 아닙니다.

버핏 전에 말한 적 없는 이야기를 하겠습니다. 여러분이 홍보영화에서 보셨듯이, 나는 8월에 의회 소위원회에 나가서 증언했습니다. 나는 모든 질문에 정직하게 대답하겠다고 결심했습니다. 나는 소위원회 앞에 앉아 내가 무엇을 알고 무엇을 모르는지 말했습니다. 확실히 옳은 말 중 하나는 내가 살로몬에서 활동한 기간이 겨우 열흘이었다는 사실입니다. 그러나나는 말했습니다. "회계에서 심각하다는 생각이 드는 문제는 아직 발견하지 못했습니다."

실제로 열흘 동안 내가 발견한 문제는 우리 모두를 곤경에 빠뜨린 이 사나이뿐이었습니다. 그 밖에 어떤 문제를 발견하게 될지 나는 몰랐습니다. 엄청나게 많은 거래와 온갖 일이 벌어지는 곳에서 내가 무슨 수로 미리 알겠습니까. 나는 말했습니다. "내가 보기에 회계는 합법적인 듯합니다." 약 1개월 후 나는 이 훌륭한 최고재무책임자^{CFO}와 품위 있는 사람들보다 먼저 증언했다는 사실이 매우 기뻤습니다. 그런데 CFO가 와서 내게 말했습니다. "워런, 자네가 알아야 할 것이 있네."

무엇을 알아야 하느냐고 내가 묻자 그가 설명했습니다. 12년 전 살로몬은 거대 원자재 거래 회사 피브로^{Phibro}와 합병했습니다. 거대 투자은행이던 살로몬은 이후 유력 기관이 되었습니다. 그런데 12년 전 합병할 때, 살로몬은 회계 통합 방법을 찾아낼 수가 없었습니다. 피브로의 회계는 거래 기준이었고 살로몬의 회계는 결제 기준이었기 때문입니다. 이후로도 살로몬은 회계 통합 방법을 찾아내지 못했습니다. 당시 미국 최대 회계감사 아서 앤더슨이 합병 과정에서 회계를 담당했는데도 말이죠.

그래서 살로몬은 회계 숫자가 매일 바뀌는데, 자산과 부채를 일치시키려고 숫자를 끼워 넣습니다. 그 숫자가 오늘은 1억 7,341만 2,000달러이지만 내일은 달라집니다. 나는 속으로 생각했습니다. '한 달 전 내가 모를 때 증언해서 천만다행이네.' 그러나 소위원회에서 다시 물으면 나는 실제로 일어난 일을 정확하게 말할 것입니다. "매일 떠돌아다니는 숫자가 있습니다. 우리는 12년 동안 찾지 못했고 아서 앤더슨도 찾지 못했습니다."

멍거 떠도는 플러그floating plug로 부르면 적당하겠군요.

버핏 네. 찰리를 감사위원으로 위촉하겠습니다. 내가 아무리 권해도 감사위원을 하려는 사람이 아무도 없는데, 왜 그런지 이해할 수 있습니다. 세계 전역의 은행과 투자은행에서 수조 달러에 달하는 계약 등에 매일 숫자를 끼워 넣기 때문입니다. 버크셔는 거래를 기록할 때 작은 숫자를 끼워 넣는데, 이는 규제 당국들도 우리에게 바라는 일종의 대비책입니다.

나는 한두 번 이런 제안을 했습니다. 흥미로운 실험을 원하면 젊은 직원을 불러 2주 동안 가장 복잡한 장기 파생상품 계약 100건을 선정하게 합니다. 이제 직원들로 두 집단 A와 B를 구성해서 계약 100건의 가치를 양쪽 계약자 A와 B의 관점에서 평가하게 합니다. 직원들은 평가할 계약을 100건 중 무작위로 선택합니다. 그러고서 집단 A에서는 2,800만 달러로 평가했는데 집단 B에서는 3,300만 달러로 평가한 계약이 있는지 확인합니다.

이들 계약서를 보면 동일한 회계법인이 계약자 A와 계약자 B 양쪽에 서명한 것으로 나옵니다. 나는 회계에서 어떤 일이 벌어지는지 파헤치고 싶었지만 내 제안을 받아들인 사람은 아무도 없습니다. 인생에는 우리가 바꿀 수 없는 일이 많습니다. 소송과 신문 기사 등에 이름을 올리고 싶은 사람은 아무도 없으니까요. 그렇다고 내가 비난하는 것은 아닙니다. 참을 수가 없어서 한 가지 더 말하겠습니다.

내가 기다리던 질문이 안 나와서 나 스스로 질문을 던지겠습니다. 내가 기다리던 질문은 앨러게이니에 제안한 인수 가격이 하필이면 848.02달러냐는 것입니다. 그런 가격이면 더 정확해 보일까요?

내가 제안한 가격은 주당 850달러에서 투자은행의 자문 수수료를 차감한 금액이었습니다. 앨러게이니는 투자은행의 자문을 받을 수밖에 없었습니다. 델라웨어 법에 의하면 전문가의 의견이 있어야 이사들이 보호받기 때문입니다. 나는 누군가를 비난하려고 이 이야기를 하는 것이 아닙니다. 다만 언젠가 델라웨어의 판사들, 입법자들, 기자들에게 유용할지 모르겠다는 생각은 듭니다.

자문 수수료가 1,000만 달러냐 4,000만 달러냐는 누군가에게 중요한 사안입니다. 기업을 인수하는 우리에게는 항상 중요한 사안이지만, 이 게임에는 나름의 방식이 있었습니다. 이와 관련된 사례가 있습니다. 그동안 아무도 관심이 없었지만 버크셔 해서웨이의 57년 역사 기간에 공정성 보증 의견fairness opinion을 받아야 했던 적이 두 번 있습니다. 두 번 모두 공정성 보증 의견이 필요한 이유가 지극히 타당했습니다.

하나는 우리 투자조합이 보유한 다이버시파이드 리테일링Diversified Retailing과 버크셔 해서웨이가 합병하는 사례였는데, 두 회사는 주주 구성이 달랐고 내가 최대 수혜자였습니다. 가장 많이 관련된 사람은 나였지만 합병 비율을 결정한 사람은 내가 아니었습니다. 나는 두 회사 중 한 회사의 지분이 조금 더 많았습니다. 어쨌든 공정성 보증 의견이 필요했습니다. 그래서 나는 당연히 찰리에게 가서 이 사실을 말했습니다. 찰리는 공정성 보증 의견이 필요하다는 사실을 나보다 잘 안다고 하면서 내게 말했습니다. "어떻게 해야 공정한지 자네도 알고 나도 알며 샌디도 안다네." 소유주가 우리 세 사람뿐이었다면 10분 만에 세 사람 모두 공정하다고 여기는 합병안이 도출되었을 것입니다. 그러나 두 회사는 주주 구성이 달랐으므로 그 방식은 옳지 않았습니다. 이렇게 해서 첫 번째 사례가 1978년 11월 27일에 나왔습니다.

나는 두 회사의 주주 모두 합병에서 이득을 얻는다고 개인적으로 믿지만, 다른 주주들의 찬성표가 과반수일 때만 나도 찬성표를 던지겠다고 사람들에게 말했습니다. 이 거래가 공정한지에 대한 판단을 사람들에게 맡기겠다고 약속했습니다. 그리고 유명한 투자은행의 공정성 보증 의견도 필요했습니다. 그래서 찰리에게 말했습니다. "공정성 보증 의견을 받으려면 100~200만 달러가 들 거야." 사실 투자은행은 하는 일이 아무것도 없습니다. 그들은 두 회사에서 일어나는 수많은 일을 전혀 모르면서도 공정성 보증 의견을 작성합니다. 그런데도 우리는 그 서류가 필요합니다. 그래서 찰리를 찾아간 것입니다.

찰리가 말했습니다. "워런, 방법은 아주 간단해. 유명한 투자은행 10개를 선정해서 내가 말하는 대로 하면 돼." 내가 "알았어. 10개를 선정한 다음에는 어떻게 하지?"라고 말하자 찰리가 대답했습니다. "1위부터 10위까지 순위를 매겨. 그리고 1위부터 순서대로 전화해서 공정성 보증 의견을 작성해주면 6만 달러를 지불하겠다고 말하게. 그러면 그들은 모욕적인 가격이며 말도 안 된다고 생각할 걸세. 6만 달러만 받고 작성해주면 이후에는 다른 고객들에게 200만 달러를 받기 어려울 테니까. 그래도 6만 달러만 지불하겠다고 말하게. 십중팔구 모욕으로 받아들여 거절하겠지. 그러면 2위 투자은행에 똑같이 제안하게. 같은 방식으로 10위까지 내려가면서 계속하게. 10위까지 아무도 제안을 수락하지 않으면 다시 1위로 올라가서 8만 달러를 지불하겠다고 말하게. 그러고서 순서대로 내려가면서 똑같이 제안하게."

그래서 투자은행 10개를 선정했는데, 1위 투자은행은 대표자가 잭 섀드 Jack Shad였습니다. 잭 섀드는 톰 머피(버핏의 오랜 친구로 2003년부터 2022년 2월까지 버크셔의 이사를 역임)의 친구였고 유명한 EF 허턴E.F. Hutton을 경영하고 있었습니다. 그는 대단히 성공적인 투자은행가였습니다. 나는 그를 잘 알지는 못했지만 다른 친구를 통해서 만난 적이 있습니다. 내가 전화를 걸어 "잭, 말도 안 되는 요청이 있다네"라고 하자, 그가 대답했습니다. "모두가 자네를 무척 칭찬하더군. 내 친구들이 자네 친구들 아니겠나."

나는 말했습니다. "자네에게 전적으로 불리한 요청을 하려고 하네. 자네가 '이런 요청을 하려고 전화하다니 바보로군'이라고 말하면서 수화기를 집어 던져도 나는 충분히 이해하네. 우리 절차는 이렇다네." 나는 제일 먼저 그에게 전화했고, 그가 거절하면 페인 웨버Paine Webber에 전화할 것이라고 설명했습니다. "선정된 사람이 10명이네. 모두가 거절하면 다시 자네에게 전화해서 7만 5,000달러를 제안할 것이고, 누군가 수락할 때까지 똑같은 절차가 진행될 걸세. 잭, 자네가 첫 번째라서 6만 달러네. 하지만 수락하면 자네 사업이 엉망이 될 걸세. 장래에 자네 고객이 왜 버크셔는 6만 달러에 해주고 자신에게는 200만 달러를 요구하느냐고 반발할 테니까."

잭이 말했습니다. "걱정하지 말게, 워런. 그 문제는 내가 처리할 수 있어. 요청을 수락하네." 이렇게 해서 한쪽의 공정성 보증 의견은 확보했습니다. 다음에는 페인 웨버에 전화해서 똑같이 설명하고서 말했습니다. "멍청하게도 EF 허턴은 6만 달러에 한쪽의 공정성 보증 의견을 써주기로 했네. 그러면 평판이 망가질 텐데 도대체 왜 써주겠다는 것인지 난 모르겠어." 그러자 페인 웨버 측이 말했습니다. "우리가 6만 달러에 다른 쪽 보증 의견을 써주겠네." 이렇게 해서 우리는 모든 절차를 마무리했습니다.

멍거 그들은 상냥한 알코올 중독자를 보내주고서 6만 달러를 청구했고 우리는 지불했습니다. 그것이 6만 달러짜리 서비스였습니다.

버핏 아니, 아닐세. 우리도 남들과 똑같은 서비스를 받았다네, 찰리.

멍거 그래, 나도 안다네.

버핏 1978년 잭 섀드는 SEC 위원장에 임명되어 7년간 재임했습니다. 그러나 잭은 사업을 좋아했습니다. 실제로 6만 달러짜리 거래는 그의 사업에 아무 지장이 없었습니다. 우리에게 6만 달러를 청구한 다음 주에 그는 다른 고객에게 200만 달러를 청구했습니다. 고객들에게는 모두 쓸모없는 지출이었습니다. 4~5년 뒤 블루칩 스탬프Blue Chip Stamps를 합병할 때에도 우리는 똑같은 절차를 진행했습니다. 다시 두 사람에게 거래를 제안했는데, 그동안 인플레이션이 심각했으므로 11만 달러를 제시했습니다.

대신 우리에게 투자설명서가 있었습니다. 두 사람 모두 내게 말했습니다. "투자설명서를 보내주게. 다른 고객들에 대해서는 걱정하지 말게. 적당한 이야기를 만들어내면 되니까." 그러나 언젠가 이런 지출도 쓸모가 있다고 사람들이 실감하면 좋겠다는 생각이 듭니다. 누군가의 돈은 쓸모 없는 지출이 됩니다. 그러나 델라웨어주에서는 전문가 의견이 통과 의례 여서, 변호사들이 이사들에게 일정 요건을 갖추면 면책이 된다고 설명해 줍니다. 나는 이런 상황에서 실제로 어떤 일이 발생하는지 누군가 말해주 어야 한다고 생각합니다.

그래서 우리가 그런 방식으로 절차를 진행한 것입니다. 어쩌면 이 때문 에 그동안 우리가 세상 사람들에게 금융계의 현실을 알리면서, 아들을 전 기 기사보다 투자은행가로 키우는 편이 낫다고 설명하던 노력이 퇴색할 수도 있습니다. 그러나 여러분의 회장은 별난 사람이어서 별나게 행동했 습니다. 찰리, 이 모든 문제에 대해 어떻게 생각하나? 원래 자네 아이디어 였어.

멍거 우리가 좀 별나지. 하지만 별나다고 모두 나쁜 것은 아니야.

버핏 지극히 현실적인 문제에 대해서 찰리가 준 네 가지 아이디어가 게 임의 양상을 바꿔놓았습니다. 찰리, 자네가 그 보험사의 속임수에 대해서 말해줘야 한다고 생각하네. 1960년대에 있었던 이른바 사기성 보험금 청 구 사건인데, 자네가 판돈을 키워서 공정한 게임을 해보자고 제안했던 건 이네.

멍거 난 기억이 안 나네.

버핏 나는 기억하네.

멍거 그러면 자네가 말하게.

버핏 찰리는 자그마한 펀드 운용회사와 퍼시픽 코스트 증권거래소Pacific Coast Stock Exchange 회원권을 갖고 있었습니다. 회사의 명칭이 처음에는 휠러 앤드 멍거Wheeler and Munger였다가 나중에는 멍거 휠러로 바뀌었습 니다. 잭 휠러는 말했습니다. "조만간 회사 명칭이 멍거 앤드 컴퍼니로 바 뀔 거야. 그래도 괜찮아." 잭 휠러는 매우 흥미로운 사내였는데, GM 등 몇 종목의 스페셜리스트였습니다. 그런데 어떤 직원이 회사에서 1만 2,000달러를 훔쳤습니다.

당시 찰리의 회사 휠러 앤드 멍거는 신원보증보험에 가입되어 있었으며, 직원이 회삿돈을 훔친 것은 분명했습니다. 찰리는 유명한 대형 보험사에 보험금 1만 2,000달러를 청구했습니다. 그러나 보험사는 보험금 지급을 거절하면서 말했습니다. "그 사람은 실제로 고용 상태가 아니었고 존재하지 않으므로 당신은 이해당사자가 아닙니다." 이제 찰리는 그 유명한 보험사의 경영자에게 편지를 썼습니다. 편지에서 찰리는 말했습니다. "우리는 보험금 1만 2,000달러를 청구합니다. 우리 직원은 돈을 훔쳤고, 우리는 절도 피해를 보상하는 보험에 가입되어 있습니다."

찰리는 계속 말했습니다. "당신과 나는 서로 처지가 다릅니다. 당신은 수많은 직원을 거느리고 있으며, 직원들은 무슨 일을 하든 월급을 받습니다. 그래서 직원들은 그저 '우리는 지급 못 합니다'라는 말만 해도 생활에 지장이 없습니다. 반면 나는 겨우 1만 2,000달러짜리 보험금을 직접 청구하느라 노닥거릴 시간이 없는 사람입니다. 이렇게 불평등한 처지를 이용해서 당신이 보험금 지급을 회피한다고 내가 주장하면 당신은 매우 불쾌할 것입니다. 이는 당신의 의도가 절대 아닐 것입니다. 그러면 보험금을 열 배로 키운 12만 달러로 공정한 게임을 제안합니다. 당신이 지면 내게 12만 달러를 지급하십시오. 내가 지면 당신에게 12만 달러를 지급하겠습니다. 그러면 내 시간을 들여도 아깝지 않습니다."

찰리는 회장에게 편지를 보내면서 이 사실을 담당자에게 알려주었습니다. 그러자 회신 우편으로 1만 2,000달러짜리 수표가 왔습니다. 교훈을 주는 사례입니다. 찰리의 아이디어가 두 가지 더 있지만, 너무 좋은 비법이어서 공개하고 싶지 않습니다. 언젠가 내가 사용할지도 모르니까요.

비트코인에 대한 견해에 변화가 있나요?

Q. 비트코인 등 가상화폐에 대한 견해에 변화가 있나요?

버핏 비트코인에 관한 질문에는 대답하면 안 되지만, 그래도 대답하겠습니다. 이 주주총회를 지켜보는 수많은 사람 중 비트코인 매수 포지션인 사람은 많지만 매도 포지션인 사람은 거의 없으며, 누군가 자기 숨통을 막아주길 바라는 사람은 아무도 없습니다. 나는 비트코인 투자자들을 비난하고 싶지 않습니다. 사람들이 내 숨통을 막길 바라지 않으니까요.

이 방에 있는 사람들이 미국의 모든 농지를 소유하고 있는데 그 지분 1%를 사라고 내게 제안한다면, 나는 오늘 당장 250억 달러를 내고 미국 농지의 1%를 소유하겠습니다. 여러분이 미국의 모든 아파트의 1%를 소유하고 있는데 그 지분 1%를 사라고 내게 제안한다면, 이번에도 나는 250억 달러를 내고 미국 아파트의 1%를 소유하겠습니다. 아주 간단합니다. 여러분이 세상의 비트코인을 모두 소유하고 있는데 25달러에 사라고 내게 제안한다면, 나는 사지 않겠습니다. 내가 그 비트코인을 어디에 쓰겠습니까. 나는 그 비트코인을 어떤 식으로든 되팔아야 합니다. 여러분 말고 누구에게라도 팔아야 합니다. 쓸모가 없으니까요.

아파트에서는 임대료가 나오고, 농지에서는 식량이 나오지만, 비트코인에서는 아무것도 나오지 않습니다. 내가 비트코인을 모두 소유한다면 15년 전에 존재했는지 안 했는지도 모르는 그 비트코인 창시자는 비트코인에 관한 추리소설을 써낼 수 있을 것입니다. 내가 비트코인을 처분하려고 하면 사람들이 말하겠지요. "내가 왜 비트코인을 사야 하나? 이름을 버핏 코인이라고 하면 어떤가? 무슨 일이든 해보게. 하지만 그 대가를 자네에게 지불하지는 않겠네."

바로 이것이 생산적 자산과 비생산적 자산의 차이입니다. 비생산적 자산은 누군가가 더 비싼 가격에 사주어야 합니다. 그런데 이 비생산 자산에는 이미 막대한 수수료가 지급되었습니다. 이 게임을 조장하는 많은 사람에게 온갖 마찰비용이 지급되었다는 뜻입니다. 돈을 내고 비트코인을 소유한 사람들도 있고, 수수료를 챙겨 떠난 사람들도 있습니다. 이후 다른 사람들이 거래소에 들어와서 매매합니다. 그러나 거래소에는 돈이 없습니다. 온갖 사기와 마찰비용 등이 발생하면서 손바꿈만 일어날 뿐입니다.

사람들은 그 숫자와 방정식을 망각하지만, 숫자와 방정식은 매우 유용한 도구입니다. 역사 기간 내내 유용한 도구였습니다. 일부 자산은 산출물을 내지 못해도 가치가 있습니다. 훌륭한 그림은 아마 500년 후에도 가치가 있을 것입니다. 유명한 화가의 그림이라면 그럴 가능성이 매우 큽니다. 피라미드를 사면 관광객들에게 보여주고 돈을 받을 수 있습니다. 피라미드는 유명한 고대 유적이어서 사람들이 소문을 듣고 구경하러 올 것입니다. 그러나 기본적으로 가치 있는 자산이 되려면 그 자산에서 산출물이 나와야 합니다.

미국에서 받아주는 화폐는 하나뿐입니다. 우리는 버크셔 코인이나 버크셔 머니 등 무엇이든 만들어낼 수 있지만, 이것을 돈이라고 부르면 곤경에 처합니다. 진짜 돈은 사람들이 선호하는 미국 정부의 화폐뿐입니다. 미국의 남녀노소가 1인당 평균 약 7,000달러씩 보유해서 합계 약 2.3조 달러에 이르는 종이 쪼가리들이 어딘가에서 떠돌아다니고 있습니다. 미국에서 버크셔 머니가 달러를 대체하리라 생각하는 사람은 제정신이 아닙니다. 어쨌든 산출물 없는 자산의 가격이 1년, 5년, 10년 뒤 오를지 내릴지 나는 알지 못합니다.

한 가지 확실한 점은 이런 자산은 증식하지 않는다는 사실입니다. 그런데 사람들은 온갖 물건에 마술을 걸어놓았습니다. 월스트리트가 하는 일이 마술을 거는 일입니다. 그래서 보험회사를 기술회사로 둔갑시킵니다. 이 보험사에서 수십 명이 막대한 돈을 조달하면서 말합니다. "우리가 보험 상품을 판매한다는 사실은 무시하십시오. 우리는 기술회사입니다." 마침내 이들은 보험 상품을 대규모로 판매했고 이후 큰 손실을 보았습니다. 회사를 잘 통하는 방식으로 치장하면 남들의 돈을 먹을 수 있습니다.

멍거 나는 비트코인을 조금 다른 방식으로 봅니다. 나는 평생 세 가지를 피하려고 노력했습니다. 어리석은 것, 사악한 것, 남보다 멍청해 보이는 것입니다. 비트코인은 이 세 가지 모두에 해당합니다. 첫째, 제로가 될 가능성이 매우 커서 어리석습니다. 둘째, 연준 시스템과 국가 통화 시스템을 좀먹기 때문에 사악합니다. 셋째, 미국이 중국보다 멍청해 보이게 만듭니다. 중국은 현명하게도 비트코인을 금지했습니다. 우리는 미국 문명이 우월하다고 생각하지만, 중국보다 훨씬 멍청합니다.

버핏 오늘 우리가 한 말 때문에 미국인의 25%가 분노한다면, 방금 찰리가 한 말을 기억하시기 바랍니다. 나는 요즘 사람들의 부족주의部族主義 행동이 오래전보다 많아졌다고 생각합니다. 이는 실제로 중요한 변화라고 생각하지만 입증하기 어렵고 막을 방법도 보이지 않습니다. 사람들은 늘 편파적입니다. 종교를 믿으며 온갖 생각을 하지만 갈수록 부족주의가 강해지고 있습니다. 나도 부족주의자였으므로 내 경험을 말하는 것입니다. 오늘 고백하는데 네브래스카 미식축구도 부족주의입니다.

내가 네브래스카 미식축구 경기를 TV로 시청할 때의 이야기입니다. 네브래스카 선수의 공이 경기장을 살짝 벗어났는데 심판이 잘못 보고 벗어나지 않았다고 판정하면, 나는 실제로 공이 벗어나는 장면을 두 눈으로 보고서도 벗어나지 않았다고 계속 믿게 됩니다. 이것이 부족주의 행동입니다. 부족주의 행동에 가담하면 재미있습니다. 그러나 한쪽 사람들은 "둘 더하기 둘은 다섯"이라고 말하고 다른 쪽 사람들은 "둘 더하기 둘은 셋"이라고 말하는 상황이 되면 매우 위험합니다.

내 나이 탓도 있겠지만, 실제로 미국이 부족주의로 비친 마지막 시점은 내가 어린이였던 루스벨트 대통령 시절이라고 생각합니다. 앨프 랜던이나 웬들 윌키가 루스벨트의 경쟁 상대였다는 사실에는 아무도 관심이 없었습니다. 사람들은 루스벨트의 사진을 벽에 걸어놓고 그의 이름을 따서 아이들의 이름을 짓거나, 그를 싫어하면서 "뭐, 세 번째 임기?"라는 반응을 보였습니다. 1930년대에 미국은 부족주의가 매우 강했는데, 루스벨트의 부족이 더 많았습니다.

우리 집에서는 루스벨트에게 욕을 해야 디저트를 먹을 수 있었습니다. 그리고 디저트를 못 먹어도 루스벨트에게 욕을 했습니다. 이런 식으로 아이들에게도 부족주의를 가르쳤습니다. 그러나 아이젠하워가 스티븐슨 등과 경쟁하던 시절에는 그렇지 않았습니다. 사람들은 편파적이어서 언제나 어느 정도 부족주의 행동을 했습니다. 그렇더라도 사람들의 부족주의 행동이 사회에 바람직한 방향은 아니라고 생각합니다. 찰리, 자네는 어느 부족인가?

멍거 캘리포니아주 의원들은 아무도 선거에서 지지 않도록 선거구를 철저하게 손질해놓았습니다. 그래서 주의회에는 제정신이 아닌 좌파와 우파만 있습니다. 이들은 10년마다 힘을 모아 중도파 의원들이 탈락하도록 선거구를 다시 손질합니다. 좌파와 우파 모두 중도파를 지극히 싫어하기 때문입니다. 이것이 캘리포니아 주의회의 현실입니다.

버핏 자네는 캘리포니아에 사니까 그곳으로 돌아가야 하지 않나?

멍거 그렇다네. 그래도 러시아에 사는 것보다는 낫다네.

버핏 우리 때문에 마음 상하지 않은 사람이 아직 남았나요?

천직을 찾는 사람에게 주는 조언은?

Q. 천직을 찾는 사람에게 어떤 조언을 해주겠습니까?

버핏 매우 흥미로운 질문입니다. 나는 원하는 일을 발견했다는 점에서 매우 운 좋은 사람입니다. 나의 아버지는 자신의 사업에 관심이 없었습니다.

그러나 아버지 사무실에는 책이 있었고 나는 아버지를 좋아했으므로, 사무실에 내려가서 책을 읽으면서 흥미를 느꼈습니다. 나는 아버지가 프로 권투 선수가 아니라서 다행입니다. 그랬다면 내 이가 남아나지 않았을 테니까요.

　내가 천직을 발견한 것은 순전히 우연이었습니다. 그러나 당신도 보면 그것이 천직인지 알 수 있을 것입니다. 그렇다고 당장 선택할 수 있는 것은 아니겠지만요.

　주주서한에도 썼지만, 나는 학생들에게 자신이 좋아하는 일을 찾으라고 말합니다. 그 일을 하면서 인생의 대부분을 보내게 되는데, 왜 좋아하지도 않는 일을 평생 하려고 합니까? 물론 가끔은 좋아하지 않는 일도 해야 하겠지요. 그러나 가장 존경하는 사람 밑에서 좋아하는 일을 하십시오. 전에 스탠퍼드대에서 강연한 적이 있습니다. 이틀 뒤 누군가 톰 머피의 사무실에 나타났습니다. 현명한 행동이었습니다. 바로 내가 학교를 졸업하고 그렇게 했습니다. 나는 벤저민 그레이엄 밑에서 일하고 싶었습니다. 보수가 얼마이든 상관없었습니다. 내가 하고 싶은 일이었으니까요.

　나는 3년 동안 조르고 나서야 벤(벤저민 그레이엄) 밑에서 일하게 되었습니다. 이후 나는 벤보다도 더 상사로 모시고 싶은 사람을 발견했습니다. 바로 나입니다. 이후 나는 나 자신을 위해서 일하고 있습니다. 평생 나의 상사는 네 사람이었습니다. 한 분은 〈링컨 저널(The Lincoln Journal)〉에 있던 훌륭한 분인데 잠시 이름이 생각나지 않네요. 오마하 JC 페니의 쿠퍼스미스Coopersmith도 훌륭한 분이었습니다. 그러나 나는 지금도 나 자신을 위해서 일하는 편을 좋아합니다. 찰리와 나는 내 할아버지 밑에서도 일했는데 재미가 없었습니다. 찰리, 자네는 1940년에 그 잡화점에서 일했는데 왜 그곳을 선택했지?

멍거　나는 단지 경험을 쌓으려고 일했지. 돈은 필요 없었어. 아버지가 용돈을 넉넉히 주셨고 개인적으로 하는 사업도 있었으니까. 잡화점에서는 장난삼아 일한 셈이야.

버핏 장난삼아 하루 열두 시간씩 일했다는 말인가?

멍거 그렇다네. 장난삼아.

버핏 자네 시간을 잘 투자했다고 생각하나? 지금 돌이켜 보아도 말이야.

멍거 전에 해본 적이 없어서 경험을 조금 쌓고 싶었어. 아주 오래 할 생각은 아니었네.

버핏 음. 나는 경험을 쌓으려고 일하진 않았네.

멍거 질문자에게 주는 조언입니다. 당신이 잘하지 못하는 일을 찾아내서 그런 일을 모두 피하세요. 바로 그 방식으로 워런과 내가 천직을 찾아냈습니다.

버핏 전적으로 맞는 말입니다.

멍거 우리가 다른 일에서는 모두 실패했습니다.

버핏 우리는 온갖 일을 다 해보고 나서 마침내 이상적인 고용주를 발견했습니다. 우리 자신입니다. 우리가 정말로 존경하는 대상이었습니다.

멍거 워런은 존경하는 사람 밑에서 일해야 한다고 말했죠. 그가 면도를 해주던 사람입니다. 워런과 나는 면도를 했으니까요.

버핏 나쁘지 않은 조언입니다. 선택할 수 있다면 말이죠. 찰리는 1940년대에 입대했는데 상사를 선택할 수 없었습니다. 그러므로 이 조언은 보탬이 되지 않았습니다. 찰리, 누구 밑에서 일했나?

멍거 잘 생각해보면 우리 둘 다 실패한 경우가 두 가지야. 첫째, 흥미를 느끼지 못하는 일에는 절대 성공하지 못했어. 그렇지?

버핏 맞아.

멍거 그리고 우리 적성에 안 맞는 아주 힘든 일에도 절대 성공하지 못했어.

버핏 그래. 우리는 어떤 일이든 우리가 좋아하는 일을 60년째 하고 있지. 우리 방식으로 즐기면서 말일세.

멍거 그런데 놀랍게도 자네는 똑똑한 사람이라면 흥미 없는 일도 잘할 수 있다고 생각하지. 그러나 잘할 수 없다네.

버핏 실제로 내게 그런 사례가 많다네. 하지만 여기서는 이 정도로 해두세.

미국은 세계 석유 생산량 감소에 대한 대책이 필요한가요?

Q. 2008년 주주총회에서 당신은 25년 안에 세계 석유 생산량이 8,500만 배럴 밑으로 내려가면 중대한 영향이 미친다고 말했습니다. 14년이 지난 현재 세계 석유 생산량은 7,900만 배럴이며, 미국의 전략비축유(비상 상황에 대비하려고 미국 에너지부에서 관리하는 원유 비축분)는 대폭 감소했습니다. 미국이 미리 대책을 세워야 한다고 생각하나요?

버핏 찰리가 석유 전문가입니다. 나보다는 말이죠.

멍거 새뮤얼 존슨(Samuel Johnson: 영국의 시인·평론가)이 말했습니다. "벼룩과 이 중 누가 더 나쁜지 나는 모르겠습니다." 석유에 대해 우리 둘 중 누가 더 무식한지 모르겠습니다.

버핏 우리는 여전히 경쟁하고 있습니다.

멍거 나는 석유 문제에 대한 견해가 다릅니다. 나는 미국에 막대한 석유 매장량이 유지되길 바랍니다. 내가 미국의 자비로운 전제 군주가 된다면 미국이 보유한 석유는 대부분 그대로 보존하면서, 아무리 비싸도 아랍에서 석유를 사 오겠습니다. 향후 200년 동안 석유는 매우 귀중한 자산이 될 것입니다. 나처럼 생각하는 사람은 아무도 없지만 상관없습니다. 나는 다른 사람들의 생각이 모두 틀렸다고 봅니다.

버핏 그렇군요.

멍거 어쨌든 통상적인 견해는 아니지요.

버핏 지금까지 석유에 대한 우리 견해는 매우 유연했습니다. 연방정부는 경제 부문에 석유 수십억 배럴을 공급하고 있습니다. 그런데 얼마 전부터 어찌 된 일인지 석유 생산 활동이 형편없는 일로 취급당하고 있습니다. 하루 1,100만 배럴이 생산되지 않는다면 내일 어떤 일이 벌어질지 생각해보십시오. 그 파장을 모든 사람이 곧바로 실감할 것입니다. 그런 식으로 취급하는 것은 수많은 사람을 화나게 만드는 일종의 부족주의입니다. 적어도 지금은 사람들 대부분이 미국에서 석유가 생산되는 편이 낫다고 생각할 것입니다.

우리는 석유를 대량으로 소비하고 있습니다. 이런 소비 방식을 3년이나 5년 안에 바꾸려고 한다면 성공할 가능성이 지극히 낮다고 생각합니다.

찰리, 더 극적인 이야기로 최대한 많은 사람을 화나게 해보면 어떤가?

멍거 생각해보면 현재 석유 산업이 지나치게 비난받고 있습니다. 그러나 석유 산업보다 유용한 산업은 찾아보기 어렵습니다. 무모한 시추업자들은 모르겠지만, 내가 아는 석유 시추 공학자, 정유공장 설계자, 파이프라인 설계자들은 매우 훌륭하고 믿을 만한 사람들입니다. 덕분에 미국에는 석유 공급에 문제가 거의 없습니다. 그래서 나는 스탠더드 오일을 대단히 좋아합니다. 사악하거나 무분별한 회사라고 생각하지 않습니다. 다른 나라 석유회사들도 우리 대형 석유회사들만큼만 잘하면 좋겠습니다.

자사주 매입 규모를 결정하는 공식이 있나요?

Q. 2년 전부터 당신은 자사주를 대량으로 매입했는데 규모가 월 10억에서 30억 달러였습니다. 제가 추정하는 매입 규모는, 주가가 내재가치보다 20% 낮을 때에는 월 30억 달러, 10% 낮을 때에는 20억 달러, 0~10% 낮을 때에는 10억 달러인데 대강 맞나요? 매입 규모에 영향을 주는 다른 요소가 또 있나요?

버핏 당신의 추정은 틀렸습니다. 지난 3~5개월 동안 누군가 500억 달러 규모의 주식을 제안했다면 우리가 샀을 것입니다. 답은 아주 간단합니다. 앞에서도 언급했지만, 4월에는 자사주 매입을 하지 않았습니다. 우리는 가치평가와 다른 투자 대안을 고려해도 남아 있는 주주들에게 유리하다고 생각할 때 자사주를 매입합니다. 그렇지 않으면 자사주를 매입하지 않습니다. 마음에 드는 기업 인수와 자사주 매입 사이에서 선택할 때에는 보유 자금 규모가 중요한 요소이긴 하지만, 대개 기업 인수를 선택합니다. 우리는 밤늦게까지 공식을 계산하지는 않습니다.

찰리와 나와 당신이 레모네이드 가판대를 함께 소유하고 있다고 가정합시다. 그런데 당신은 지분을 팔고 나가고 싶습니다. 가판대가 보유한 자금이 충분하고 당신이 제안한 가격이 마음에 든다면 우리는 당신 지분을 매입할 것입니다. 그러나 제안한 가격이 마음에 들지 않는다면 우리는 매입하지 않을 것입니다. 버크셔의 자사주 매입도 똑같습니다. 그러나 그 방법은 현명하면서도 안전해야 한다고 생각합니다. 예컨대 핵전쟁을 제외하면 어떤 상황에서도 재정 문제 등의 위험이 절대로 없어야 합니다. 물론 이런 위험이 중대한 요소가 될 수는 없습니다.

전에 찰리가 헨리 싱글턴Henry Singleton에 관해서 말한 적이 있습니다. 그는 자사 유통주식의 89%를 매입했습니다. 그러나 사실은 훨씬 전 자사주가 고평가되었을 때 미친 듯이 주식을 발행하고 나서, 자사주가 저평가되었을 때 다시 사들인 것입니다. 이렇게 막대한 규모로 자사주를 매입할 수 있었던 것은 사람들이 그 주식의 가치를 잘못 평가했기 때문입니다. 막대한 규모로 자사주를 매입한 기업들은 또 있지만, 버크셔가 그들과 같은 방식으로 자사주를 매입할 기회는 없을 것입니다.

우리 주주들은 합리적이기 때문입니다. 만기 2일짜리 풋옵션을 사는 사람들이 우리 주주라면, 우리는 단기간에 회사 전부를 자사주로 매입할 수 있습니다. 자사주 매입 개념은 매우 쉽습니다. 내가 처음으로 산 주식은 시티 서비스 우선주였고, 두 번째로 산 주식은 텍사스 퍼시픽 토지신탁 Texas Pacific Land Trust이었습니다. 이 회사는 1880년대 텍사스 앤드 퍼시픽 철도Texas and Pacific Railroad가 파산하는 과정에서 설립되었습니다. 이 회사가 보유한 토지는 약 300만 에이커였으며, 여기에는 광물과 수면水面 등이 포함되었습니다.

그런데 법인 설립 허가서에 의하면 이 회사는 토지 매각 대금으로 매년 자사주를 매입할 수 있었습니다. 당시 13~14세였던 나는 '내가 100세까지 살면 이 회사를 통째로 소유할 수 있겠네!'라고 생각했습니다. 나는 아직 100세가 되지 않았으며, 그 회사 지분을 모두 매수하지도 않았습니다. 그러므로 당시 내 생각이 지금까지는 실현되지 않았습니다. 그러나 이 회사는 정말 놀라웠습니다. 방목지 임대료 수입만 해도 연 6,000달러였고, 보유 토지에서 계속해서 석유가 발견되었으며, 토지 형질 변경 등 온갖 사업을 했습니다. 그리고 매주 자사주를 매입했습니다.

나는 이 회사를 통째로 소유하려면 기간이 얼마나 걸릴지 계산해보았습니다. 그러나 그런 방식으로 돌아가는 회사가 아니었으므로 내 계산은 틀렸습니다. 그렇더라도 이 회사가 토지 300만 에이커와 채굴권 등을 계속 보유한다면, 누구든 이 회사 주식을 매우 싼 가격에 사서 계속 보유하기만 해도 틀림없이 좋은 실적이 나오리라 생각했습니다. 실제로 장기간 보유한 사람은 누구나 지극히 좋은 실적을 냈습니다. 아무도 예상 못 한 일이 발생한 것입니다. 많은 석유가 발견되어 마침내 엘패소가 크게 성장했고 인근 토지 가격도 상승했습니다. 200마일을 가야 사람을 볼 수 있었지만 이 사실은 문제가 되지 않았습니다.

자사주 매입 개념은 아주 쉽지요? 박사 학위를 받으려면 그리스 문자가 잔뜩 들어간 자료를 수백 페이지 써내야 합니다. 그러나 자사주 매입은 동업자의 지분을 매력적인 가격에 살지 말지만 결정하면 됩니다. 자금도 충분하고 가격도 매력적이며 다른 기회도 보이지 않는다면, 하지 않을 이유가 없습니다. 당연히 자사주를 매입해서 이득을 보아야 합니다. 더 좋은 투자 대안이 있다면 자사주를 매입하면 안 됩니다. 하지만 그 대안이 절대적 기준으로 좋은 기회가 아니라면, 그 대안에도 투자하면 안 됩니다. 찰리, 보탤 말 없나? 자네는 1943년에 군 복무 중이었지?

멍거 워런, 우리는 작게 시작해서 크게 성장하는 방식을 즐겼어. 훌륭한 회사에서 그렇게 했으니 복 받은 인생이지. 우리는 운이 아주 좋았어.

버핏 그렇지. 월요일에 거의 틀림없이 버크셔 주식이 거래되겠지만 우리는 매입하지 않을 것입니다. 언젠가 자사주를 매입할 좋은 기회가 또 오면 조금 더 매입할 것입니다. 버크셔 주주들은 너무 똑똑합니다. 그래서 자사주 매입을 하고 싶어도 쉽지 않습니다. 어떤 주주도 축출하고 싶지 않습니다. 그러나 계속 남아 있는 주주들을 위해서 주식의 가치를 높이는 것도 우리의 역할입니다. 자사주 매입은 복잡하지 않으며, 우리는 할 때도 있고 하지 않을 때도 있을 것입니다.

자사주 매입을 결정하는 공식은 없습니다. 그러나 앞에서 설명했듯이 원칙은 있습니다. 아마 내 후임자, 그리고 그의 후임자도 자사주 매입에 관한 생각이 비슷할 것입니다. 우리는 합리적이면서 버크셔에 헌신적인 사람들을 찾고 있기 때문입니다.

장래에 그레그도 이사회의 승인 없이 주요 의사결정을 즉시 할 수 있을까요?

Q. 장래에 그레그도 이사회의 승인 없이 수십억 달러짜리 의사결정을 즉시 할 수 있을까요?

버핏 아마 이사회가 반응을 보일 것입니다. 나에게 했던 것보다 제한을 더 두거나, 일부 문제에 대해서 더 많이 협의할 것입니다. 꼭 그렇게 해야 하는 것은 아니지만 그레그를 지켜본 기간이 길지 않아서 그럴 것입니다. 이사회는 그레그가 델라웨어 법에 따라 그들보다 더 많이 보호받는다고 생각할 것입니다. 우리 이사와 경영자들은 임원배상책임보험(임원이 업무수행 중 부당행위 때문에 지게 되는 배상책임과 소송 비용을 보상하는 보험)에 가입되어 있지 않습니다. 뉴욕증권거래소 상장기업은 거의 모두 임원배상책임보험에 가입되어 있습니다.

버크셔는 임원배상책임보험에 가입하지 않습니다. 우리 이사들과 나는 우리를 믿고 재산을 맡겨준 모든 주주의 수탁자입니다. 흥미롭게도 박물관이나 대학교의 이사가 되려면 기부금을 내야 합니다. 박물관이나 대학교에 "내가 이사가 된다면 큰 영광이겠습니다"라고 말하면 박물관이나 대학교는 "큰 영광이니까 기부금을 더 내셔야 합니다"라고 말할 것입니다. 나는 버크셔 이사회가 박물관이나 대학교 이사회보다 더 재미있다고 생각합니다. 박물관이나 대학교 이사회는 무슨 이야기를 하는지 모르지만 말이죠.

기업의 이사가 되면 연 30만 달러를 벌 수 있는데, 이 돈을 엄청나게 중시하는 사람도 있고 중시하지 않는 사람도 있습니다. 이사들에게 이 돈을 지급하지 않겠다고 하더라도 명성 있는 자리라고 생각해서 이사가 되려는 사람이 많을 수도 있습니다. 쉽게 돈 벌 수 있는 자리라면 '독립 이사 independent director'라는 명칭은 전혀 말이 안 됩니다.

멍거 30만 달러를 받아야 이사를 하겠다는 사람은 독립적이지 않다는 말이지? 그런 사람이 독립적이라면 노예도 독립적이라는 말이네.

버핏 바로 이런 사례에서 골라낸 문장 몇 개를 읽어드리겠습니다. 내가 여러 해 전에 받은 편지에서 골랐습니다. 신원이 밝혀지면 곤란하고 남자인지 여자인지도 드러내고 싶지 않아서 편의상 남성 대명사를 사용하겠습니다.

편지에서 그는 말했습니다. "쑥스럽지만 마지못해 억지로 편지를 씁니다. 저는 돈을 마련하려고 전통적인 방법은 모두 시도해보았습니다." 이 사람은 200만 달러가 필요했습니다. 내가 길에서 마주쳐도 알아보지 못할 낯선 사람인데도 그는 편지에 "나는 200만 달러가 필요합니다. 내 소득은 100% 이사회 보수로 구성됩니다"라고 썼습니다.

정보를 검색했더니 당시 그는 유명한 기업 5개의 이사였고 다른 기업들의 이사도 역임했습니다. 그런데도 추가로 이사 자리를 원하고 있었습니다. 돈이 간절하게 필요하며, 100% 이사회 보수로 벌어들이고 있었기 때문입니다. 그는 이 모든 회사에서 '독립 이사'로 분류되는 이사였습니다. 경악스러운 일이었습니다.

2006년에 우리가 보유한 코카콜라 지분은 9%였습니다. 덕분에 공짜로 코카콜라를 받기도 했습니다. 그러나 지분이 9%였으므로 우리는 코카콜라의 견해에 관심이 있었습니다. 당시 캘퍼스(CalPERS, 캘리포니아 공무원 연금 기금)와 몇몇 기관이 이런저런 이유로 나의 이사 선임을 반대했습니다. 대형 기관투자가 둘이 반대표를 던졌는데, 데어리 퀸 등 우리 자회사가 코카콜라를 구매해서 내가 독립적이지 않다는 이유였습니다. 나는 이사직을 더 차지하면 안 된다고 생각했을까요? 나는 돈이 매우 많으므로 이사직을 양보해야 한다고 생각한 것일까요?

어리석은 생각입니다. 96%였던 나의 이사 선임안 찬성률이 2004년이던가 2006년에는 84%로 떨어졌습니다. 반대 이유는 내가 이사 책무를 수행하기에 적합한 사람이 아니라는 것이었습니다. 돈 때문에 이사직을 원하면 형편없는 사람이라는 뜻이 아닙니다. 그 돈으로 좋은 일을 하고 싶을지도 모르니까요. 그러나 어떤 사람은 파산에 직면했는데도 도대체 어떻게 '독립적'이라고 평가할 수 있고, 어떤 사람은 단지 돈이 많다는 이유로 '독립적이 아니다'라고 평가할 수 있나요? 터무니없는 일입니다. 그러나 규정이 다 그런 식이고, 사람들은 규정을 따릅니다.

멍거 이제 그들은 '독립적' 이사만 원하는 것이 아니라네. 말 한 마리, 소 한 마리, 토끼 한 마리 등을 원한다네.

버핏 나는 갈릴레오가 된 기분입니다.

멍거 독립성 하나로는 부족해. 매우 다양한 독립성을 갖춰야 하네.

버핏 그는 돈이 절실하게 필요했고, 소득의 100%가 이사 보수였으며, 미국에서 가장 유명한 기업 5개의 이사였고, 5개 기업 모두에서 '독립 이사'로 분류되어 있었습니다. 그런데도 그가 바란 것은 다른 CEO가 내게 전화해서 "그 친구 괜찮은 사람인가요?"라고 물으면 내가 "(그는 문제 일으킬 사람이 아니라는 의미로) 물론 괜찮은 사람이지요"라고 대답해주는 것이었습니다. 그러면 여섯 번째 이사직을 얻을 테니까요.

멍거 우리가 생각하는 '독립 이사'는 절대 아닙니다.

버핏 절대 아니지요. 그렇게 생각한다면 제정신이 아닙니다.

번역 이건 | 투자 분야 전문 번역가. 연세대학교 경영학과를 졸업하고 같은 대학원에서 경영학 석사 학위를 받았으며 캘리포니아대학교에서 유학했다. 장기신용은행, 삼성증권, 마이다스에셋자산운용 등에서 일했다. 지은 책으로 《워런 버핏 바이블 2021》(공저), 《대한민국 1%가 되는 투자의 기술》이 있고, 옮긴 책으로 《워런 버핏의 주주 서한》, 《워런 버핏 바이블》, 《워런 버핏 라이브》, 《현명한 투자자》, 《증권분석》 3판, 6판, 《월가의 영웅》 등 50여 권이 있다.

The Mook for Intelligent Investors

www.buffettclub.co.kr

〈버핏클럽〉 독자를 위한 커뮤니티 '버핏클럽'에서
독자 인증을 하시면 알찬 정보와 혜택을 드립니다.